Kohlhammer *Pflege*

Wissen und Praxis

D1731890

Der Herausgeber:

Prof. Dr. paed. habil. **Karl-Heinz Sahmel**, Diplom-Pädagoge

Die weiteren Autorinnen und Autoren:

Michael Ammende, Dipl.-Pflegepädagoge

Dr. phil. **Roswitha Ertl-Schmuck**, Dipl.-Pädagogin

Susanne Immohr, Dipl.-Pflegepädagogin (FH)

Gabi Müller-Seng, Dipl.-Pflegepädagogin (FH)

Johanna Münch, Dipl.-Pflegepädagogin (FH)

Kerstin Renfer, Dipl.-Pflegepädagogin (FH)

Elvi Weiß, Dipl.-Pflegepädagogin (FH)

Detaillierte Angaben finden Sie auf Seite 334f.

Karl-Heinz Sahmel (Hrsg.)

Grundfragen der Pflegepädagogik

Verlag W. Kohlhammer

Die Deutsche Bibliothek – CIP-Einheitsaufnahme

Sahmel, Karl-Heinz:
Grundfragen der Pflegepädagogik / Karl-Heinz Sahmel. - Stuttgart ;
Berlin ; Köln : Kohlhammer, 2001
  (Kohlhammer Pflege : Wissen & Praxis)
  ISBN 3-17-016875-4

1. Auflage 2001
Alle Rechte vorbehalten
© 2001 W. Kohlhammer GmbH
Stuttgart Berlin Köln
Verlagsort: Stuttgart
Umschlag: Data Images GmbH Stuttgart
Gesamtherstellung:
W. Kohlhammer Druckerei GmbH + Co. Stuttgart
Printed in Germany

Vorwort

Seit etlichen Jahren etabliert sich an deutschen (Fach-)Hochschulen die neue Disziplin „Pflegepädagogik". In ihrem Zentrum stehen grundlegende didaktische und konzeptionelle Fragen von Aus-, Fort- und Weiterbildung im Pflege- und Gesundheitsbereich sowie spezifisch pädagogische Fragen der Pflege, insbesondere die Beratung und Anleitung von Patienten. In diesem Buch werden einige zentrale pflegepädagogische Fragen in *kritisch-konstruktiver* Perspektive thematisiert. Das allen Ausführungen zugrunde liegende Verständnis einer kritisch-konstruktiven Pflegepädagogik sieht diese im Spannungsfeld einer seit dreißig Jahren stattfindenden Debatte um Kritische Erziehungswissenschaft und der seit einem Jahrzehnt in Deutschland sich konstituierenden Pflegewissenschaft. Es wird nun hier der Versuch unternommen, diese beiden Disziplinen einerseits in ihrer Unabgeschlossenheit zu skizzieren, andererseits pädagogische wie pflegewissenschaftliche Fragestellungen kritisch-konstruktiv auf das pflegepädagogische Handlungsfeld zu richten.

Nach einer ausführlichen Erörterung der *Grundlegungsfragen* einer kritisch-konstruktiven Pflegepädagogik in der Gegenwart (Kapitel 1) wird zunächst eine *Bestandsaufnahme* der Ausbildungspraxis im Pflege- und Gesundheitsbereich (mit den Schwerpunkten Krankenpflege und Altenpflege) vorgenommen, in der auch der Sonderweg der Pflegeausbildung im Rahmen der Berufsausbildung in Deutschland thematisiert wird (Kapitel 2). Als besonders problematisch wird dabei die Kluft zwischen *Theorie und Praxis* herausgestellt (Kapitel 3).

Nach einer kritischen Rekonstruktion der Diskussion um *Allgemeine Didaktik* (Kapitel 4) erörtert *Roswitha Ertl-Schmuck* (in *Kapitel 5*) Möglichkeiten und Grenzen gegenwärtiger *Pflegedidaktik. Michael Ammende* nimmt sodann (in *Kapitel 6*) eine kritische Einschätzung bestehender *Curricula für die Pflegeausbildung* vor.

Ein Konzept, das in den gegenwärtigen Diskussionen um eine Verbesserung der Ausbildungsqualität immer wieder vorgeschlagen wird, ist das der *„Schlüsselqualifikationen"*. Dieses wird von *Gabi Müller-Seng* und *Elvi Weiss* (in *Kapitel 7*) auf seine pflegepädagogische Tragfähigkeit hin untersucht. Anschließend analysiert *Kerstin Renfer* (in *Kapitel 8*) den pflegepädagogischen Stellenwert des weit verbreiteten *„Projektunterrichts"* in der Pflegeausbildung.

Sowohl in den Curricula als auch in Lehrbüchern wird die *Anleitung von Patienten* zumeist nur am Rande thematisiert; *Susanne Immohr* weist jedoch (in *Kapitel 9*) nach, dass es sich hierbei um eine genuin pflegerische Aufgabe handelt, der im Rahmen der Ausbildung eine entsprechend hohe Bedeutung zuzumessen ist.

Die Gesamtverantwortung für die Pflegeausbildung liegt bei den Schulen. Eine kritische Auseinandersetzung mit dem *Selbstverständnis von Leiterinnen und Leitern von Krankenpflegeschulen* wird für *Johanna Münch* (in *Kapitel 10*) zum Auslöser für die Entwicklung der Vision einer Pflegeschule der Zukunft.

Ihren Abschluß findet die Erörterung von Grundfragen der Pflegepädagogik in einer kritischen Bestandsaufnahme der aktuellen *bildungspolitischen Diskussion* über die Zukunft der Pflegeausbildung und in einem Ausblick auf die Zukunft der akademischen Disziplin Pflegepädagogik (Kapitel 11).

Als Herausgeber möchte ich hier **Dank** sagen: allen AutorInnen für ihre vielfältigen Anregungen und die große Mühe bei der Überarbeitung ihrer Diplom-Arbeiten bzw. dem Erstellen neuer Texte, den Studentinnen und Studenten an der Evangelischen Fachhochschule Ludwigshafen - Hochschule für Sozial- und Gesundheitswesen -, mit denen ich viele Passagen des Buches diskutiert habe, und vor allem Ute Schäfer, die mit unermüdlicher Geduld das Manuskript mehrfach geschrieben, überarbeitet und für den Druck aufbereitet hat.

Speyer/Ludwigshafen, im Dezember 2000

Karl-Heinz Sahmel

INHALTSVERZEICHNIS

Vorwort... 5

1. Möglichkeiten und Grenzen kritisch-konstruktiver Pflegepädagogik.................. 11
Karl-Heinz Sahmel
1.1   Entwicklungslinien Kritischer Pädagogik.. 11
1.2   Hermeneutik - Empirie - Ideologiekritik.. 14
1.3   Grundlegende Aspekte kritisch-konstruktiver Pädagogik............................ 18
1.4   Zum gegenwärtigen Stand der Pflegewissenschaft in Deutschland.................... 20
1.5   Umrisse einer Kritischen Pflegewissenschaft...................................... 24
1.6   Pflegepädagogik als kritisch-konstruktive Disziplin.............................. 26

2. Bestandsaufnahme Pflegeausbildung... 30
Karl-Heinz Sahmel
2.1   Das Ausbildungsfeld Gesundheit... 30
2.2   Zur Geschichte der Krankenpflege... 31
2.3   Die Entwicklung der Krankenpflegeausbildung im 20. Jahrhundert................... 42
2.4   Struktur und Inhalte der gegenwärtigen Krankenpflegeausbildung................... 47
2.5   Zur Entwicklung von Altenversorgung und Altenpflegeausbildung.................... 52
2.6   Inhalte und Strukturen der Altenpflegeausbildung................................. 57
2.7   Pflegepädagogische Einschätzung des gegenwärtigen Standes der
       Ausbildung in den Pflegeberufen.. 63

3. Das Theorie-Praxis-Problem in der Pflegeausbildung................................ 65
Karl-Heinz Sahmel
3.1   Die Kluft zwischen Theorie und Praxis.. 65
3.2   Die Struktur der praktischen Ausbildung.. 67
3.3   Empirische Analyse der praktischen Ausbildungssituation.......................... 69
3.4   Praktische Anleitung als pädagogisches Problem................................... 77
3.5   Möglichkeiten und Grenzen der Vernetzung von Theorie und Praxis.................. 81

4. Zum gegenwärtigen Stand der Allgemeinen Didaktik.................................. 85
Karl-Heinz Sahmel
4.1   Didaktik nach der „Postmoderne".. 85
4.2   Rückblick auf „klassische" Theorien und Modelle der Didaktik..................... 86
4.2.1 Von der bildungstheoretischen zur kritisch-konstruktiven Didaktik -
       Wolfgang Klafki.. 86
4.2.2 Von der „Berliner Didaktik" zum „Hamburger Modell" -
       Wolfgang Schulz.. 89
4.2.3 Möglichkeiten und Grenzen der lernzielorientierten Didaktik -
       Christine Möller... 92
4.3   Einige „vergessene" Ansätze der Didaktik... 93
4.4   Die „praktizistische" Wende der Didaktik... 95

4.5   Konstruktivismus und Didaktik.. 97
4.6   Ausblick.. 99

5. Pflegedidaktik heute - Stand, Entwicklungen, Perspektiven............................... 103
Roswitha Ertl-Schmuck
5.1   Von der Freihand-Improvisation zu pflegedidaktisch ausgewiesenen
        Modellen... 103
5.1.1   Autodidaktisch erlernte Pflegedidaktik benötigt Theorie – ein
        Problemaufriss... 103
5.1.2   Das Duisburger Modell einer Fachdidaktik Pflege.............................. 111
5.1.3   Das Aarauer Fachdidaktikmodell Pflege.. 115
5.1.4   Das Modell kritisch-konstruktiver Pflegedidaktik nach Wittneben......... 121
5.1.5   Zusammenfassende Bewertung.. 125
5.2   Konzeptualisierung einer Pflegedidaktik vom Subjekt aus................... 126
5.2.1   Der schillernde und vielschichtige Subjektbegriff............................... 126
5.2.2   Bildung zum Subjekt als übergeordnete Zielkategorie einer
        Pflegedidaktik.. 129
5.2.3   Die nicht erzwingbare Vermittlung zwischen Subjekt und Objekt......... 130
5.2.4   Die Kunst der Begleitung in Theorie und Praxis der Pflegeausbildung.............. 131
5.2.5   Das dialogische Prinzip im Pflegehandeln... 133
5.3   Ausblick.. 136

6. Curriculumentwicklung für die Pflege.. 138
Michael Ammende
6.1   Curriculumbegriff und Curriculumtheorie.. 138
6.2   Der Pflegebegriff und die Fachwissenschaft Pflege............................ 143
6.3   Curricula für die Krankenpflegeausbildung.. 145
6.4   Zur Konzeption eines Curriculums für die Pflegeausbildung................ 149

7. Schlüsselqualifikationen und Pflegeausbildung.. 154
Gabi Müller-Seng / Elvi Weiss
7.1   Das Konzept der Schlüsselqualifikationen... 154
7.1.1   Pädagogischer Hintergrund... 154
7.1.2   Verschiedene Ansätze des Schlüsselqualifikations-Konzeptes............. 159
7.1.3   Kritik am Schlüsselqualifikationskonzept... 162
7.1.4   Allgemeine Anforderungen an ein Schlüsselqualifikations-Konzept...... 165
7.2   Ein Ansatz zur „Entmystifizierung" der Schlüsselqualifikationen......... 166
7.3   Voraussetzungen und Möglichkeiten zur Vermittlung von
        Schlüsselqualifikationen.. 168
7.4   Diskussion des Schlüsselqualifikations-Konzeptes in der Pflege......... 169
7.5   Schlüsselqualifikationen im Kontext eines veränderten Bezugsrahmens.......... 178
7.6   Die Bedeutung von Schlüsselqualifikationen für die Pflegeausbildung.............. 182

8. Projektunterricht in der Pflegeausbildung... 188
Kerstin Renfer
8.1 Problemstellung... 188
8.2 Der Projektbegriff... 189
8.3 Projektunterricht und projektorientierter Unterricht........................... 192
8.3.1 Merkmale des projektorientierten Unterrichts.................................. 193
8.3.2 Stufen und Komponenten von projektorientiertem Unterricht............ 194
8.3.3 Handlungsfahrplan für den Projektprozeß.. 197
8.4 Die Rolle des Lehrenden im projektorientierten Unterricht................. 200
8.5 Projektorientierung in der Berufsausbildung...................................... 203
8.6 Ziele und Möglichkeiten von projektorientiertem Unterricht in der
Pflegeausbildung... 205
8.7 Rahmenbedingungen und Organisationsmomente für projektorientierten
Unterricht in der Krankenpflegeausbildung....................................... 209
8.8 Kritische Einschätzung von Projekten in der Krankenpflegeausbildung.............. 213
8.8.1 „Pflegen können": Ein Curriculum für die praktische Ausbildung in der Pflege.... 213
8.8.2 Projektorientierter Unterricht in direkter Umsetzung auf Pflegestationen........... 215
8.9 Grenzen von projektorientiertem Unterricht in der Pflegeausbildung................. 217
8.10 Zusammenfassung und Ausblick.. 219

9. Patientenanleitung als pflegepädagogische Aufgabe........................... 222
Susanne Immohr
9.1 Problemaufriss... 222
9.2 Ergebnisse von Experteninterviews.. 224
9.3 Begriffsbestimmung... 225
9.4 Anleitung von Patienten in KrPflG und KrPflAPrV............................. 231
9.5 Anleitung von Patienten in Curricula zur Krankenpflegeausbildung.................. 232
9.5.1 Pflegen können. Das Curriculum der AKOD...................................... 232
9.5.2 Das Hessische Curriculum Krankenpflege.. 236
9.5.3 Planen, Lehren und Lernen in der Krankenpflegeausbildung. Das offene
fächerintegrative Curriculum von U.-K. Oelke................................... 237
9.5.4 Zusammenfassung.. 240
9.6 Anleitung von Patienten in Lehrbüchern.. 240
9.6.1 Pflege. Praxis und Theorie der Gesundheits- und Krankenpflege.................... 241
9.6.2 Das neue Lehrbuch der Krankenpflege... 242
9.6.3 Pflege heute... 243
9.6.4 Professionelle Pflege. Fähigkeiten und Fertigkeiten.......................... 245
9.6.5 Zusammenfassung.. 245
9.7 Anleitung von Patienten in der Ausbildung.. 246
9.7.1 Anleitung von Patienten als Thema des theoretischen Unterrichts................... 247
9.7.2 Integration der Anleitung von Patienten in die theoretische Ausbildung............ 253

9.7.3 Integration der Anleitung von Patienten in die praktische Ausbildung................. 255
9.8 Ausblick.. 258

10. Krankenpflegeschulen zwischen Status quo und Visionen............................. 260
Johanna Münch
10.1 Konzepte von Schulleitungen.. 260
10.1.1 Qualifikation der Schulleitungen an Krankenpflegeschulen....................... 261
10.1.2 Eigenschaften einer Schulleitung an Krankenpflegeschulen...................... 262
10.1.3 Gestaltung der Führungsposition... 264
10.2 Schulleitungsaufgaben an der Krankenpflegeschule................................. 268
10.2.1 Führungsaufgaben... 268
10.2.2 Dozentengewinnung und -betreuung.. 270
10.2.3 Das Bewerbungsverfahren an Krankenpflegeschulen............................... 273
10.2.4 Weitere Schulleitungsaufgaben... 280
10.2.5 Schlußbemerkung und pflegepädagogische Bewertung............................ 281
10.3 Das Profil einer Krankenpflegeschule... 282
10.3.1 Das Handlungsfeld der Krankenpflegeschule... 284
10.3.2 Institution Krankenpflegeschule... 289
10.3.3 Vision von der „guten Krankenpflegeschule".. 294

11. Ausblick auf die Zukunft von Pflegeausbildung und Pflegepädagogik............. 296
Karl-Heinz Sahmel
11.1 Veränderungen als Herausforderungen.. 296
11.2 Reformkonzepte für die Pflegeausbildung... 301
11.3 Die Qualifizierung von Lehrerinnen und Lehrern für Pflegeberufe.............. 307
11.4 Pflegepädagogik als akademische Disziplin.. 312

Literaturverzeichnis.. 314

Hinweise zu den Autorinnen und Autoren... 334

1 Möglichkeiten und Grenzen kritisch-konstruktiver Pflegepädagogik

Karl-Heinz Sahmel

1.1 Entwicklungslinien Kritischer Pädagogik

Kritische Pädagogik ist ein seit den Sechziger Jahren entwickeltes und diskutiertes Paradigma der Erziehungswissenschaft. Sie findet ihre Basis in den gesellschaftskritischen Ausführungen der „Kritischen Theorie" der „Frankfurter Schule" (vgl. Sahmel 1988). Erziehung, so das zentrale Postulat, soll nicht auf die Integration der Heranwachsenden in ein gegebenes System von Herrschaftsverhältnissen und Ordnungen zielen, sondern die **Emanzipation** aus diesen Verhältnissen fördern. Der Sinn von Erziehung besteht vor allem darin, „im Heranwachsenden Voraussetzungen für eine Beteiligung an gesellschaftlichen Entscheidungsprozessen zu schaffen" (Mollenhauer 1973, S. 16). Erziehung bekommt die Aufgabe, „das Potential gesellschaftlicher Veränderung hervorzubringen" (Mollenhauer 1973, S. 67).

Der Erziehungswissenschaft muss es entsprechend darum gehen, die Erziehungswirklichkeit zu analysieren und rational diskutierbar zu machen: „Sie will dazu beitragen, die Durchsichtigkeit, Aufgeklärtheit, Rationalität des Erziehungshandelns zu steigern, und damit zugleich zu ermöglichen, dass die heranwachsende Generation solche Rationalität in sich hervorbringt" (Mollenhauer 1973, S. 17f.).

Als Theorie sozialen Handelns nimmt die kritisch-emanzipatorische Pädagogik ihren Objektbereich nicht als gegeben und unveränderbar hin, sondern erklärt das pädagogische Geschehen als einen immer schon von Subjekten in gesellschaftlicher Kommunikation erhandelten und veränderbaren Sinnzusammenhang (vgl. Schaller 1974). Da Emanzipation die Befreiung von Rationalität einschränkenden gesellschaftlichen Bedingungen intendiert, richtet sich Erziehungswissenschaft in ihrer Kritik gegen irrationale Erziehungsvorgänge und gegen Erziehungs- und Gesellschaftsverhältnisse, in denen Unterdrückung herrscht.

Ihrem Selbstverständnis gemäss ist Kritische Pädagogik stets eingebunden in historisch-gesellschaftliche Prozesse. Ein kurzer Blick auf ihre Entwicklung in den letzten 35 Jahren lässt eine bewegte Geschichte offenbar werden: Sie reicht von einem euphorischen Beginn in den Sechziger Jahren über eine Phase der Differenzierung in den Siebziger Jahren, die Phase der Rekonstruktion in den Achtziger Jahren sowie die Tendenz des Vergessens in den Neunziger Jahren bis zu einem Neubeginn in der Gegenwart.

Im Rückblick lassen sich Herwig Blankertz, Klaus Mollenbauer und Wolfgang Klafki als die wichtigsten Begründer des Ursprungsprogramms einer Kritischen Pädagogik herausstellen. Allen drei gemeinsam ist nicht nur ein vehementer Einsatz für die Bildungsreform im Zuge der Studentenbewegung von 1968, sondern auch der Ursprung ihres pädagogischen Denkens in der Geisteswissenschaftlichen Pädagogik. Auf der einen Seite wurde von ihnen der geisteswissenschaftliche Zugang zur Erziehungswirklichkeit, insbesondere mit der hermeneutischen Methode, und das hermonistische Gesellschaftsmodell der Geisteswissenschaftlichen Pädagogik kritisiert, auf der anderen Seite waren sie bemüht, zentrale Gedanken der Geisteswissenschaftlichen Pädagogik fortzuführen (vgl. Krüger 1999, S. 163).

Schon der Geisteswissenschaftlichen Pädagogik war der Gedanke der Emanzipation nicht fremd, sah sie doch in der Subjektivität des Zöglings einen Ausgangspunkt für Autonomie, „theoretisch als Emanzipation von metaphysischen und geschichtlich relativierbaren Systemen, praktisch als Emanzipation von den geschichtlich-konkreten Herrschaftsansprüchen politischer Gegenwart" (Mollenhauer 1973, S. 23). Theorie und Praxis Geisteswissenschaftlicher Pädagogik blieben jedoch affirmativ, da keine kritische Analyse der gesellschaftlichen Verhältnisse erfolgte, die Hermeneutik auf die Interpretation historischer Dokumente verkürzt wurde und die praktische Emanzipation im Funktionalen stecken blieb.

Eine Pädagogik unter dem erkenntnisleitenden Interesse von Emanzipation kann auf die hermeneutische Methode nicht verzichten, aber nur in modifizierter Form: Hermeneutik darf „nicht nur verstehender Nachvollzug einer subjektiv so oder so gemeinten, sondern sie muss zugleich und in diesem Verstehen Kritik sein... . Zur Kritik und damit zu einem rationalen Verfahren in dem totalen Sinne des Wortes wird sie nur, wenn sie die subjektive Vernünftigkeit der interpretierten Sache an dem misst, was objektiv möglich war, wenn das pädagogische Phänomen als ein Partikulares nicht nur gesehen, sondern auch im Zusammenhang der je aktuellen gesellschaftlichen Interessen, als ein Teil des Ganzen, bestimmt wird" (Mollenhauer 1973, S. 68).

In den Debatten der Sechziger und Siebziger Jahre findet sich nun allerdings nicht dieser pädagogisch-differenzierte Begriff von Emanzipation (vgl. Kreis 1978), sondern ein allumfassender Begriff, der schon bald als „ideologischer Fetisch" kritisiert worden ist (vgl. Hartfiel (Hrsg.) 1975). Sowohl in den Aktionen der Studentenbewegung von 1968 als auch in den euphorischen Anfängen der Bildungsreform der sozial-liberalen Koalition nach 1969 findet sich immer wieder die überzogene Vorstellung, eine grundlegende Veränderung der spätkapitalistischen Industriegesellschaft sei durch Erziehung (allein) möglich. Auch dann, wenn teilweise pädagogische Einsichten mit gesellschaftlichen Bewegungen verknüpft sind, so stossen sie doch bald auf ausserordentlich beständige Strukturen des öffentlichen Bildungswesens, hinter dem schwer grundlegend zu verändernde gesellschaftliche Machtverhältnisse stehen (vgl. Friedeburg 1989, Hüfner u.a. 1986). Öffentlichkeitswirksam wurde die emanzipatorische Pädagogik als ein „Holzweg der Kulturrevolution" insbesondere auf dem Bonner Forum „Mut zur Erziehung" von 1978 diffamiert (vgl. „Mut zur Erziehung" 1979, Benner u.a. 1978).

Nun lassen sich zwar aus einigen Irrwegen der Bildungspolitik der letzten Jahrzehnte sowohl skeptische (vgl. Giesecke 1998; Richter 1999) als auch optimistische Schlussfolgerungen ziehen (vgl. von Hentig 1993, 1996). Allerdings sollte man nicht in den Fehler verfallen, die Diskussion um Kritische Erziehungswissenschaft mit den Veränderungen oder Nicht-Veränderungen im Bildungsbereich der letzten Jahre zu verwechseln (oder gar die Wende einiger Kritischer Erziehungswissenschaftler zum Neokonservatismus (vgl. Fend 1984) zu verallgemeinern).

Nachdem 1979 in zwei Sammelbänden die ausserordentliche Divergenz innerhalb der Ansätze Kritischer Erziehungswissenschaft dokumentiert worden ist (vgl. Claußen/Scarbath (Hrsg.) 1979, Stein (Hrsg.) 1979), finden sich in den folgenden Jahren eine ganze Reihe von Monographien, in denen die Kritische Erziehungswissenschaft (selbst-)kritisch rekonstruiert und weitergeführt wurde.

Vor allem Keckeisen (1984) kommt das Verdienst zu, Entstehung und Begründung, Einheitlichkeit und Differenziertheit der Kritischen Erziehungswissenschaft gleichermaßen analytisch scharf wie kritisch aufgearbeitet und verdeutlicht zu haben (vgl. Sahmel 1985, S. 381ff.) Im ersten Teil seiner Arbeit klärt er dabei das Verhältnis zwischen der Kritischen Theorie der Frankfurter Schule und den Konzeptionen Kritischer Erziehungswissenschaft, im zweiten Teil thematisiert er den für Kritische Theorie wie für Kritische Erziehungswissenschaft gleich bedeutenden Aspekt des Zusammenhangs zwischen Theorie und Praxis.

Sahmel (1988, S. 208ff.) bestimmt das Verhältnis Kritischer Erziehungswissenschaft zur Kritischen Theorie der „Frankfurter Schule" als eines der „versäumten Möglichkeiten". Kritische Erziehungswissenschaft hat es versäumt, sich intensiv mit der pädagogischen Relevanz der gesellschaftstheoretischen Ausführungen von Max Horkheimer und Theodor W. Adorno zu beschäftigen und stattdessen teilweise vorschnell die sozialphilosophischen Überlegungen von Jürgen Habermas in die pädagogische Diskussion eingeführt. Welch grossen Stellenwert etwa Adornos Überlegungen zur Pädagogik für eine Kritische Erziehungswissenschaft haben können, belegt die Arbeit von Paffrath (1992).

Ende der Achtziger und in den Neunziger Jahren war Kritische Erziehungswissenschaft konfrontiert worden mit einer breiten Debatte um die Postmoderne (vgl. Marotzki/Sünker (Hrsg.) 1992, Krüger (Hrsg.) 1990). Sowohl innerhalb dieser Debatten als auch heute, da die Modeerscheinung „Postmoderne" schon wieder abgeklungen ist, haben Kritische Erziehungswissenschaftler deutlich auf die Notwendigkeit hingewiesen, an der Aufklärung festzuhalten, statt sie zu verabschieden (vgl. auch Paffrath (Hrsg.) 1987).

In der Gegenwart gilt es, an den Intentionen Kritischer Erziehungswissenschaft anzu-
knüpfen und sie unter den geänderten gesellschaftlichen Verhältnissen weiterzuführen
(vgl. Bernhard/Rothermel (Hrsg.) 1997). „Angesichts aktueller, allgemein bekannter gesellschaftlicher Problemlagen - vom möglichen „Ende des Sozialen" über die „Zweidrittelge-
sellschaft" bis hin zu Fragen der Konstitutionsbedingungen von Subjektivität, damit von
Bildungsprozessen -, die insgesamt wesentliche Auswirkungen auf erziehungswissenschaftliche Grundsatzfragen haben, geht es darum, sich dieser gesamtgesellschaftlichen
Verantwortung einer „kritisch" zu konzeptualisierenden Erziehungswissenschaft erneut
bewusst zu werden und daraus praktische, gesellschaftlich wirksame Konsequenzen zu
ziehen". So Sünker und Krüger im Vorwort zu dem programmatischen Band „Kritische Erziehungswissenschaft am Neubeginn?!" (1999, S. 8).

1.2   Hermeneutik - Empirie - Ideologiekritik

Zu den besonderen Verdiensten der Vertreter Kritischer Erziehungswissenschaft gehört
es, die Frage der wissenschaftstheoretischen Fundierung von Pädagogik ins Zentrum der
Diskussion gerückt zu haben. Damit wird zugleich die Problematik der Werturteile brisant.
Mit dem Vordringen des neuzeitlichen naturwissenschaftlichen Denkens seit dem Ende
des 19. Jahrhunderts spielt in den Diskussionen der Wissenschaften die Frage eine
zentrale Rolle, ob Werturteile Bestandteil der Wissenschaft sein dürfen oder nicht. Mit dieser Problematik und dem Vorwurf der „Unwissenschaftlichkeit" ihres Vorgehens haben
sich insbesondere die Psychoanalyse und Denkrichtungen, die dem „westlichen" Marxismus zugerechnet werden können (vgl. Anderson 1978), auseinandersetzen müssen.
Insbesondere Max Horkheimer und Theodor W. Adorno, wichtige Vertreter der Kritischen
Theorie der „Frankfurter Schule", haben jahrzehntelang diesen für das Selbstverständnis
der Sozialwissenschaften zentralen Aspekt in Abgrenzung zu Vertretern des logischen
Positivismus, des amerikanischen Pragmatismus und des kritischen Rationalismus
hervorgehoben (vgl. Dahms 1994). Öffentlichkeitswirksam kulminierte dieser Streit Anfang
der Sechziger Jahre im sogenannten „Positivismus-Streit", der nicht nur in der deutschen
Soziologie, sondern im gesamten Bereich der Sozialwissenschaften einen zentralen
Stellenwert erhielt (vgl. Adorno u.a. 1974).

Jürgen Habermas kommt das Verdienst zu, die diesem Streit zugrunde liegende Problematik erkenntnistheoretisch aufgeklärt und gesellschaftstheoretisch weitergeführt zu
haben. In kritischer Auseinandersetzung mit Karl Marx und in Fortführung der Intentionen
von Sigmund Freud hat Habermas in seinen zentralen Werken „Theorie und Praxis" von
1963 (vgl. Habermas 1972 a) und „Erkenntnis und Interesse" von 1968 (vgl. Habermas
1973) die analytische Unterscheidung von Arbeit und Interaktion in die Erkenntnistheorie
eingeführt und später - in seiner „Theorie des kommunikativen Handelns" (vgl. Habermas

1981) - durch die Integration von Max Webers Theorie von Modernisierung als Rationalisierung in eine Theorie der gesellschaftlichen Entwicklung integriert. Hier kann nur kurz die erkenntnistheoretische Dimension beleuchtet werden (vgl. ansonsten Sahmel 1988, S. 166ff.).

Habermas radikalisiert die traditionelle Erkenntnistheorie dadurch, dass er die Wurzeln von Erkenntnis in der Lebenswelt aufsucht. Die Gesichtspunkte, unter denen Menschen Realität auffassen, wie die Strategien von wissenschaftlicher Forschung, haben ihre Grundlagen in der Naturgeschichte der Menschengattung.

Im Bereich der Arbeit, des instrumentalen Handelns, geht der Mensch mit technisch produzierten Körpern um, er macht Erfahrungen mit Dingen und Ereignissen, die manipulierbar sind. Im Bereich der stets symbolisch vermittelten Interaktion tritt der Mensch in Kontakt mit anderen Menschen, er macht Erfahrungen mit anderen Subjekten bzw. deren Äusserungen, die symbolisch strukturiert und intersubjektiv einsehbar, verständlich sind.

Während im Bereich der Arbeit der Mensch der Natur immer als Manipulierender und in einem Subjekt-Objekt-Verhältnis gegenübersteht, agiert er im Bereich der Interaktion immer mit anderen, sprechenden Subjekten, also in einem Subjekt-Subjekt-Verhältnis. Der Umgang des Menschen mit der Natur bzw. mit anderen Menschen ist also nach Habermas immer schon durch Imperative konstituiert, die er als „erkenntnisleitende Interessen" einführt (vgl. Habermas 1971, S. 159ff.).

Das „**technische**" Erkenntnisinteresse meint das Interesse an technischer Verfügbarkeit von Gegenständen. Das „**praktische**" Interesse bringt den Gesichtspunkt der intersubjektiven Verständlichkeit zum Ausdruck. Wird nun im Bereich der Interaktion „repressive Gewalt in Form normativer Machtausübung in den Strukturen verzerrter Kommunikation auf Dauer gestellt, d.h. als Herrschaft institutionalisiert" (Habermas 1971, S. 28), so bildet sich das „**emanzipatorische**" Erkenntnisinteresse aus. Dieses zielt auf kommunikative Selbstreflexion, auf den Diskurs, welcher „der Begründung problematisierter Geltungsansprüche von Meinungen und Normen" (Habermas 1972 b, S. 117) dient. Der Diskurs lässt sich leiten vom Ziel der „Emanzipation durch kritische Einsicht in Gewaltverhältnisse, deren Objektivität allein daher rührt, dass sie nicht durchschaut sind" (Habermas 1972 a, S. 307).

Ebenso wie im lebensweltlichen Bereich erfolgt auch in den Wissenschaften die Konstitution möglicher Gegenstände von Erkenntnis durch bestimmte Interessen. Die **empirischanalytischen** Wissenschaften folgen dem technischen Erkenntnisinteresse, d.h. sie sind ausgerichtet auf die „mögliche informative Sicherung und Erweiterung erfolgskontrollierten Handelns.... Dies ist das Erkenntnisinteresse an der technischen Verfügung über vergegenständlichte Prozesse" (Habermas 1971, S. 157). Die **historisch-hermeneutischen** Wissenschaften folgen dem praktischen Erkenntnisinteresse. Sie strukturieren „die Wirklichkeit unter dem leitenden Interesse der Erhaltung und der Erweiterung der Intersubjektivität möglicher handlungsorientierender Verständigung" (Habermas 1973, S. 158). Die **kritisch-dialektischen** Wissenschaften werden geleitet vom emanzipatorischen Erkenntnisinteresse und zielen auf Selbstreflexion und Veränderung. Sie haben erkannt, dass eine Beschränkung der wissenschaftlichen Theoriebildung auf empirische oder hermeneutische Verfahren allein unzulänglich ist. Sie begnügen sich jedoch nicht mit einer bloss additiven Verbindung beider Methoden; vielmehr werden Empirie und Hermeneutik unter emanzipatorischer Perspektive dialektisch vermittelt.

Die Verbindung der drei Erkenntnisinteressen in Kritischer Theorie durch Habermas wendet sich gegen die Restriktion von umfassender Vernunft in wissenschaftliche Rationalität durch den Positivismus. Die Haltung Kritischer Theorie ist nicht kontemplativ, sondern kritisch. Das normative Fundament dieser Kritik sieht Habermas in der **Sprache**. Als fundamentale Voraussetzung seiner Erkenntnistheorie gilt nämlich, dass das zugrunde liegende Ideal der Mündigkeit mit der Struktur der Kommunikation selbst gesetzt ist und in jedem Akt der Kommunikation antizipiert wird. „Nicht zufällig sind die Maßstäbe der Selbstreflexion jener eigentümlichen Schwebe enthoben, in der die Standards aller übrigen Erkenntnisprozesse einer kritischen Abwägung bedürfen. Sie sind theoretisch gewiss. Das Interesse an Mündigkeit schwebt nicht bloß vor, es kann a priori eingesehen werden. Das, was uns aus Natur hervorhebt, ist nämlich der einzige Sachverhalt, den wir seiner Natur nach kennen können: *die Sprache.* Mit dieser Struktur ist Mündigkeit *für uns* gesetzt. Mit dem ersten Satz ist die Intention eines allgemeinen und ungezwungenen Konsensus unmissverständlich ausgesprochen. Mündigkeit ist die einzige Idee, deren wir im Sinne der philosophischen Tradition mächtig sind" (Habermas 1971, S. 163).

Habermas` gesamte Konstitution seiner Kritischen Gesellschaftstheorie lässt sich als Explikation dieses bereits 1965 geäusserten Grundgedankens lesen (vgl. Gripp 1984). Bis hin zur 1981 in der Theorie des kommunikativen Handelns getroffenen Feststellung „Verständigung wohnt als Telos der menschlichen Sprache inne" (Habermas 1981, Band 1, S. 387) hat er sich stets bemüht, dieses von ihm aufgewiesene normative Fundament Kritischer Theorie zu explizieren.

Auch für die **Pädagogik** stellte die Theorie der Erkenntnisinteressen von Habermas seit Ende der Sechziger Jahre eine große Herausforderung für die wissenschaftstheoretische Fundierung der Erziehungswissenschaft dar (vgl. Büttemeier/Möller (Hrsg.) 1979).

Wolfgang Klafki hat in seinem 1971 zuerst erschienenen Artikel „Erziehungswissenschaft als Kritisch-konstruktive Theorie: Hermeneutik - Empirie - Ideologiekritik" stringent nachgewiesen, dass empirische Untersuchungen - also Arbeiten, die dem „technischen Erkenntnisinteresse" folgen - in der Erziehungswissenschaft wesentlich eines Rahmens bedürfen, „die erfahrungswissenschaftlich gewonnenen Ergebnisse zu *interpretieren*, also Aussagen über die Bedeutung seiner Ergebnisse in größeren, geschichtlich-gesellschaftlichen Zusammenhängen zu machen" (Klafki 1976, S. 36).

Arbeiten aus dem Umfeld der Geisteswissenschaftlichen Pädagogik - die dem „praktischen" Erkenntnisinteresse folgen - verfügen zwar durch die historisch-hermeneutischen Methoden, „die auf die Ermittlung des Sinnes von Texten, auf ihre Entstehungssituation und ihre geistesgeschichtlichen Voraussetzungen und Nachwirkungen gerichtet sind" (Klafki 1976, S. 25) über einen solchen Rahmen. Sie nehmen jedoch den aus den Texten interpretierten gesellschaftlichen Kontext als Wirklichkeit hin.

Demgegenüber wendet sich Kritisch-konstruktive Erziehungswissenschaft gegen die Ausblendung des gesellschaftlichen Hintergrundes des pädagogischen Geschehens in empirischen Wissenschaften und gegen die Hinnahme von gesellschaftlichen Verhältnissen als unabänderlich in der Geisteswissenschaftlichen Pädagogik. Kritische Erziehungswissenschaft in diesem Verständnis ist notwendigerweise mit Gesellschaftskritik verknüpft. Sie pocht konsequent auf die Möglichkeit, „dem Einzelnen wirklich zur Selbstbestimmung, zur Emanzipation, zum Recht auf individuelles Glück zu verhelfen" (Klafki 1976, S. 46), Möglichkeiten, die in unserer Gesellschaft gegeben sind. Die von Kritisch-konstruktiver Erziehungswissenschaft praktizierte Ideologiekritik versteht sich immer als Korrektiv rein hermeneutischer bzw. rein empirischer Vorgehensweisen. Sie intendiert die Aufdeckung der gesellschaftlich-politischen Bestimmungen des zwischenmenschlichen Beisammenseins, hier speziell des Erziehungsgeschehens.

Um nun herrschendes Denken als ideologisch, also als falsches Bewusstsein auszuweisen, ist ein Maßstab notwendig. Dieser ergibt sich aus dem Interesse an Fortschritt, das meint „dem Erkenntnisinteresse an der Ermittlung der Bedingungen und der praktischen Möglichkeiten, Freiheit, Gerechtigkeit, Vernunft zu realisieren" (Klafki 1976, S. 44). Diese Begriffe - ihnen korrespondieren die auf die Erziehung gerichteten Vorstellungen „Mündigkeit", „Selbstbestimmung", „Selbstverantwortung" - fungieren als Maßstab der Kritik, „man könnte sie in Anlehnung an Kant „regulative Ideen" nennen" (Klafki 1976, S. 45). Dieser Maßstab ist nicht zeitlos und absolut gültig, hat er sich doch erst seit der Aufklärung entwickelt und zumindest als Postulat durchgesetzt. Er wird hermeneutisch aus der Vergangenheit erschlossen und verweist auf Zukunft, und zwar auf die Zukunft des einzelnen Subjekts wie der Gesellschaft, denn es besteht ein dialektischer Zusammenhang zwischen Freiheit und Gerechtigkeit für den Einzelnen und gesellschaftlicher Freiheit und Gerechtigkeit, der Verwirklichung der Vernunft des Individuums und vernünftigen gesellschaftlichen Zuständen (vgl. Sahmel 1978, S. 790f). „Die wechselseitige Bedingtheit der in der Erziehung zu vermittelnden Selbstbestimmungsmöglichkeiten des Einzelnen und einer politisch zu verwirklichenden Gesellschaftsstruktur, die Selbstbestimmung für alle zulässt, ist die grundlegende Erkenntnis einer Kritischen Erziehungstheorie in diesem Verständnis" (Klafki 1976, S. 46).

Auf methodologischer Ebene folgt aus diesen normativen Setzungen für Kritische Erziehungswissenschaft die Notwendigkeit der Integration von empirischen, hermeneutischen und ideologiekritischen Ansätzen. „Das bedeutet freilich, dass manche expliziten Selbstinterpretationen der drei Ansätze und etliche Missverständnisse hinsichtlich der jeweils anderen Positionen entschieden korrigiert werden müssen. Gelingt die Synthese einesteils auf der Ebene der allgemeinen wissenschaftstheoretischen Reflexion, zum anderen in der konkreten Durchführung vieler einzelner Forschungsaufgaben, dann eröffnen sich der Erziehungswissenschaft ... ungewöhnliche Chancen, den Fortschritt einer freiheitlich-demokratischen Erziehungspraxis als Element eines entsprechenden gesellschaftlich-politischen Programms theoretisch und praktisch voranzutreiben oder mindestens mit zu ermöglichen" (Klafki 1976, S. 48).

1.3   Grundlegende Aspekte kritisch-konstruktiver Pädagogik

Hier sei eine kurze Zwischenbilanz gezogen.

Der Blick auf die Entwicklung der Diskussion um Kritische Pädagogik hat zu der Feststellung geführt, dass es „die" Kritische Erziehungswissenschaft nicht gibt. Vielmehr stellt sie einen komplexen Argumentations- und Arbeitszusammenhang dar, in den disparate Theorieaspekte Eingang gefunden haben.

Gemeinsam ist diesen Aspekten, dass

- Pädagogik als gesellschaftliches Handeln betrachtet wird,
- pädagogische Theorie und pädagogische Praxis in einem engen Bindungsverhältnis zueinander gesehen werden,
- sich diese Theorie für den Fortschritt von Individuum und Gesellschaft mit humaner Zielperspektive engagiert und
- eine diesen Ansprüchen genügende Erziehungstheorie zu entfalten versucht (vgl. Claußen/Scarbath 1979, S. 5).

Kritisch-konstruktive Erziehungswissenschaft versteht sich als Theorie der Praxis und für die Praxis. Sie tritt konsequent ein für eine demokratische, den Prinzipien von Selbstbestimmung, Mitbestimmung und Solidarität verpflichtete Gesellschaft und enthält daher notwendigerweise eine gesellschaftskritische Perspektive.

„Für die Erziehungswissenschaft konstitutiv ist das Prinzip, das besagt, dass Erziehung und Bildung ihren Zweck in der Mündigkeit des Subjektes haben; dem korrespondiert, dass das erkenntnisleitende Interesse der Erziehungswissenschaft das Interesse an

Emanzipation ist. `Eine so verstandene Theorie gewinnt die Maßstäbe der Kritik durch ihr Interesse an der Aufhebung von Verdinglichung und Selbstentfremdung des Menschen`. (H. Blankertz) Sie wendet sich also kritisch gegen all jene Erziehungsverhältnisse, die die Verdinglichung - die Unterdrückung der Vernunft im Dienste empirischer Heteronomien - weiter betreiben, oder auch gegen solche, die ihr nicht entgegenzuwirken vermögen. ... `Kritik` heisst dabei nichts anderes als intersubjektiv prüfbare Analyse der Bedingungen für Rationalität." (Mollenhauer 1973, S. 10f.)

Da es sich nun um eine Wissenschaft handelt, darf dieses Engagement für `Emanzipation` nicht als Setzung angesehen werden, die zu akzeptieren ist - oder abgewiesen werden kann -, sondern es bedarf der argumentativen Begründung und muss wissenschaftlich, (d.h. hier: unter Angabe von Gründen) intersubjektiv diskutierbar werden (Klafki 1982, S. 18).

Drei Dimensionen dieses Begründungszusammenhangs sind hervorzuheben:

A) Sozialphilosophische bzw. gesellschaftstheoretische Aspekte
Kritische Erziehungswissenschaft knüpft an die Analysen der Kritischen Theorie der sog. "Frankfurter Schule" an, die mit den Namen Max Horkheimer und Theodor W. Adorno verknüpft ist und deren grundlegende Analysen der verwalteten Welt der spätkapitalistischen Industriegesellschaft wie die dabei dialektisch entwickelten und ausgewiesenen Maßstäbe der Kritik auch heute noch von großer Aktualität sind.

B) Sprachphilosophische bzw. kommunikationstheoretische Aspekte
Kritische Erziehungswissenschaft geht in Anlehnung an Jürgen Habermas davon aus, dass das Prinzip Mündigkeit nicht von faktischer Gesellschaftlichkeit abhängig ist, „sondern mit der Grundverfassung der menschlichen Existenz als einer über ... sprachliche Begründungen des Handelns vermittelten gegeben und insofern `a priori` einsehbar" ist (Klafki 1982, S. 19).

C) Erziehungsphilosophische bzw. pädagogische Aspekte
„Was die sozialphilosophische Vorgabe der `Kritischen Theorie` mit dem aufklärerischen Begriff der Emanzipation des Menschen von ungerechtfertigten Abhängigkeiten und Gewalten exponiert, ist im Kern eine erzieherische Aussage... Denn emanzipativ im pädagogischen Sinne ist die Eigenstruktur der Erziehung selbst, sofern und insoweit wie (sie) sich gegen alle überformenden und überwältigenden, nicht-pädagogischen Normauflagen durchsetzt.... Der emanzipatorische Charakter der Erziehung ist auch dann gegeben, wenn die Erwachsenen, wenn Pädagogen, Erzieher, Lehrer und Eltern unter politischem, religiösem oder anderem weltanschaulich bedingten Druck gehalten sind, nur die Bewahrung des Vorgegebenen zu wünschen, nur Gehorsam, Einübung, Nachahmung und Nachfolge zu verlangen. Denn selbst dann liegt das Ziel darin, dass der Nachwuchs

schließlich das Tradierte selbständig, nämlich auf sich selbst gestellt, in eigener Verantwortung und unter Berücksichtigung der dann durch Aussenwirkungen eintretenden, im Einzelnen nicht vorhersehbaren strategischen Lagen verwaltet, interpretiert und verteidigt." (Blankertz 1982, S. 73)

Allerdings lassen sich aus der begründbaren allgemeinen Vorstellung von Emanzipation als Möglichkeit der Selbst- und Mitbestimmung in Verbindung mit Verantwortlichkeit für die Verwirklichung der analogen Möglichkeiten aller anderen, also Sozialität bzw. Solidarität, keine überhistorisch geltenden Vorstellungen von Erziehung bzw. von einer besseren Gesellschaft ableiten. "Emanzipation" ist nicht operationalisierbar!

Kritische Erziehungswissenschaft greift die begründeten Zielformeln als **regulative Prinzipien** auf, die unter den je gegebenen ökonomischen, technischen, gesellschaftlichen und kulturellen Bedingungen zu konkretisieren sind und pädagogisch verwirklicht werden sollen. „Kritisch-konstruktive Erziehungswissenschaft fragt nach den Bedingungen, Inhalten, Formen und Hindernissen der pädagogisch vermittelten Ausbildung solcher (historisch-inhaltlich strukturierten) Fähigkeiten." (Klafki 1982, S. 20) Das kritisch-emanzipatorische Interesse ist also mit der Wissenschaft selbst verbunden. Wissenschaft ist nicht wertfrei, sondern ergreift Partei für die Erhaltung und Erweiterung der Verfügung des Menschen über sich selbst.

1.4   Zum gegenwärtigen Stand der Pflegewissenschaft in Deutschland

In den letzten zehn Jahren hat sich die Pflegewissenschaft in Deutschland mit einer ausserordentlichen Rasanz entwickelt. Innerhalb weniger Jahre wurden an den deutschen (Fach-)Hochschulen über 40 Pflegestudiengänge eingerichtet und es begann - wenn auch merklich langsamer - der Aufbau von Pflegeforschungszentren an Universitäten. Man kann diesen deutschen Prozess als „nachholende Modernisierung" bezeichnen. „International ist Pflegewissenschaft längst eine eigenständige und ausdifferenzierte wissenschaftliche Disziplin und verfügt über eine langjährige akademische (Ausbildungs-)Tradition. Pflegestudiengänge existieren beispielsweise im anglo-amerikanischen Raum seit Beginn dieses Jahrhunderts, in Grossbritannien und vielen anderen europäischen Nachbarländern seit mehreren Jahrzehnten" (Schaeffer/Bartholomeyczik 1999, S. 40).

Die Akademisierung von Pflege ist sicherlich als Ergebnis eines massiven Professionalisierungsschubes in der Pflege seit den Siebziger Jahren zu werten (vgl. Bartholomeyczik 1996, S. 42ff.). Insbesondere die 1992 unter dem programmatischen Titel „Pflege braucht Eliten" veröffentliche Denkschrift der Robert Bosch Stiftung zur Hochschulausbildung für Lehr- und Leitungskräfte in der Pflege kommt hier eine herausragende Bedeutung zu. „Hervorragende persönliche Leistungen in Krankenhäusern, Altenpflegeeinrichtungen, So-

zialstationen und Verbänden dürfen nicht darüber hinweg täuschen, dass es den Pflegeberufen in Deutschland heute an einer zahlenmäßig ausreichenden Elite fehlt. Diesem
Mangel kann nur durch eine bessere Qualifizierung der leitenden und lehrenden Kräfte in
der Pflege abgeholfen werden. Zum einen muss die berufliche Qualifizierung Wissen,
Denkweisen, Einstellungen und Fähigkeiten vermitteln, die für die Wahrnehmung von Füh-
rungs- und Ausbildungsaufgaben wesentlich sind; zum anderen muss sie einen Anzie-
hungs- und Auswahleffekt für Bewerber haben, der in intellektueller, charakterlicher und
sozialer Hinsicht eine natürliche Führungsbegabung und eine besondere pädagogische
Eignung besitzen" (Robert Bosch Stiftung 1992, S. 12).

Gerade das Tempo dieser Entwicklung birgt allerdings eine Reihe von Problemen.

Die Akademisierung der Pflege in den Bereichen Pflegepädagogik und Pflegemanagement führt möglicherweise zu einer Dichotomisierung innerhalb der Gruppe der Pflegenden, ganz gewiss aber verschärft sie die Kluft zwischen Theorie und Pflegepraxis. Ob die
Akademisierung tatsächlich den „Königsweg" der Professionalisierung der Pflege darstellt,
bleibt letztlich ebenso offen (vgl. Kling-Kirchner 1994) wie Axmachers Hinweis, dass die
Verwissenschaftlichung der Pflege möglicherweise zu einem „Heimatverlust" führen
könnte (vgl. Axmacher 1991, S. 120ff.).

Eine weitere Problematik der Pflegewissenschaft ist darin zu sehen, dass ihr theoretisches
Fundament nicht allmählich, kontrovers diskursiv erarbeitet wird, sondern dass der schon
seit über achtzig Jahren in den USA und in England stattgehabte Prozess der Entwicklung
von **Pflegetheorien** nunmehr in kürzester Zeit - und damit sicherlich verkürzend - nachvollzogen wird.

Virginia Henderson, Dorothea Orem, Hildegard Peplau, Callista Roy, Nancy Roper,
Imogene King, Martha Rogers, Madeleine Leininger und viele andere Theoretikerinnen der
Pflege werden in Deutschland - obgleich noch nicht einmal ihre wichtigsten Werke ins
Deutsche übersetzt worden sind - breit in Sekundäranalysen rezipiert und thematisiert.
Nach ersten Übersichtsartikeln vor allem von Hilde Steppe (vgl. 1989, 1990 a, b, c) kamen
später vor allem der Arbeit von Marriner-Tomey „Pflegetheoretikerinnen und ihr Werk"
(1992) und Fawcetts Buch „Pflegemodelle im Überblick" (1996) eine zentrale Rolle im Re-
zeptionsprozess zu. In Verbindung mit einer großen Fülle von Artikeln in Fachzeitschriften
ergibt sich - auch dann, wenn einige von ihnen übersetzt in Sammelbänden ediert werden
(vgl. Schröck/Drerup (Hrsg.) 1997) - eine große Unübersichtlichkeit der Pflegetheorie.

Meines Erachtens kann es bei aller Notwendigkeit, Anschluss an den internationalen
Stand der Disziplin Pflege zu finden, nicht darum gehen, die anglo-amerikanischen Theorien und Modelle (nebenbei bemerkt: es gibt in anderen Ländern noch andere Theorien
und Modelle der Pflege) bruchlos zu übernehmen und möglichst schnell etwa auch in den

Pflegeunterricht einzuführen (vgl. Drerup 1998). Es ist notwendig, den historisch-gesell-schaftlichen Entstehungskontext dieser Pflegetheorien angemessen zu rekonstruieren (vgl. Botschafter/Steppe 1994, S. 78ff.; Steppe 1995, S. 43ff.; Mischo-Kelling/Wittneben 1995, S. 165ff.; Kampen 1998) sowie zu prüfen, ob diese Theorien mit den gegenwärtigen Verhältnissen von Pflege in Deutschland überhaupt konform gehen. Der notwendige Diskurs zwischen Pflegewissenschaft, Sozialarbeitswissenschaft und Gesundheitswissenschaft steht noch in den Anfängen (vgl. Mühlum/Bartholomeyczik/Göpel 1997). Gerade dieser aber könnte möglicherweise die Gefahr bannen, „dorthin zurück zu kehren, wo die Entwicklung einst ihren Ausgang nahm und einseitig die Theorieentwürfe der Anfangsära zu rezipieren - eine Tendenz, die in der BRD momentan um sich greift" (Schaeffer 1999, S. 146).

Auf eine weitere Problematik hat Wolfgang Becker 1996 prägnant hingewiesen: „Verfolgt man Literatur und öffentliche Diskussionen zum Themenbereich Pflege oder Pflegewis-senschaft, entsteht schnell der Eindruck einer selbstbezogenen Einseitigkeit und einer für die Klärung anstehender Fragen zur Qualifikationsentwicklung unproduktiven Verengung: Das im Grundsatz verständliche professionelle Selbstaufklärungsinteresse von Berufsan-gehörigen in gesundheits- und sozialpflegerischen Berufen reduziert sich dabei immer wieder und bemerkenswert unkritisch auf Perspektiven, Positionen und Normen der „Krankenhaus-Krankenpflege" - sei es in der Rezeption von Pflegetheorien, die insgesamt auf klinische, wenigstens aber auf stationäre Handlungs- und Erfahrungszusammenhänge rekurieren, oder sei es in der Fortschreibung sogenannter Pflegemodelle, die weitgehend ebenfalls auf dem Erfahrungswissen der Krankenhaus-Krankenpflege beruhen. Dabei ist Krankenpflege (und insbesondere die Krankenpflege im Krankenhaus) nur ein kleiner und mittlerweile günstigenfalls historisch bedeutsamer Ausschnitt von Handlungs-, Wissens-und Reflexionsansätzen zur gesundheitlichen Betreuung pflege- und versorgungsbedürfti-ger Menschen. Ambulante Betreuung, Altenpflege, Behindertenpflege, Familienpflege, Sozialpflege repräsentieren demgegenüber eine Vielzahl von Handlungsansätzen, Wis-sensbezügen und professionellen Orientierungen, die der Krankenhauskrankenpflege nicht nur fremd sind, sondern die von dieser - bislang wenigstens mit Erfolg - systematisch ausgegrenzt worden sind" (Becker 1996, S. 90).

Konnte Ruth Schröck noch 1989 Deutschland als ein Entwicklungsland der **Pflegefor-schung** charakterisieren (vgl. Schröck 1989, S. 634), so hat es in diesem Bereich inzwi-schen deutliche Fortschritte gegeben. Die noch vor einigen Jahren öffentlich artikulierte Infragestellung des Sinns von Pflegeforschung überhaupt (vgl. Bartholomeyczik 1996, S. 44f.) ist inzwischen weitgehend verstummt. Sowohl die ersten deutschen Pilotstudien – etwa zur Pflege von Apoplexiekranken (vgl. Krohwinkel u.a. 1993), zur „Nacht im Kran-kenhaus" (vgl. Bartholomeyczik u.a. 1993) oder zur Pflegeplanung (vgl. Höhmann u.a.

1996) – als auch die in Fachzeitschriften und in diversen Sammelbänden (vgl. u.a. Beier u.a. 1995, Wittneben (Hrsg.) 1998) publizierte Fülle von Einzelforschungsprojekten und die zunehmende Zahl von als Monographien veröffentlichten Einzelstudien belegen, dass Pflegeforschung in Deutschland inzwischen ein beachtliches Niveau erreicht hat.

„Angestoßen durch die Etablierung von Pflegestudiengängen nimmt der Umfang an Forschungsaktivitäten zu. Pflege wird zusehends zum Gegenstand und Thema von Forschung, womit begonnen wird, einen sich mittlerweile deutlich bemerkbar machenden Entwicklungsrückstand aufzuholen. Vor überhöhten Hoffnungen ist indes zu warnen, denn diejenigen, die bislang geforscht haben, sind inzwischen von der Akademisierung absorbiert und folglich mit Lehrfunktionen und Aufbauarbeiten befasst. Ihre Forschungsexpertise fließt vorrangig in die Betreuung von Forschung – genauer von Lehrforschung ein. Pointiert formuliert: *Pflegeforschung ist gegenwärtig ein weitgehend studentisches Unternehmen* und findet vorwiegend im Rahmen von Diplomarbeiten und Dissertationen statt." (Schaeffer 1999, S. 147)

Der seit vielen Jahren geforderte Ausbau der anwendungsorientierten bzw. praxisintegrierenden Pflegeforschung (vgl. u.a. Krohwinkel 1984, S. 250ff.; Lorenz-Krause 1989, S. 290ff.; Krohwinkel 1993, S. 183ff.) schreitet stetig voran. Diese „ist erforderlich, um dem steigenden Problemdruck in der Praxis zu begegnen, tragfähige Lösungskonzepte für die sich durch den Strukturwandel der Gesellschaft und die gesundheitspolitischen Umstrukturierungen ergebenden Modernisierungs- und Professionalisierungserfordernisse zu erarbeiten und zu einer angemessenen pflegerischen Versorgung und Betreuung beizutragen, die den Problemen und dem Bedarf heute dominanter Patientengruppen gerecht wird" (Schaeffer/Bartholomeyczik 1999, S. 42). Allerdings muss sich anwendungsbezogene Pflegeforschung stets fragen lassen, ob sie tatsächlich auch einen Beitrag zur Kritik der bestehenden Pflegepraxis leistet, oder ob sie nur zur Effektivierung einer schlechten Praxis beiträgt. Höhmann hat (1996) zu Recht auf die Notwendigkeit einer schärferen Berücksichtigung des Verwertungszusammenhangs von Pflegeforschung hingewiesen.

Was die Methodologie von Pflegeforschung betrifft, so ist diese nach anfänglichen grundlegenden Überlegungen (vgl. vor allem Schröck 1988 und 1989) inzwischen über die Rezeption des us-amerikanischen „Klassikers" von LoBiondo-Wood/Haber (1996) weit hinaus gekommen und umschließt (etwa bei Wittneben (Hrsg.) 1998) neben empirischen und hermeneutischen Methoden auch Aspekte der Phänomenologie, der Ethnomethodologie bis hin zur auf einem kritischen Wissenschaftsverständnis aufbauenden Handlungsforschung.

Die Breite und der Pluralismus gegenwärtiger Pflegeforschung sollte – bei aller Betonung der Notwendigkeit des weiteren Ausbaus der Pflegewissenschaft als Grundlage für Lehre, Wissenschaft und Praxis (vgl. Robert Bosch Stiftung 1996) - aber nicht die Augen vor einer zur Zeit deutlich erkennbaren Tendenz zur vorschnellen „Wissenschaftsgläubigkeit" in der sich konstituierenden Disziplin Pflegewissenschaft verschließen lassen (vgl. Sahmel 1999, S. 25f.). So warnt Ruth Schröck in ihrem Eröffnungsreferat auf der 1. Internationalen Konferenz Pflegetheorien im April 1997 in Nürnberg vor der Gefahr, „dass intellektuelle Akrobatik, akademische Profilierung und esoterische Forschung eher Rätsel aufwerfen, als dass eine ... Theorieentwicklung helfen würde, die Probleme des pflegerischen Handelns zu lösen" (Schröck 1997, S. 39).

1.5   Umrisse einer Kritischen Pflegewissenschaft

Der eher skeptische als euphorische Blick auf den gegenwärtigen Stand der Pflegewissenschaft in Deutschland ist vor allem dadurch gespeist, dass es dieser an einem einheitsstiftenden Band mangelt. In den Anfängen der Professionalisierung der Pflege in Deutschland schien sich dieses vor allem im Konzept der „Patientenorientierung" auffinden zu lassen. Hier sei vor allem auf die bahnbrechenden Arbeiten von Karin Wittneben: „Pflegekonzepte in der Weiterbildung zur Pflegelehrkraft" (1991) und von Johanna Taubert: „Pflege auf dem Weg zu einem neuen Selbstverständnis" (1994) verwiesen.

Das Konzept der patientenorientierten Pflege ist entwickelt worden

- aus dem Strukturwandel des Krankenhauses heraus,
- aus der Kritik der Pflege an der strikt naturwissenschaftlichen Ausrichtung der Medizin
- und aus deutlicher Kritik an qualifikatorischen Mängeln im Pflegebereich.

In seiner unkritisch-traditionellen Form (mit Betonung des hausarbeitsnahen, 'weiblichen' Aspekts der Liebestätigkeit Pflege) droht das Konzept der Patientenorientierten Pflege zu einer modernen Form der alten Pflegeideologie zu werden (vgl. Bischoff 1994 a, S. 199).

Demgegenüber sieht Claudia Bischoff die Möglichkeit, dass das Konzept der Patientenorientierten Pflege in seinem **professionellen Verständnis** einen wesentlichen Beitrag zur kritisch-konstruktiven pflegewissenschaftlichen und pflegepädagogischen Wendung beitragen kann: „Unter professioneller Richtung verstehe ich all diejenigen Überlegungen und Ansätze, die einen Verberuflichungs- und Verwissenschaftlichungsprozess des gesamten Berufes anstreben und dabei der Rolle von Theorie, Forschung und Qualifizierung einen hohen Stellenwert zuschreiben. In dieser Richtung wird die gesellschaftliche Bedingtheit der Pflege anerkannt. Sie ist in zunehmendem Maß politisch ausgerichtet, d.h. sie sucht Veränderungen nicht nur durch 'innerliche' Veränderungen herbeizuführen, sondern durch eine Auseinandersetzung auf gesellschaftlichen und politischen Ebenen" (Bischoff 1994 a, S. 201).

Das Konzept verweist auf ein alternatives Gesundheitsverständnis, auf die Vorstellung von Ganzheitlichkeit, die Notwendigkeit der Qualifikation und der Emanzipation von Patient und Pflegeperson. Emanzipation darf allerdings nicht verkürzt werden auf die Dimension des Bewusstseins, sondern muss die Veränderung von Arbeitsbedingungen und -beziehungen, hin zu mehr Mitbestimmung und Selbstverantwortung für die Beschäftigten stets ins Blickfeld mit aufnehmen.

Gerade angesichts der Unübersichtlichkeit der gegenwärtigen Pflegewissenschaft erscheint die Forderung nach der Entwicklung von **Kritischen Theorien von Pflege** aktueller denn je: „Theorien der Pflege sollten als kritische Theorien entwickelt werden. In einem solchen Ansatz werden die gesellschaftlichen und historischen Bedingungen sowie die Herrschaftsverhältnisse, unter denen Pflege ausgeübt wird, mitreflektiert und ziehen Konsequenzen auf der Handlungsebene nach sich. Eine kritische Theorie hat immer auch ein emanzipatorisches Interesse, denn sie strebt die Aufklärung der Praxis über sich selbst an. Sie ist aber keine Praxistheorie in dem Sinn, dass sie zu einer Rechtfertigungslehre der bestehenden Praxis wird. Es müssen vielmehr eine wünschenswerte Praxis entworfen sowie die Ziele und Mittel formuliert werden, wie diese Praxis zu erreichen ist. Als Zielvorstellung würde eine kritische Theorie Mündigkeit und Emanzipation nicht nur für die einzelne Pflegekraft oder den einzelnen Patienten fordern, sondern für den gesamten Beruf. Kritische Theorien bedingen immer auch Parteinahme und Wertung. Das bedeutet für die Theorien der Pflege, dass sie nicht abgehoben und `objektiv` entwickelt werden sollten, sondern mit dem Ziel, eine bessere Praxis zu schaffen, die nach parteilichen und emanzipatorischen Maßstäben kritischer Vernünftigkeit gestaltet wird. Die Pflegeforschung hätte dann die Voraussetzungen und Bedingungen für Mündigkeit zu untersuchen" (Bischoff 1994 a, 218f.).

Die Bedeutung eines solchen kritisch-theoretischen Rahmens der Pflegewissenschaft erscheint um so notwendiger, „als parallel zur in der BRD verspätet begonnenen Akademisierung weitreichende Umstrukturierungen des Gesundheitswesens erfolgten - eingeleitet durch die zahlreichen Gesetzgebungen zur Gesundheitsreform wie auch das Pflegeversicherungsgesetz. Die durch sie angestoßenen Entwicklungen (z.B. Reduktion der Bedeutung des Akutkrankenhauses, Bedeutungszuwachs und Aufwertung der ambulanten Pflege, Festschreibung neuer Aufgaben der Pflege etc.) erhöhen nicht nur den auf der Pflege lastenden Reform- und Modernisierungsdruck, sondern setzen – analytisch besehen - eine bereits professionalisierte und wissenschaftlich fundierte Pflege voraus, um adäquat aufgegriffen zu werden." (Schaeffer/Bartholomeyczik 1999, S. 41)

Entscheidend wird sein, ob der gegenwärtige Pflegenotstand - wie etwa in der PROGNOS-Analyse "Auf dem Weg aus der Pflegekrise?" (1992) - eher technologisch begriffen und als bewältigbares Problemfeld **hingenommen** wird, oder ob die Phänomene von Unzufriedenheit, burn out und Gewalt in der Pflege - wie etwa bei Schmidbauer (1992)

- kritisch eingebunden gesehen werden in das Ganze der gegenwärtigen Gesellschaft und sodann als "Versagen der staatlichen Fürsorge" zu **kritisieren** sind.

Insgesamt bedarf es innerhalb der Kritischen Pflegewissenschaft einer Analyse der Bedeutung von Ökonomisierung und Rationalisierung sowie der Ausweitung der Anforderungen an die Pflege bei gleichzeitigem Rückgang der zur Verfügung gestellten finanziellen Ressourcen für die Arbeit der Pflege wie auch für die Aus-, Fort- und Weiterbildung im Pflegebereich!

1.6   Pflegepädagogik als kritisch-konstruktive Disziplin

Die kritisch-konstruktive Pflegepädagogik ist eine noch in den Anfängen ihrer Entwicklung stehende Disziplin und es wird vorgeschlagen, sie im Rahmen der Kritischen Sozialwissenschaften zu konstituieren (vgl. Sahmel 1999). Sie baut zentral auf Analysen und Impulsen der Kritisch-konstruktiven Erziehungswissenschaft wie der Kritischen Pflegewissenschaft auf, ohne dass jedoch Erkenntnisse bruchlos in die neue Disziplin übertragen werden. Gerade diese Brüche sind im Rahmen der Argumentationen kritisch-konstruktiver Pflegepädagogik zu thematisieren. Auch die Eigenständigkeit der Disziplin wird zunächst nur postuliert, ob und inwieweit sie diesem Anspruch auch gerecht wird, wird an Inhalten und Ergebnissen zu messen sein.

Was ist überhaupt „**Pflegepädagogik**"?

Ute Herbst hat 1993 Pflegepädagogik als eine erziehungswissenschaftliche Disziplin bestimmt, die sich die Erforschung „sämtlicher mit dem Gesamtphänomen Pflege (im Sinne von Arbeiten in der Pflege sowie im Sinne von Ausbilden zum Pflegeberuf) zusammenhängender pädagogisch relevanter Fakten, Strukturen, Probleme und Zusammenhänge" zur Aufgabe nimmt.

Als wesentlich stellt sie drei **Gegenstandsbereiche** der Pflegepädagogik heraus:

"1) den Handlungsbereich innerhalb der Krankenpflege, der auf Veränderungen ... bei Patienten ausgerichtet ist, z.B. in pflegerischen Informations-, Unterweisungs- und Beratungssituationen,

2) die pflegerische Ausbildung in ihren theoretischen und praktischen Teilen, die auf Verhaltens- und Einstellungsänderungen bei den Schülerinnen und Schülern gerichtet ist - ... Pflegedidaktik - sowie

3) die allgemeinen Verhältnisse und Bedingungen der pflegerischen Ausbildung. Hier rücken formale, strukturelle und institutionelle Aspekte in den Blick, etwa der gesetzliche Rahmen der Ausbildung, das (erforderliche) Qualifikationsprofil der Lehrpersonen und die Struktur des Theorie-Praxis-Gefüges." (Herbst 1993, S. 88)

Ich teile die in dieser Bestimmung vorgenommene Einschränkung von pflegepädagogischen Fragestellungen auf die Krankenpflege nicht, sondern ziehe die Altenpflege in pflegepädagogische Reflexionen ausdrücklich mit ein. Darüber hinaus reicht die Festlegung des Gegenstandsbereiches noch nicht aus für die Konstituierung einer eigenständigen wissenschaftlichen Disziplin: Es bleibt offen, in welche Richtung die Beratung und Anleitung von Patienten erfolgen soll.

Deutlich weiter geht Thomas Bals in seinem Vortrag „Was ist `Medizin- und Pflegepädagogik`?" von 1995. Er legt keine abschließende Definition vor, sondern es geht ihm darum, „mit der Skizze einiger Konturen des Faches `Medizin- und Pflegepädagogik` Anknüpfungspunkte für eine Diskussion zu liefern" (Bals 1995 b, S. 15). Bals stellt vier **Charakteristika** heraus:

- `Medizin- und Pflegepädagogik` ist nach seinem Verständnis vor allem empirisch-wissenschaftlich orientiert.

- `Medizin- und Pflegepädagogik` wird bestimmt als ein einheitliches und die gesamte Gruppe der Gesundheitsfachberufe (nicht nur die Krankenpflege) umfassendes Fach.

- `Medizin- und Pflegepädagogik` kommt insofern eine Sonderrolle innerhalb des Lehrerstudiums zu, als sie den spezifischen Entwicklungsgang der (Pflege-)Lehrer-(Weiter-)Bildung in ihre Reflexionen mit einbeziehen sollte.

- `Medizin- und Pflegepädagogik` wird als erziehungswissenschaftliche Teildisziplin der Berufs- und Wirtschaftspädagogik zugeordnet.

Mir erscheinen insbesondere der erste und der vierte Aspekt problematisierungsbedürftig: Warum sollte sich diese Disziplin auf die Empirie beschränken und damit schon am Anfang ihrer Entwicklung weitgehend auf Hermeneutik und Ideologiekritik verzichten? Warum sollte sie sich der traditionell eher konservativen Berufspädagogik zuordnen?

Demgegenüber plädiere ich dafür, dass Pflegepädagogik sich in den breiteren Rahmen der Erziehungs- und Sozialwissenschaften einordnen sollte, was den Bezug auf kritische Analysen der Berufs- und Wirtschaftspädagogik (vgl. Lempert/Franzke 1976; Offe 1975) keineswegs ausschließt. Außerdem schlage ich vor, die Bezeichnung „Pflegepädagogik" der der Tradition der Berliner Charité geschuldeten Bezeichnung „Medizin- und Pflegepädagogik" vorzuziehen.

Dem hier zugrunde liegenden Verständnis einer kritisch-konstruktiven Pflegepädagogik am nächsten kommen sicherlich die Ausführungen von Karin Wittneben, die allerdings eine breiter angelegte Pflegepädagogik recht schnell auf die engere Pflegedidaktik reduziert. Vor dem Hintergrund ihrer Konzeption der patientenorientierten Pflege wie der von ihr rezipierten kritisch-konstruktiven Didaktik von Wolfgang Klafki fordert sie für eine Fachdidaktik der Krankenpflege, „dass sie den Ansprüchen der Kranken/Patienten, die sich aus dem Gegenstandsbereich der Pflegewissenschaft ergeben, ebenso entspricht wie den Ansprüchen der Lernenden, die aus dem Gegenstandsbereich der Erziehungswissenschaft hervorgehen und damit einen spezifisch pädagogischen Zugriff auch auf die Sache der Fachwissenschaft verlangen" (Wittneben 1991, S. 160) In Bezug auf diese Zielsetzung sind sich die Verfasser dieses Buches mit Wittneben einig; auf die Tragfähigkeit ihrer didaktischen Konzeption wird an anderer Stelle einzugehen sein (vgl. unten, Kapitel 5). An dieser Stelle bleibt hervorzuheben, dass Wittnebens Funktionsbestimmung von Pflegedidaktik als „Integrationswissenschaft" (vgl. auch Wittneben 1994) nach meiner Einschätzung übertragbar ist auf den umfassenden Bereich der Pflegepädagogik.

Wichtige Ansätze einer kritisch-konstruktiven Pflegepädagogik finden sich in Renate Brenners kritischer Analyse der Entwicklung der Krankenpflegeausbildung (1994) sowie vor allem in den Arbeiten von Bernd Wanner und Claudia Bischoff.

Bernd Wanner hat seine pflegepädagogisch grundlegende und bis heute gültige Analyse der Entwicklung und des Standes der Ausbildung für Lehrer für Pflegeberufe - "Lehrer zweiter Klasse" (1993) - vorgenommen auf der Basis der kritisch-emanzipatorischen Berufspädagogik. Zugleich führt er das Konzept der Patientenorientierung als Massstab der Kritik in die pflegepädagogische Diskussion ein. Die analoge Argumentationsfigur liegt den Analysen zur Frauenrolle (vgl. Bischoff 1994 a) und zu neuen Perspektiven der Ausbildung von Pflegelehrkräften von Claudia Bischoff (vgl. Bischoff/Botschafter 1993) zugrunde.

Diese Arbeiten sind für die Etablierung einer kritisch-konstruktiven Pflegepädagogik von großer Wichtigkeit, da sie den Sonderweg der Pflege historisch analysieren. Nach meiner Auffassung ist es außerordentlich wichtig, sich angesichts des massiven Wandels in der Gegenwart stets des gesellschaftlichen Kontextes bewusst zu sein, innerhalb dessen der Wandel sich vollzieht. Erst bei einer genauen Beachtung des historischen Gewordenseins im jeweiligen sozialen Wandel lassen sich gegenwärtig umstrittene Aspekte verstehen, kritisch einschätzen und auf ihre Weiterentwicklung hin analysieren - und sodann praktisch vorantreiben. Ein solches historisch-systematisches Vorgehen bewahrt vor Dogmatismus und voreiligem Praktizismus (also vor Veränderungen um der Veränderung willen).

Abbildung 1 (S. 29) verdeutlicht den Problemzusammenhang kritisch-konstruktiver Pflegepädagogik.

Kritisch-konstruktive Pflegepädagogik setzt sich **kritisch** mit den gesellschaftlichen und institutionellen Rahmenbedingungen wie mit der vorhandenen Praxis von Pflege und Ausbildung auseinander und stellt dabei sehr wohl auch die Leistungen gegebener Praxis zur Bewältigung der komplexen Aufgaben von Pflege und Ausbildung heraus. Basierend auf einem Bildungs- und Pflegeverständnis formuliert sie Ansprüche an die Vermittlung von

Qualifikationen in der Aus-, Fort- und Weiterbildung. Ihr besonderes Augenmerk muss sie dabei auf die drohenden Grenzen zwischen Theorie und Praxis richten und (entsprechend ihrem Selbstverständnis als Theorie für die Praxis) konstruktiv Ansätze für die Überwindung dieser Grenzen liefern.

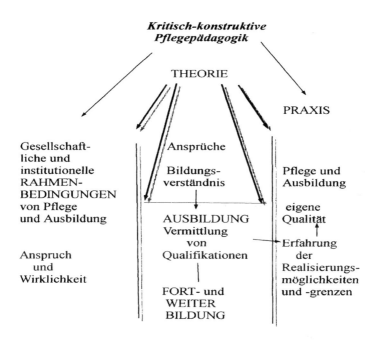

Abbildung 1: Kritisch-konstruktive Pflegepädagogik

Die **konstruktiven** pflegepädagogischen Dimensionen lassen sich zur Zeit vor allem in den Diskussionen um Pflegedidaktik erkennen. Zwar ist das Verhältnis von Allgemeiner Didaktik und Fachdidaktik Pflege noch weitgehend systematisch ebenso ungeklärt wie die Frage nach der Eigenständigkeit der Pflegedidaktik. Aber die diesbezüglichen Diskussionen auf den pflegedidaktischen Kongressen in Göttingen 1992, Aarau 1993 und Bremen 1996 lassen hier wichtige Ansätze für die Entwicklung der Pflegedidaktik erkennen. Allerdings sollte Pflegedidaktik im Kontext der Argumentationen kritisch-konstruktiver Pflegepädagogik auch die curricularen Begrenzungen unterrichtlichen Handelns ebenso kritisch in didaktische Überlegungen einbeziehen wie die Analyse der schulischen Rahmenbedingungen. Solange vor allem der Pflegepraxis eine so herausragende Rolle im Ausbildungsgeschehen zugesprochen wird, wie im zur Zeit gültigen Krankenpflegegesetz, und solange Theorie und Praxis in den Dimensionen Praxisbegleitung und Praxisanleitung auseinanderklaffen, ist vor übertriebenen Erwartungen an Innovation und gar "Emanzipation" zu warnen.

2   Bestandsaufnahme Pflegeausbildung

Karl-Heinz Sahmel

2.1   Das Ausbildungsfeld Gesundheit

Thomas Bals beginnt seine differenzierte Analyse der Berufsbildung der Gesundheitsfachberufe mit der Feststellung, dass dieses „voller Absonderlichkeiten" ist (Bals 1993, S. 15).
Die erste Besonderheit zeigt sich schon darin, dass die Bezeichnungen der Berufe im Berufsfeld Gesundheit - von „Heil-Hilfsberufe" über „nichtärztliche Heilberufe", „medizinische
Hilfsberufe", „medizinische Assistenzberufe" bis zu „nichtärztliche Gesundheitsberufe" (vgl.
Bals 1993, S. 18) - durch eine deutliche Abhängigkeit von der Medizin gekennzeichnet
sind. „Es dürfte wohl keinen anderen gesellschaftlichen Teilbereich geben, in dem ein ein-
ziger Beruf den anderen Berufen dieses Sektors eine hinsichtlich Berufsaufgabe und
-auffassung derart *defizitäre Selbstdefinition* aufgibt, wie dies bei den Ärzten und den sogenannten nichtärztlichen Gesundheitsberufen der Fall ist. Hintergrund dieses Umstandes
ist die geschichtliche Entwicklung eines ärztlichen Einheitsstandes, dem die Diagnose und
Behandlung von Krankheit obliegt" (Bals 1993, S. 15), und der entsprechend alle verbleibenden Tätigkeitsbereiche in der Heilkunde als nichtärztliche Hilfs- bzw. Assistenzberufe
deklariert.

Eine systematische Einordnung und Gliederung aller im weitesten Sinne zu den Gesundheitsberufen zählenden Professionen bereitet deutliche Schwierigkeiten. Becker/Meifort
schlagen vor, die Gesundheitsberufe nach vier Berufsfeldern zu klassifizieren:
- Primärversorgung (Arzthelferin, Zahnarzthelferin, Rettungsassistentin u.a.)
- Diagnosetechnik (MTA, Pharmazeutisch Technische Assistenten usw.)
- Pflege (Krankenschwester/Pfleger, Kinderkrankenschwester/Pfleger, Krankenpflegehelferin, Hebamme/Entbindungspfleger, Diätassistentin, Altenpflegerin, Haus- und Fa-
  milienpflegerin, Dorfhelferin, Heilerziehungspflegerin)
- Rehabilitation (Masseurin und Medizinische Bademeisterin, Krankengymnastin, Ar-
  beits- und Beschäftigungstherapeutin, Logopädin, Orthopistin u.a.)
(vgl. Becker/Meifort 1994, S. 25).

Bals erweitert diese Klassifikation um die Präventionsberufe, die Gesundheitshandwerker-
berufe, die Körperpflegeberufe und die Gesundheitsverwaltungsberufe (vgl. Bals 1993,
S. 69).

Zusammen mit einer ganzen Reihe von Helferqualifikationen und staatlich nicht anerkannten Fortbildungen erweist sich der Gesundheitssektor in seinem nichtärztlichen Be-

reich als außerordentlich unübersichtlich. Wenn im Folgenden der Blick auf Entwicklung und Struktur der Krankenpflege und der Altenpflege gerichtet wird, so ist damit keine Herabsetzung der Besonderheit bzw. auch der Entwicklungsmöglichkeiten anderer Berufe, etwa der Kinderkrankenpflege oder der Haus- und Familienpflege, intendiert.

Allen Gesundheitsfachberufen - und diese Bezeichnung wird hier als übergeordnete gewählt, weil sie die Eigenständigkeit und ein umfassendes Spektrum der Tätigkeit impliziert (vgl. Bals 1993, S. 18) - gemeinsam sind zwei Besonderheiten: Sie richten sich vornehmlich an Frauen und die Ausbildung erfolgt weitgehend außerhalb des ansonsten vorherrschenden „Dualen Systems".

Nach Berechnungen aus dem Jahre 1997 lag der Anteil von Frauen in der Krankenpflege mit ca. 900.000 Beschäftigten bei rund 85%, in der Altenpflege mit mittlerweile über 200.000 Beschäftigten bei gut 87% (vgl. Meifort 1998, S. 41). Trotz aller gesellschaftlichen Veränderungen durch die Emanzipationsbewegung der Frau und bei allen Bestrebungen einer Professionalisierung des Pflegeberufs bleibt doch zunächst einmal bestehen, dass ein im 19. Jahrhundert begonnener Prozess der Verknüpfung von Frauenrolle und Pflegetätigkeit auch in der Gegenwart zumindest strukturell fortwirkt und ideologiekritisch aufzuhellen ist.

Nach einem langen kontroversen politischen Diskussionsprozess (vgl. Offe 1975) wurde 1969 das Duale System der beruflichen Bildung in der Bundesrepublik Deutschland durch das Berufsbildungsgesetz geregelt. Die beiden Lernorte Betrieb und Berufsschule werden hier vom Gesetzgeber mit differenzierten Vorschriften geordnet und aufeinander bezogen. Bei aller in den letzten Jahren von verschiedenen Seiten geäußerten Kritik an diesem Dualen System (vgl. Greinert 1997, S. 143 ff.) lässt sich doch festhalten, dass es sich in seiner Grundstruktur bewährt hat und die Basis für Innovationen darstellt (vgl. Dehnbostel/ Walter-Lezius (Hrsg.) 1995). Über 85% aller Ausbildungen werden nach dem Berufsbildungsgesetz geregelt.

Eine charakteristische Ausnahme bildet hier der Bereich der Gesundheitsfachberufe, für den (mit wenigen Ausnahmen) das Berufsbildungsgesetz nicht gilt. Auch die Ursachen für diese Tatsache können in der Geschichte gefunden werden.

2.2   Zur Geschichte der Krankenpflege

Zum wissenschaftlichen Diskurs über Pflege gehören substantiell Ausführungen zu ihrer Geschichte. Gerade in einer Zeit jedoch, in der das Verständnis von „Geschichte" vielfach zum Gegenstand „veröffentlichter" Auseinandersetzungen wird - ich verweise nur auf die Debatten über die Fernsehserie „Holocaust", die Betroffenheit über den Film „Schindlers Liste", den Streit um Daniel Goldhagens Buch „Hitlers willige Vollstrecker" oder die Auseinandersetzung um die Friedenspreisrede von Martin Walser 1998 -, ist es um so notwendiger, dabei wissenschaftlich vorzugehen. Umgekehrt müssen historische Arbeiten auch ideologiekritisch hinterfragt werden.

Schon 1961 hat E. Horst Schallenberger konstatiert: „Die Geschichte als Wissenschaft ist eine der schwierigsten Wissenschaften. Sie hat das unberechenbare Wesen `Mensch` in seinem Handeln zu begreifen. Und nur, wenn es eine Methode gibt, durch deren Hilfe sichere oder annähernd sichere Kunde über Vergangenes gewonnen werden kann, dürfen wir von der Geschichte als Wissenschaft sprechen" (Schallenberger 1985, S. 19). Ein Blick auf den aktuellen Stand der Geschichtswissenschaft (vgl. Cornelissen (Hrsg.) 2000) zeigt eine große Fülle unterschiedlicher Perspektiven: Politikgeschichte, Geistesgeschichte, Kulturgeschichte, Mentalitätsgeschichte, Geschlechtergeschichte, historische Sozialwissenschaft, Erlebnis- und Erfahrungsgeschichte und viele andere mehr. Allen gemeinsam bleibt das Problem einer ständigen Verquickung von Erkenntnis und Interesse. Auch der Historiker selbst als Forscher und Person steht in einer bestimmten gesellschaftlich-historischen Situation, was Einfluss auf seine Forschung hat und von ihm reflektiert werden muss (vgl. Bergmann/Pandel 1975). Rohlfes stellt fest, dass der Historiker eine gute Chance hat, „das Dilemma seiner Standortverhaftetheit abzuschwächen, indem er ... die jeweilige Perspektive so ins Bewusstsein rückt, dass jeder Schein ihrer Allgemeingültigkeit zunichte wird. Er verhindert damit, dass die Ergebnisse seiner Untersuchung als die einzig möglichen Antworten auf die einzig möglichen Fragen erscheinen. So wird es möglich, die unterschiedlichen Perspektiven so miteinander in Beziehung zu setzen, dass sie sich wechselseitig erhellen, aber auch kontrollieren" (Rohlfes 1997, S. 63).

Die Geschichtswissenschaft hat den Gegenstandsbereich Pflege bislang noch kaum zur Kenntnis genommen. Umgekehrt muss allerdings die sich konstituierende Pflegewissenschaft geschichtswissenschaftliche Erkenntnisse in ihre Reflexionen einbeziehen. Hilde Steppe bestimmt die Aufgabe der historischen Pflegeforschung als „systematische Erforschung der auf die Pflege bezogenen Vergangenheit nach gültigen wissenschaftlichen Regeln. Sie hat die Aufgabe, diese Vergangenheit zu dokumentieren, zu analysieren und zu bewerten mit den Zielen:

- Erkenntnisse für die heutige Zeit zu gewinnen,
- Zusammenhänge zu verdeutlichen,
- Entwicklungsprozesse aufzuzeigen und damit
- „Lehren" für die Gegenwart und die Zukunft zu ermöglichen.

Historische Pflegeforschung ordnet sich von der Bestimmung ihres Gegenstand- und ihres Erkenntnisinteresses her ein in die Berufsgeschichte und die Alltagsgeschichte und ist damit ein Teil der `Geschichte von unten`." (Steppe 1993, S. 168)

Misst man an diesem hohen wissenschaftlichen Anspruch aktuelle Arbeiten zur Geschichte der Pflege (vgl. z.B. Rüller (Hrsg.) 1994; Möller/Hesselbarth 1994; Metzger/Zielke-Nadkarni 1998), so wird man allerdings enttäuscht feststellen müssen, dass sie diese nicht zur Kenntnis nehmen. Die ursprüngliche Tendenz, dass Krankenschwestern „die" Geschichte „der" Krankenpflege erzählen - als symptomatisch seien hier die weit verbreiteten älteren Arbeiten von Lieselotte Katscher (1960) und Anna Sticker (1960) hervorgehoben -, ist inzwischen zurückgetreten zugunsten der Aneinanderreihung von Fakten und Dokumenten zur Pflegegeschichte. Wenn aber innerhalb von geschichtlichen Überblicksarbeiten Perioden, politische und gesellschaftliche Ereignisse, Ereignisse innerhalb der Pflege und Persönlichkeiten der Pflege und Medizin in der Zeit von 3000 v.Chr. bis 1989 auf zwei Seiten nebeneinander gestellt werden (vgl. Rüller 1999, S. 38f.), so zeugt dies einerseits von einer außerordentlichen Überschätzung der Bedeutung von Pflegenden innerhalb der historischen Entwicklung. Andererseits werden die geschichtlichen Einzeltatsachen nicht in einem Sinnzusammenhang gebracht. Erst im Kontext von Politik und Kulturgeschichte und mit Blick auf ihre jeweilige soziale Bedingtheit können pflegerelevante Dokumente und Ereignisse angemessen verstanden und daraufhin befragt werden, welche Bedeutung sie für die Gegenwart haben (vgl. Wolff/Wolff 1994).

Im Folgenden soll nunmehr der Versuch unternommen werden, wenigstens ansatzweise einen historischen Sinnzusammenhang zu rekonstruieren.

Bis zum Ende des 18. Jahrhunderts lassen sich Heilkunde und Pflege nur äußerst schwer differenzieren. Mit der Entwicklung der neuzeitlichen **Medizin** und ihrer naturwissenschaftlichen Verobjektivierung des Menschen änderte sich dies grundlegend. Die Herausbildung des „ärztlichen Blicks" und die „Geburt der Klinik" (vgl. Foucault 1988) haben inzwischen zu einer „Eroberung der Gesundheit" (vgl. Hudemann-Simon 2000) durch die Medizin geführt. Drei Schritte sind für die Professionalisierung der Ärzteschaft im 19. Jahrhundert charakteristisch: „An erster Stelle steht die Erweiterung des Marktes für die medizinischen Dienstleistungen durch eine Ausweitung der Nachfrage und die Ausschaltung der Kurpfuscher. Monopolistische Ansprüche für diesen Markt erforderten staatliche Unterstützung und Garantien. An zweiter Stelle steht die Entwicklung einer standardisierten wissenschaftlichen Ausbildung, die den professionellen Ärzten eine klare Abgrenzung und soziale Distanzierung von den nicht-professionellen Heilern erlaubte. An dritter Stelle schließlich steht die Maximierung beruflicher Autonomie, hauptsächlich durch das spezialisierte Expertenwissen, also die Durchsetzung größtmöglicher Freiheit von Fremdkontrolle durch Laien, sei es von seiten des Staates oder von seiten der Patienten" (Hudemann-Simon 2000, S. 28).

Geradezu gegenläufig zu diesem Prozess der Dominanz der Medizin ist die Etablierung der Pflege als ein ärztlicher Hilfsberuf zu sehen. Allerdings sollte dabei nicht das Auseinanderstreben von Medizin und Pflege durch „ein überspitztes Standes- und Verbandsdenken, den traditionellen Geschlechterkampf, das Streben nach professioneller Eigenständigkeit oder nach ideologischer Höherwertigkeit überstrapaziert" (Seidler 1993, S. 12) werden. (Es darf allerdings darauf hingewiesen werden, dass in einem Standardwerk zur Geschichte der Medizin die Pflege (vgl. Ackerknecht 1992) nur am Rande erwähnt wird.)

Mit dem vor allem durch die Industrialisierung vorangetriebenen sozialen Wandel des 18.Jahrhunderts und dem Einzug der Medizin in die sich von Spitälern zu bürgerlichen Krankenhäuser wandelnden Institutionen der medizinischen Versorgung war schon bald die Einsicht in die Notwendigkeit einer Verbesserung der Krankenversorgung durch Ausbildung verknüpft. Die erste, 1781 von Franz Anton Mai in Mannheim gegründete Krankenwärterschule blieb allerdings eine kurze Episode und die Klagen über die schlechte Betreuung der Kranken durch die (zumeist männlichen) Krankenwärter rissen nicht ab. Dieffenbach stellte 1832 fest: „Es ist ein wahrer Jammer, anzusehen, welche Menschen man als Krankenwärter und -wärterinnen anstellt. Jeder Alte, Versoffene, Triefäugige, Blinde, Taube, Lahme, Krumme, Abgelebte, jeder der zu nichts in der Welt mehr taugt, ist dennoch nach der Meinung der Leute zum Wärter gut genug. Menschen, die ein unehrliches Gewerbe betrieben haben, Faulenzer, Taugenichtse, alle die scheinen vielen noch außerordentlich brauchbar als Krankenwärter, und welcher Auswurf der Menschheit sammelt sich da! Und wie wenig ehrbare, brave, tüchtige Menschen sind darunter!" (zitiert nach Schaper 1987, S. 57). Die öffentliche Geringschätzung des Krankenwartdienstes, die äußerst harten Arbeitsbedingungen des Personals und die soziale Unterprivilegierung dürfen hier allerdings nicht unerwähnt bleiben.

„Impulse für die Herausbildung anderer Formen der Krankenpflege kamen nicht aus dem Bereich des Gesundheitswesens. Es waren vielmehr das Wiederaufleben sowie die Modifizierung traditioneller Formen religiös-motivierter Armen- und Krankenpflege, die das Entwicklungsgeschehen innerhalb der Krankenpflege in der ersten Hälfte des 19. Jahrhunderts bestimmten" (Schaper 1987, S. 122).

Eine herausragende Bedeutung kommt hierbei dem Schaffen und Wirken von Theodor und Friederike **Fliedner** im Rahmen des Diakoniewerks Kaiserswerth zu.

Theodor Fliedner hat seine breiten sozial-karitativen Aktivitäten in Kaiserswerth entfaltet auf der Basis einer tief empfundenen und gelebten pietistischen Religiosität. Die christlichen Werte von Demut, Unterordnung und selbstlosem Dienen fanden Eingang in alle Bereiche des von ihm organisierten Systems der Armen-, Alten- und Krankenversorgung.

Friederike Fliedner hat sich der - von ihrem künftigen Ehemann bereits in seinem „Werbebrief" vom 14.01.1828 (vgl. Sticker 1963, S. 13ff.) explizierten - christlich begründeten Vorstellung von der dienenden Unterordnung der Frau unter den Mann stets bereitwillig unterworfen. Trotz eines hohen Maßes an Eigenverantwortung als erste Vorsteherin des Diakonissen-Mutterhauses und bei aller in Briefen geäußerten Kritik an einzelnen Maßnahmen hat sie doch stets die Dominanz des Hausherrn uneingeschränkt akzeptiert.

Das Prinzip der Unterordnung gilt für die gesamte Institution Mutterhaus und insbesondere für die Zusammenarbeit zwischen Krankenschwestern und Ärzten. Hierzu heißt es in den Paragraphen 19 - 21 der erstmals 1837 erlassenen „Hausordnung" der Diakonissenanstalt Kaiserswerth:

„§ 19 Die Diakonissen haben bei der leiblichen Krankenpflege in der Diakonissenanstalt die Vorschriften des Hausarztes in Bezug auf Verbinden, Pflegen, Diät des Kranken usw. pünktlich und ohne Widerrede zu befolgen, sich dieselben, wenn es nötig, in ihr Schreibtäfelchen zu notieren und ihm täglich über den Zustand der ihnen anvertrauten Kranken treu zu berichten.

§ 20 Sie dürfen keine ihnen bekannten oder empfohlenen Hausmittel bei dem Kranken ohne Wissen und Erlaubnis des Arztes gebrauchen und dabei stets mit der Vorsicht, dass das Zutrauen der Kranken zu dem Arzt dadurch nicht leide, wie sie denn überhaupt dies Zutrauen bei den Kranken möglichst zu befördern suchen müssen.

§ 21 Sie haben sich gegen den Arzt stets eines ernsten und würdevollen Betragens zu befleißigen, mit ihm sich in der Regel nur über ihre Berufsgeschäfte zu unterhalten und nicht in unnütze und unschickliche Plaudereien einzulassen" (zitiert nach Sticker 1960, S. 248f.).

Schon früh hat Theodor Fliedner auf die Notwendigkeit der Ausbildung von Diakonissen hingewiesen und entsprechende Maßnahmen der Unterweisung initiiert. Für die Charakterschulung und die Festigung in Glaubensfragen war dabei der Pfarrer zuständig, für elementare Informationen über Anatomie und Arzneimittel der Arzt, für die Unterrichtung in speziellen pflegerischen Aspekten und insbesondere für die Schulung von notwendigen praktischen Fertigkeiten die Schwester auf der Station.

Die Institutionalisierung der Pflege im Rahmen von Mutterhäusern (nicht nur) der Diakonie war für die weitere Geschichte der Pflege im 19. und 20. Jahrhundert außerordentlich wichtig und einflussreich. Es fällt auf, dass diese Form der neuzeitlichen Krankenpflege lange Zeit eher bewundernd zur Kenntnis genommen worden ist (besonders gefördert durch die materialreichen biographischen Arbeiten von Anna Sticker 1959, 1960, 1963, 1989). Kritische Auseinandersetzungen mit dem Kaiserswerther Mutterhauskonzept blieben eher in der Minderheit (vgl. Taubert 1994, S. 74ff.; Sahmel 2000 a).

Diese haben gegenüber dem Konzept der Diakonissenpflege nicht nur die fraglose Unterwerfung von Pflege unter den Arzt, sondern auch das Primat der Theologie kritisiert. Historisch hat die strikt religiöse Orientierung von Pflege in Deutschland lange einen fruchtbaren Austausch mit weltlichen Vorstellungen von professioneller Krankenpflege, wie sie etwa für die Entwicklung in den angelsächsischen Ländern charakteristisch ist, eher behindert als gefördert. Schon Florence Nightingale, die sich zunächst vom Geist und von der Praxis der Krankenpflege in Kaiserswerth sehr angetan gezeigt hat, hat späterhin deutlich insbesondere an der Ausbildungspraxis kritisiert, dass diese in den Händen von Theologen und Ärzten - und nicht von Expertinnen für Krankenpflege lag (vgl. Sticker 1993, S. 10f.). Schließlich sollte das von Friederike Fliedner und in ihrer Folge von der Diakonissenbewegung vertretene Bild der Frau ideologiekritisch hinterfragt werden.

Claudia Bischoff hat in ihrer erstmals 1984 erschienenen Arbeit „Frauen in der Krankenpflege" die auch heute noch in Teilen wirksame **Ideologie der Frau** als uneigennützig, demütig, bescheiden, geduldig, selbstverleugnend, fügsam, anspruchslos, aufopfernd und selbstlos analysiert. Zugleich stellt sie heraus, dass sich die Krankenpflege im 19. Jahrhundert zu einem weltlichen Beruf für bürgerliche Frauen entwickelte, weil

- „die weibliche Krankenpflege die `menschliche` Seite der abstrakten naturwissenschaftlichen Medizin verkörpern und gleichzeitig Hilfsfunktionen für die Medizin übernehmen musste;

- die Arbeitskraft der Frau in einer sie benachteiligenden Gesellschaft billiger war und weil Frauen aufgrund des ihnen anerzogenen weiblichen Arbeitsvermögens in jeder Hinsicht ausbeutbarer und ökonomischer einsetzbar waren als Männer, dabei widerstandsloser und passiver;

- weil die Krankenpflege hausarbeitsnahe Arbeit ist, die nur bedingt zu verberuflichen war und Frauen die Anteile der gesellschaftlichen Reproduktionsarbeit übernehmen mussten, die sich nicht völlig rationalisieren ließen. ...

Die Widersprüche, die in den ökonomischen Voraussetzungen des Gesundheitswesens sowie in der naturwissenschaftlich-technisch ausgerichteten Medizin liegen und die strukturell Inhumanität erzeugen, wurden durch den Einsatz der weiblichen Fähigkeiten und Unfähigkeiten, durch die den Frauen anerzogene Bereitschaft zur Selbstlosigkeit und Selbstausbeutung verdeckt und kompensiert. ...

Die Krankenpflege selbst war jedoch auch an der Funktionalisierung und Ausbeutung der eigenen Berufsangehörigen beteiligt: indem sie die bürgerlichen Weiblichkeitsideologien übernahm und damit den Beruf selbst als unbezahlte Liebestätigkeit und selbstloses, aufopferungsvolles Tun definierte." (Bischoff 1994 a, S. 143f.)

Neue Impulse erhielt die Pflege am Ende des 19. Jahrhunderts aus der freiberuflichen Krankenpflege. Hier ist insbesondere **Agnes Karll** hervorzuheben. Die ehemalige Angehörige eines Mutterhauses des Deutschen Roten Kreuzes hatte sich 1891 angesichts der katastrophalen Arbeitsbedingungen in den Krankenhäusern entschlossen, in die private Krankenpflege zu wechseln. Allerdings war auch hier ein Höchstmaß körperlicher und psychischer Anstrengung von der Krankenschwester gefordert (vgl. Sticker 1984, S. 61ff.). Erst eine Tätigkeit bei einer Versicherung, in der erstmals freiberufliche Schwestern eine soziale Absicherung erhalten konnten, die nicht wie im Mutterhaussystem mit extremer Abhängigkeit verknüpft war, ließen Agnes Karll Raum für weitergehende Aktivitäten, insbesondere in Bezug auf die von ihr 1903 begründete „Berufsorganisation der Krankenpflegerinnen Deutschlands".

Dieser Organisation (später als „Agnes Karll-Verband" und heute als „DBfK - Deutscher Berufsverband für Pflegeberufe" firmierend) kommt für die weitere Entwicklung der Krankenpflege im 20. Jahrhundert eine wichtige Bedeutung zu. Eine kritische Würdigung der vor kurzem von Ruth Elster (2000) vorgelegten Dokumente aus der Geschichte des Berufsverbandes steht noch aus und kann hier nicht vorgenommen werden.

Die aufstrebende „Berufsorganisation der Krankenpflegerinnen Deutschlands" (BOKD) entfaltete schon bald nach ihrer Gründung rege und auch in der Öffentlichkeit wahrgenommene Aktivitäten. Im Kampf gegen das „Schwesternelend" (Helmerichs 1992, S. 90ff.) initiierte die BOKD systematische Datenerfassungen im Krankenpflegeberuf, die als Basis der Forderungen zur Verbesserung der sozialen Lage der Krankenschwestern herangezogen werden konnten (vgl. Elster 2000, S. 23ff.). Hervorzuheben ist weiterhin, dass Agnes Karll zu den führenden Wegbereiterinnen des Zusammenschlusses von Krankenschwestern aus den USA, England und Deutschland zum 1904 gegründeten „International Council of Nurses" (ICN) gehörte; 1909 wurde sie Präsidentin und lud 1912 zum Weltkongress nach Köln ein (vgl. Elster 2000, S. 29). Auf die Initiativen der BOKD zur Schaffung eines gesetzlichen Rahmens für die Ausbildung in der Krankenpflege wird an anderer Stelle einzugehen sein (vgl. unten 2.3). Die enge Kooperation mit der um die Jahrhundertwende erstarkenden bürgerlichen Frauenbewegung - der BOKD gehörte seit 1903 dem „Bund Deutscher Frauenvereine" an (vgl. Frevert 1986, S. 110) - führte dazu, dass 1912 an der Hochschule für Frauen in Leipzig erste Kurse für leitende Krankenschwestern durchgeführt wurden (vgl. Kruse 1995, S. 63ff.).

Bei allen Bestrebungen, einen Wandel der Krankenpflege von der dienenden Liebestätigkeit zu einem Beruf herbeizuführen, blieben die Aktivitäten der zwischen der Organisationsform eines Fachverbandes und einer Schwesternschaft angesiedelten BOKD doch in einem merkwürdigen Zwitterzustand (vgl. Helmerichs 1992, S. 63ff.). Weder kam es zu einem Anschluss der bürgerlichen Frauenvereinigung an die aufstrebende vom (vorwiegend männlichen) Proletariat getragene Gewerkschaftsbewegung. Noch trennte sich die BOKD vom Idealbild des Helfens: Unter dem Lazaruskreuz, dem die Verbandszeitschrift und das Abzeichen zierenden Symbol, stand als oberste Maxime der Schwestern „Ich dien`". „Die Vertreterinnen der Berufsorganisation sahen in der Krankenpflege den `weiblichsten` aller Berufe. Sie erkannten die Übertragung bürgerlicher Weiblichkeitsideologien auf ihren Beruf nicht nur an, sondern festigten sie mit der These, dass die den Frauen angeborene Mütterlichkeit die grundlegende Berufseignung ausmache. ... Die Berufsorganisation löste sich nicht von der tradierten Schwesternethik. Sie übertrug im Gegenteil die realitätsferne Idealisierung und Überhöhung auf die berufliche Krankenpflege, indem sie die Besonderheit des Namens, der Tracht und der Schwesternschaft betonte. ... Die Definition der Grenzen zwischen Pflege und Medizin (überließ die BOKD) nach wie vor den Ärzten." (Rübenstahl 1994, S. 122)

Schließlich ist hervorzuheben, dass die im BOKD organisierten Krankenschwestern in deutlicher Konkurrenz standen zur weiterhin wichtigen katholischen Ordenspflege und den in Mutterhäusern organisierten Schwesternschaften des Deutschen Roten Kreuzes und der Diakonie, die sich einerseits in Form des Verbandes der Kaiserswerther Mutterhäuser zementiert und andererseits durch die Initiative von Friedrich Zimmer im Evangelischen Diakonieverein modernisiert worden waren (vgl. Helmerichs 1992, S. 41ff.).

Diese Konkurrenz zwischen einer Berufsorganisation von Krankenschwestern und von Schwesternschaften, die mit Verbänden der im Gesundheitswesen äußerst wichtigen freien Wohlfahrtsverbände substantiell verknüpft waren, sollte sich für den weiteren Gang der Professionalisierung der Pflege in Deutschland als problematisch erweisen.

Zunächst einmal wurde die weitere Entwicklung geprägt durch den Ausbruch des **Ersten Weltkrieges**. „Zwischen 1914 und 1918 wurde die traditionelle, und auch nach der `Wende' (beginnende Umgestaltung der Krankenpflege zum Beruf um 1900) in der Krankenpflege noch lebendige Auffassung von der Pflege als eine einem eindeutig definierten ideellen Auftrag verpflichtete Tätigkeit (Dienst an Gott, christlicher Dienst für das Vaterland) stark reaktiviert, und die Pflegetätigkeit konnte deshalb in diesem Zeitraum wieder stärker an die etablierten caritativen Organisationsstrukturen ... gebunden werden. Maßgeblichen Einfluss hierauf hatten das *Rote Kreuz* und die Ritterorden; durch die Leitungsfunktion, die diese Organisationen seit dem 19. Jahrhundert im Kriegsfall und somit auch zwischen 1914 und 1918 in bezug auf die Krankenpflege einnahmen, fand die dort vertretene Betrachtung der Krankenpflege primär als christlicher vaterländischer Frauendienst (und damit weniger als eine Erwerbsmöglichkeit für Frauen) erneut Verbreitung." (Helmerichs 1992, S. 133)

Die Spaltung der Pflegekräfte in verschiedene Organisationen wurde nach dem Zusammenbruch des Kaiserreichs 1918 vertieft. In den ersten Jahren der **Weimarer Republik** stieg die Zahl der Mitglieder der gewerkschaftlichen Pflegeverbände („Verband der Gemeinde und Staatsarbeiter" und „Deutscher Verband der Krankenpfleger und -pflegerinnen") deutlich an (vgl. Helmerichs 1992, S. 154f.). Der BOKD, die Schwesternschaften des Roten Kreuzes, die caritativen Schwesterngemeinschaften und die später in der gewerkschaftlichen „Reichssektion Gesundheitswesen" organisierten Schwestern vertraten teilweise sehr divergierende Positionen (vgl. Prüfer 1997, S. 71ff.).

Entsprechend ihrer bürgerlichen Tradition lehnten die Schwesternverbände und die Mutterhäuser den für die Verberuflichung der Krankenpflege möglicherweise entscheidenden Kampf um den Achtstundentag, den die Gewerkschaften nach 1918 auf breiter Front führten, massiv ab. „Die am 23. September 1919 auf Initiative der gewerkschaftlichen Krankenpflegeverbände im Reichsarbeitsministerium anberaumte Konferenz zur Arbeitszeitverkürzung in der Krankenpflege endete mit dem Beschluss, einen Unterausschuss aus Vertreterinnen der verschiedenen Krankenpflegeorganisationen und Krankenhausleitern zu bilden. Dieser trat, nachdem die gewerkschaftlichen Krankenpflegeverbände in mehreren Eingaben an das Arbeitsministerium dessen langwierige Arbeit („Verschleppungstaktik") kritisiert und zum Beschluss einer gesetzlichen Arbeitszeitregelung aufgefordert hatten, vom 19. - 22. Februar 1920 erneut zusammen. Nach einer erwartungsgemäß äußerst kontrovers geführten Diskussion wurde die 48-Stunden-Woche in der Krankenpflege mit neun zu fünf Stimmen abgelehnt und gleichzeitig der Vorschlag, eine sechzigstündige Arbeitswoche einzuführen, mehrheitlich (acht zu sechs Stimmen) angenommen." (Helmerichs 1992, S. 169)

Statt Beteiligung an gesellschaftlichen Reformen war für die Schwesternschaften in den Zwanziger Jahren vor allem das Bewahren des Tradierten angesagt. Symptomatisch für das Festhalten der bürgerlichen Schwesternverbände am überkommenen Frauenbild ist etwa die in Verbandszeitschriften heftig geführte „Bubikopfdebatte". In grundlegend antimodernistischer Haltung wird der „Bubikopf", der von progressiven Frauen der Zwanziger Jahre präferiert worden ist, als Symbol der Veränderung des Bildes der Frau als Krankenschwester angesehen und zum Anlass genommen, alle Bestrebungen zur Veränderung der Rolle der Frau - vom Frauenwahlrecht bis zur Beteiligung von Frauen am öffentlichen Leben - strikt abzulehnen (vgl. Prüfer 1997, S. 82ff.).

Die Aufrechterhaltung der Gesinnung von Krankenpflege als „Dienst" wie das insgesamt (mit Ausnahme der gewerkschaftlichen Verbände) eher antidemokratischere Ressentiment der Schwesternverbände stellten einen günstigen Nährboden dar für die schnelle Integration der Schwesternschaften in das **nationalsozialistische Regime** ab 1933.

„Als der größten Berufsgruppe im Gesundheitswesen wurde der Krankenpflege von Anfang an verstärkte Aufmerksamkeit zuteil. Eine grundlegende Neuorganisation sollte vor allem zwei Ziele erreichen:

• Die Vereinheitlichung, organisatorische Straffung und Zusammenfassung der vielen verschiedenen, zersplitterten Berufsverbände unter einer nationalsozialistischen Führung und

- die inhaltliche „Gleichschaltung", das heißt die möglichst weitgehende Durchdringung der pflegerischen Berufsauffassung mit der nationalsozialistischen Weltanschauung. Konkret war damit eine möglichst weitreichende Verdrängung vor allem der kirchlichen Verbände gemeint, bei denen der größte Widerstand vermutet wurde - und eine entsprechende Steigerung des Einflusses derjenigen Verbände, die sich den nationalsozialistischen Zielen anschließen konnten und wollten" (Steppe (Hrsg.) 1993, S. 61).

Die freien Schwestern (BOKD), die Katholische Schwesternschaft, die Diakoniegemeinschaft und die Rot-Kreuz-Schwesternschaft wurden 1933 in der „Reichsfachschaft Deutscher Schwestern und Pflegerinnen" als berufsständige Dachorganisation zusammengefasst; als weitere Organisation, die in den folgenden Jahren an Bedeutung gewinnen sollte, wurde die Schwesternschaft der „Nationalsozialistischen Volkswohlfahrt" der Fachschaft angegliedert.

Birgit Breiding hat Ideologie, Struktur und Funktion dieser „braunen Schwestern" 1998 erforscht und stellt fest: „Als 'fachliche Elitetruppe' der NSDAP war es Aufgabe der NS-Schwestern, indem sie Wohlfahrtspflege unter weltanschaulichen Gesichtspunkten praktizierten, die 'Volksgenossen' gleichzeitig von der pseudo-religiösen nationalsozialistischen Weltanschauung und den rassistischen Zielsetzungen des nationalsozialistischen Staates zu überzeugen... Die spezifische Ideologie der NS-Schwesternschaft gründete auf dem ideologischen Konstrukt des nationalsozialistischen Ordens. Die NS-Schwesternschaft adaptierte Formen des religiösen Ordensideals und füllte diese mit Inhalten der nationalsozialistischen Weltanschauung aus. Der Ordensgedanke sollte die NS-Schwestern einerseits ideologisch für die Erfüllung ihrer 'Mission' stärken, andererseits die elitäre Stellung dieser Parteiorganisation der NSDAP gegenüber den anderen Schwesternschaften betonen." (Breiding 1998, S. 86f.)

Allerdings übernahmen auch die anderen Schwesternschaften sowohl in ihren Fachzeitschriften als auch in den Lehrbüchern sehr bald die rassistische Ideologie und das Führerprinzip, also die Unterwerfung der Schwestern unter ihre Oberinnen und die Unterordnung der Schwesternschaft unter die Dominanz der von Ärzten und der Politik bestimmten nationalsozialistischen Volkswohlfahrt. Mit dem „Gesetz zur Ordnung der Krankenpflege" vom 28. September 1938 wurden erstmals in Deutschland die Tätigkeit und die Ausbildung in der Krankenpflege einheitlich gesetzlich geregelt. Diese Regelung erfolgte jedoch nicht als Erfüllung älterer berufsständischer Forderungen, sondern zur Verbesserung der Kontrolle über die Krankenpflege: „Darum erkennt der nationalsozialistische Staat es als seine Pflicht an, die Leistungen der Personen zu überwachen und zu steigern, die sich berufsmäßig mit der Pflege kranker Volksgenossen befassen, um für alle Zeit unfähige und ungeeignete Personen von diesem verantwortungsvollen Dienst auszuschließen." (Engel 1938, zitiert nach Weisbrod-Frey 1993, S. 88)

Im Rahmen des nationalsozialistischen Herrschaftssystems mit seiner menschenverachtenden Ideologie wurde Krankenpflege als Frauenberuf „enorm aufgewertet, die deutsche Schwester stand gleichrangig neben der deutschen Frau im Dienst am Volk. Die Politisierung der Krankenpflege verstärkte diese Aufwertung enorm und machte jede einzelne Krankenschwester zum wichtigen Glied eines politischen Systems" (Steppe (Hrsg.) 1993, S. 83). Damit waren aber auch wichtige Voraussetzungen geschaffen für die Verstrickung in das mörderische System des „Dritten Reiches" und die Beteiligung von Krankenschwestern an der Vernichtung „lebensunwerten Lebens". Ob bei Aktionen der Sterilisation von „Erbkranken", der als „Euthanasie" getarnten Ermordung von Kindern und Erwachsenen (nicht nur) in psychiatrischen Anstalten oder bei Menschenversuchen in den Konzentrationslagern (vgl. Baader/Schultz (Hrsg.) 1989; Heesch (Hrsg.) 1993; Faulstich 1993; Klee 1991; Klee 1997; Koch 1996; Lifton 1988; Mitscherlich/Mielke (Hrsg.) 1995) - stets standen den Ärzten dienende Krankenschwestern zur Seite (vgl. Steppe (Hrsg.) 1993, S. 137ff.; Steppe/Ulmer (Hrsg.) 1999). Schwestern, die Widerstand leisteten, gehörten zu den rühmlichen Ausnahmen (vgl. Steppe 1993, S. 189ff.).

Im **Zweiten Weltkrieg** gehörten insbesondere die im Deutschen Roten Kreuz organisierten und inzwischen ideologisch formierten Schwesternschaften (vgl. Seithe/Hagemann 1993) zu den willfährigen Handlangern der Wehrmacht und damit des nationalsozialistischen Staates (vgl. Steppe (Hrsg.) 1993, S. 119ff.).

Wie in anderen gesellschaftlichen Bereichen fand eine grundlegende „**Entnazifizierung**" innerhalb der Schwesternschaft nach dem Zusammenbruch von 1945 ebenso wenig statt wie eine „Aufarbeitung der Vergangenheit" (vgl. Wiedemann 1999).

Luise von Oertzen zum Beispiel, Generaloberin des Deutschen Roten Kreuzes seit 1935, wurde 1949 Vizepräsidentin des DRK und war von 1952 bis 1961 Präsidentin des „Verbands der Schwesternschaften vom Deutschen Roten Kreuz" (vgl. Steppe (Hrsg.) 1993, S. 216f.). Noch 1963 publizierte das DRK ein Buch, in dem die stetige Bereitschaft von Schwestern, dem „Ruf der Stunde" treu und blind zu folgen, affirmativ dokumentiert wurde (vgl. Oberinnen-Vereinigung 1963). Dass gerade dieser „Wohlfahrtsverband" eine zentrale Rolle in der Unterstützung des nationalsozialistischen Unrechtssystems gespielt und gegen seine eigenen ethischen Prinzipien massiv verstoßen hat, wurde bis in die Gegenwart verschwiegen (vgl. Biege 2000).

Schon bald nach dem Zusammenbruch des „Dritten Reiches" gab es Bestrebungen, den BOKD wieder zu begründen. „Bereits am 24. Juli 1945 fand in Berlin eine Versammlung statt, bei der die anwesenden Schwestern beschlossen, die BO unter dem Namen ihrer Gründerin als Agnes Karll-Verband (AKV) wieder aufleben zu lassen" (Elster 2000, S. 33). Daneben wurden auch die diversen Verbände der Diakonissen-Mutterhäuser und die katholischen Schwesternschaften reaktiviert und es organisierten sich Krankenschwestern und Pfleger in der Gewerkschaft ÖTV, so dass die seit der Jahrhundertwende für die Krankenpflege charakteristische Zersplitterung in der Nachkriegszeit wieder eintrat (vgl. Fritz 1964).

Daneben gab es mehrere Anläufe, die Verbände wieder zu vereinen: So schlossen sich die katholischen, evangelischen und Rot-Kreuz-Mutterhäuser zu einer Arbeitsgemeinschaft der Mutterschaftsverbände zusammen, der Agnes Karll-Verband, der Bund freier Schwestern und einige Einzelmitglieder schlossen sich 1948 zur Deutschen Schwesterngemeinschaft zusammen, beide gründeten 1951 die Arbeitsgemeinschaft Deutscher Schwesternverbände (ADS), 1957 trat jedoch das Deutsche Rote Kreuz und die Deutsche Schwesterngemeinschaft aus dem ADS wieder aus, 1973 kam es zur Gründung des Deutschen Berufsverbandes für Pflegeberufe und Ende der Neunziger Jahre schließlich schlossen sich die Pflegeverbände erneut zusammen (vgl. Schulte/Drerup 1992, S. 21ff.). Die genaue Rekonstruktion von Hintergründen wie Interessen der Zusammenschlüsse und der Trennungen von Verbänden in Dachorganisationen steht noch aus.

Für die vielfältigen Diskussionen um die Ausgestaltung und weitere Entwicklung der Krankenpflege wie auch im Prozess einer Revision der gesetzlichen Regelung der Krankenpflegeausbildung lässt es sich insgesamt als hinderlich herausstellen, dass die Krankenpflegeverbände teilweise unterschiedliche Positionen vertraten.

Darüber hinaus gilt es festzuhalten, dass erst Ende der Achziger Jahre - insbesondere durch die Initiative von Hilde Steppe - eine intensive Auseinandersetzung mit der Geschichte der Krankenpflege auch innerhalb der Berufsverbände einsetzte. Allerdings ist bis heute noch nicht breit aufgeklärt, inwiefern geschichtlich gewordene Strukturen und traditionsbehaftetes Denken bis in die Reforminitiativen der Gegenwart fortwirken.

2.3   Die Entwicklung der Krankenpflegeausbildung im 20. Jahrhundert

Die um die Jahrhundertwende einsetzende Auseinandersetzung um eine staatliche Regelung der Ausbildung in der Krankenpflege war durch unterschiedliche Interessen geprägt. Für die befürwortenden Ärzte ging es angesichts der Fortschritte der Medizin vor allem um eine bessere Qualifizierung des pflegerischen Hilfspersonals. Politiker setzten sich für eine staatliche Regelung der Ausbildung einerseits aus sozialpolitischen Gründen ein, vor allem zur Verbesserung der Arbeitsbedingungen in den Krankenhäusern, andererseits sollten die freien Krankenhausträger einer stärkeren staatlichen Kontrolle unterworfen werden. Der Diakonieverein und insbesondere die BOKD forderte staatliche Ausbildungsregelungen, darüber hinaus auch

- „um die in der Pflege tätigen Frauen zukünftig zu einem Beruf mit klarer Aufgabenstellung hin ausbilden zu können,

- um durch eine fachliche Ausbildung den Pflegenden bewusst zu machen, welche wichtigen Aufgaben ihnen in der Betreuung der Kranken zugewiesen sind,
- um durch eine staatliche Prüfung und Anerkennung ungeeignete Personen von der Krankenpflege auszuschließen.

Durch eine geregelte Berufsausbildung sollte sich das Berufsbild der Pflegenden stärker als bisher hervorheben, und die Berufsangehörigen sollten durch ein wachsendes Selbstbewusstsein allmählich dazu kommen, ihre beruflichen Angelegenheiten selbst zu vertreten" (Kruse 1995, S. 103f.).

Dem gegenüber hielten Gegner einer staatlichen Regelung der Krankenpflegeausbildung - insbesondere katholische Pflegeorden und Schwesternschaften des Roten Kreuzes - eine staatlich vorgeschriebene Ausbildung mit Abschluss eher für eine Einengung des caritativen Anspruchs von Krankenpflege und unterstellten, dass durch den Erwerb theoretischer Kenntnisse Helfen, Dienen und christliche Nächstenliebe als Kernelemente von Krankenpflege zurücktreten könnten (vgl. Kruse 1995, S. 104).

Am 22. März 1906 kam es im Bundesrat des Deutschen Reiches zur Verabschiedung eines Beschlusses, wonach die Bundesregierungen ersucht wurden, „Vorschriften über die Prüfung und Anerkennung von Krankenpflegepersonen zu erlassen" (und) dafür Sorge zu tragen, dass in staatlichen oder sonstigen vom Staate für diesen Zweck anerkannten Krankenanstalten Gelegenheit zur Erlangung der nachzuweisenden Ausbildung in der Krankenpflege geboten wird" (zitiert nach Kruse 1995, S. 86). Der preußische Minister der Geistlichen, Unterrichts- und Medizinalangelegenheiten erließ auf der Grundlage dieses Bundesratsbeschlusses am 10. Mai 1907 „Vorschriften über die staatliche Prüfung von Krankenpflegepersonen", andere Länder folgten 1908 und 1909 (vgl. Kruse 1995, S. 86).

Entgegen den Forderungen insbesondere von Vertreterinnen der Berufsverbände wurde die Dauer der Ausbildung auf nur ein Jahr festgelegt. Die Ausbildung fand an staatlich anerkannten Ausbildungsstätten statt, die in der Regel an Krankenhäusern angesiedelt waren. Sie war vorwiegend praktisch ausgerichtet. Die Inhalte des Lehrgangs (über dessen Umfang keine eindeutigen Bestimmungen erlassen wurden) bezogen sich vornehmlich auf Anatomie, Krankheitslehre, Krankenbeobachtung und Krankenwartung sowie theoretische Hintergründe von medizinischen Assistenztätigkeiten. Die Schulleitung lag bei einem Arzt und auch die schriftliche, mündliche und praktische Prüfung fand vor einer von der Landesbehörde bestellten Prüfungskommission von drei Ärzten statt (vgl. Kruse 1995, S. 86ff.).

Mit diesen Regelungen von 1907 sind Strukturen und Inhalte der Krankenpflegeausbildung gesetzlich festgelegt worden, die auch für die folgende Zeit konstitutiv sein sollten:

- die Anbindung der Ausbildungsstätte an ein Krankenhaus,
- die Leitung der Schule wie die Durchführung der Prüfung obliegt Ärzten,
- im Zentrum der Ausbildung steht die Unterweisung in der Praxis,
- im Lehrgang geht es schwerpunktmäßig um die Vermittlung von medizinischem Wissen und entsprechenden Assistenztätigkeiten.

Darüber hinaus diente die Ausbildung der Herausbildung einer spezifischen Lebens- und Arbeitshaltung, der „Charakterschulung" (Mischo-Kelling/Wittneben 1995, S. 235ff.).

Auch in den folgenden Jahren war „die gesamte Diskussion über die gesetzliche Regelung der Ausbildung... von religiösen, moralischen und ideologischen Wertvorstellungen und Zielsetzungen dominiert" (Mischo-Kelling/Wittneben 1995, S. 239). Die verschiedenen Vertreterinnen und Vertreter der Pflege konnten sich bis zur „Machtergreifung" der Nationalsozialisten nicht auf eine einheitliche Position zur Reform der gesetzlichen Regelung der Pflegeausbildung verständigen.

„Der nationalsozialistischen Regierung war bei der Regelung der Krankenpflegeausbildung nicht daran gelegen, gewachsene Strukturen zu erhalten und Rücksicht auf die Besonderheiten religiöser Gemeinschaften zu nehmen. Im Gegenteil, was nicht der Idee des Nationalsozialismus diente, sollte beseitigt werden. Dazu gehörten alle konfessionellen Institutionen, denn sie waren die Träger einer gegnerischen Ideenwelt. Mit dem im September 1938 verkündeten „Gesetz zur Ordnung der Krankenpflege"... schuf die Reichsregierung die rechtliche Grundlage für eine einheitliche Regelung der Krankenpflegeausbildung. Der Reichsminister des Inneren als zuständiger Fachminister wurde durch das Gesetz ermächtigt und beauftragt, Bestimmungen über die Ausbildung, die Ausbildungsstätten, die Berufsausübung, die Berufsbezeichnung und die Berufstrachten in der Krankenpflege tätiger Personen zu treffen" (Kruse 1995, S. 107f.).

Auch weiterhin mussten Krankenpflegeschulen einem Krankenhaus angeschlossen sein und die Leitung wurde einem Arzt übertragen, „der deutschen oder artverwandten Blutes und politisch und sittlich zuverlässig war... Zur Betreuung und praktischen Anleitung der Krankenpflegeschülerinnen und zur Unterstützung des Schulleiters musste eine Krankenschwester als Lehrschwester zur Verfügung stehen" (Kruse 1995, S. 108). Die Dauer der Ausbildung wurde auf 1 ½ Jahre verlängert. Der theoretische Unterricht umfasste mindestens 200 Stunden, von denen 100 Stunden dem Arztunterricht vorbehalten waren. Entsprechend dem ideologischen Anspruch einer nationalsozialistischen Charakterschulung standen die nationalsozialistische Weltanschauung, Erb- und Rassenkunde und Bevölkerungspolitik als neue Inhalte an zentraler Stelle des Rahmenlehrplanes. „Wir wollen unsere Schülerinnen nicht nur fachlich aufs Beste schulen, sondern darüber hinaus wollen wir sie durch intensiven Weltanschauungsunterricht mit dem ideellen Gedankengut des Nationalsozialismus bekannt machen, sie sportlich stählen und sie durch unsere umfassende Gemeinschaftserziehung zu starken und reifen Menschen werden lassen" (M. Zanders 1936, zitiert nach Weisbrod-Frey 1993, S. 105).

Der wachsende Bedarf an Krankenschwestern und Sanitätern im Zweiten Weltkrieg führte dazu, dass schon bald nach Erlass des Gesetzes wesentliche Regelungen wieder außer Kraft gesetzt wurden (vgl. Weisbrod-Frey 1993, S. 112ff.).

Nach dem Zusammenbruch des „Dritten Reiches" traten zunächst unterschiedliche Regelungen in den neu entstandenen Ländern in Kraft. Schon bald aber setzte eine Diskussion um ein bundeseinheitliches Krankenpflegegesetz ein, an der sich vor allem die wieder erstarkten Schwesternschaften beteiligten (vgl. Kruse 1995, S. 113).

1957 wurde nach intensiver Beratung vom Deutschen Bundestag das „Gesetz über die Ausübung der Kranken- und Kinderkrankenpflege" (Krankenpflegegesetz) verabschiedet. Die neu geregelte Ausbildung bestand aus einem zweijährigen Lehrgang mit anschließender einjähriger praktischer Tätigkeit. Der Umfang des theoretischen Unterrichtes wurde auf (mindestens) 400 Stunden erhöht und in der 1959 erlassenen Ausbildungs- und Prüfungsordnung wurden (ohne differenzierte Angaben über die Stundenzahl) insgesamt acht Lehrfächer festgelegt. Die nach zwei Jahren abzulegende Prüfung bestand aus einem theoretischen und einem praktischen Teil. Dem Prüfungsausschuss gehörten ein Medizinalbeamter der zuständigen Verwaltungsbehörde als Vorsitzender, zwei Ärzte der Krankenpflegeschule (darunter möglichst der der Schulleitung angehörende Arzt), die Oberin und eine Unterrichtsschwester der Krankenpflegeschule an. Die Leitung der Krankenpflegeschule lag gemeinsam bei einem Arzt und einer Oberin (vgl. Kruse 1995, S. 169ff.).

Der Streit zwischen den Schwesternverbänden, der sich vor allem um die Dauer der Ausbildung und den Umfang des theoretischen Unterrichts gedreht hatte, mündete in ein Gesetz, das von allen Seiten als schlechter Kompromiss angesehen wurde. „Das Gesetz fand also kaum Zustimmung bei denen, deren Ausbildung es regelte. Ihre Vorstellungen und Forderungen waren fast völlig unberücksichtigt geblieben. Arbeitsmarktpolitische Überlegungen hatten Priorität erhalten, berufsständische und berufspädagogische blieben weitgehend außer acht. So ließ das Bestreben nach einer Novellierung des Gesetzes nicht lange auf sich warten" (Kruse 1995, S. 123).

Nachdem 1963 die „Deutsche Krankenhausgesellschaft" (DKG) eine mit den Schwesternschaften abgestimmte Empfehlung zur Neuregelung der Krankenpflegeausbildung verabschiedet hatte, in der eine Verlängerung der Ausbildung, die Anhebung der Zugangsvoraussetzungen (Realschulabschluss) und ein verbindlicher Rahmenlehrplan für die Krankenpflegeschulen vorgeschlagen wurde (vgl. Kruse 1995, S. 124ff.), setzte auch im Deutschen Bundestag die parlamentarische Beratung über eine Novellierung des Krankenpflegegesetzes ein. In dieser Debatte standen neben der umstrittenen Frage eines Schutzes der Berufstätigkeit vor allem die gesundheitspolitische Erörterung von Maßnahmen zur Behebung der Personalnot in den Krankenhäusern im Vordergrund (vgl. Kruse 1995, S. 127ff.).

1965 beschloss der Deutsche Bundestag das neue Krankenpflegegesetz, das gegenüber dem Gesetz von 1957 eine Reihe wichtiger Veränderungen vorsah:

- Herabsetzung des Zugangsalters von 18 auf 17 Jahre,
- Heraufsetzung der Bildungsvoraussetzung von Volksschulbildung auf Realschulabschluss,
- Verlängerung der Ausbildungsdauer auf drei Jahre,
- Erhöhung der Stundenzahl des theoretischen Unterrichts von 400 auf 1200 Stunden,
- Festlegung der Bereiche der praktischen Ausbildung: Innere Medizin (mindestens 26 Wochen), Chirurgie (mindestens 13 Wochen), Gynäkologie und Psychiatrie (verpflichtend),
- die Leitung der Schule konnte entweder von einem Arzt oder einer leitenden Krankenschwester oder von beiden gemeinsam übernommen werden.

Schon bald geriet auch das Krankenpflegegesetz von 1965 in die öffentliche Kritik. Einerseits machte die europäische Rahmenvereinbarung zur Krankenpflegeausbildung von 1967 eine Revision erforderlich, andererseits gab es schon bald angesichts eines wachsenden Personalnotstandes in den Krankenhäusern Initiativen zur Reduzierung des Zugangsalters von 17 auf 16 Jahre, um einen nahtlosen Übergang vom Schulsystem in die Berufsausbildung zu ermöglichen. Vor allem aber die im Zuge der allgemeinen Bildungsreformbestrebungen nach 1969 vorgebrachten Vorschläge einer Integration der Krankenpflegeausbildung in das durch das Berufsbildungsgesetz geregelte duale System der beruflichen Bildung erhitzten immer wieder die Gemüter.

Gesetzesinitiativen zur Angleichung der Krankenpflegeausbildung an die Regelungen des Berufsbildungsgesetzes wurden „im Laufe der Zeit ... immer wieder mit dem Verweis auf die Besonderheit der Krankenpflege abgelehnt" (Mischo-Kelling/Wittneben 1995, S. 243). „Mit der Anwendung des Berufsbildungsgesetzes sahen die Kirchenvertreter die christliche Krankenpflege in Gefahr. Ein ordnendes und kontrollierendes Eingreifen wurde als Gefahr für die kirchliche Autonomie gesehen. Grundsätzliche Ablehnung wurde ... auch vom Deutschen Berufsverband für Krankenpflege und der Arbeitsgemeinschaft Deutscher Schwesternverbände geäußert. Von seiten der Gewerkschaften wurde die nur teilweise Anwendung kritisiert. Die Berufsorganisationen und Fachverbände diskutierten verschiedene Punkte durchaus kontrovers; die große Differenz trat jedoch gegenüber der gewerkschaftlichen Position geschlossen zutage. Hier ergibt sich ein Bild wie am Anfang des Jahrhunderts: geistliche und berufsständische Organisationen hier, Gewerkschaften da. Die Gleichstellung dieser Berufsausbildung mit vergleichbaren Berufen wird von den Verbänden, auch von den nichtkonfessionellen, immer noch abgelehnt." (Brenner 1994, S. 45)

Diese bis in die Reformdiskussionen der Gegenwart hinein nicht ausgestandene Kontroverse fand ihren (vorläufigen) Abschluss in der Verabschiedung des „Gesetzes über die Berufe in der Krankenpflege" von 1985. Dass auch eine Reform dieses Gesetz in den letzten Jahren intensiv diskutiert worden ist, wird an anderer Stelle zu würdigen sein (vgl. unten, Kapitel 11).

Am Ende der historischen Ausführungen zur Geschichte der Krankenpflegeausbildung sei noch ausdrücklich darauf hingewiesen, dass die Entwicklung der Ausbildung in der Deutschen Demokratischen Republik grundlegend anders verlief als in der Bundesrepublik Deutschland (vgl. Mischo-Kelling/Wittneben 1995, S. 244ff.; Wolff/Wolff 1994, S. 240ff.). Wie auch in anderen gesellschaftlichen Bereichen wurden die hierbei möglichen positiven Impulse einer anderen Entwicklung allerdings nach der Vereinigung der beiden deutschen Staaten nach 1989 nicht aufgegriffen.

2.4   Struktur und Inhalte der gegenwärtigen Krankenpflegeausbildung

Am 4. Juni 1985 wurde das „Gesetz über die Berufe in der Krankenpflege (Krankenpflegegesetz - KrPflG)" vom Deutschen Bundestag verabschiedet. Es stellt bis heute die rechtliche Grundlage für die Ausbildung von Krankenschwestern, Kinderkrankenschwestern und Krankenpflegehelfern dar.

Der erste Abschnitt enthält Regelung bezüglich der Erlaubnis zum Führen der Berufsbezeichnungen „Krankenschwester", „Krankenpfleger", „Kinderkrankenschwester", „Kinderkrankenpfleger", „Krankenpflegehelferin" und „Krankenpflegehelfer". Damit wird kein Tätigkeitsmonopol für ausgebildete und geprüfte Personen geschaffen und es werden auch keine Aufgaben festgelegt, die dem genannten Personenkreis vorbehalten sind (wie bei approbierten Ärzten, Zahnärzten u.a.), sondern es wird lediglich die Berufsbezeichnung geschützt (vgl. Kurtenbach u.a. 1994, S. 105).

Im zweiten Abschnitt befinden sich zentrale Vorschriften zur Ausbildung, insbesondere zu den Zielen (§ 4) und zur Durchführung (§ 5) sowie zu den Zugangsvoraussetzungen, die wie schon 1965 in der Regel durch den Realschulabschluss gegeben sind. Außerdem finden sich Aussagen über Verkürzungsmöglichkeiten, die Anerkennung von gleichwertigen Ausbildungen sowie Vorschriften über die Ausbildung in der Krankenpflegehilfe. Die Regelung der Helferqualifikation auch in diesem Gesetz zeigt, dass die Bestrebungen zur Aufwertung der Krankenpflege, vor allem seitens der Pflegeverbände, hier einen deutlichen Dämpfer erhalten haben; es waren vor allem die Interessen der Krankenhausträger an in kürzerer Zeit qualifiziertem Personal, die sich hierbei durchgesetzt haben. In § 11 wird der

Bundesminister für Gesundheit ermächtigt, eine Ausbildungs- und Prüfungsverordnung zu erlassen, was am 16. Oktober 1985 auch geschehen ist.

Im dritten Abschnitt werden die Fragen des Ausbildungsverhältnisses, insbesondere der Ausbildungsvertrag und die Ausbildungsvergütung geregelt. Die dabei in § 14 festgelegten Pflichten des Trägers der Ausbildung (dieser hat „die Ausbildung in einer durch ihren Zweck gebotenen Form planmäßig, zeitlich und sachlich gegliedert so durchzuführen, dass das Ausbildungsziel (§ 4) in der vorgesehen Ausbildungszeit erreicht werden kann") bleiben dabei ebenso an der Oberfläche wie die Bestimmung der Pflichten der Schülerinnen und Schüler in § 15 (diese „haben sich zu bemühen, die in § 4 genannten Kenntnisse, Fähigkeiten und Fertigkeiten zu erwerben, die erforderlich sind, um das Ausbildungsziel zu erreichen").

Es folgen Abschnitte über Zuständigkeiten, Bußgeldvorschriften, Übergangs- und Schlussvorschriften. Als siebter Abschnitt wird separat § 26 aufgeführt: „Für die Ausbildung zu den in diesem Gesetz geregelten Berufen findet das Berufsbildungsgesetz keine Anwendung" (zitiert nach Kurtenbach u.a. 1994, S. 5ff.).

Strukturell hat sich die Krankenpflegeausbildung mit der Verabschiedung des Krankenpflegegesetzes von 1985 gegenüber dem Gesetz von 1965 nicht entscheidend geändert: Auch weiterhin sind Krankenpflegeschulen räumlich und organisatorisch an Krankenhäuser angebunden. Die Einflussmöglichkeiten des Trägers der Ausbildung werden durch die Tatsache unterstrichen, dass das Gesetz (§ 5 Abs. 2.1) vorsieht, dass die Leitung der Krankenpflegeschule nicht nur bei einer Unterrichtsschwester oder einem Unterrichtspfleger allein liegen kann, sondern auch gemeinsam von einer Unterrichtsschwester und einem Arzt oder von einer Unterrichtsschwester und einer Pflegedienstleitung ausgeübt werden kann. Da des weiteren die Schülerinnen und Schüler zwar Ausbildungsvergütung erhalten, aber gemäß Bundespflegesatzverordnung im Verhältnis 1 : 7 auf den Stellenplan als Arbeitskräfte angerechnet werden, sind bezüglich der Einsatzplanung im praktischen Teil der Ausbildung die Einflussmöglichkeiten des Trägers sehr groß.

Auch weiterhin ist die Krankenpflegeausbildung überwiegend **praktisch** orientiert. Gemäss Ausbildungs- und Prüfungsverordnung umfasst sie 3.000 Stunden praktische Ausbildung und nur 1.600 Stunden Unterricht. Prägnanterweise wird in Anlage 1 zur Ausbildungs- und Prüfungsverordnung ein ausführlicher Lehrplan für den theoretischen Unterricht vorgeschrieben, während die Angaben über die praktische Ausbildung in der Krankenpflege sehr an der Oberfläche bleiben. Das damit strukturell angelegte Problem von Theorie und Praxis wird an anderer Stelle ausführlich thematisiert (vgl. unten Kapitel 3).

Die Erhöhung der Stundenzahl für die theoretische Ausbildung von 1200 in der Ausbildungs- und Prüfungsverordnung von 1965 auf 1600 Stunden in der KrPflAPrV von 1985 hat neben einer linearen Erhöhung des Stundenanteils der meisten Fächer und der Aufnahme der neuen Fächer „Grundlagen der Rehabilitation" (20 Stunden), „Einführung in die Organisation und Dokumentation im Krankenhaus" (30 Stunden) und „Sprache und Schrifttum" (20 Stunden) sowie der überdurchschnittlichen Erhöhung des Stundenanteils von „Grundlagen der Psychologie, Soziologie und Pädagogik" von 40 auf (immer noch nur) 100 Stunden vor allem zu einer deutlichen Verschiebung zwischen der medizinisch ausgerichteten Krankheitslehre (Absenkung der Stundenzahl von 420 auf 360 Stunden) und der Krankenpflege (deutliche Erhöhung der Stundenzahl von 250 auf 480 Stunden) geführt. Dennoch hat der medizinische Bereich weiterhin ein deutliches Gewicht im Rahmen des theoretischen Unterrichts: Medizinisch-naturwissenschaftliche Inhalte (vor allem in den Fächern „Hygiene und medizinische Mikrobiologie", „Biologie, Anatomie und Physiologie", „Fachbezogene Physik und Chemie", „Arzneimittellehre", „Allgemeine und spezielle Krankheitslehre") machen fast 50 % der theoretischen Unterrichtsinhalte aus. Erst „daran schließt sich der medizinisch-pflegerische Bereich (inhaltlich: Krankenpflege) mit einem Stundenanteil von 32 % (an). Der berufskundliche Teil mit 11 % und der pädagogisch-psychologische Bereich mit 7 % haben demgegenüber nur untergeordnete Bedeutung für die theoretische Ausbildung." (Forschungsgesellschaft 1996, S. 61)

Zwar stellen - wie Kurtenbach u.a. betonen - die im Anhang der KrPflAPrV veröffentlichten Fächer und Themengebiete nur „Rahmenvorgaben dar, die zwar inhaltlich verpflichtend, jedoch nicht abschließend sind. Sie lassen bewusst Spielraum für curriculare Ausgestaltung und Vertiefung durch die Krankenpflegeschulen selbst oder die Länder" (Kurtenbach u.a. 1994, S. 185). Dieser Gestaltungsspielraum wird noch dadurch erhöht, dass 100 Unterrichtsstunden den Schulen zur freien Verteilung auf die Fächer oder Bereiche zur Verfügung stehen. Die **Medizindominanz** des Fächerkanons ist jedoch nicht nur unübersehbar, sondern wird noch dadurch verstärkt, dass der „Themenkatalog im Stoffplan der speziellen Krankheitslehre ... in der inhaltlichen Gliederung jeweils auf die medizinischen Fachgebiete bezogen (ist) und ... in der Praxis überwiegend von Ärzten oder Fachärzten gelehrt (wird). ... Die Inhalte im Schwerpunktfach Krankenpflege sind ebenfalls in einem nicht unerheblichen Anteil krankheitsorientiert. Pflegerelevante Themen i.S. der Bedürfnisorientierung des Patienten stellen den kleineren Anteil" (Gauss u.a.1997, S. 64).

Zwar ist der Einfluss der Ärzte auf die Prüfung gegenüber den Regelungen von 1965 geringfügig zurückgegangen (vgl. § 3 KrPflAPrV) und es finden sich in den Ausbildungszielen des § 4 nicht mehr ausschließlich medizinische Assistenzaufgaben. Der Fächerkanon der Ausbildungs- und Prüfungsverordnung weist jedoch insgesamt eine starke Prägung durch das naturwissenschaftliche Paradigma auf. Ständig wird Bezug genommen auf den „kranken Menschen" in der stationären Krankenhaus-Behandlung. Demgegenüber werden gesundheitsfördernde und sozialpflegerische Aspekte nicht angemessen berücksichtigt.

Kommunikation ist als eigenständiges Fach nicht ausgewiesen, Beratung findet weitgehend keine Beachtung (vgl. unten Kapitel 9). Gauss u.a. konstatieren bezüglich der theoretischen Ausbildung, dass „der Qualifikationskern ... funktional und institutionell auf die Sicherstellung des medizinischen Versorgungsauftrages gerichtet ist" (Gauss u.a. 1997, S. 63).

Darüber hinaus sind die Bestimmungen des Ausbildungszieles als *„sach- und fachgerechte, umfassende, geplante Pflege"* (§ 4, Kurtenbach u.a. 1994, S. 7) interpretationsbedürftig.

Der Gesetzgeber hat den Begriff „Krankenpflege" nicht näher bestimmt. In seinem einflussreichen Kommentar zum Krankenpflegegesetz schreibt Hermann Kurtenbach (lange Jahre im Bundesgesundheitsministerium zuständig für die Krankenpflegeausbildung): „Die genannten Ausbildungsziele können nur erreicht werden, wenn die Umsetzung des theoretischen Unterrichts in die Praxis gewährleistet ist. Unabdingbare Voraussetzung hierfür ist die Einführung der Pflegeplanung im stationären Bereich (Pflegeprozess). Der Krankenpflegeprozess hat zum Ziel, auf systematische Art und Weise dem Bedürfnis des Patienten nach pflegerischer Betreuung zu entsprechen. Der Krankenpflegeprozess besteht aus einer Reihe von logischen, voneinander abhängigen Überlegungs-, Entscheidungs- und Handlungsschritten, die auf eine Problemlösung, also auf ein Ziel hin, ausgerichtet sind. Krankenpflege auf der Grundlage des Krankenpflegeprozesses beruht auf der Erkenntnis, dass erst die Orientierung am Problem der Patienten „individuelle" Pflege gewährleistet. Planung in der Pflege ist zwar eine wertvolle Technik, aber allein nicht geeignet, vorhandene oder erwartete Probleme in den „Griff" zu bekommen. Planung und Dokumentation allein kann Pflege nicht verbessern. Das Erfassen und Berücksichtigen der pflegerischen Bedürfnisse, Probleme und Fähigkeiten von Patienten (und ihren Bezugspersonen) ist abhängig vom Wissen und Können, aber auch von Sichtweisen und Werten der Pflegenden. Diese Erkenntnis ist von grundlegender Bedeutung für die Ausbildung." (Kurtenbach u.a. 1994, S. 119)

Die Einführung des Pflegeprozesses, insbesondere auf der Basis von Fiechter/Meiers bereits 1981 vorgelegter Arbeit „Pflegeplanung" in die Krankenpflegausbildung, wurde von vielen Lehrenden euphorisch begrüßt. Inzwischen aber weicht zumindest in der pflegewissenschaftlichen Diskussion die Erwartung, mit dem Pflegeprozess eine Konzeption der geplanten, individuellen und ganzheitlichen Pflege gewonnen zu haben, zunehmender Skepsis.

Diese ist zunächst auf einer pragmatischen Ebene angesiedelt. Der Erkenntnisstand des Pflegepersonals über den Pflegeprozess kann zwar als insgesamt mindestens ausreichend angenommen werden. Mit der Umsetzung in der Praxis jedoch hapert es weiterhin noch ebenso wie mit der systematischen Auseinandersetzung mit der Konzeption innerhalb der Berufsgruppe (vgl. Stratmeyer 1997, S. 34). Etwas überspitzt, aber sicherlich nicht unzutreffend, beschreibt Winter die Situation frisch examinierter Pflegekräfte nach ihren eigenen Aussagen folgendermaßen: „Sie haben den Pflegeprozess mehr oder weniger in der Theorie kennen gelernt. Dabei haben sie erfahren, wie schwierig und (zeit)aufwendig seine Umsetzung ist, zumal solange man keine Übung im Umgang damit hat. Die alltägliche Arbeit steht dagegen unter dem ständigen Druck, trotz Zeitmangels mit dem Ausführen der „Pflegeverrichtungen" fertig zu werden. Die Anwendung des Pflegeprozesses ist zumindest in der Form der erlernten schriftlichen Pflegeplanung dabei keine Hilfe, sondern erscheint als geradezu groteske (Über-)Forderung... Pflegeplanung wird so zu einer praxisfernen Forderung aus der Schule, die tatsächlich einfach nur überflüssig und umständlich erscheint." (Winter 1999, S. 21)

Während man nun diesen pragmatischen Einwänden gegen den in der Praxis als zu aufwendig aufgefassten Pflegeprozess gerade mit pädagogischen Maßnahmen begegnen könnte, wird die Situation sehr viel komplexer, wenn man die prinzipielle Kritik am Pflegeprozesskonzept mit einbezieht. Folgende Kernpunkte lassen sich herausstellen:

1. Der in der Praxis ständig vorfindbaren Verwechslung von Pflegeprozess, Pflegedokumentation und Pflegeplanung (vgl. Lay/Menzel 1999) korrespondiert auf der theoretischen Ebene ein definitorisches Chaos, das sich bei der fundierten Analyse einschlägiger wissenschaftlicher Veröffentlichungen herausstellen lässt. Dieses „könnte eine der Ursachen für die Probleme bei der praktischen Umsetzung des Pflege- und/oder des Problemlösungsprozesses sein: Bei einer derartigen Begriffsverwirrung können Missverständnisse nicht ausbleiben. Wenn sich nämlich schon die Theoretiker nicht auf eine gemeinsame Begrifflichkeit einigen können, wie sollen die Kollegen an der Basis sich in dem Begriffswirrwarr zurecht finden? Wie sollen sie den Patienten „individuelle Pflege" zukommen lassen, wenn jedes Team-Mitglied seine ganz eigenen Vorstellungen davon haben kann, was den Pflegeprozess ausmacht? Wie sollen sie den Patienten „ganzheitlich wahrnehmen und pflegen", wenn sie ihn dazu zunächst „logisch und systematisch" betrachten müssen?" (Vogel 1997, S. 223)

2. Immer lauter werden in der Pflegewissenschaft die Stimmen, die eine Verknüpfung des Pflegeprozesses mit einem Pflegemodell fordern. „Erst die Integration des Pflegeprozesses in ein Pflegemodell wird demnach den Pflegenden Auskunft darüber geben, wie die einzelnen Schritte mit Inhalt gefüllt werden sollten" (Vogel 1997, S. 223). „Der Pflegeprozess wird oft als inhaltliche Pflegetheorie missverstanden und nicht als handlungsstrukturierendes Konzept gesehen, das lediglich den Ablauf zielgerichteten Handelns in der Pflege beschreibt. Es gibt als „Handlungsablaufmodell" noch keinerlei Auskunft darüber, welche inhaltlichen Interventionen in den einzelnen Schritten ausgeführt und auf welchem Abstraktionsniveau diese schriftlich festgehalten werden sollen

und müssen. Denn es fehlt in der Praxis - von Ausnahmen abgesehen - noch durchgängig eine in den Alltag integrierte Orientierung an pflegetheoretischen Modellen, aus denen stringent Inhalte und Begründungen von Handlungen abgeleitet werden können." (Höhmann u.a. 1996, S. 10)

3. Eine weitere Dimension der Kritik bezieht sich auf die Frage, inwiefern die allseits geforderte „Ganzheitlichkeit" mit der dem Pflegeprozesskonzept inne wohnenden analytischen Zerstückelung in Einklang zu bringen ist. „Der Pflegeprozess in einer Anwendungspraxis vermittelt den Eindruck, als ließe sich der pflegebedürftige Mensch in eine Vielzahl einzelner Probleme und Ressourcen zerlegen. Jedem dieser einzelnen Probleme lassen sich nun spezielle Pflegeziele zuordnen, und aus jedem der einzelnen Pflegeziele lassen sich wiederum spezielle Pflegemaßnahmen ableiten. Anders herum: Jede einzelne Pflegemaßnahme lässt sich legitimieren über eine spezifische Problemkonstellation. Dieses im ersten Zugriff logische analytische Konstrukt ist natürlich grob irreführend; denn es setzt die Annahme voraus, der pflegebedürftige Mensch bestünde aus der Addition einer Unzahl von sozialen, psychischen und körperlichen Problemen und Ressourcen, die allesamt sauber sortiert nebeneinander im Menschen vorhanden sind, entsprechend einzeln diagnostiziert und damit dem Diktat dem Problemlösungsmodells unterworfen werden könnten." (Stratmeyer 1997, S. 36)

Dieser Exkurs zur pflegewissenschaftlichen Diskussion um den Pflegeprozess belegt, dass bei einer unkritischen Übernahme des Pflegeprozess-Regelkreises als Fokus der Zielsetzung der Ausbildung möglicherweise nur eine den Menschen objektivierende Vorstellung - die medizinische - durch eine andere - die pflegerische - (vgl. Schöninger/ Zegelin-Abt 1998, S. 306) - abgelöst wird.

Somit bleibt die Interpretation der Zielsetzung der Krankenpflegeausbildung offen und verweist auf die Notwendigkeit der Entwicklung von Curricula für die Pflegeausbildung (vgl. unten Kapitel 6).

An dieser Stelle soll die kritische Analyse des Krankenpflegegesetzes zunächst abgeschlossen werden. Eine Reihe von Aspekten wird in den abschließenden bildungspolitischen Erörterungen zur Zukunft der Pflegeausbildung wieder aufgegriffen werden (vgl. unten Kapitel 11). Zunächst soll auf ein Qualifikationsfeld eingegangen werden, das in den letzten Jahren außerordentlich an Bedeutung gewonnen hat: die Altenpflege.

2.5   Zur Entwicklung von Altenversorgung und Altenpflegeausbildung

Der gesellschaftliche Stellenwert von alten Menschen ist historisch extremen Schwankungen – zwischen den Polen „Alter als Fluch" und „Alter als Autorität" – unterworfen. „Leider vermag die Geschichtswissenschaft bis heute jedoch noch zu wenig darüber zu sagen, wie unsere Vorfahren im Alter gelebt haben, welche Beziehungen sie zu ihren erwachsenen Kindern hatten, wie sie in einer Mangelgesellschaft ihre Altersversorgung sicherten, welche kollektiven Sicherungsinstrumente sie entwickelten, welches Maß an Respekt sie ihren alten Mitmenschen entgegenbrachten und welchen Inhalt sie ihrem `Generationenvertrag` gaben. Zwar ist das Generationsphänomen `eines der grundlegenden Faktoren beim Zustandekommen der historischen Dynamik` (Karl Mannheim), doch besitzen wir über die einzelnen Elemente dieses Phänomens nur bruchstückhafte Informationen." (Borscheid 1989, S. 9)

Erst durch den Aufschwung der Gerontologie als Wissenschaft (vgl. Jansen u.a. (Hrsg.) 1999, S. 20ff.) gehört Alter seit den Sechziger Jahren zu einem wesentlichen Gegenstandsbereich, insbesondere der sozialwissenschaftlich orientierten Geschichtswissenschaft (vgl. Ehmer 1990). Neben einer wachsenden Zahl von Arbeiten zur Alltagsgeschichte des Alters (vgl. Göckenjan/Kondratowitz (Hrsg.) 1988) steht hier vor allem die Thematisierung des sozialpolitischen „Altersproblems" im Zuge der neuzeitlichen Industrialisierung im Vordergrund.

Mit dem Aufkommen der bürgerlich-industriellen Gesellschaft wurde die durch die Verbesserung der gesundheitlichen Versorgung und den Anstieg der Lebenserwartung immer größer werdende Personengruppe der Älteren vor allem insofern gesellschaftlich relevant, als sie nunmehr angesichts drohender Verarmung durch ein spezifisches Versorgungssystem – die Rentenversicherung – materiell abgesichert werden mussten. Der gesellschaftliche Diskurs über Alter war ambivalent: Die Notwendigkeit der sozialpolitischen Versorgung von Alten wurde eingesehen, zugleich aber wurde „Alter" eher als Forschrittshemmnis angesehen. Bis in die Gegenwart (vgl. Hoffmann (Hrsg.) 1988) hat sich diese Ambivalenz erhalten.

Alter wird stigmatisiert, die „Alten" werden abgeschoben. Prägnant nachvollzogen werden kann diese gesellschaftliche Tendenz in der Entwicklung der Altenversorgung in Altenheimen (bzw., wie es auch heute umgangssprachlich noch heißt: „Altersheimen"). Kondratowitz formuliert zugespitzt: „Das Altenheim ist mehr als nur ein bestimmter Versorgungstypus; es ist vor allem eine geradezu beispielhafte Chiffre für den gesellschaftlichen Umgang mit dem Alter in der Moderne." (Kondratowitz 1988, S. 101) Die Entwicklung von Altenheimen ist dabei einerseits als Ausdifferenzierung der institutionellen Armenversorgung in der zunehmend sozial gespaltenen bürgerlich-industriellen Gesellschaft verstehbar, andererseits stehen sie in der Tradition der bürgerlichen Werte tradierenden privaten Altenstifte.

Die Geschichte der Altenversorgung in Altenheimen kann hier nicht rekonstruiert werden, müsste sie doch auch deutlich eingehen auf die Verelendung von Alten während der Weltwirtschaftskrise und die Tendenzen und Bestrebungen zur Unterscheidung von „würdigem bzw. rüstigem" von „unwürdigem" Alter im Nationalsozialismus mit dem Ergebnis, dass erkrankte Alte im Rahmen von „Euthanasie"-Aktionen ebenso wie andere Behinderte massenweise getötet worden sind (vgl. Kondratowitz 1988, S. 123ff.).

Die Geschichte der nationalsozialistischen Tötung von Alten ist nach dem Ende des Zweiten Weltkrieges lange kein Thema gewesen; statt dessen wandte sich die Altenpflege der ersten Nachkriegszeit schon bald der Bewältigung von Notständen zu, die sich mehr oder weniger als Kriegsfolgen darstellten: Der Zustrom von Vertriebenen, unvollständige Familien, Wohnungsnot und eine schwierige Ernährungslage trafen in besonderem Maße hilflose Ältere. Vom „wiederaufbauenden" Teil der Bevölkerung wurden sie eher als „unproduktiv" abgeschoben in Altersheime, in denen sie weitgehend als anleitungsbedürftige und unselbständige „Schützlinge" angesehen wurden. Erst nach Beginn des „Wirtschaftswunders" kam es zu auch für ältere Menschen wichtigen sozialpolitischen Reformen: der Rentenreform von 1957 und der Reform des Bundessozialhilfegesetzes (BSHG) von 1961.

Seit Ende der Sechziger Jahre gibt es eine widersprüchliche Entwicklung in der Altenhilfe (vgl. Sahmel 1994): Einerseits erlebten die stationären Großeinrichtungen in der BRD einen nie zuvor gekannten Boom. Insbesondere an der Peripherie großer Ballungsgebiete und an den Rändern kleinerer Städte entstanden große Altenheim- und Pflegeeinrichtungen mit einer Rundum-Pflegeversorgung („satt - sauber - sicher"). Diese unübersichtlichen Großorganisationen gerieten auf der anderen Seite immer stärker in die Kritik: sie erweisen sich nicht nur als zu teuer, sondern auch unter sozialpsychologischen, pflegerischen und ethischen Gesichtspunkten als außerordentlich abwegig. Noch 1993 konnten Brauchbar/Heer feststellen: „Nirgendwo ist die Stigmatisierung des Alters sinn- und augenfälliger als in den Alters- und Pflegeheimen. Die Umsiedlung ins Heim bedeutet Ausgrenzung und Distanz zum Rest der Gesellschaft. In den Heimen werden Menschen, nachdem sie aus ihren gewohnten Lebenszusammenhängen gerissen und buchstäblich `aus dem Verkehr gezogen` worden sind, betreut, versorgt, beschützt und vor allem – verwaltet. Verwaltet mit einem klaren Ziel: Legendär geworden ist der Satz einer Münchner Altersheimleiterin: „Nicht zum Aufleben sind`s da, sondern zum Ableben." Wo es sich nicht darum handelt zu leben, ist Ordnung um so wichtiger. Die Architektur der gängigen Altersheime mit ihrer systematischen Anordnung von Räumen erleichtert – ähnlich wie in Krankenhäusern und Gefängnissen – die Beobachtung, Überwachung und Kontrolle der Insassen. Starre Schlaf- und Essenszeitpläne erleichtern ihre `Abfertigung`. Betagte, die sich oft kaum mehr selbst für ihre Rechte wehren können, werden auf diese Weise entmündigt und infantilisiert. Dazu passt, dass das Taschengeld, das die Gesellschaft ihren ältesten `Zöglingen` belässt, nicht selten geringer bemessen ist als das von Strafgefangenen." (Brauchbar/Heer 1993, S. 211)

Im Zuge der Professionalisierung von Altenarbeit seit den Sechziger Jahre (insbesondere vorangetrieben von Aktivitäten des „Kuratoriums Deutsche Altershilfe" - KDA) wurde die Konzeption der institutionell abgesicherten Vollversorgung in den Heimen immer stärker ergänzt durch Konzepte der Mobilisierung und Aktivierung von Älteren im Rahmen der Altenpflege. Auf der anderen Seite geriet nun auch die einseitige Orientierung von Altenpflege auf die Versorgung in Heimen in eine wachsende Kritik: immer mehr ältere Menschen wohnen und leben zu Hause und benötigen nur eine partielle pflegerische Versorgung - entsprechend kommt es zum Ausbau der ambulanten Pflege durch Sozialstationen seit den Siebziger Jahren. Schließlich werden immer mehr ältere Menschen politisch aktiv und fordern eine angemessene gesellschaftliche Teilhabe (erinnert sei an die „Grauen", die Seniorenverbände der etablierten Parteien, die Schaffung von Seniorenbeiräten in den Kommunen). Seniorenpolitik ist zunehmend nicht mehr nur eine Frage der Versorgung älterer Kranker, sondern es geht auch um die Schaffung entsprechender Freizeit- und Bildungsangebote für Ältere (von der Seniorenuniversität bis zum Ausbau von Altentagesstätten) in umfassender und vernetzter Form (vgl. Sahmel 1997).

Allerdings hat im Rahmen der intensiven öffentlichen Diskussion um das Pflegeversicherungsgesetz in den Neunziger Jahren der Blick auf die Kosten von Pflegebedürftigkeit im Alter diese alternativen Sichtweisen bis in die Gegenwart hinein verdunkelt. In dieser Debatte ging (und geht) es nicht vornehmlich um die angemessene Teilhabe von alten Menschen am gesellschaftlichen Leben, nicht um Menschenwürde und Lebensqualität, sondern um die Kostensicherung für drohende Pflegefälle. Im gesellschaftlichen Bewusstsein wird Alter gleichgesetzt mit Krankheit, die Diskussion über Kosten verdeckt die Fragen nach dem menschenwürdigen Leben auch und gerade derjenigen Mitglieder unserer Gesellschaft, die in ihrer produktiven Phase grundlegenden Anteil am Aufbau und Ausbau des Wohlstandes geleistet haben und nun am Ende ihres Lebens von der Verteilung dieses Wohlstandes ausgeschlossen zu werden drohen und als „Pflegefälle" diskriminiert werden.

Jörg Alexander Meyer hat in seiner 1996 erschienenen material- und detailreichen Studie den "Weg zur Pflegeversicherung" unter genauer Erörterung der Positionen der am Politikprozess beteiligten Akteure minutiös nachgezeichnet und dabei belegt, dass bzw. wie durch permanente Kompromisse aus Norbert Blüms "Jahrhundertwerk" ein Stückwerk geworden ist, das den an es gestellten Ansprüchen nicht gerecht wird. Zwar zeichnet sich ab, dass die staatlichen Stellen sich zunehmend aus ihrer sozialpolitischen Verantwortung stehlen und stattdessen ein Pflege-Markt mit teilweise massiven Konkurrenzkämpfen entstanden ist. Aber die Erwartung, dass pflegebedürftige Menschen nicht mehr auf die von den Kommunen zu entrichtende Sozialhilfe angewiesen sind, wurde nicht erfüllt. „Da sich dieses ... Rahmengesetz ... nicht am Bedarfs-, sondern am Budgetprinzip orientiert und von daher eher einer "Teilkaskoversicherung" gleicht, welche die Leistungen nur bis zu einer bestimmten Höhe "deckt", sind die darüber hinausgehenden Kosten von den pflegebedürftigen Personen entweder selbst zu tragen oder trotz Zuschüssen aus der Pflegekasse auch weiterhin aus dem Fond der Sozialhilfe zu begleichen." (Schroeter/Prahl 1999, S. 35)

Über einhundert Jahre Anstrengungen zur Anhebung des Ansehens wie zur Verbesserung der sozialen Lage von alten Menschen bleiben also letztlich ambivalent. Die öffentliche Debatte bleibt weitgehend geprägt durch finanzielle Aspekte. Fragen der Qualität bleiben den professionell mit Alter Befassten vorbehalten.

Schon in den Fünfziger Jahren kam es unter diesen Experten zu einer breiten Diskussion über Qualifizierung und Professionalisierung in der Altenpflege, Forderungen nach Änderung der eingefahrenen Altenheimstrukturen wurden laut, es gab Diskussionen über „offene Altersfürsorge" und über Bedürfnisorientierung von Altenpflege - Begriffe, die uns heute selbstverständlich erscheinen, von denen es aber doch sehr verwundern muss, dass sie erst seit weniger als vierzig Jahren in diesem Bereich Verwendung finden!

Ende der Fünfziger Jahre kam es im Bereich der Altenheime zu einem deutlichen Auseinanderklaffen zwischen der Nachfrage nach qualifiziertem Personal und Angeboten auf dem Arbeitsmarkt. Der Rückgang der Zahl von Ordensschwestern und Diakonissen in den überwiegend in kirchlicher Trägerschaft befindlichen Einrichtungen und die wachsenden Anforderungen an die in der Altenpflege Beschäftigten durch die steigende Zahl von hilfs- und pflegebedürftigen Älteren führte in dieser Zeit dazu, dass größere Heimträger (1958/59) halbjährige Lehrgänge für Altenpfleger/-innen (ohne Abschlussprüfung) einführten. Inhaltlich orientierten sich diese Kurse an der Krankenpflegeausbildung (unter Ausklammerung etlicher medizinischer Aspekte und unter Einbezug alterspsychologischer Fragestellungen). Zielgruppe waren entweder bereits in Altenheimen als Hilfskräfte tätige Frauen oder solche Frauen, die nach der Familienphase in das Erwerbsleben eintreten wollten.

„Ende der Fünfziger Jahre wurde mit Etablierung der ersten Halbjahreskurse für Altenpflege durch die Wohlfahrtsverbände die sozialpolitische Intention unterstrichen, die Altenpflege als flexible und billige Manövriermasse zwischen privater und öffentlicher Pflege anzusiedeln: Es wurde zwar eine Verberuflichung, nicht jedoch eine weitergehende Professionalisierung gewünscht, um so einerseits eine weitere Entprivatisierung und Institutionalisierung von Pflegeleistungen zu verhindern. Deshalb sollten diese ersten Qualifizierungsmaßnahmen eine doppelte Zielrichtung gewährleisten: `Die Schulung und Bestellung von speziellen Helfern für die Altenpflege wird heute unumgänglich, nicht nur für die Alten- und Pflegeheime, sondern auch für die große Zahl alleinstehender Alter in den Städten. Doch ist es wichtig, die pflegerischen Kenntnisse möglichst breiten Kreisen von Mädchen und Frauen zu vermitteln. Oft genug hemmen Unfähigkeit und Unkenntnis in pflegerischen Diensten die Versorgung alter Menschen durch nächste Angehörige.` (Goeken 1958) Ein qualifikatorischer Minimalismus sollte auf diesem Wege einen problemlosen Statuswechsel von der pflegenden Angehörigen zur Angehörigen der Pflege ermöglichen." (Hammer 1994, S. 115f.)

1965 forderte der „Deutsche Verein für öffentliche und private Fürsorge" die Ausweitung der Ausbildung auf zwei Jahre: ein theoretisches Ausbildungsjahr und ein einjähriges Berufspraktikum. Ab 1969 wurden (erstmals in Nordrhein-Westfalen) in den Bundesländern rechtliche Verordnungen erlassen für die Ausbildung zum staatlich anerkannten Altenpfleger. Die Ausbildungsdauer wurde dabei sukzessive von einem Jahr über zwei Jahre bis auf drei Jahre ausgedehnt; der Stundenanteil des theoretischen Teils der Ausbildung wurde deutlich erhöht.

Da es sich bei der Altenpflegeausbildung um Ländersache handelt, gibt es seit Anfang der Siebziger Jahre in der Altenpflegeausbildung eine wachsende Diskrepanz zwischen den verschiedenen Ausbildungsgängen in den unterschiedlichen Bundesländern, die jeweils unterschiedlich erworbenen Abschlüsse werden lediglich durch eine Rahmenvereinbarung wechselseitig anerkannt.

Seit 1988 gab es mehrere parlamentarische Initiativen zur Verabschiedung einer bundesweiten Regelung der Altenpflegeausbildung. Erst im Juli 2000 wurde ein „Gesetz über die Berufe in der Altenpflege (Altenpflegegesetz)" verabschiedet, auf dessen Grundlage nunmehr in den nächsten Jahren eine Vereinheitlichung der Ausbildungsgänge in den diversen Bundesländern erreicht werden dürfte.

2.6   Inhalte und Strukturen der Altenpflegeausbildung

Im Zentrum der Diskussion um die Altenpflegeausbildung steht die offene Frage nach dem Berufsbild. Nach dem Selbstverständnis der Berufsverbände - die allerdings in diesem Bereich einen deutlich geringeren Einfluss auf die öffentlichen Debatten haben als in der Krankenpflege (vgl. Plümpe 1997, S. 48ff.) - ist Altenpflege sowohl ein medizinisch-pflegerisch als auch sozialpflegerisch ausgerichteter Beruf, in dem es um Beratung, Betreuung und Pflege gesunder und pflegebedürftiger alter Menschen geht.

In ihrer Abgrenzung zur Krankenpflege vollzog die Altenpflege seit den Sechziger Jahren den Prozess der Ablösung von einem weiblichen Heil-Hilfsberuf hin zu einer eigenständigen Profession nach. „Waren die ersten Altenpflegeschulungen aus arbeitsmarktpolitischen Gründen deswegen eingeführt worden, um die pflegerischen Tätigkeiten, die für die Krankenschwestern fachlich am unattraktivsten waren, in einem Anlernberuf neu zu verteilen, so entwickelte sich daraus umgehend eine Diskussion um ein eigenständiges Berufsbild der Altenpflege. Sollte sich die Altenpflege als Spezialgebiet der Krankenpflege verstehen, oder bedurfte es eines eigenen Ausbildungsberufs, der Alter nicht mit Krankheit gleichsetzt, der die Gesamtsituation des alten Menschen und nicht nur seine gesundheitlichen Probleme zum Inhalt hat?" (Arnold u.a. 1999, S. 84)

Pointiert bringen Becker/Meifort die Abgrenzung zwischen Altenpflege und Krankenpflege folgendermaßen auf den Punkt: „Unabhängig davon,

- ob (Kranken-)„Pflege" (*„nursing"*), wie dies oft in Übernahme angelsächsischer oder angloamerikanischer Grundsatzpositionen vertreten wird, als Generalparadigma *aller* pflegebezogenen beruflichen Tätigkeiten taugt;

- ob eine *„general nurse"* als allgemeiner Pflegeberuf mit europaweiter Anerkennung im Hinblick auf die Entwicklung von sozialen Systemen, Gesundheit und Alter ein systemkonformes Berufskonzept darstellt, oder dies nicht eher im Spannungsfeld von Prävention – Gesundheitsförderung – soziale Integration zu suchen ist;

- oder ob die mit zunehmendem durchschnittlichen Lebensalter zunehmende Multimorbidität, die steigende Relevanz psychischer Veränderungen im Alter für pflegende Begegnungen in ambulanten und stationären Umgebungen bei gleichzeitigem Zuwachs von Schwerst- und Endpflege insbesondere in der stationären Altenpflege im Zentrum künftiger beruflicher Kompetenzen stehen soll,

deutlich ist auf jeden Fall: Mit einer fachlich-inhaltlichen Dimensionierung von Altenpflege als „kleiner Krankenpflege" hat der Beruf weder Legitimation (im System) noch klare Funktion (am Arbeitsmarkt) und läuft Gefahr, berufliche Identifikationen der Berufsangehörigen zu unterlaufen." (Becker/Meifort 1997, S. 136f.)

Entsprechend wird Altenpflege von Experten in zunehmendem Maße den sozialpflegerischen Berufen zugeordnet (vgl. Entzian 1999, S. 42f.). Als Leitprinzip wird die Begleitung des alten Menschen herausgestellt (vgl. Plümpe 1997, S. 234ff.). Im Berufsbild des „Deutschen Berufsverbands für Altenpflege" (DBVA) wird die jeweils an der Biographie orientierte Unterstützung bei der Lebensgestaltung ins Zentrum gestellt. „Altenpflegerinnen begleiten alte Menschen, sie wirken der möglichen Einengung und Verarmung des Lebensraums entgegen. In Beratung, Betreuung und Pflege unterstützen Altenpflegerinnen den alten Menschen, seine Welt und darin ein lebenswertes Leben zu sichern, einschließlich Sterbebegleitung. Das geschieht in seinem herkömmlichen Umfeld (Privathaushalt) oder auch in einem „Ersatzhaushalt" (Altenheim). Die Aufgaben im Einzelnen ergeben sich aus dem Unterstützungsbedarf alter Menschen." (Köther/Gnamm 2000, S. 175) Zentrale Bezugsdisziplinen der Altenpflege sind demnach (vgl. Hoppe u.a. (Hrsg.) 1999) weniger die Geriatrie (Lehre von den Alterskrankheiten) als Psychologie, Soziologie und Geragogik (Bildungsarbeit mit Älteren).

Seinen Niederschlag findet dieses breite Verständnis von Altenpflege in den Zielvorgaben diverser Landesgesetze und Lehrpläne in unterschiedlicher Ausprägung. So heißt es etwa im bayerischen Lehrplan für die Fachschule für Altenpflege von 1992 knapp: „Der Besuch einer Fachschule für Altenpflege soll die Schülerinnen befähigen, selbständig und verantwortlich alte Menschen in stationären, teilstationären und offenen Einrichtungen der Altenhilfe sowie in ihrer Häuslichkeit und in sonstigen Bereichen der Altenhilfe zu betreuen, zu pflegen und zu beraten." (Bayerisches Staatsministerium 1992, S. 1) Differenzierter wird in der Fachschulverordnung Altenpflege von Rheinland-Pfalz von 1994 als Zielsetzung „die Befähigung, die zur selbständigen, ganzheitlichen Betreuung, Beratung, Begleitung, Aktivierung und Pflege gesunder und kranker alter Menschen in den Bereichen der Altenhilfe und Altenpflege erforderlich ist" (Ministerium für Bildung und Kultur 1994, S. 1) genannt. Umfassend wird in § 3 des nordrhein-westfälischen „Gesetzes über die Berufe in der Altenpflege" von 1994 gefordert: „Die Ausbildung in der Altenpflege soll die Kenntnisse, Fähigkeiten und Fertigkeiten vermitteln, die zur selbständigen, eigenverantwortlichen und geplanten Pflege einschließlich der Beratung, Begleitung und Betreuung alter Menschen erforderlich sind; sie soll darüber hinaus dazu befähigen, mit anderen in der Altenpflege tätigen Personen zusammenzuarbeiten und Verwaltungsaufgaben zu erledigen, die in unmittelbarem Zusammenhang mit den Aufgaben in der Altenpflege stehen." (MAGS NW 1995, S. 7)

Nun ist allerdings zu prüfen, inwiefern die Ausbildungsstätten diesen hohen Anforderungen gerecht werden können.

Dem hier (von wissenschaftlicher Seite) skizzierten Qualifikationskern entsprechen weder das berufliche Selbstverständnis von Altenpflegerinnen (vgl. Becker/Meifort 1994, S. 153ff.) noch die Qualifikationsbereiche, die in der Altenpflegeausbildung vermittelt werden. Hier steht nicht die Soziale Gerontologie im Zentrum, sondern medizinisches Grundwissen und pflegerische Handlungskompetenzen. „Die überwiegende Zahl der Altenpflege-Curricula – soweit sie überhaupt in Schriftform vorliegen und insofern auszuwerten sind – reproduzieren einen Kanon beruflichen Wissens, dessen Wurzeln immer noch deutlich erkennbar in der Tradition caritativer Liebesdienste und in einem Tätigkeitskonzept `typisch weiblicher` Hilfsdienstleistungen liegen. Bezüge zu Wissenschaftsdisziplinen, die berufliches Wissen und Handeln in der Altenpflege unmittelbar (Sozialpsychiatrie, Geriatrie, Gerontologie, Gerontopsychiatrie, Pflegewissenschaft usw.), wenigstens aber mittelbar betreffen (zum Beispiel Sozialpädagogik, Sozialarbeit) sind nicht eindeutig oder gar nicht vorhanden." (Becker/Meifort 1997, S. 128).

Die Tatsache, dass es (zur Zeit noch) 17 verschiedene Ausbildungsregelungen für die Altenpflege in den 16 Bundesländern gibt, in denen **Inhalte** verschiedenen Lernbereichen und Fächern zugeordnet werden, macht diesbezügliche inhaltliche Vergleiche äußerst schwierig. In einer differenzierten Aufschlüsselung der landesspezifischen Ausbildungsinhalte kommt die Dortmunder Forschungsgesellschaft für Gerontologie zu folgender Zusammenfassung (vgl. auch: Becker/Meifort 1994, S. 74ff.): „Der allgemeinbildend-berufskundliche Lernbereich nimmt einen Anteil am gesamten Theorieunterricht ein, der sich zwischen 13 % (Berlin und Hamburg) und 40 % (Niedersachsen) bewegt. Im Schnitt liegt der Anteil dieses Lernbereiches in der Fachausbildung bei etwa 21 %. Der gerontologische Lernbereich belegt zwischen 5 % (Baden-Württemberg) und 33 % (Berlin) des gesamten Theorieunterrichts und liegt zumeist in etwa vergleichbar mit dem allgemeinbildend-berufskundlichen Bereich bei ca. 15 % des gesamten Theorieunterrichts. Innerhalb einer Spannbreite von 12 % (Berlin) bis hin zu 63 % (Hamburg) bewegen sich die Anteile medizinisch-pflegerischer Ausbildungsinhalte, die – verglichen mit anderen Lernbereichen – eine besonders große länderspezifische Differenz hinsichtlich ihres Stellenwertes unter den vorgesehenen Ausbildungsinhalten aufweisen. Im Durchschnitt bewegen sich die medizinisch-pflegerischen Ausbildungsanteile bei etwa 37 %. Der Anteil des sozialpflegerisch-beratenden Lernbereichs variiert zwischen 4 % (Niedersachsen) und 35 % (Bayern) und bewegt sich durchschnittlich bei 18 %. Der hauswirtschaftliche Lernbereich nimmt als vorgesehener Ausbildungsinhalt einen vergleichsweise geringen Stellenwert ein. Er liegt zwischen 2 % (Nordrhein-Westfalen) und 20 % (Hamburg) und bewegt sich im Durchschnitt bei ca. 7 %. Der Lernbereich Rehabilitation und Aktivierung weist mit 2 % an den Ausbildungsinhalten in Bremen gegenüber einem Anteil von 22 % in Sachsen-Anhalt eine ebenfalls größere Spannbreite auf und nimmt im Durchschnitt mit 13 % an den gesamten Ausbildungsinhalten einen eher geringen Stellenwert ein.

Eine auf den Durchschnittswerten basierende Rangfolge der für die Fachausbildung vorgesehenen Ausbildungsinhalte ergäbe für den medizinisch-pflegerischen Bereich (37 %) in der theoretischen Ausbildung die Führungsposition. Der allgemeinbildend-berufskundliche Bereich liegt mit 21 % an zweiter Stelle, gefolgt von den annähernd gleichrangigen Lernbereichen Sozialpflege/Beratung (18 %) sowie Gerontologie (15 %) und dem Bereich Rehabilitation/Aktivierung mit 13 % Anteil an den Ausbildungsinhalten. Den geringsten Anteil an den vorgesehenen Ausbildungsinhalten nimmt der hauswirtschaftliche Bereich ein (ca. 7 %).“ (Forschungsgesellschaft 1996, S. 37f.)

Ist somit auf der Ebene der Inhalte der Altenpflegeausbildung ein sehr breites Spektrum herauszustellen, so wird die - dem Bildungsföderalismus in der Bundesrepublik Deutschland geschuldete – regional sehr unterschiedliche gegenwärtige Situation in der Altenpflegeausbildung noch unübersichtlicher, wenn man die unterschiedlichen **Strukturen** der Ausbildung in den einzelnen Ländern nebeneinander stellt. Hier sollen nur einige zentrale Aspekte hervorgehoben werden:

- **Zuständigkeiten für die Ausbildung**

  Die Zuständigkeit für die Altenpflegeausbildung ist in den Bundesländern unterschiedlich geregelt. Sie liegt in einigen Ländern beim Kultusministerium, in anderen beim Gesundheits- bzw. Sozialministerium. Diese Uneinheitlichkeit in den ministeriellen Zuständigkeiten hat Auswirkungen auf die Ausbildungsqualität insbesondere durch die Bestimmung von Lehrplänen, die Festlegung des Schultyps der Ausbildungsstätten sowie die Anforderungen an das Lehrpersonal (vgl. Kühnert 1995, S. 61).

- **Zulassungsvoraussetzungen**

  Eine Festlegung des Mindestalters für die Zulassung zur Ausbildung bewegt sich – sofern sie überhaupt erfolgt - zwischen dem 16. (z.B. Nordrhein-Westfalen) und dem 18. Lebensjahr (z.B. Bayern). Als Vorbildung wird in allen Ländern mindestens der Hauptschulabschluss vorausgesetzt, in einigen Ländern die Fachoberschulreife. Hinzu kommt in den meisten Bundesländern die Forderung nach einer fach- oder auch nicht fachbezogenen beruflichen Tätigkeit in Verbindung mit dem Hauptschulabschluss als Zulassungsvoraussetzung (vgl. Forschungsgesellschaft 1996, S. 34f.).

- **Ausbildungsdauer**

  Im Verlaufe der letzten Jahre ist die Dauer der Altenpflegeausbildung weitgehend einheitlich auf drei Jahre heraufgesetzt worden. Diese Regelung wird jedoch in den meisten Bundesländern durch eine Fülle von Verkürzungsmöglichkeiten durch die Anrechnung von diversen Tätigkeiten auf die Ausbildungszeit deutlich relativiert.

- **Ausbildungsorganisation und Anteile von Theorie und Fachpraxis**

  In einigen Bundesländern besteht die Ausbildung aus zwei Abschnitten: einem, in dem das theoretische Wissen an (Fach-)Schulen vermittelt wird, und einem (in der Regel einjährigem) Berufspraktikum bzw. Berufsanerkennungsjahr. In anderen Ländern sind die fachpraktischen Ausbildungsabschnitte in die Ausbildung integriert. Der Anteil des theoretischen Unterrichts an den Gesamtstunden der Ausbildung bewegt sich „zwischen 945 (Bremen) und 2.250 (Nordrhein-Westfalen) Gesamtstunden, der Anteil an fachpraktischen Stunden zwischen 1.000 (Hessen) und 3.000 (Baden-Württemberg) Stunden" (Forschungsgesellschaft 1996, S. 36).

- **Ausbildungsstätten und Ausbilder**

  Bezüglich der Festlegung von Qualitätsstandards für die theoretischen und fachpraktischen Anteile der Altenpflegeausbildung gibt es in den Bundesländern deutliche Unterschiede. Als qualitativ hochwertig sind hier die Ausbildungsregelungen in Nordrhein-Westfalen hervorzuheben: In der „Verordnung über die Ausbildung und Prüfung in der Altenpflege" von 1994 werden (in § 3) Angaben über die Mindestqualifikation von Lehrenden gemacht sowie (in § 5 Abs. 4) vier Bereiche für die berufspraktischen Ausbildungsabschnitte im Umfang von mindestens 10 Wochen festgelegt: stationäre Altenhilfe, ambulante Versorgung, geriatrische Pflege und gerontopsychiatrische Pflege.

Allerdings wird (in § 8) die Qualifikation der Ausbilder während der berufspraktischen Ausbildung nicht näher bestimmt: es müssen lediglich „geeignete Fachkräfte" in der jeweiligen Einrichtung für die Praxisanleitung bereitgestellt werden.

Auf eine Ausnahme sei hier hingewiesen: „Die Hamburger Ausbildungsregelung nimmt unter den landesrechtlichen Ausbildungsregelungen in diesem Berufsfeld eine Sonderstellung ein, da sie als einzige an das Berufsbildungsgesetz angelehnt ist." (Forschungsgesellschaft 1996, S. 33)

Eine größere Vereinheitlichung der Altenpflegeausbildung ist nunmehr dadurch zu erwarten, dass der Deutsche Bundestag am 6. Juli 2000 ein „Gesetz über die Berufe in der Altenpflege (Altenpflegegesetz – AltPflG)" beschlossen hat. „Das Gesetz, das die Voraussetzungen für die Zulassung zu den Berufen in der Altenpflege regelt, soll bundesweit ein einheitliches Ausbildungsniveau sicherstellen, das Berufsbild attraktiver gestalten und dem Beruf ein klares Profil geben. ... Mit dem Gesetz werden die Ausbildung und Zulassung zu den Berufen in der Altenpflege geregelt. Der Gesetzentwurf, der sich in seiner Struktur an das Krankenpflegegesetz anlehnt, schreibt eine grundständige dreijährige Ausbildung vor, die aus theoretischem und fachpraktischem Unterricht besteht sowie aus einer praktischen Ausbildung, wobei deren Anteil überwiegt. Der Gesetzentwurf beinhaltet eine Festlegung der Ausbildungsziele und eine Regelung der Zugangsvoraussetzungen zur Ausbildung. Ferner ist ein Anspruch der Auszubildenden auf Ausbildungsvergütung vorgesehen." (Deutscher Bundestag, 3.7.2000, S. 1)

Allerdings behält auch das neue Gesetz die Ausbildungsstruktur in zwei Trägerschaften bei: der Schule als Träger des theoretischen Teils und den (weiterhin wohl vornehmlich stationären) Einrichtungen der Altenhilfe als Trägern des praktischen Teils der Ausbildung. Zu einer Übernahme der Bestimmungen des Berufsbildungsgesetzes ist es auch in der Altenpflege ausdrücklich nicht gekommen. Da die bundesgesetzliche Regelung als „Heilberuf" auf der Grundlage der Gesetzgebungskompetenz von Artikel 74 Ziffer 19 des Grundgesetzes erfolgt, gibt es eine deutliche Affinität des Altenpflegegesetzes zum Krankenpflegegesetz. „Das Gesetz kann insgesamt als ein Schritt zur Verbesserung der Ausbildungssituation in der Altenpflege betrachtet werden, wenngleich es gegenüber einzelnen landesrechtlichen Regelungen zurückfällt und etliche Bestimmungen kritisch zu bewerten sind." (Dielmann 2000, S. 25)

Erst die Umsetzung des Bundesgesetzes auf der Ebene entsprechender Landesverordnungen wird in der Zukunft zeigen, ob der begonnene Prozess einer Anhebung des Qualifizierungsniveaus in der Altenpflege fortgesetzt wird, oder – was die gesetzliche Regelung der Altenpflegehelferqualifikation befürchten lässt – ob es zu einer Dequalifizierung kommen wird. Vor allem bleibt offen, ob durch gesetzliche Regelungen der schon sehr kurze Zeit nach der Ausbildung einsetzende Prozess eines Ausstieges von qualifizierten Altenpflegerinnen und Altenpflegern aus dem Berufsleben (vgl. Becker/Meifort 1997, 1998) gestoppt werden kann.

2.7   Pflegepädagogische Einschätzung des gegenwärtigen Standes der Ausbildung in den Pflegeberufen

Der - für Pflegepädagogik unabdingbare - Blick auf die Geschichte von zwei zentralen Qualifikationsfeldern, der Krankenpflege und der Altenpflege, hat eine große Kontinuität ins Auge springen lassen: Beide Berufe sind vornehmlich vor dem Hintergrund der bürgerlichen Ideologie der Frau zu sehen und in beiden ist der Einfluss der Medizin unübersehbar. Die fundamentale Kritik von Renate Brenner enthält gerade in ihrer Überspitzung einen wahren Kern: „Im Verlauf von fast 100 Jahren hat sich am Standard wenig verändert. Die Dominanz der Ausbildungsträger ist geblieben. Die erfolgten Modifizierungen passten die Bedingungen jeweils an normative Minimalvorgaben des Arbeits- und Ausbildungsrechts und an die Erfordernisse der Krankenhausmedizin an." (Brenner 1994, S. 67)

Die Bestimmung der Zielsetzungen wie der Inhalte der Krankenpflegeausbildung und der Altenpflegeausbildung bedürfen noch differenzierter Ausformungen. Derzeit orientiert sich die Krankenpflegeausbildung weitgehend am Krankenhaus und „sieht den kranken Menschen primär unter dem Defizitmodell und leistet Pflege als unterstützende Hilfestellung und als wesentlichen Beitrag zum Genesungsprozess" (Gauss u.a. S. 83). Die Altenpflegeausbildung „zeigt ebenso eine stationäre Zentrierung auf das Altenheim. Die Altenpflege sieht den alten Menschen auch unter dem Defizitmodell hinsichtlich seiner physischen, psychischen und sozialen Verhältnisse." (Gauss u.a. S. 85) Daneben ist allerdings festzuhalten, dass es zwischen Krankenpflege und Altenpflege deutlich mehr Unterschiede gibt, als es gegenwärtige Diskussionen um die Reform der Pflegeausbildungen vermuten lassen (vgl. unten, Kapitel 11).

Darüber hinaus besteht durch die Nichtübernahme der Bestimmungen des Berufsbildungsgesetzes auf die beiden Ausbildungsgänge - ihren vor allem durch Trägerinteressen bestimmten Sonderweg – ein außerordentliches Strukturproblem, das sich insbesondere in Bezug auf die Trägerschaft der Ausbildungsstätten und das Theorie-Praxis-Problem herausstellen lässt (vgl. unten, Kapitel 3).

Abschließend muss der in diesem Kapitel selbst gesetzte Anspruch einer „Bestandsaufnahme" selbstkritisch relativiert werden. Es konnten hier nur die Rahmenbedingungen und Grundsätze der Krankenpflege- und der Altenpflegeausbildung analysiert werden. Eine empirische Analyse der tatsächlichen Situation der Krankenpflege- und der Altenpflegeausbildung steht noch aus. Erst auf der Basis einer solchen Untersuchung mit Angaben etwa

- zur Größe der Schulen,
- zur tatsächlichen Abhängigkeit vom Träger,
- zu Zahl und Qualifikation der Lehrenden,
- zur inhaltlichen Ausgestaltung des theoretischen Unterrichts,
- zu verwendeten Curricula und Lehrbüchern und
- zur Gestaltung der praktischen Ausbildung usw. (vgl. Rau 1996)

könnten weitergehende zuverlässige Aussagen über die Qualität der gegenwärtigen Krankenpflege- und Altenpflegeausbildung gemacht werden.

3   Das Theorie-Praxis-Problem in der Pflegeausbildung

Karl-Heinz Sahmel

3.1   Die Kluft zwischen Theorie und Praxis

Anneke de Jong hat darauf hingewiesen, dass derjenige, der von einer „Kluft" zwischen „Theorie" und „Praxis" spricht, verpflichtet ist, diese drei Begriffe zu definieren. Alltagssprachlich verbinden wir mit dem Wort *„Kluft"* die Vorstellung von Lücken und Rissen; an der Oberfläche wirken diese Risse außerordentlich breit und tief, am Grund einer Kluft jedoch erweisen sich diese Risse als schmal und eng. Im übertragenen Sinne folgt hieraus die Notwendigkeit, sowohl die Brüchigkeit zwischen den beiden Enden deutlich herauszustellen, als auch den tieferen Zusammenhang zwischen beiden zu analysieren. Schließlich ist es wichtig, Wege aufzuweisen, wie die Kluft überwunden werden kann. Der zweite Begriff, die *„Theorie"*, wird in unterschiedlicher Bedeutung genutzt: „Theorie als Rahmenbedingung für das Denken über ein Thema im Sinne von Hypothesen, Voraussetzungen; Theorie verstanden als ein durch Forschung bewiesenes Ergebnis; Theorie verstanden als die Ausbildung lenkend, als Schule.... Auffallend ist, dass zuerst in der Reihenfolge das Wort Theorie genannt wird. Das deutet auf eine, wenn auch unbewusste, Rangordnung hin. Jene Autoren, die sich mit der Kluft zwischen Theorie und Praxis beschäftigen, sind im allgemeinen Wissenschaftler, Theoretiker, Forscher und Lehrer - in der Praxis tätige Pflegekundige schreiben nicht so viel: sie handeln. Viele Autoren definieren sehr wohl, was sie unter Theorie verstehen, versäumen aber, zu definieren, was sie unter Praxis verstehen" (de Jong 1999, S. 70). Prinzipiell ist es zwar den Pflege-TheoretikerInnen in den letzten Jahren gelungen, ein vertieftes Verständnis von *„Praxis"* zu entwickeln, dennoch bleibt prinzipiell die Tatsache bestehen, dass jede Beschäftigung mit Praxis auf der Basis von Theorie erfolgt.

Dies ist so lange nicht problematisch, wie es zu einem Austausch zwischen beiden Seiten kommt. Substantieller Bestandteil eines solches Austausches ist allerdings auch die Thematisierung der Barrieren zwischen Theorie und Praxis. Diese liegen z.B. in der Sprache. „Die Theoretiker verwenden eine komplizierte und schwer verständliche Sprache, in der sie auf psychologische und soziologische Begriffe Bezug nehmen.... Miller meint, dass der Pflegetheoretiker die Pflege so sieht, wie sie sein müsste, während der Praktiker die Pflege so erlebt, wie sie in ihrer ganzen Komplexität ist. Viele Theoretiker bauen solche Idealmodelle auf, die unmöglich zu verwirklichen sind. Wenn der Theoretiker danach strebt, alles so umfassend und abstrakt wie möglich zu erklären, so erklärt er letzten Endes eigentlich nichts" (Geust 1991, S. 399). Auch die Art der Fragen, die Theoretiker und Praktiker stellen, ist grundlegend unterschiedlich. „Der Praktiker stellt praktische Fragen zu Methoden und Prinzipien und ihrer Verwendbarkeit in der Pflegearbeit, während der Theoretiker sich für den theoretischen Grund, auf den die Pflegearbeit sich gründet, interessiert. Der Theoretiker arbeitet oft als Unterrichtender und ist an generellen Theorien interessiert. Der Praktiker wiederum ist an solchen Theorien interessiert, die er in seiner Arbeit verwenden kann, wenn er besondere Probleme hat." (Geust 1991, S. 399)

Die Reihe der Differenzen zwischen Theorie und Praxis ließe sich beliebig fortsetzen. In der Pflegeausbildung nun wird die Differenz zwischen Theorie und Praxis, also zwischen dem, was Lehrende in der Schule vermitteln, und dem, was Pflegende in der Praxis tun, für den Auszubildenden zu einem großen Konflikt. „Unterschiedliche Vorstellungen prallen aufeinander. Die Schule vermittelt ideale Pflegemethoden, sie bringt den Auszubildenden eine ganzheitliche Sichtweise bei, legt Wert auf Einfühlungsvermögen und den Aufbau einer Beziehung zum Patienten, auf die Sicherung der Pflegequalität, macht mit verschiedenen Modellen und Theorien vertraut usw.. Auf der Station erleben die Auszubildenden dies dann ganz anders. Hier geht es um schnelles und routiniertes Arbeiten - wobei auch manchmal Pflegestandards verletzt werden -, um möglichst reibungslose Anpassung und Einpassung der Auszubildenden in die Arbeitsabläufe der Station, wobei die Beziehungen zum Patienten relativ oberflächlich bleiben. Für die Stationen ist alles praxisfremd, für das sie keine unmittelbare Anwendung finden. Sie werfen der Schule vor, unrealistische Pflegemethoden zu vermitteln oder unnütze Theorien, mit denen man nichts anfangen könne, zu verbreiten, statt den Schülerinnen etwas Nützliches beizubringen. Die Schule wirft der Praxis vor, nicht über den Tellerrand schauen zu können, an längst überholten Routinen festzuhalten und nicht nach den neuesten Pflegestandards zu pflegen. Etwas überspitzt ausgedrückt: Für die Praxis sind alle Lehrerinnen praxisferne Theoretikerinnen, für die Schule sind die Pflegekräfte unreflektiert und wollen sich nicht verändern. Die Auszubildenden stehen dazwischen. Wo der Druck erzeugt wird - und das ist in der Regel die Praxis -, geben sie nach und passen sich an. Das ist eine reine Notwehrsituation." (Bischoff 1993 b, S. 8)

Theoretisch verschärft wird die Kluft zwischen Theorie und Praxis – konkret: zwischen Schule und Station - dann, wenn beide Seiten analysiert werden als zwei Instanzen der beruflichen *Sozialisation*. Insbesondere der Prozess der Internalisierung von explizit ausgesprochenen oder implizit wirksamen Regeln und Normen beruflichen Handelns (vgl. Melia 1990) lässt sich aus der Sicht der Schüler als ein „Anpassungsslalom" (Singel 1994, S. 103) zwischen den sehr unterschiedlichen Sozialisations- bzw. Kontrollinstanzen Schule und Station charakterisieren.

Im Folgenden soll nunmehr zunächst die Situation der praktischen Ausbildung in der Pflege kritisch analysiert werden, sodann sollen konstruktiv Möglichkeiten der Verknüpfung von Theorie und Praxis aufgezeigt werden.

3.2   Die Struktur der praktischen Ausbildung

Die rechtlichen Grundlagen für die Krankenpflegeausbildung sind im „Gesetz über die Berufe in der Krankenpflege" (KrPflG) vom 4. Juni 1985 (zuletzt geändert am 27. April 1993), in der „Ausbildungs- und Prüfungsverordnung für die Berufe in der Krankenpflege" (KrPflAPrV) vom 16. Oktober 1985 (zuletzt geändert am 27. April 1993) sowie in der Bundespflegesatzverordnung vom 23. Dezember 1985 geregelt (vgl. Kurtenbach u.a. 1994). Die gesetzlichen Bestimmungen für die Kinderkrankenpflege und für die Hebammenpflege enthalten weitgehend analoge Regelungen. Auf die gesetzlichen Regelungen der Altenpflege-Ausbildung in den 16 Bundesländern wird an anderer Stelle eingegangen. Auf die hier analysierte Theorie-Praxis-Verknüpfung bezogen gibt es jedoch prinzipiell keine Unterschiede zwischen Krankenpflege-, Kinderkrankenpflege- und Altenpflegeausbildung.

Gemäss § 14 Krankenpflegegesetz obliegt die Gesamtverantwortung für die Planung und Durchführung der Ausbildung in Theorie und Praxis dem Träger der Ausbildung. Dieser hat „die Ausbildung in einer durch ihren Zweck gebotenen Form planmäßig, zeitlich und sachlich gegliedert so durchzuführen, dass das Ausbildungsziel (§ 4) in der vorgesehenen Ausbildungszeit erreicht werden kann" (§ 14 KrPflG). Gemäß § 5 Abs. 1 KrPflG besteht die Ausbildung aus theoretischem und praktischem Unterricht (in der Schule) und einer praktischen Ausbildung (auf der Station).

Bei einem zeitlichen Mindestumfang vom 4.600 Stunden innerhalb von drei Jahren kommt dem praktischen Anteil der Ausbildung mit mindestens 3.000 Stunden ein deutliches Übergewicht zu. Während die 1.600 Stunden theoretischer Unterricht in der Krankenpflege in der Krankenpflegeausbildungs- und Prüfungsverordnung zumindest ansatzweise mit Überschriften inhaltlich gefüllt werden, bestimmt die KrPflAPrV bezüglich der praktischen Ausbildung lediglich Bereiche, in denen diese durchzuführen ist und zugehörige Stunden:

- Allgemeine Medizin und medizinische Fachgebiete einschließlich Pflege alter Menschen und Alterskrankheiten: 900 Stunden.
- Allgemeine Chirurgie und chirurgische Fachgebiete: 750 Stunden.
- Gynäkologie oder Urologie und Wochen- und Neugeborenenpflege: 350 Stunden.
- Psychiatrie, Kinderkrankenpflege und Kinderheilkunde sowie Gemeindekrankenpflege (Hauskrankenpflege): 400 Stunden.

Die verbleibenden 600 Stunden können vom Ausbildungsträger auf die Bereiche 1-4 verteilt werden (vgl. Kurtenbach u.a. 1994, S. 41).

„Eine zeitliche und sachliche Anordnung bzw. Gliederung der Ausbildungsbereiche im Hinblick auf die einzelnen Ausbildungsabschnitte erfolgt, bis auf die Regelung des abzu-leistenden Nachtdienstes von mindestens 120 Stunden - aber höchstens 160 Stunden - innerhalb des zweiten und dritten Ausbildungsjahres (§ 1 Abs. 4 KrPflAPrV) und der Ein-schränkung, dass Einsätze in den Funktionsbereichen nicht vor dem zweiten und dritten Ausbildungsjahr erfolgen sollen, nicht. Der konkrete Gegenstand der praktischen Ausbil-dung wird nicht definiert bzw. vom Gesetzgeber weitgehend offen gelassen." (Jung/Stähling 1998, S. 14)

Während diese Nichtfestlegung dem Ausbildungsträger einen großen Freiraum zu eröff-nen scheint, erweisen sich bei detaillierter Analyse gerade diese geringen strukturellen Vorgaben als außerordentlich problematisch. Die deutlich krankenhaus-medizinorientier-ten Einsatzgebiete lassen faktisch der Krankenpflegeschule nur einen äußerst geringen Spielraum für die Planung umfangreicherer praktischer Einsätze von Krankenpflegeschü-lern in anderen als den gesetzlich vorgeschriebenen Bereichen, z.B. in der zunehmend wichtiger werdenden Gerontopsychiatrie oder in Sozialstationen.

Diese Einsatzplanung selbst wiederum muss in enger Absprache mit dem Krankenhaus erfolgen, so dass die Pflegedienstleitung (unabhängig davon, ob sie der Schulleitung an-gehört oder nicht) großen Einfluss nehmen kann auf die Einsatzorte der Schülerinnen. Ge-mäss § 15 Abs. 2 der Bundespflegesatzverordnung nämlich sind Personen, die in der Krankenpflege oder Kinderkrankenpflege ausgebildet werden, im Verhältnis 7:1 auf die Stelle einer in diesen Berufen voll ausgebildeten Person anzurechnen (vgl. Kurtenbach u.a. 1994, S. 95).

Durch diese Regelung, über die zugleich die Ausbildungsvergütung refinanziert wird, ge-raten die Auszubildenden in einen Doppelstatus: Einerseits sind sie Schülerinnen und Schüler, andererseits sind sie Arbeitskräfte. Die beiden Lernorte der Ausbildung werden auf eine merkwürdige Art miteinander verknüpft. Auf der einen Seite ist die Schule ein Be-triebsteil des Krankenhauses und räumlich, institutionell, rechtlich und finanziell mit dem Krankenhaus verbunden. Sie ist scheinbar eine eigenständige Institution. „Auf der anderen Seite gibt es aber keine Trennung. Das Krankenhaus ist Ausbildungsträger und gleichzei-tig Arbeitgeber von Schülerinnen und Lehrkräften. Die Schule ist somit nicht unabhängig vom Betrieb Krankenhaus. Am offensichtlichsten wird diese nicht aufgelöste Verbindung durch die Tatsache, dass die Schülerinnen auf den Stellenplan angerechnet werden und damit gleichzeitig Auszubildende und Arbeitskräfte sind. Da das Krankenhaus nun als Ar-beitgeber vorrangig an der Verwertung der Arbeitskraft interessiert ist, ergeben sich immer wieder erhebliche Kollisionen zwischen der an pädagogischen Ansprüchen orientierten Schule und den Verwertungsinteressen des Krankenhauses" (Bischoff 1993 b, S. 12).

Wie wenig Einfluss innerhalb dieses Machtkampfes der Schule letztlich zuzuschreiben ist, lässt sich daran ersehen, dass es dem Träger überlassen bleibt, die Qualität der praktischen Ausbildung zu bestimmen. Einheitliche gesetzliche Rahmenbestimmungen hierfür gibt es nicht. Die Schule kann also lediglich durch klinische Unterrichte die praktischen Fähigkeiten und Fertigkeiten der Schülerinnen und Schüler formen. Wer in der Praxis, also in zwei Dritteln der dreijährigen Ausbildungszeit, die Ausbildung durchführt, kann von seiten der Schule nur geringfügig beeinflusst werden. Dass dies gravierende Auswirkungen auf Prozess und Ergebnis der Ausbildung hat, ist offensichtlich und lässt sich durch empirische Untersuchungen belegen.

3.3   Empirische Analyse der praktischen Ausbildungssituation

In den letzten Jahren ist die Situation der praktischen Ausbildung in einer ganzen Reihe von Einzelstudien empirisch untersucht worden.

Schon vor Verabschiedung des Krankenpflegegesetzes hat Christel **Bienstein** in einer 1978 bis 1980 durchgeführten Befragung von Teilnehmerinnen und Teilnehmern einer Weiterbildungsmaßnahme drei Ergebnisse herausgestellt, die wohl auch über 20 Jahre später immer noch Gültigkeit haben dürften:
1. „Den Teilnehmern ist ein umfassendes Verständnis von angewandter Pädagogik in der Krankenpflege unbekannt.
2. Das primär deklarierte Ausbildungsziel – patientenzentrierte Pflege – wird von dem examinierten Pflegepersonal nicht gelehrt.
3. Der praktische Ausbildungsprozess der Pflegeschüler ist ungeplant und unstrukturiert." (Bienstein 1983, S. 6)

Maria **Theobald** hat 1987 Auszubildende und Pflegepersonen in unterschiedlichen Einrichtungen interviewt und dabei folgende zentralen Problemfelder herausgestellt:
1. Die Auszubildenden erhalten keine rechtzeitige Information über die Verteilung der praktischen Ausbildungsplätze und können sich entsprechend nicht auf ihren Einsatz vorbereiten.
2. Die Umsetzung von theoretischem Wissen in die Praxis gelingt nur selten bzw. partiell.
3. „Der Einsatz erfolgt öfter in Fachgebieten, die noch nicht im theoretischen Unterricht besprochen wurden, oder in Spezialgebieten, die nicht ausreichend für diese Einsätze in der Theorie behandelt wurden." (Theobald 1989, S. 318)
4. Die Auszubildenden erleben wenig Bereitschaft des Pflegepersonals, auf Neuerungen einzugehen.
5. „Ein großes Defizit wird bei der praktischen Anleitung beklagt. Diese erfolgt meist nur zufällig, wenn etwas Besonderes vorliegt; in manchen Fällen, wenn die Zeit dafür ge-

geben ist; wenn der Station die Notwendigkeit auffällt; meistens aber nur speziell auf Nachfragen der Auszubildenden." (Theobald 1989, S. 319)

6. „Eine Aufklärung über Lernmöglichkeiten auf den jeweiligen Stationen findet nur ganz selten statt." (ebd.)

7. „Im subjektiven Erleben der praktischen Ausbildungssituation werden die eben beschriebenen Faktoren zwar bemängelt, jedoch haben diese wenig Auswirkung auf die Zufriedenheit der Auszubildenden. Insgesamt machen die Auszubildenden eher einen zufriedenen Eindruck." (Theobald 1989, S. 320)

In einer von der **Gewerkschaft ÖTV** 1990 in 14 ostwestfälischen Krankenpflegeschulen durchgeführten Befragung, die unter dem reißerischen Titel „Ausnutzung statt Ausbildung" verbreitet wurde (vgl. ÖTV 1991), konnte von einer solchen Zufriedenheit der Auszubildenden nicht die Rede sein: „So beurteilten rund 75% der etwa 500 befragten Auszubildenden die Qualität der praktischen Ausbildung mit „ausreichend" (44,3%) und „mangelhaft" (30,6%). 3,5% meinten gar, die praktische Ausbildung sei miserabel und verdiene nicht als Ausbildung bezeichnet zu werden. Neben verschiedenen anderen Ausbildungsproblemen wurde vor allem die fehlende Anleitung durch freigestellte Praxisanleiter/-innen bemängelt. Immerhin gaben 37% der Befragten an, dass es für die praktische Ausbildung freigestellte Praxisanleiter gäbe, aber nur 2,1% wurden während der praktischen Einsätze auch von diesen überwiegend in der Anwendung pflegerischer Tätigkeiten unterwiesen." (Dielmann 1993, S. 15f.)

Schirmer konnte mit seiner Befragung von examiniertem Krankenpflegepersonal, das Krankenpflegeschüler auf den Stationen anleitet, folgende Hypothesen bestätigen:

1. „Die praktische Krankenpflegeausbildung auf Station ist ungeplant und unstrukturiert.

2. Eine fachliche Qualifikation der Pflegepersonen, die Schüler anleiten, ist in den Bereichen Didaktik und Pädagogik nicht vorhanden.

3. Die Pflegepersonen haben nicht die Zeit, die eine qualifizierte und effiziente praktische Ausbildung erfordert.

4. Die mangelhafte Ausbildungssituation führt bei den Pflegepersonen, die die Schüler anleiten, zu einer weiteren Arbeitsunzufriedenheit.

5. Die Schüler werden zur Aufrechterhaltung des Stationsablaufes benötigt." (Schirmer 1993, S. 143)

Der Autor zieht aus seiner Befragung die Schlussfolgerung, dass das von den Schülern erlebte Theorie-Praxis-Gefälle durch die reale Ausbildungssituation auf den Stationen noch verstärkt wird. „Da es für die Praxis keine klaren Ausbildungsstrukturen gibt, die eine eindeutige Orientierung am Lehrplan zulassen, sind die Schüler allein dem Sozialisationsprozess der Praxis ausgeliefert. Die dort geltenden Normen werden somit übernommen. Zudem wird verhindert, dass die Schüler eigenverantwortlich ihre Ausbildung aktiv mitgestalten können. Solange die praktische Ausbildung weitgehend nach dem Zufallsprinzip abläuft, wird es keine Professionalität in der Pflege geben." (Schirmer 1993, S. 150)

Merz und **Rüb** kommen in ihrer 1991 durchgeführten Untersuchung an insgesamt 28 Krankenpflegeschulen weitgehend zu einer Bestätigung folgender Hypothesen:

1. „Schüler wünschen sich praktische Ausbildung von Stations- und vom Unterrichtspersonal, sie sehen beide in Verantwortung.

2. Schüler vermissen regelmäßige, geplante praktische Anleitung in ihrer Krankenpflegeausbildung.

3. Schüler wünschen sich eine bessere Abstimmung von Theorie und Praxis.

4. Krankenpflegeschüler sehen sich häufiger als Arbeitskraft für die Stationsroutine, denn als Auszubildende." (Merz/Rüb 1994, S. 739)

Sowohl eine Fragebogenstudie, als auch Interviews mit Auszubildenden und examiniertem Pflegepersonal haben **Jung** und **Stähling** in zwei Kliniken durchgeführt. Auch wenn diese Untersuchung ebenfalls nicht als repräsentativ gelten kann (Größe der Stichprobe: 249 Examinierte, 117 Auszubildende an zwei Kliniken), werfen ihre Ergebnisse doch ein signifikantes Licht auf die Situation der praktischen Ausbildung. Hier nur einige ausgewählte Ergebnisse:

A) Ergebnisse der Befragung des examinierten Pflegepersonals:

- Haben sie ausreichend Zeit zur Schüleranleitung?   71%: Nein (S. 81)
- Werden auf ihrer Station Schüler benötigt?   88%: Ja (S. 85)
- Wann findet auf ihrer Station praktische Anleitung statt?
  Klinik A: 65%: Wenn Zeit ist
  Klinik B: 91%: Wenn Zeit ist
  (Mehrfachnennungen waren möglich) (S. 93)

B) Ergebnisse der Schülerbefragung:

- Fand zu Beginn ihres letzten Stationseinsatzes ein Vorgespräch mit den Krankenschwestern/Pflegern der Station statt?
  41%: Nein (S. 113)

- Wurden sie zu Beginn ihres letzten praktischen Einsatzes über das Lernangebot der Station informiert:
  23%: Nein   20%: Eher nein   (S. 162)

In ihrer differenzierten Diskussion der Ergebnisse stellen Jung/Stähling folgende Faktoren heraus: „Zu den Zeitressourcen für die praktische Anleitung der Schülerinnen geben zusammengefasst 71% der befragten Krankenschwestern/Krankenpfleger an, nicht ausreichend Zeit zu haben.... Praktische Anleitung findet nach den Angaben der Krankenschwestern und der Krankenpfleger überwiegend dann statt, wenn Zeit vorhanden ist und auf

Nachfrage der Schülerinnen." (Jung/Stähling 1998, S. 220f.) Die Orientierung der Pflege am Pflegeprozess erweist sich insgesamt als nicht ausreichend (vgl. Jung/Stähling, S. 222ff.).

Insgesamt bestätigen diese hier knapp referierten empirischen Einzeluntersuchungen, was eine Expertenkommission in Niedersachsen zur Situation der praktischen Ausbildung in der Krankenpflege unter der prägnanten Überschrift „Bettenrunden statt Fachausbildung" zusammengefasst hat (vgl. Stratmeyer/Weber 1993). Könnte man nun allerdings diesen empirischen Arbeiten vorwerfen, sie gäben lediglich ein punktuelles Bild der Situation der praktischen Ausbildung in der Pflege ab, so wird dieses Argument weitgehend entschärft durch den Vergleich mit Ergebnissen eines Gutachtens über die Situation der praktischen Krankenpflegeausbildung, das die Senatsverwaltung für Gesundheit des Landes **Berlin** 1994 vorgelegt hat und das den Ist-Zustand in einem Bundesland umfassend analysiert hat.

Aus der Fülle der dabei gewonnenen Ergebnisse seien hier einige signifikante Aspekte herausgestellt.

Personen mit Ausbilderfunktionen
In dem Berliner Gutachten wird zunächst darauf hingewiesen, dass in den Einrichtungen selbst wie auch in der pädagogischen Diskussion eine sichtliche Unklarheit darüber besteht, wie die für die Ausbildung verantwortlichen Personen zu benennen sind, ob als Tutoren, Praxisanleiter oder Mentoren. (Auf diese Problematik wird in 3.4 ausführlich eingegangen). Als Praxisanleiterinnen und Praxisanleiter werden von den Autoren examinierte Krankenschwestern und Krankenpfleger bezeichnet, „die für die Strukturierung, Koordinierung und Überwachung der praktischen Ausbildung sowie für die Mitwirkung an der praktischen Ausbildung eingestellt und mit einer bestimmten Zahl an Wochenstunden freigestellt sind" (Domscheit u.a. 1994, S. 55). Demgegenüber sind Mentorinnen und Mentoren examinierte Personen, „deren Stellenbeschreibung den besonderen Auftrag enthält, während ihres normalen Stationsdienstes Schülerinnen praktisch anzuleiten. MentorInnen sind für diese Aufgaben nicht freigestellt, jedoch mehr als die übrigen StationsmitarbeiterInnen für die praktische Anleitung zuständig" (Domscheit u.a. 1994, S. 56).

Die Ausstattung aller in Berlin im Rahmen der Krankenpflegeausbildung tätigen Einrichtungen mit Praxisanleiterinnen und -anleitern wird quantitativ als äußerst bescheiden charakterisiert. „Auf volle Stundenzahlen hochgerechnet, stehen in ganz Berlin nicht mehr als 20 PAL-Stellen für 31% der in Berlin insgesamt vorhandenen Ausbildungskapazitäten (1.230 Plätze) zur Verfügung. Bezogen auf alle Ausbildungsstätten, die mit Praxisanleiterlnnen arbeiten, stehen somit jeder PAL-Stelle rein rechnerisch etwa 62 Schülerinnen gegenüber.... 60% der Berliner Krankenpflegeschulen stehen PAL in der praktischen Ausbildung gar nicht zur Verfügung." (Domscheit u.a. 1994, S. 74)

Demgegenüber wird in einer überwiegenden Mehrheit der Krankenhäuser mit Mentorinnen und Mentoren gearbeitet. Allerdings weisen die hierbei verfügbaren Ausbildungsressourcen quantitativ und qualitativ extrem hohe Unterschiede und erhebliche Defizite auf. Zwar wird angestrebt, dass MentorInnen und SchülerInnen auf der Station grundsätzlich zusammen arbeiten sollen, Dienstplangestaltung wie generelle hohe Ausfallzeiten im Pflegedienst stehen dieser Abstimmung jedoch vielfach entgegen. Darüber hinaus ist die Zahl der gleichzeitig zu begleitenden SchülerInnen je Mentor extrem gestreut.

Hinzu kommen Probleme der wechselseitigen Akzeptanz. „Mentorin zu sein, ist im Rahmen der bundesdeutschen Krankenpflegeausbildung ein Ehrenamt, das zur Zeit oft weder eine besondere Qualifikation noch besonderes Engagement im Beruf voraussetzt. In fünf der zehn näher untersuchten Häuser, in denen MentorInnen tätig sind, fand nach Aussage der Schulen (und PAL) lediglich eine formale - weder von fachlichen noch von pädagogischen Eignungskriterien geleitete - Auswahl und Bestimmung der MentorInnen statt. Insofern beklagten einige Schulen und PAL, dass das Mentorensystem in den ausbildungsbeteiligten Häusern nur auf dem Papier existiere.... Während die überwiegende Zahl der befragten SchulvertreterInnen die Qualifikation der Ausbilderinnen und das Engagement der Kontaktschwestern und -pfleger bzw. MentorInnen kritisch beurteilten, sich zum Teil sogar weigerten, die von den PDL benannten MentorInnen als solche anzuerkennen, beklagte die Mehrheit der befragten MentorInnen, dass Schule und Lehrkräfte Berührungsängste hätten und auf den Stationen kaum in Erscheinung treten, so dass sie - die MentorInnen - die Hauptlast der praktischen Ausbildung zu tragen hätten." (Domscheit u.a. 1994, S. 80)

Schülerinnen als Arbeitskräfte

Die bereits an anderer Stelle herausgestellte Doppelrolle von Schülerinnen als Auszubildende bzw. Lernende und als Arbeitskräfte, die auf den Stellenplan angerechnet werden, wird von SchülerInnen, StationsmitarbeiterInnen wie für die Ausbildung Verantwortlichen massiv kritisiert. Drei Ergebnisse der Experteninterviews sollten hierbei besondere Beachtung finden:

a) „Schülerinnen werden schwerpunktmäßig mit Routinearbeiten betraut, bei denen sie wenig dazu lernen können. Abgesehen davon, dass sich manche Stationsmitarbeiterinnen von unqualifizierten, unattraktiven Arbeiten gerne entlastet sehen, entspricht diese Tendenz den funktionalen Erfordernissen der Stationsarbeit. Übernehmen die Schülerinnen nur Routinearbeiten, müssen keine nennenswerten Ressourcen zu ihrer Einarbeitung, Anleitung und Kontrolle abgestellt werden. Dem entspricht auch das Verhalten mancher Stationen in extremen Belastungssituationen: Um unter schwierigen Bedingungen den Stationsablauf aufrecht zu erhalten, wird die Tätigkeit der Schülerinnen auf Routineaufgaben beschränkt und damit das Risiko zusätzlicher Störungen infolge Unsicherheiten auf seiten der Auszubildenden ausgeschlossen....

b) Schülerinnen werden viel zu rasch und ohne hinreichende Vorbereitung mit verantwortungsvollen Aufgaben beauftragt und fachlich überfordert. Bei den Auszubildenden selbst stößt dieses Vorgehen auf weniger Kritik als die Ausübung übermäßig vieler Routinearbeiten. Sie fühlen sich ernst genommen, akzeptiert und haben außerdem großes Interesse an verantwortungsvollen, technisch anspruchsvollen Aufgaben. Von Vertreterinnen der Schule und anderen Ausbilderinnen hingegen wird diese Praxis zu Recht kritischer bewertet als die Rolle der Hilfskraft, weil hier nicht nur Aspekte der Ausbildung zu kurz kommen, sondern gegebenenfalls das Risiko einer „gefährlichen Pflege" in Kauf genommen wird.

c) Schülerinnen werden zur Manövriermasse der Personaleinsatzplanung: In extremer Weise werden Ausbildungsbelange missachtet, wenn Schülerinnen regelmäßig zur Überbrückung von kurzfristig entstehenden Personalengpässen herangezogen werden. Es gibt Stationen bzw. Krankenhäuser, die Ausfälle infolge Krankheit systematisch mit Hilfe der Auszubildenden zu bewältigen suchen." (Domscheit u.a. 1994, S. 82)

Kooperation zwischen Pflegeschulen und Stationen

Während die organisatorische Abstimmung (Einsatzplanung) zwischen Pflegeschulen und Stationen relativ gut (gemessen an den Ansprüchen der Stationen) funktioniert, gibt es bezüglich der inhaltlichen Abstimmung zwischen den beiden Lernorten der Pflegeausbildung nicht unerhebliche Schwierigkeiten. Zwar gibt es eine Reihe von Abstimmungsversuchen zwischen beiden Partnern - Lernzielkataloge, Gesprächskreise etc. -, im Kern jedoch gibt es außerordentlich unterschiedliche Vorstellungen. In der Regel hat die Schule andere konzeptionelle Vorstellungen als die Praxis. „Die Erwartungen und Anforderungen, die die Schulen an die praktische Ausbildung stellen, werden von den Stationen ... nicht oder nur unvollständig eingelöst. Aus dem Blickwinkel der Schule stehen eher fachliche, organisatorische und pädagogische Mängel im Vordergrund. Damit korrespondiert die Vorstellung, dass die Praxis für die Sicherstellung einer befriedigenden Ausbildungssituation stärker sorgen und den Anforderungen der Schule entgegenkommen müsse. Die Stationen hingegen fühlen sich meist nicht zuständig für die Lösung der Ausbildungsprobleme. Diese Verantwortung ordnen sie primär der Schule zu und erwarten von ihr ein entsprechendes Engagement. Die Schülerinnen sind unter dem Gesichtspunkt der Arbeitsleistung zwar eine Hilfe für die Station, zugleich aber bringt die Übernahme von Ausbildungsverantwortung zusätzliche Belastungen mit sich. Die Stationen vertreten in der Haupttendenz die Auffassung, dass es Aufgabe der Schule sei, diese Belastungen in Grenzen zu halten (fachliche Vorbereitungen der Schülerinnen, Regelung formaler Fragen, Konfliktmanagement, Beteiligung an der Anleitung, Unterstützung der Mentorinnen durch konzeptionelle

Hilfen und hinreichende Vorinformationen usw.). Andererseits erwarten die Stationen, dass sich die Schule nicht in ihre Belange einmischt. Der Kern des Spannungsverhältnisses zwischen Schule und Stationen liegt daher in unterschiedlichen Auffassungen darüber, welche Seite zur Sicherstellung befriedigender Ausbildungsbedingungen in erster Linie verantwortlich ist, entsprechendes Engagement aufbringen und initiativ werden sollte." (Domscheit u.a. 1994, S. 94)

Diskrepanzen bezüglich der Ausbildungsinhalte
In der Regel vermitteln die Schulen ein Idealbild von qualitativ guter Pflege. Dieses bezieht sich sowohl auf die Pflegetechniken als auch insbesondere auf die Planung und Dokumentation von Pflege. Dabei spielen psychosoziale Kompetenzen, Patientenorientierung und Teamarbeit eine herausragende Rolle. In der Praxis nun erleben Schülerinnen und Schüler immer wieder sowohl Differenzen zwischen dem in der Theorie Vermittelten und dem in der Praxis Durchgeführten, als auch extreme Unterschiede in der Praxis selbst.

a) „Es gibt höchst unterschiedliche Vorgehensweisen bei der Verrichtung pflegerischer Tätigkeiten. Dabei finden sich die Standards der Schule im Stationsalltag nur selten wieder. Gemessen an diesen Standards wird in der Praxis „schlechter" gepflegt als von der Theorie gefordert. Die Praxis arbeitet aber auch rationeller und hat vertretbare Lösungen gefunden, um die hohen Belastungen des Stationsalltages zu bewältigen.

b) Eine Pflegeplanung, wie sie in den meisten Schulen vermittelt wird, kommt in der Praxis kaum vor. Sofern geplante Pflege stattfindet, ist sie in der Regel qualitativ weniger anspruchsvoll, aber auch viel unkomplizierter als die Modelle der Schule.

c) „Ganzheitlichkeit" und „Patientenorientierung" sind wünschenswerte Prinzipien pflegerischen Handelns, lassen sich jedoch in der Praxis schwer realisieren und werden von nicht wenigen Pflegekräften kaum ernst genommen. Die Beziehung zum Patienten ist in vieler Hinsicht eine Belastung, in der man mit den Grenzen der eigenen sozialen Kompetenzen konfrontiert wird." (Domscheit u.a. 1994, S. 141)

Für die Schülerinnen und Schüler hat diese Erfahrung der Diskrepanz zwischen Theorie und Praxis erhebliche Auswirkungen, insbesondere auf die berufliche Motivation. Schon während der Ausbildung tritt Ernüchterung und Frustration ein. Allerdings kommt es auch zur Tendenz, sich frühzeitig mit der Praxis zu arrangieren. Die Entwicklung eigenständiger Qualitätsansprüche bleibt unter diesen Umständen eher dem Zufall überlassen. „Der Bruch zwischen Theorie und Praxis hat somit, wenn ihm nichts entgegen gestellt wird, insbesondere eines zur Folge: die Schülerinnen machen die Erfahrung, dass sie den Pflegealltag besser bewältigen können und stärker akzeptiert werden, je mehr sie sich von den in der theoretischen Ausbildung vermittelten Ansprüchen, Modellen und Arbeitsweisen entfernen." (Domscheit u.a. 1994, S. 143)

Diese insgesamt außerordentlich problematischen Ergebnisse sind in einer anderen breit angelegten Untersuchung zur Ausbildung in der Altenpflege von Wolfgang **Becker** und Barbara **Meifort** weitgehend bestätigt worden. Insbesondere die schlechten Erfahrungen von Auszubildenden in den Praxisphasen führen zu einem massiven Rückgang der Motivation schon im Verlaufe der Ausbildung und bei vielen zu einem späteren Ausstieg aus der Altenpflege nach erfolgreicher Ausbildung.

Eine deutliche Mehrheit der in der repräsentativen Untersuchung Befragten beschreibt ihre Erfahrungen mit den praktischen Ausbildungsphasen innerhalb der Altenpflege enttäuscht und kritisch. Die im Rahmen der theoretischen Ausbildung als Qualitätsmerkmale herausgestellten Aspekte praktischer Berufsausbildung werden in der Praxis nur ausnahmsweise und zufällig eingelöst. „Die Praktika sind weitgehend identisch mit Arbeit, Nicht-Ausbildung; „Anleiter", wie Ausbilder überwiegend bezeichnet werden, sind zwar grundsätzlich vorhanden, aber sie widmen sich ihrer Aufgabe zu nachlässig; und: ihre Qualifikation zur Ausbildung wird immer wieder in Frage gestellt. Schließlich: die ausbildende Schule kümmert sich nur in ganz seltenen Ausnahmefällen so um den Ablauf der Praktika, dass aus der Sicht der Auszubildenden von einer funktionierenden Betreuung ihrer praktischen Ausbildungsphasen kaum gesprochen werden kann." (Becker/Meifort 1997, S. 159) Bei der Vorbereitung, Begleitung und Auswertung der praktischen Einsätze gelingt es der Schule nicht, Theorie und Praxis miteinander zu vermitteln. Im Zentrum der Kritik der Auszubildenden an der Schule steht dabei folgender Aspekt: Ihre „Theorie" „ist nicht praxisbezogen genug, um auf die praktische Berufsarbeit in der Altenpflege vorbereiten zu können.... Hinter diesem Generalvorbehalt verbirgt sich neben allgemeiner Unzufriedenheit (Beispiele: „Die Theorie ließ sich in der Praxis gar nicht umsetzen.", „Theorie hörte sich ganz anders an als die Praxis ablief.") auch gezielte Kritik gegen einzelne Elemente der schulischen Ausbildung, insbesondere die „Fremdheit" der vermittelten Wissensinhalte und Prinzipien gegenüber den in der Praxis geltenden Regeln und Ablaufschemata. Hierbei stehen Rügen an den inkongruenten Zeitgerüsten von Schule und Altenpflegepraxis an erster Stelle: „Die Theorie ist in der Praxis nicht umsetzbar, z.B. Fingernägel schneiden: das dauert in der Schule 50 Minuten, in der Praxis sind höchstens 10 Minuten möglich.....". oder: „die Vorstellungen, die die Schule hat, kann man in der Praxis einfach nicht realisieren, z.B. eine Stunde waschen..". sind hierfür typische Äußerungen. Aber auch in anderer Hinsicht spielte der Faktor „Zeit" für die Kritik an der mangelhaften Verbindung von Theorie und Praxis eine entscheidende Rolle: Zeit, die in der Praxis fehlt, um erlernte Arbeitsweisen auch umsetzen zu lernen..., vor allem aber die offenbar häufig weit auseinander liegenden Zeiten schulischer Vermittlung von Fachinhalten und den Möglichkeiten, diese auch praktisch zu erproben." (Becker/Meifort 1997, S. 166f.)

3.4.   Praktische Anleitung als pädagogisches Problem

In der Literatur werden verschiedene Modelle der praktischen Anleitung diskutiert (vgl. Jung/Stähling, S. 58ff.). Bei allen Differenzen in den verschiedenen Einrichtungen lassen sich drei Formen der praktischen Ausbildung unterscheiden:

- der klinische Unterricht durch Lehrkräfte,
- die praktische Anleitung durch freigestellte Praxisanleiterinnen und Praxisanleiter und
- die praktische Begleitung von Auszubildenden durch Mentorinnen und Mentoren auf Stationen.

Elisabeth Müggler bezeichnete **klinischen Unterricht** als Zentrum der Ausbildung und als Möglichkeit, „in der realen Alltagssituation praktisch und theoretisch das zu erlernen, was der Schülerin zur gezielten Entwicklung ihres Pflegeverhaltens verhilft" (Müggler 1986, S. 17). Klinischer Unterricht sollte aber nicht als einseitig von der Schule auf der Station, also in der Realität, durchgeführter Unterricht verstanden werden, sondern es muss ein ständiger Austausch zwischen Lehrenden, Schülern und Mitarbeiterinnen und Mitarbeitern auf der Station stattfinden (vgl. Greis/Wiedermann 1999, S. 197ff.).

Allerdings, selbst wenn auch ein hohes Maß an wechselseitigem Austausch zwischen allem an klinischen Unterricht als Lernprozess beteiligten Partner erfolgen sollte, was sich in der Praxis wegen der bereits analysierten Differenzen zwischen „Theorie" und „Praxis" als schwierig erweist, so bleibt doch bestehen, dass der klinische Unterricht eine große Ausnahme im Gesamtgeschehen von 3.000 Stunden Ausbildung bleibt. Wie oft kann eine Lehrerin die Schülerinnen in einem praktischen Einsatz nicht nur auf Station besuchen, sondern eine umfassende, geplante, theoriegestützte praktische Unterrichtung unter Einbezug von Stationsmitarbeitern und Patienten vorbereiten, durchführen und auswerten? Die Berliner Studie kommt zu einer ernüchternden Antwort: „Ausgehend von den Daten unserer Schulbefragung hat im Landesdurchschnitt jede hauptamtliche Lehrkraft etwa 8 Stunden pro Woche Zeit für die praktische Ausbildung. Das sind pro Schülerinnen durchschnittlich etwas weniger als eine halbe Stunde wöchentlich." (Domscheit u.a. 1994, S. 66) Ob dieses Ergebnis auf andere Ausbildungsverhältnisse in anderen Ländern übertragen werden kann, muss wegen fehlender empirischer Untersuchungen der Arbeitsverhältnisse von Lehrkräften offen bleiben.

Ein ähnliches Zeitproblem dürfte es bei für die Ausbildung freigestellten **Praxisanleitern** geben. Bei dieser Personengruppe handelt es sich um hauptamtlich mit Ausbildungs- und Anleitungsaufgaben betrauten Pflegefachkräften. Unklar und umstritten ist dabei, ob diese Mitarbeiterinnen und Mitarbeiter der Krankenpflegeschule zugeordnet oder der Pflegedienstleitung unterstellt sind. Hinzu kommt, dass es keinerlei einheitliche Vorstellungen darüber gibt, welche Qualifikation eine Praxisanleiterin für ihre unzweifelhaft pädagogische Funktion besitzen sollte.

Relativ gut ausgestattet sind viele Krankenhäuser, die an der Ausbildung beteiligt sind, mit **Mentorinnen** und **Mentoren**, also „Krankenschwestern/Pfleger, die sich im Stellenplan der Station „nebenamtlich" um Schülerbelange kümmern. Mentoren begleiten die Schüler als Bezugsperson auf ihrer Station" (Quernheim 1997, S.X). Ob diese Personen, denen eine zentrale Funktion innerhalb von zwei Dritteln der Ausbildung zukommt, überhaupt eine pädagogische Qualifikation besitzen - Hogrefe kommt zu dem Ergebnis, dass zwei Drittel dieses Personenkreises ohne Fortbildung ihre Ausbildungsaufgaben durchführen (Hogrefe 1994, S. 59) - muss ebenfalls wegen fehlender empirisch abgesicherter Zahlen offen bleiben.

Nicht vergessen werden sollte allerdings, dass die Auszubildenden in der Praxis oftmals (wenn überhaupt) von examinierten Kolleginnen und Kollegen oder von Schülerinnen und Schülern höherer Kurse praktisch angeleitet werden. Für diese in der Praxis wohl am weitesten verbreitete Form gibt es keinen Fachausdruck.

In den letzten Jahren sind mehrere Arbeiten zur Praxisanleitung erschienen, die sich nur in geringem Maße durch eine systematische pädagogische Analyse des wichtigen Tätigkeitsfeldes von Praxisanleitern und Mentoren auszeichnen, die jedoch ein gutes Licht auf die Fülle der **pädagogischen Aufgaben** dieses zentralen Teils der Ausbildung werfen.

In ihrem Handbuch zur Gestaltung der praktischen Ausbildung deklariert Martina **Süss** die Praxisanleitung - ohne Bezug auf pädagogische Theorien - als eine pädagogische Aufgabe, deren wichtigste Merkmale die Initiierung von Lernprozessen, die Begleitung des Auszubildenden und die Herstellung einer guten Beziehung zwischen Anleiterin und Schülerin sind (vgl. Süss 1996, S. 18ff.). Sodann benutzt sie das Regelkreismodell des Pflegeprozesses als ablauforganisatorische Hilfe bei der didaktischen Gestaltung der praktischen Ausbildung (vgl. Süss 1996, S. 94ff.).

Else **Gnamm** und Sieglinde **Denzel** betonen in ihrer auf die Praxisanleitung in der Krankenpflege und in der Heilerziehungspflege bezogenen Arbeit vor allem die psychologischen Aspekte des „Abenteuers Praxisanleitung":

- Der Anleiter sollte sich über ein Selbst- und Rollenverständnis klar werden bzw. sein („Ich-Sagen"),
- eine positive Beziehung zum Schüler herstellen und sich um eine möglichst störungsfreie Kommunikation bemühen („Du-Sagen") und
- die Beziehung zwischen den am Anleitungsprozess beteiligten Partnern - Anleiter, Schüler und Stationsteam - gestalten („Wir-Sagen").

Die vom Anleiter organisierte praktische Anleitung wird vor allem durch zwischen der Schule und der Station abgestimmten Lernziele gelenkt (vgl. Gnamm/Denzel 1997, S. 115ff.).

German **Quernheim** beklagt zwar zu Recht die fehlende erziehungswissenschaftliche Fundierung der Praxisanleitung: „Die junge Disziplin Pflegepädagogik beschäftigt sich mit dem Lernen, Lehren und Anleiten im Kontaktbereich zwischen Patient und Pflegepersonal sowie im Feld der Aus-, Fort- und Weiterbildung sowie der Forschung. Gegenüber Wissenschaftsdisziplinen wie Chemie oder Nuklearmedizin kämpft die Pflegepädagogik, wie andere Wissenschaften auch, mit einem besonderen Problem: jeder, der in irgendeiner Weise mit Pflegeschülern zu tun hat (vom Oberarzt über die Reinigungskraft bis zum Labormitarbeiter), meint hier mitreden zu müssen. Mit anderen Worten: diese Personen können es sich gar nicht leisten, ihre pädagogische Inkompetenz einzugestehen. Ärgerlich wird es nur, wenn pflegefremde Berufsgruppen, zudem ohne pädagogisches Hintergrundwissen, maßgeblichen Einfluss auf die Pflegeausbildung nehmen." (Quernheim 1997, S. 4f.)

Allerdings liefert er selbst ebenfalls weder ein pädagogisches, noch ein didaktisches oder psychologisches Fundament des Anleitungsgeschehens. Seine Kompilation verschiedener lernpsychologischer Erkenntnisse unterschiedlicher Wertigkeit mag zwar - trotz oder wegen ihrer verniedlichenden Illustrationen - dem interessierten Laien einige Aspekte des Lernens verdeutlichen, stellt aber beileibe nicht ein systematisches Fundament dar. Entsprechend verwendet der Autor im Hauptteil seiner Arbeit 90 Seiten auf die Analyse und Beschreibung des Prozesses der Anleitung, der sich an starren Unterweisungsstufen orientiert (vgl. z.B. Oberbeckmann 1990, S. 49ff.):

* Vorbereitung des Anleiters
* Planung der Anleitung
* Vorbereitung des Schülers
* Vorgespräch
* Durchführung
* Nachgespräch
* Trainingsphase
* Beurteilung.

Als besonders problematisch sollte herausgestellt werden, dass der Autor dem Zeitproblem in der Praxis insoweit entgegenkommt, als er auch noch eine ganze Reihe von Tips und Tricks aufführt, wie man Anleitung bei wenig Zeit durchführen kann (vgl. Quernheim 1997, S. 137ff.).

Auch Birte **Mensdorf** geht in ihrer Arbeit zur Schüleranleitung in der Pflegepraxis nicht von einem pädagogischen Konzept aus, sondern von berufspädagogisch relevanten Erkenntnissen der Lernpsychologie. Ihr differenzierter Blick auf unterschiedliche Rahmenbedingungen von Lernen mag dabei dem Praktiker ebenso wichtige Hinweise geben wie die Ausführungen über Kommunikation und Konflikt sowie die Analyse von Organisationshilfen für die Schüleranleitung. Inwiefern allerdings Praxisanleitung in diesem Verständnis einen Beitrag zur Förderung und Entwicklung von Schlüsselqualifikationen leisten kann (vgl. Mensdorf 1999, S. 20ff.), bleibt offen.

Insgesamt verweisen diese Arbeiten darauf, dass praktische Anleitung sich in einem Spannungsfeld befindet zwischen Pädagogik/Didaktik, Psychologie/Kommunikation und Pflege. Die Qualität der praktischen Anleitung bemisst sich dabei sowohl an der pädagogisch-methodischen Planung und Durchführung als auch an der „ausgewiesenen fachpflegerischen... Qualifikation des Anleiters, und zwar zuvorderst im Hinblick auf theoriegeleitetes begründetes und strukturiertes" Pflegehandeln" (Schewior-Popp 1998, S. 167).

Im Prozess der Praxisanleitung geht es sowohl um die Vermittlung neuen Wissens als auch um die Anwendung von theoretisch Erlerntem. Dabei sollte insbesondere die Durchleuchtung von Routinen eine herausragende Rolle spielen. Prinzipiell gibt es deutliche Unterschiede im bezug auf Lernen in der Schule und Lernen in der Praxis.

In der Schule wird (in der Regel) ein Thema vorbereitet vermittelt von einer Person, die dafür ausgebildet ist (Lehrkraft); diese Vermittlung ist didaktisch-strukturiert (bzw. sollte es sein): es ist (zumeist) klar, was vermittelt werden soll, welchen Sinn und Wert der Stoff hat, wie das Vermittelte im Zusammenhang mit anderen Inhalten steht, warum es vermittelt wird (Zielsetzungen) und wie es vermittelt wird (Methodik). Der Lernort Schule ist durch Regeln strukturiert, er liegt fest, ist ein abgeschlossener Raum. Es gibt eine Gruppe von Lernenden, die sich mit dem Stoff und dem Lehrenden auseinandersetzen (sollten). Neben der intrinsischen Motivation spielt hierbei insbesondere das Erbringen von Leistung und deren Überprüfung (Kontrolle) eine nicht unwesentliche Rolle. Allerdings ist auch Raum für Nachfragen und Kritik gegeben.

Lernen in der Praxis hingegen ist in starkem Maße durch Zufälligkeit gekennzeichnet und hat keinen spezifischen Ort. Der Schüler beobachtet, ahmt nach und kann nur selten die Struktur des Erlernten, die durch routinierte Abläufe der Praktiker gekennzeichnet ist, durchschauen bzw. mit dem Anleiter/Mentor über Sinn und Zweck ausführlich ins Gespräch kommen. Eine Verbindung zwischen dem in der Praxis Gesehenen und Erlebten mit dem in der Schule theoretisch Vermittelten ist nur schwer herstellbar. Hinzu kommt, dass der bzw. die Patienten, um die es in der Pflege geht, substanziell in den Anleitungsprozess einzubeziehen sind.

Offensichtlich werden von den mit Praxisanleitungsaufgaben betrauten Mitarbeiterinnen und Mitarbeitern mehrere Kompetenzen gefordert:
- Fachkompetenz
- kommunikative Kompetenz und
- didaktische Kompetenz.

Um so erstaunlicher nun, dass es noch immer keine einheitlichen Regelungen bezüglich der **Qualifizierung** von Praxisanleitern bzw. Mentoren gibt. In den letzten Jahren sind lediglich eine Reihe von Konzepten für die Schulung von Praxisanleitern/Mentoren entwickelt und durchgeführt worden. In der Regel handelt es sich um mehrwöchige Kursangebote im Umfang zwischen 120 und 280 Wochenstunden, in die praktische Phasen integriert sind (vgl. Bienstein 1983, Schöbinger 1990, Steffens/Leinfelder 1991).

Inhaltliche Überlegungen wurden in einer vom bfw 1990 vorgelegten Lehrgangsrichtlinie „Berufspädagogische Weiterbildung für Ausbilder und Ausbilderinnen in Pflegeberufen" entwickelt, die sich - ausgehend von Erfahrungen mit der Durchführung verschiedener Mentorenkurse - an die Struktur und Inhaltsvorgabe der „Ausbildereignungsverordnung" anlehnt. In diesem verschiedene Ausbildungsberufe (Altenpflege, Krankenpflege, Kinderkrankenpflege, Hebammenpflege) verbindenden Lehrgang soll eine allgemeine berufspädagogische Grundqualifikation mit einer pflegespezifischen Zusatzqualifikation verknüpft werden (vgl. bfw 1990, S. 7).

Dass mit solchen Lehrgängen die hohen und vielfältigen Qualifikationsanforderungen an Praxisanleiter und Mentoren nur unzulänglich erfüllt werden können, ist offensichtlich. Zugleich müssen sich jedoch Anbieter von entsprechenden Kursen an die engen Vorgaben von Trägern (vgl. BAGFW 1996, EKD 1996) von Pflegeeinrichtungen halten, die zwar stets den hohen Stellenwert der praktischen Anleitung betonen, zugleich aber nur ein geringes Budget für entsprechende Fortbildungen haben.

3.5   Möglichkeiten und Grenzen der Vernetzung von Theorie und Praxis

In den letzten Jahren sind eine ganze Reihe von Vorschlägen gemacht worden zur Verbesserung der Zusammenarbeit zwischen Schule und Praxis. Diese reichen von kontinuierlichen Gesprächskreisen zwischen Schule und Praxis (vgl. Gotthardt 1992) bzw. von Mentoren in einer Einrichtung (vgl. Huneke 1998) bis zu Vorschlägen für projektorientiertes Arbeiten (vgl. Zimmer 1997). Knigge-Demal u.a. haben 1993/94 ein systemtheoretisches Modell zur Analyse der praktischen Ausbildungssituation und zur Umsetzung von zielgerichtetem Lernen im Rahmen der Pflegeausbildung vorgelegt, das ebenso auf die Möglichkeiten der Verbesserung der Kooperation zwischen Theorie und Praxis hinweist wie die Konzeption des fachpraktischen Unterrichts von Kirsten Sander (1996/1997).

Soll jedoch eine Lernortkooperation über Gesprächskreise hinausgehen und zu einer wirksamen Vernetzung zwischen Theorie und Praxis führen, so sind eine Reihe von Voraussetzungen notwendig:
1. „Analyse der beruflichen, betrieblichen und schulischen Handlungsfelder in bezug auf Situationen, Inhalte und Ziele....

2. Konsens für das Leitziel beruflicher Handlungsfähigkeit ....

3. Integration unterschiedlicher theoretischer Ansätze" (Schneider 1997, S. 35) aus der Tätigkeitspsychologie und Kognitionspsychologie."

4. Ein einheitliches Basiskonzept - Schneider schlägt hier den handlungsorientierten Unterricht nach Hilbert Meier vor - und schließlich

5. „sukzessive Realisierung neuer Lernorganisationen:

- handlungsfeldintegratives Lernen (ein Handlungsfeld beinhaltet verschiedene Fächer)
- anstelle der Fachsystematik tritt ein problemfeldbezogenes Lernen
- Lernende können selbstbestimmt Module bzw. Lehrgänge für Grundlagenwissen anfordern
- Lehrerteams werden für die Gestaltung von Handlungsfeldern gebildet, die sowohl die Planung, Umsetzung und Evaluation gemeinsam vollziehen
- Auflösung der 90-Minuten-Kontakte von Unterricht in Ganztagsveranstaltungen" (Schneider 1997, S. 35).

Möglicherweise kann hier das vor allem in den Niederlanden (Maastricht) entwickelte Konzept des „Problemorientierten Lernens" (vgl. Moust/Bouhuijs/Schmidt 1999) wichtige Impulse liefern; entsprechende Ansätze der Realisierung im Rahmen der Pflegeausbildung (vgl. Labudde u.a. 1999) befinden sich aber ebenso noch in einem frühen Experimentierstadium, wie die Übertragung dieser Konzeption auf die Ausbildung von Lehrerinnen und Lehrern für Pflegeberufe (vgl. Bögemann-Grossheim u.a. 1999).

Einen deutlich geringeren Wandel im pädagogischen Selbstverständnis signalisieren die in den letzten Jahren vorgelegten Ausbildungsordner und **Leitfäden** für die Pflegeausbildung (vgl. Bornitz Hrsg. 1999, Pousset 1992, Falk/Kerres 1996, Ruschmeyer/Schiller 1997). Diese wie auch die vielfältig zumeist von Schulen selbst entwickelten Leitfäden bedürfen der kritischen Analyse des zugrunde liegenden pflegerischen und pädagogischen Selbstverständnisses. Nicht nur dass hier seitens der Schule möglicherweise bestimmte Vorstellungen von Pflege vorgegeben werden, die von der Praxis nicht geteilt werden, sondern vor allem das Problem der Beurteilung der praktischen Ausbildung, kann durch Leitfäden nicht gelöst werden (vgl. Gross 1991, Rüller u.a. 1992, Stock 1998). Im Gegenteil, hier besteht die Gefahr, dass implizit oder explizit von der Schule wie von der Praxis Sekundärtugenden gefordert werden, ohne dass den Beurteilten klar ist, nach welchen Kriterien sie tatsächlich beurteilt werden (vgl. Hartdegen 2000).

Einen weiteren wichtigen Schritt hin zur Vernetzung von Theorie und Praxis stellt das von Grandjean u.a. 1998 vorgelegte **Curriculum** für die praktische Ausbildung in der Krankenpflege dar. In diesem - mit dem AKOD-Curriculum verknüpften (Dreymüller u.a. 1993) - Curriculum wird erstmalig versucht, anhand von 27 unterschiedlichen „Projekten" (vgl.

unten, Kapitel 8.8.1) eine substantielle Verknüpfung zwischen dem, was in der Schule gelehrt worden ist, und dem, was in der Praxis vermittelt und gelernt werden soll, herzustellen. Auf die hohen Anforderungen bei der Umsetzung des Curriculums weisen die Autoren
allerdings explizit hin: „Der praktische Unterricht soll grundsätzlich durch pädagogisch
qualifizierte Krankenschwestern/Pfleger oder Kinderkrankenschwestern/Pfleger erfolgen,
die in dieses curriculare Konzept eingeführt worden sind.... Ein großes Problem ist nach
wie vor, die theoretischen und die praktischen Teile der Ausbildung miteinander zu verzahnen. Damit für den Schüler eine Einheit wird, ist es unabdingbar, dass alle an der Ausbildung beteiligten Personen miteinander kooperieren. Dazu sind regelmäßige Besprechungen und ein Kommunikationssystem, das den gegenseitigen Informationsfluss gewährleistet, notwendig." (Grandjean u.a. 1998, S. 17)

Die Umsetzung aller hier kurz skizzierten konstruktiven Ansätze zur Überwindung der Kluft
zwischen Theorie und Praxis sind allerdings auf die Realisierung von **Rahmenbedingungen** angewiesen.

Notwendig ist zunächst die klare Festlegung und Abgrenzung der ausbildungsbezogenen
Zuständigkeiten zwischen den Lehrern an der Schule und den Ausbilderinnen und Ausbildern in der Praxis. Dielmann schlägt vor, der Schule die Zuständigkeit für die Gesamtor-
ganisation der Ausbildung und für die Entwicklung des Ausbildungsrahmenplanes für die
gesamte theoretische und praktische Ausbildung zu übertragen. Der Praxis sollten folgende Zuständigkeiten zugeschrieben werden:

- „Die Organisation und Planung des jeweiligen Praxiseinsatzes.
- Festlegung und Evaluation von Ausbildungszielen für das Einsatzfeld (im Rahmen der
  Gesamtplanung).
- Die Evaluation der Praktika durch Anfangs-, Zwischen- und Endgespräch mit allen
  Beteiligten.
- Die unmittelbare, gezielte praktische Anleitung.
- Die Koordination von Pflege und praktischer Ausbildung in der Pflegeeinheit.
- Ausbildungsberatung in der Praxis.
- Als ständige Ansprechpartner/-in der Auszubildenden während des praktischen Ein-
  satzes und ist Bindeglied zum Pflegeteam.
- Mitwirkung bei der praktischen Prüfung." (Dielmann 1993, S. 19)

Eine weitere zentrale Voraussetzung für die Realisierung der Überwindung des Theorie-
Praxis-Bruches ist die Schaffung einer festgelegten größeren Zahl von **Stellen** für die
Ausbildung freigestellter Praxisanleiterinnen und Praxisanleiter auf Stationen. Diese
müssen über eine entsprechende **pädagogische Qualifikation** verfügen und sollten -
möglichst mit klaren Stellenbeschreibungen (vgl. Klähn 1996) - auf allen Stationen der
praktischen Ausbildung vorhanden sein.

Sowohl die Schulen als auch die praktischen Ausbildungsstellen müssen verpflichtet werden zur gemeinsamen Entwicklung von **Ausbildungsplänen**, deren Lernziele wie Lernerfolge einer kontinuierlichen Evaluation unterzogen werden sollten. Notwendig ist die permanente interne wie externe **Qualitätssicherung der gesamten Ausbildung**.

Claudia Bischoff kommt zu folgender Einschätzung bezüglich der Lösung des Theorie-Praxis-Konflikts in der Ausbildung: „Es müssen vielfältige, individuelle und institutionelle Maßnahmen eingerichtet werden, um Theorie und Praxis besser zu verzahnen. Dabei muss man sich über zwei Dinge im Klaren sein:

1. Dass jede Lösung neue Probleme und Konflikte bringen kann, dass man sozusagen nie fertig wird, sondern ständig an der Verbesserung der Verhältnisse arbeiten muss;
2. dass Theorie-Praxis-Diskrepanzen immer da sein werden, weil sich bei keiner Berufsausbildung eine Kongruenz herstellen lässt." (Bischoff 1993 b, S. 14)

Gerade diese Erkenntnisse gilt es immer wieder hervorzuheben: Die „Kluft" zwischen „Theorie" und „Praxis" lässt sich nicht aufheben, lediglich aufklären! Bischoff verweist schließlich auf eine **grundlegende Notwendigkeit**:

„Vom Ausbildungsträger Krankenhaus muss auf die Verwertung der Arbeitskraft der Schülerinnen verzichtet werden. Das ist der Dreh- und Angelpunkt aller Maßnahmen zur Verbesserung. Sie müssen aus dem Stellenplan genommen werden und dürfen nicht als Aushilfskräfte gebraucht werden. Natürlich sollen die Schülerinnen weiter in der Praxis mitarbeiten, sie müssen schließlich unter den Bedingungen des Ernstfalls lernen, aber Ausbildungsinteressen sollten immer Vorrang haben. Ist das erreicht, können pädagogische Gesichtspunkte beim Einsatz von Schülerinnen berücksichtigt werden. Es sollten nicht mehr alle Stationen flächendeckend bedacht werden, sondern nur die Stationen, die sich als geeignet für die Ausbildung erwiesen haben. Dies muss immer wieder überprüft werden. Es sollte zu einer Auszeichnung werden, ausbilden zu dürfen und Ausbildungsstation zu sein und den hohen Pflegestandard einer solchen Station anzeigen." (Bischoff 1993 b, S. 14)

4 Zum gegenwärtigen Stand der Allgemeinen Didaktik

Karl-Heinz Sahmel

4.1 Didaktik nach der „Postmoderne"

Es scheint, als habe - gewollt oder ungewollt - die Postmoderne der Diskussion um die Allgemeine Didaktik ein schweres Erbe hinterlassen. Einhergehend mit dem gesellschaftlichen Verlust der Fortschrittsgläubigkeit nahmen postmoderne Denker in verschiedenen Kulturbereichen ironisch Abschied von eindeutigen Festlegungen zugunsten des spielerischen Umgangs mit Sinn. Betont wurde die Pluralität der Diskursarten, die Auflösung der Ganzheit, der Verfall der Geschichtsphilosophie und der Verzicht auf das Allgemeine und die großen Erzählungen (vgl. Lyotard 1986; Huyssen/Scherpe 1986; Welsch 1988). Auch die Pädagogik blieb von diesen Diskussionen nicht verschont (vgl. Benner/Göstemeyer 1987; Ferchhoff/Neubauer 1989; Oelkers 1987; Marotzki/Sünker 1992). Gerade weil etliche Erwartungen, die von gesellschaftskritischen Pädagogen seit Ende der Sechziger Jahre in den öffentlichen Diskurs eingebracht worden sind, im Zuge der gesellschaftlichen Entwicklung der Siebziger und insbesondere der Achziger Jahre nicht verwirklicht worden sind (vgl. v. Hentig 1993, S. 101ff; Giesecke 1998), bot der postmoderne Diskurs Gelegenheiten, die allseitige Skepsis ironisch zu überhöhen. Welche Konsequenzen aber könnte es haben, wenn sich – wofür einiges spricht (vgl. Kemper 1988; Steffens 1992) - der postmoderne Diskurs lediglich als Modeerscheinung erweisen sollte – insbesondere für die Pädagogik (vgl. Göstemeyer 1993)?

Die hier vorgelegte Analyse der Diskussion um die bzw. in der Allgemeinen Didaktik zeigt ähnliche Tendenzen: Die in den Sechziger Jahren entwickelten und breit diskutierten Ansätze der Allgemeinen Didaktik, insbesondere von Wolfgang Klafki, Wolfgang Schulz und Christine Möller, wurden im Verlaufe der Siebziger Jahre einer Revision unterzogen und stellten sodann die Basis dar für eine optimistische Sicht auf die Möglichkeiten der schulischen Veränderungen durch Allgemeine Didaktik. Obgleich sicherlich etliche Impulse, die von diesen hier als „klassisch" bezeichneten Theorien und Modellen der Allgemeinen Didaktik ausgegangen sind, mit zur grundlegenden Veränderung der schulischen Lehr- und Lernpraxis seit Ende der Sechziger Jahre beigetragen haben, machte sich doch schon Ende der Siebziger Jahre zunehmend Skepsis breit. Diese kulminierte in der Kritik an diesen Ansätzen als sogenannte „Feiertagsdidaktiken" und mündete ein in eine - vom Konstruktivismus inspirierte - breite und unübersichtliche Fülle von Konzeptionen, in deren Zentrum die Praxis des Lehrens und Lernens stand bzw. steht.

Mit dem nun folgenden Rückblick auf 35 Jahre Diskussion in der Allgemeinen Didaktik soll zugleich der Versuch unternommen werden, eine Antwort auf die Frage zu finden, wohin sich die Allgemeine Didaktik in den nächsten Jahren entwickeln wird bzw. entwickeln soll.

4.2   Rückblick auf „klassische" Theorien und Modelle der Didaktik

4.2.1   Von der bildungstheoretischen zur kritisch-konstruktiven Didaktik - Wolfgang Klafki

Wolfgang Klafki hat in seiner - den bedeutenden geisteswissenschaftlichen Pädagogen Erich Weniger und Theodor Litt gewidmeten - 1959 erschienenen Dissertation „Das pädagogische Problem des Elementaren und die Theorie der kategorialen Bildung" (Klafki 1964) eine Aufarbeitung des Problems der kategorialen Bildung bei Pestalozzi, Fröbel, Herbart, in der Geisteswissenschaftlichen Pädagogik und in der Reformpädagogik vorgenommen. Vor dem Hintergrund dieser systematisch-historischen Aufarbeitung der Frage nach Bildung in der pädagogischen Diskussion des 19. und 20. Jahrhunderts hat er eine Theorie der kategorialen Bildung vorgelegt, die zugleich einen Abschluss wie einen Neuanfang der Erörterung der Frage darstellt, auf welche Art und Weise schulischer Unterricht einen Beitrag zur Bildung leisten kann. In seinen später erschienenen kleineren Arbeiten zu diesem Problemkomplex, die 1963 in den „Studien zur Bildungstheorie und Didaktik" (Klafki 1975) zusammengefasst worden sind, hat er es unternommen, diese grundlegenden geisteswissenschaftlichen Überlegungen zur Bildung auf die Ebene der Didaktik, also der Planung von Lehr- und Lernprozessen zu transferieren. Die stets die historische Dimension von Bildung und Erziehung ausführlich berücksichtigenden Erörterungen gerieten bald in den Hintergrund vor der Rezeption der auf die Frage der Unterrichtsplanung reduzierten Studie „Didaktische Analyse als Kern der Unterrichtsvorbereitung" (Klafki 1975, S. 126ff.); im Rahmen der `Auswahl`-Reihe des Schrödel-Verlags von 1964 (vgl. Klafki 1974) erreichte diese Studie eine sehr hohe Verbreitung in Kreisen der Lehrerausbildung.

Unterrichtsvorbereitung, so Klafki, bietet die Möglichkeit zur fruchtbaren Begegnung von Schülern mit bestimmten Bildungsinhalten. Aufgabe des Planenden ist es, den den Bildungsgegenständen inhärenten Bildungsgehalt zu identifizieren, in seiner Struktur zu erkennen und geordnet in den Bildungshorizont des Schülers zu rücken. Dies erfolgt durch fünf Grundfragen der didaktischen Analyse (vgl. Klafki 1975, S. 135ff.). Klafki geht es dabei zunächst um eine grobe Orientierung für den ausdrücklich als Pädagogen deklarierten Lehrer, der Lehr- und Lernprozesse plant. Andererseits sollen die grundlegenden pädagogischen Gedankengänge nicht aus den Augen gelassen werden.

Während nun diese Kurzfassung seiner geisteswissenschaftlich-bildungstheoretischen Didaktik in Lehrerausbildungskreisen eine außerordentlich hohe Resonanz fand, hat Wolfgang Klafki selbst bereits seit Mitte der Sechziger Jahre einen deutlichen Wandel seiner pädagogischen Konzeption vollzogen.

Ursachen hierfür lagen zunächst auf der theoretischen Ebene in der Auseinandersetzung der Geisteswissenschaftlichen Pädagogik mit Ansätzen der empirischen Pädagogik sowie in der Rezeption der Kritischen Theorie der Frankfurter Schule (vgl. Sahmel 1988 und oben, Kapitel 1.1). Andererseits hat sich Klafki schon sehr früh praktisch in die bildungspolitischen Prozesse und Diskussionen der Sechziger und Siebziger Jahre eingemischt.

Ideologiekritik ist für ihn nicht nur eine Frage der theoretischen Auseinandersetzung mit bestehenden pädagogischen Prozessen bzw. ihren ideologischen Hintergründen, sondern stets auch eine Herausforderung für das praktisch-pädagogische Arbeiten und bildungspolitisches Handeln. Der engagierte Pädagoge der geisteswissenschaftlichen Richtung wird zum kritisch-aufklärerischen und konsequent demokratischen Pädagogen (vgl. Hendricks u.a. 1997).

Als reformorientierter, Demokratisierung in allen Lebensbereichen vorantreibender Pädagoge sah sich Klafki nunmehr vor die Herausforderung gestellt, seine geisteswissenschaftliche didaktische Position weiterzuführen. Dies erfolgte einerseits auf wissenschaftstheoretischer Ebene durch den Versuch der Integration von Hermeneutik, Empirie und Ideologiekritik in den „Aspekten kritisch-konstruktiver Erziehungswissenschaft" von 1976, andererseits in einer **Neufassung des Bildungsbegriffs** und seiner didaktischen Umsetzung in den „Neuen Studien zur Bildungstheorie und Didaktik" (gesammelt 1985, 5. Auflage 1996; vgl. Sahmel 1986).

Die Neufassung des Bildungsbegriffs betont nunmehr in starkem Maße das Moment der Emanzipation als Befreiung des Menschen zu sich selbst aus gesellschaftlichen Abhängigkeiten. Mit Blick auf die gesellschaftlichen Verhältnisse, die Bildung stets nur als Anpassung an das Bestehende funktionalisieren möchten, betont Klafki den Aspekt der Selbstbestimmungsmöglichkeiten der Personen, des Einzelnen wie auch von Personengruppen, welcher im Bildungsbegriff konstitutiv angelegt ist. Bildung wird von Klafki stets im Zusammenhang mit gesellschaftlichen Verhältnissen gesehen und erweist sich als dasjenige Element, das es dem Einzelnen ermöglicht, sich begründet auch in *Widerspruch* zu gesellschaftlichen Ansprüchen zu stellen. Bildungstheorie wie Bildungspraxis werden dabei „die Möglichkeit und die Aufgabe zugesprochen, auf gesellschaftliche Verhältnisse und Entwicklungen nicht nur zu *reagieren*, sondern sie unter dem Gesichtspunkt der pädagogischen Verantwortung für gegenwärtige und zukünftige Lebens- und Entwicklungsmöglichkeiten jedes jungen Menschen der nachwachsenden Generation, aber auch jedes

Erwachsenen, dessen Interesse an Weiterbildung bereits vorhanden oder der darauf ansprechbar ist, zu beurteilen und mitzugestalten" (Klafki 1996, S. 50f.).

Bildung wird dabei verstanden als „selbsttätig erarbeiteter und personal verantworteter Zusammenhang dreier Grundfähigkeiten ...:

- als Fähigkeit zur Selbstbestimmung jedes einzelnen über seine individuellen Lebensbeziehungen und Sinndeutungen zwischenmenschlicher, beruflicher, ethischer, religiöser Art;

- als Mitbestimmungsfähigkeit, insofern *jeder* Anspruch, Möglichkeit und Verantwortung für die Gestaltung unserer gemeinsamen kulturellen, gesellschaftlichen und politischen Verhältnisse hat;

- als Solidaritätsfähigkeit, insofern der eigene Anspruch auf Selbst- und Mitbestimmung nur gerechtfertigt werden kann, wenn er nicht nur mit der Anerkennung, sondern mit dem Einsatz *für* diejenigen und dem Zusammenschluss *mit* ihnen verbunden ist, denen eben solche Selbst- und Mitbestimmungsmöglichkeiten aufgrund gesellschaftlicher Verhältnisse, Unterprivilegierung, politischer Einschränkungen oder Unterdrückungen vorenthalten oder begrenzt werden." (Klafki 1996, S. 52)

Dieser Bildungsbegriff wird zugleich als „Allgemeinbildung" ausgelegt. Er soll Bildung *für alle* sein, Bildung *im Medium des Allgemeinen* ermöglichen und Bildung *in allen Grunddimensionen* menschlicher Interessen und Fähigkeiten. Gerade Bildung als Medium des Allgemeinen verweist auf sogenannte „epochaltypische Schlüsselprobleme" wie die Friedensfrage, die Umweltfrage, die Problematik gesellschaftlich produzierter Ungleichheit, Gefahren und Möglichkeiten der wissenschaftlich-technischen Zivilisation und Möglichkeiten und Gefährdung der zwischenmenschlichen Beziehungen (vgl. Klafki 1996, S. 43ff.). Diese Schlüsselprobleme als Bildungsprobleme machen es notwendig, dass in allen Bildungsfragen auf allen Bildungsstufen grundlegende Zielsetzungen - Selbstbestimmung, Mitbestimmung, Solidaritätsfähigkeit - und grundlegende Einstellungen und Fähigkeiten gefördert werden müssen, wie Kritikfähigkeit, Argumentationsfähigkeit, Empathie und vernetztes Denken (vgl. Klafki 1996, S. 63).

Vor dem Hintergrund dieser grundlegenden Reformulierung des Bildungsbegriffs erfährt nun auch die didaktische Analyse als Kern der Unterrichtsvorbereitung eine deutliche Revision. In Auseinandersetzung mit dem Ansatz von Heimann/Otto/Schulz (vgl. 4.2.2) hat Klafki einerseits eine Ausweitung seines Didaktikverständnisses um eine Bedingungsanalyse und um die Dimensionen Methoden und Medien vorgenommen (vgl. Klafki/Otto/ Schulz 1977), andererseits geht er nunmehr von einem deutlichen Primat der Intentionalität aus. Auch die Fragen der Lernzielorientierung (vgl. 4.2.3) finden Eingang in seine didaktische Theorie, ohne dass er allerdings die Problematik der Operationalisierung von

Lernzielen übernehmen würde. Vielmehr geht es ihm um die Überprüfbarkeit dessen, was im Unterricht abgelaufen ist.

Unterrichtsplanung im Sinne kritisch-konstruktiver Didaktik hat Wolfgang Klafki in den letzten Jahren vielfach beschäftigt (vgl. Klafki 1987; Klafki 1996, S. 251, Anm. 1). Seine Neufassung der Didaktischen Analyse umfasst nunmehr sieben Grundfragen, die in einer engen Beziehung zur **Bedingungsanalyse**, also der Analyse der konkreten Ausgangsbedingungen der Lerngruppe, des Lehrenden sowie der unterrichtsrelevanten institutionellen Bedingungen, unter denen der Lernprozess stattfindet, stehen.

Strukturell hat Wolfgang Klafki also in seiner Neufassung der Didaktischen Analyse wesentliche Elemente der didaktischen Theorie von Wolfgang Schulz in sein Modell übernommen und zugleich Elemente der Lernzielbestimmung (allerdings in deutlich modifizierter Form) integriert. Bei allen strukturellen Ähnlichkeiten ist jedoch hervorzuheben, dass Klafkis Neufassung der Didaktischen Analyse stets vor dem Hintergrund seiner wissenschaftstheoretischen Überlegungen und der erziehungs- und sozialwissenschaftlichen Aktualisierung des Bildungsbegriffes zu verstehen sind.

4.2.2 Von der „Berliner Didaktik" zum „Hamburger Modell" – Wolfgang Schulz

Die lerntheoretische Didaktik wurde von Paul Heimann zusammen mit seinen Mitarbeitern Gunter Otto und Wolfgang Schulz an der Pädagogischen Hochschule Berlin im Rahmen des sogenannten „Didaktikums" für Lehrerstudentinnen und Lehrerstudenten entwickelt. Es stellte in den Sechziger und Siebziger Jahren eine bedeutende Konkurrenz zur bildungstheoretischen Didaktik dar. Da der Bildungsbegriff nach Heimanns Einschätzung „grundsätzlich ungeeignet ist, auf ihm eine praktikable Didaktik aufzubauen" (Heimann 1976, S. 146), waren Heimann und seine Mitarbeiter darum bemüht, Didaktik auf den Lernbegriff aufzubauen.

Voraussetzung für die Planung von Unterrricht ist für Heimann, Otto und Schulz die Analyse der Struktur des Unterrichts. Unabhängig von allen historischen und gesellschaftlichen Dimensionen wird die Struktur unterrichtlichen Geschehens von Heimann, Otto und Schulz herausgestellt in **sechs konstitutiven Momenten**:

* die anthropologisch-psychologischen Voraussetzungen
* die sozialkulturellen Voraussetzungen
* die Intentionalität des Lehrenden
* die Thematik des Unterrichts
* die Methodik des Lehrenden und die
* Medienwahl.

Die ersten beiden Momente stellen die sogenannten *Bedingungsfelder* des Unterrichts dar, die restlichen vier die unterrichtlichen *Entscheidungsfelder*.

Paul Heimanns 1962 in der Zeitschrift „Die Deutsche Schule" publizierte Arbeit „Didaktik als Theorie und Lehre" wurde zwar beachtet, allerdings vor allem Wolfgang Schulz` Artikel „Unterricht - Analyse und Planung" von 1965, veröffentlicht (ebenfalls) in der Auswahlreihe B des Schroedel-Verlags (vgl. Schulz 1977), fand in den folgenden Jahren eine breite Resonanz in Lehrerausbildungskreisen. Hier lag ein griffiges Konzept für die Planung von Unterricht vor. Es stellte ein Schema dar, das sich auf beliebige Themen für beliebige Unterrichtsstufen übertragen ließ. Die pädagogisch relevante Dimension der Bedingungsprüfung, der notwendigen Normenkritik, Fakten-, Beurteilungs- und Formenanalyse (vgl. Schulz 1977, S. 39ff.) blieben dabei zumeist ebenso ausgeklammert wie die pädagogisch weiterführenden Überlegungen zu Reflexion und Engagement. Es schien, als habe der Unterrichts-Praktiker hier ein Instrument gefunden, das sich jederzeit mit Inhalt füllen und in die Praxis übertragen ließ.

Schon bald sah sich aber auch Wolfgang Schulz - nach Heimanns Tod der wichtigste Vertreter des didaktischen Ansatzes - genötigt, Revisionen an der didaktischen Konzeption vorzunehmen. Diese ergaben sich ebenfalls vor allem durch Herausforderungen durch die (pädagogische) Reformbewegung der Sechziger Jahre und die Rezeption der Kritischen Theorie der sogenannten Frankfurter Schule. Die Vorstellung eines allgemeingültig - objektiven Verständnisses von Unterrichtstheorie musste aufgegeben werden (vgl. Reich 1979, S. 14ff.). Zugleich rückten auch für Schulz die Zielproblematik des Unterrichts als herausragendes Strukturmoment und der Bildungsbegriff (vgl. Schulz 1996, S. 29ff.) in den Vordergrund des didaktischen Denkens.

In seiner „Zwischenbilanz auf dem Wege zu einer kritischen Didaktik" von 1972 betont Schulz, dass die gesellschaftliche Bedeutung des Unterrichts zugenommen habe und daher von einer Didaktik als Unterrichtswissenschaft zentral mit zu reflektieren ist. Ganz ähnlich wie Wolfgang Klafki spielen dabei für Wolfgang Schulz die Hermeneutik und die Empirie eine wichtige Rolle: „Ohne vorgängige Verständigung über das unterrichtlich Verantwortbare gleitet die Unterrichtswissenschaft in eine beliebig verwendbare Manipulationstechnologie ab; ohne empirische Rückkoppelung wird Didaktik zur Rechtfertigungsideologie einer Praxis: Die Voraussetzungen und die Folgen des erarbeiteten Selbstverständnisses, das Verhältnis von Denken und Tun empirisch zu kontrollieren und die Wahrscheinlichkeit erfolgreichen Handelns in der Zukunft zu erhöhen, das ist, wenn man so will, nach der Verbesserung der Verständigung das zweite erkenntnisleitende Interesse der Didaktik." (Schulz 1976, S. 174f.) Daneben gewinnt jedoch vor allen Dingen die Ideologiekritik an Bedeutung für die Didaktik. „Die Emanzipation von den sozialisierenden Instanzen, die innere Befreiung von deren Absolutheitsanspruch, das

Durchschauen ihrer Interessenbedingtheit, das Eingreifen in die Instanzen um unserer Interessen willen ist die andere Seite auch des Unterrichts, der gesellschaftlich gewünschte Kompetenz vermitteln soll." (Schulz 1976, S. 177)

Wolfgang Schulz war Anfang der Siebziger Jahre zusammen mit seinem Kollegen Gunther Otto - der, herausgefordert durch das Konzept der „Visuellen Kommunikation" (vgl. Ehmer 1971), eine der Allgemeinen Didaktik ähnliche Revision in der Didaktik der Ästhetischen Erziehung vorgenommen hat (vgl. Otto 1974, Heiland/Sahmel 1985) - an die Universität Hamburg gewechselt und entwickelte hier zusammen mit Praktikerinnen und Praktikern ein sehr viel komplexeres Modell der Planung von Unterricht - nunmehr nicht mehr lerntheoretisch, sondern lehrtheoretisch fundiert (vgl. Schulz 1987).

Ausgangspunkt dieses sogenannten **„Hamburger Modells"** der Unterrichtsplanung sind die Offenlegung und Begründung der leitenden Interessen von Unterricht, die sich unter der Chiffre der Emanzipation zusammenfassen lassen. „Kann Unterricht *Emanzipation* bewirken, ist er so zu planen, dass er *emanzipatorisch relevant* ist? Emanzipation steht in diesem Zusammenhang für die Befreiung von unkontrollierter Herrschaft von Menschen über Menschen; konkret auf die Schule bezogen: Ablösung der Abhängigkeit von dieser ökonomisch-politisch-kulturellen Sozialisationsagentur zu kompetenter, selbstbestimmter, solidarischer Lebensführung. Man braucht sich nicht lange zu vergewissern, was das konkret bedeutet, um zu wissen: Nein, Schule, Unterricht, Unterrichtsplanung können nicht aus Abhängigkeiten befreien, die außerhalb ihres Wirkungsbereiches entstanden sind und sie mitbestimmen. Unterrichtsplanung bewirkt allein keine Emanzipation, aber sie kann, wie viele andere Tätigkeiten in unserer widerspruchsvollen Gesellschaft, einen bescheidenen Beitrag leisten, emanzipatorisch relevant zu sein." (Schulz 1980, S. 23)

Eine zentrale Rolle für die Unterrichtsplanung im Sinne des Hamburger Modells spielt nunmehr das Modell der themenzentrierten Interaktion nach Ruth Cohn (vgl. Schulz 1980, S. 14f.). Es geht stets um die Herstellung einer dynamischen Balance zwischen den Anforderungen der Sache, der Thematik, den Vorerfahrungen, der Personen und der Selbstorganisation der Gruppe.

Zugleich wird das Planungsgeschehen ausgeweitet. Unterrichtsplanung wird zunächst verstanden als *Perspektivplanung* von Unterricht über einen längeren Zeitraum hinweg. Diese Perspektivplanung sollte einerseits versuchen, die Sacherfahrung, Gefühlserfahrung und Sozialerfahrung an Themen zu ermöglichen, andererseits zu einer Erhöhung von Kompetenz, Autonomie und Solidarität beizutragen. Unterrichtsplanung auf der nächsten Stufe ist die *Umrissplanung* einer Reihe von zusammenhängenden Unterrichtseinheiten. Hier steht erneut die Balance zwischen Personenbezug (Ich), Sachbezug (Es) und Gruppenbezug (Wir) im Zentrum. Für die Planenden - Schulz hält es für unabdingbar, dass Unterrichtsplanung von mehreren Lehrern gemeinsam mit Schülerinnen und Schülern zu erfolgen hat - ergibt sich sodann die Notwendigkeit der Festlegung von Unterrichtszielen, Vermittlungsvariablen, Erfolgskontrolle sowie die Analyse der Ausgangslage und der institutionellen Bedingungen von Unterricht und Erziehung. Erst vor dem Hintergrund der Perspektivplanung und der Umrissplanung kommt es sodann zur *Prozessplanung* des konkreten Unterrichts, die auch zugleich zu verknüpfen ist mit Überlegungen zur möglichen Revision der Planung.

Verglichen mit dem einfachen „Berliner Modell" stellt das „Hamburger Modell" der Unterrichtsplanung mit seinen verschiedenen neuen Strukturmomenten (heuristische Matrix) den Praktiker vor neue Herausforderungen. Wolfgang Schulz hat bis zu seinem Tode im Jahre 1993 unermüdlich in Aufsätzen und Vorträgen versucht, seine schulreformerischen Gedanken (vgl. Schulz 1995) sowie seine didaktische Konzeption zur Diskussion zu stellen und zu konkretisieren; bedauerlicherweise blieb seine „Anstiftung zum didaktischen Denken" Fragment (vgl. Schulz 1996).

4.2.3 Möglichkeiten und Grenzen der lernzielorientierten Didaktik - Christine Möller

Ende der Sechziger Jahre sah sich die deutsche didaktische Diskussion massiv herausgefordert durch die Rezeption des us-amerikanischen Ansatzes der Lernziele. In der Didaktik und vor allem in der breiten Curriculumdiskussion seit Ende der Sechziger Jahre (vgl. Frey 1975) kam es zu einer intensiven Rezeption der behavioristischen Lernzieltheorie. Curricula, die die überkommenen Lehrpläne ablösen sollten, mussten nun stets Lernziele enthalten. In diesen Lernzielen waren die gewünschten Verhaltensänderungen der Schülerinnen und Schüler zu beschreiben, zu überprüfen und gegebenenfalls zu revidieren (vgl. unten, Kapitel 6.1).

Eine besonders große Verbreitung fand hier die Arbeit von Robert F. Mager, zunächst veröffentlicht unter dem Titel „Lernziele und programmierter Unterricht", später unter dem Titel „Lernziele und Unterricht", erreichte dieses Buch bis 1978 eine Auflage von 150.000 Exemplaren. Magers Ausgangspunkt wird klar formuliert in der Formel „wenn man nicht genau weiss, wohin man will, landet man leicht da, wo man gar nicht hin wollte" (Mager 1978, S. 5). Mager fordert entsprechend von den Gestaltern bzw. Planern von Unterricht die exakte Festlegung von Zielen. Exaktheit lässt sich messen an der möglichst konkreten Beschreibung beobachtbaren Verhaltens bzw. der durch Lehr-Lernprozesse herbeigeführten Verhaltensänderung (vgl. Meyer 1976).

Schon für Paul Heimann und Wolfgang Schulz, später auch für Wolfgang Klafki, war es wichtig, dass Lernziele in drei *Dimensionen* aufgeteilt werden können: In kognitive, affektive und psychomotorische Lernziele. Diese von Benjamin Bloom bereits 1956 vorgenommene Dimensionierung wird nun allerdings erweitert um das Element der

Hierarchisierung (vgl. Möller 1973; Meyer 1976). Hinzu kommt, dass stets alle Lernziele auf allen Stufen so zu *operationalisieren* sind, dass sie bzw. ihr Erreichen jederzeit überprüft werden können.

Lernzieldimensionierung, Lernzielhierarchisierung und Lernzieloperationalisierung fanden nun Ende der Sechziger und Anfang der Siebziger Jahre nicht nur Eingang in die breite Curriculumdiskussion in der Bundesrepublik Deutschland. Zugleich versuchte Christine Möller auf der Basis dieses Konzepts eine lernzielorientierte bzw. curriculare Didaktik zu begründen. Ihre äußerst differenzierte Darstellung der „Technik der Lernplanung" (1969/1973) kreist um Methoden und Probleme der Lernzielerstellung. Unterrichtsplanung ist für Christine Möller charakterisierbar als Sammeln von Lernzielen, Beschreiben von Lernzielen, Ordnen der Lernziele und Entscheidung für Lernziele. Dabei ist es für sie wichtig, im Prozess der Lernorganisation für die Erreichung der Lernziele geeignete Unterrichtsmethoden und Unterrichtsmedien auszuwählen und zu entwickeln. Als Vorteile des lernzielorientierten Ansatzes der Didaktik stellt sie Transparenz, Kontrollierbarkeit und Effizienz heraus (vgl. Möller 1987, S. 74f.).

Inwiefern allerdings tatsächlich die Betroffenen von eindeutig von Lehrern strikt geplantem lernzielorientiertem Unterricht am Prozess der Entscheidung für Lernziele beteiligt werden können, bleibt offen. So wichtig der Aspekt der Lernzielbestimmung für die didaktische Diskussion gewesen sein mag, so sehr muss doch bezweifelt werden, dass sich auf dieser Basis eine alle Dimensionen des didaktischen Feldes umschließende Theorie aufbauen lässt. Entsprechend fand der Ansatz einer lernzielorientierten Didaktik nach anfänglicher Euphorie später nur noch geringe Verbreitung in der Praxis.

4.3   Einige „vergessene" Ansätze der Didaktik

Während die Diskussion um Bildung, die Erfassung der Struktur von Unterricht sowie die Dimension der Lernzielorientierung bei allen Modifikationen seit Ende der Sechziger Jahre wesentliche Elemente der didaktischen Theoriebildung darstellen, sind eine Reihe anderer Versuche, didaktische Theorien zu konstituieren, nicht umfassend rezipiert worden.

An erster Stelle ist hier die **kritisch-kommunikative Didaktik** zu nennen. Karl-Hermann Schäfer und Klaus Schaller haben 1971 eine Arbeit vorgelegt mit dem anspruchsvollen Titel „Kritische Erziehungswissenschaft und kommunikative Didaktik". Insbesondere in den ersten beiden (von Klaus Schaller verfassten) Teilen wird die sich seit Ende der Sechziger Jahre konstituierende kritische Erziehungswissenschaft im Horizont ihrer Geschichte konfrontiert mit der Dimension der Kommunikation. Im Zentrum dieses erziehungswissenschaftlichen Rahmens einer Didaktik soll nicht ein Begriff von Erziehung und Bildung stehen, sondern die gesellschaftliche Praxis, welche Erziehung und Bildung einrichtet. Diese gesellschaftliche Praxis wird zugleich als kommunikativer Prozess beschrieben. Im dritten Teil setzt sich Karl-Hermann Schäfer kritisch mit dem Diskussionsstand der Allgemeinen Didaktik bis Ende der Sechziger Jahre auseinander. Erst im letzten Teil der Arbeit werden auf dem Boden einer kommunikativen Handlungstheorie Elemente der unterrichtlichen Kommunikation in das Zentrum gerückt.

So verdienstvoll die Rezeption der Kommunikationstheorie von Watzlawick (1974) und der Grundlegung einer Kritischen Erziehungswissenschaft (vgl. Sahmel 1978 und 1988) für die Didaktik auch gewesen sein mag, wegen ihrer offensichtlichen Entfernung von den Problemen von Unterrichtsanalyse und Unterrichtsplanung fanden diese allgemeinen erziehungswissenschaftlichen Überlegungen von Schäfer und Schaller kaum Eingang in die didaktische Diskussion. Auch spätere Versuche von Rainer Winkel, den Ansatz einer kritisch-kommunikativen Didaktik weiterzuführen (vgl. Winkel 1987; auch: Winkel 1997), fanden innerhalb der Allgemeinen Didaktik nicht die Aufmerksamkeit, die ihnen möglicherweise gebührt hätte. Was geblieben ist, ist lediglich, dass Unterricht als ein Kommunikationsgeschehen aufzufassen ist und dass die Probleme der Kommunikation von den Pädagogen zu reflektieren bzw. gemeinschaftlich mit Schülern zu lösen sind (vgl. Popp 1976).

Lediglich in der Grundschuldidaktik (vgl. Giel/Hiller/Krämer 1974 und 1975) fand ein anderes wichtiges didaktisches Werk Resonanz: die **„konstruktiv-mehrperspektivische Didaktik"**, die Gotthilf Gerhard Hiller 1973 vorgelegt hat. Hillers didaktische Konzeption verzichtet auf eine allgemeine einsinnige Erkenntnistheorie und fordert, dem Schüler im Unterricht keine falsche Vorstellung von *der* „Wirklichkeit" zu vermitteln, ihn vielmehr teilhaben zu lassen an den Prozessen der Konstitution bzw. Konstruktion von Wirklichkeit auf verschiedenen Ebenen. Aufgabe der Didaktik nach Hiller ist es, „Unterrichtsmodelle zu konstruieren. Sie sollen die Realität für die Schüler repräsentieren, die vor ihnen zu legitimieren ist und in der sie selbst handlungsfähig werden sollen, damit sie die bestehende Wirklichkeit auf eine bessere hin überwinden können." (Hiller 1973, S. 13) „Unterricht ist eine Institution, in der jene Deutung der Welt geschieht, die eine kritische Einführung in die zwar gesellschaftlich bestimmten, grundsätzlich jedoch auf Zukunft offenen Handlungsfelder und Rollengefüge ermöglichen soll. Die Grundfrage ist: was soll zu welchem Zweck im Unterricht verhandelt werden?" (Bönsch 1986, S. 37)

Obgleich Hiller unter Bezugnahme auf Erkenntnisse der Kulturanthropologie und der Sprachphilosophie außerordentlich komplex formuliert und seine grundlegenden didaktischen Überlegungen mit exzellenten Beispielen insbesondere aus der Grundschulpädagogik konkretisiert, wurde seine Arbeit in der Diskussion um die Allgemeine Didaktik nur am Rande berücksichtigt. Dies sollte allerdings nicht allzu sehr erstaunen, da er zwar einen Vorgriff auf den erst viele Jahre später rezipierten Konstruktivismus vornahm, diesen jedoch in seiner didaktischen Konzeption mit einer gesellschaftskritischen Perspektive verbunden hat (vgl. Hiller 1980).

Seit den Sechziger Jahren wurden seitens einiger Vertreter der Allgemeinen Didaktik große Hoffnungen auch in den **informationstheoretisch-kybernetischen** Ansatz gesetzt. Insbesondere Felix von Cube vertrat die Position, dass sich das didaktische Geschehen in einem Regelkreis darstellen lässt: Der Lehrer als Regler hat die Aufgabe, den Soll-Wert, das Ziel, zu erreichen. Er bedient sich hierfür bestimmter Lehrstrategien sowie „Stell-Glieder" (Personen und Medien), um die Regelgröße, den Adressaten (Schüler) zu steuern, um sodann dessen Reaktionen durch Messfühler, die Lernkontrolle, zu prüfen. Der hieraus gefundene Ist-Wert wird mit dem Soll-Wert verglichen und es kommt zu einer entsprechenden Modifikation des Lehrprozesses. Lehrziele, Lehrstrategien, Medien und Planung werden hier im Sinne des kritischen Rationalismus als Sozialsteuerungsprozesse thematisiert und angewandt (vgl. v. Cube 1976, 1987). So sehr dieses technizistische Verständnis von Didaktik auch seitens der kritisch-emanzipatorischen Vertreter von Erziehungswissenschaft und Allgemeiner Didaktik kritisiert worden ist, so sehr fand das Regelkreisdenken doch Eingang in den programmierten Unterricht und spielt auch heute noch eine zentrale Rolle in Lernprogrammen. Die Befürchtung der Kritiker hat sich dabei bewahrheitet: nicht mehr Lehrer steuern diese Lehrprozesse, sondern Computer.

Dass **Lothar Klingbergs** Überlegungen zu einer dialektischen Didaktik, wie er sie etwa in seiner „Einführung in die Allgemeine Didaktik" von 1972 vorgelegt hat, in der bundesrepublikanischen Diskussion um Allgemeine Didaktik keine bzw. nur eine untergeordnete Rolle gespielt hat, ist sicherlich darauf zurückzuführen, dass sie von Klingberg in der Deutschen Demokratischen Republik im Verlaufe vieler Jahren entwickelt worden ist und ein unvoreingenommener Blick auf die Diskussion der Erziehungswissenschaft und Didaktik der DDR erst spät bzw. erst nach dem Ende dieses deutschen Staates eingesetzt hat. An dieser Tatsache kann auch nichts ändern, dass Werner Jank und Hilbert Meyer Klingbergs dialektisch orientierte Didaktik in ihrer 1991 erschienenen Überblicksarbeit „Didaktische Modelle" als eine von drei wichtigen didaktischen Modellen herausgestellt haben (vgl. Jank/Meyer 1991, S. 235 ff.).

4.4   Die „praktizistische" Wende der Didaktik

Insbesondere Hilbert Meyer hat seit Anfang der Achtziger Jahre den hier vorgestellten didaktischen Theorieentwürfen vorgeworfen, es handele sich um „Feiertagsdidaktiken". Didaktische Theorien - Meyer bezieht sich vor allem auf Klafki, Schulz und die Lernzielorientierung - helfen demnach dem Lehramtsanwärter zwar, seinen Unterricht gemäß einem der gängigen Konzepte vorzubereiten, stellen jedoch für die Praxis der alltäglichen Unterrichtsvorbereitung nur Schemata dar, die Anwendung finden, wenn „der Schulrat kommt".

Allgemeindidaktische Theorien, so Meyers Kritik

- rechnen mit einem Maximum an verfügbarer Zeit für die Unterrichtsvorbereitung;
- mit einer sehr hohen Motivation des Lehrers für die Planungstätigkeit;
- mit einer sehr hohen theoretischen und praktischen Handlungskompetenz des Lehrers;
- mit einer breiten Palette verfügbarem Wissens über die Lebensbedingungen und Lernvoraussetzungen der Schüler;
- und unterschätzen demgegenüber die heimlichen Unterrichtstheorien der Lehrer und den heimlichen Lehrplan der Schule (Meyer 1980, S. 180).

„Feiertagsdidaktiken", so seine provokante These, „haben für die alltägliche Unterrichtsvorbereitung eine objektiv ideologische Funktion" (Meyer 1980, S. 183).

Hilbert Meyer beschränkt sich nun allerdings nicht auf eine Kritik der gängigen didaktischen Theorien, sondern versucht auch, dem Lehrenden Anregungen zu geben für seine Unterrichtspraxis. Bezeichnend ist hierbei allerdings eine Zweiteilung, die sich an seinem bei Studierenden wie Praktikern beliebten Werk „UnterrichtsMethoden" (1987) deutlich zeigen lässt: Im ersten Band geht es um eine breite historisch systematische Aufarbeitung der theoretischen Aspekte methodischen Unterrichtshandelns, im zweiten Band werden dem Lehrenden konkrete Vorschläge gemacht etwa für Unterrichtseinstiege, Erarbeitungsphasen, Ergebnissicherung, Frontalunterricht, Gruppenunterricht, Spiele usw.. Während der erste Band zur systematisch-kritischen Auseinandersetzung mit der Tradition der Didaktik auffordert, enthält der zweite Band eine Fülle von Handlungsanleitungen. Die zentralen Schlagworte von Meyers Konzeption sind Handlungsorientierung und Schülerorientierung. Im Zentrum (vor allem der Rezeption der Arbeit) stehen also die Aspekte des konkreten Handelns des Lehrenden bei der Planung, Durchführung und Analyse von Unterricht sowie die Erörterung von Möglichkeiten, diesen Unterricht so stark wie möglich an den Bedürfnissen der Schülerinnen und Schüler zu orientieren bzw. diese in die Prozesse aktiv einzubinden.

Das Konzept schülerorientierter Unterrichtsvorbereitung wird zwar entfaltet auf der Folie einer Theorie entfremdeten schulischen Lernens (Meyer 1980, S. 204). Sehr schnell jedoch verlässt diese didaktische Konzeption die Dimension der Theorie und wendet sich der Frage der Handlungsmöglichkeiten von Lehrenden und Schülern zu und legt dem planenden Lehrer ein Raster vor, das sich gegenüber anderen Schemata lediglich dadurch auszeichnet, dass die Ergebnisse des handlungsorientierten Lehr-Lernprozesses eben mit den Schülern auszuhandeln sind (vgl. Meyer 1987, Bd. 2, S. 404ff.). Grundsätzlich ist hier kein Unterschied festzustellen gegenüber den Ansprüchen der Emanzipation, also der

Beteiligung von Schülerinnen und Schülern an Lehr-Lernprozessen, etwa bei Wolfgang Schulz oder Wolfgang Klafki.

Schemata bergen nun allerdings - wie Rezepte - in sich die Gefahr, dass sie schon bald losgelöst von allen theoretischen Zusammenhängen beliebig in die Praxis übertragen werden können. Didaktisches Handeln wird nunmehr nicht mehr verstanden als theoriegeleitet oder pädagogisch bzw. didaktisch theoretisch begründet, sondern als die Anwendung von aus dem Zusammenhang gerissenen bzw. reißbaren Regeln und Rezepten. Jochen und Monika Grell (1999) etwa bieten dem Lehrenden Rezepte an, aus denen er sich diejenigen heraussuchen mag, die ihm besonders geeignet erscheinen, das Unterrichtsgeschehen zu lenken. Eine breite Ansammlung von Tips und Tricks für die Planung, Durchführung und Auswertung von Unterricht findet der Interessierte auch in der dreibändigen Arbeit „Handlungsorientierte Didaktik" von Georg E. Becker (1995, 1997, 1998). Auch Herbert Gudjons („Handlungsorientiert lehren und lernen", 1997) und Ingo Scheller („Erfahrungsbezogener Unterricht", 1987) liefern eine Fülle von Beispielen aus der Praxis für die Praxis. Unklar bleibt bei dieser Sammlung von praktischen Anwendungen allerdings, in welchen größeren Sinnzusammenhang die einzelnen Elemente zu stellen sind. Didaktik ist von einer anspruchsvollen Theorie zur Ansammlung von praktischen Rezepten geworden.

4.5   Konstruktivismus und Didaktik

Möglicherweise ist diese Abwendung der Allgemeinen Didaktik von der theoretischen Durchdringung des Lehr-Lernprozesses und von der theoretischen Begründung von Zielsetzungen dieser Prozesse hin zur Suche nach praktischen Rezepten nicht nur rückführbar auf die Bedürfnisse von Praktikern nach Anregungen und Hinweisen für die Gestaltung von Unterricht und den Umgang mit schwierigen Unterrichtsprozessen, sondern auch auf das zunehmende Eindringen konstruktivistischen Denkens in die Erziehungswissenschaft und die Allgemeine Didaktik.

In Edmund Kösels „subjektiver Didaktik" („Die Modellierung von Lernwelten", 1993) geht es z.B. darum, die positive Bewertung von Pluralität durch die Postmoderne und das Wissen um die Vielheit der Wirklichkeiten didaktisch umzusetzen. „In einem *offenen didaktischen Bezugssystem* bedeutet dies auch, dass wir Unterrichtsplanung und Unterrichtsbewertung nicht mehr nur nach *einem* Einheitsmuster vornehmen dürfen, sondern in eine umfassende offene - im Sinne von Pluralität - und geschlossene - im Sinne von Einhalten von vereinbarten Regeln, Werten usw. - Lernkultur zugleich einbetten müssen. Als weiterer wichtiger Aspekt tritt folgende Auffassung hinzu: *Unterrichten heißt Modellieren:* Jeder am Lernprozess Beteiligte darf und muss seine eigenen didaktischen Modellierungsinstrumente besitzen und sie entsprechend seiner biographischen Verfasstheit anwenden. Das gilt also nicht nur einseitig für den Lehrenden, sondern diese Modellierung geht gleichzeitig und gleichrangig auch vom Lernenden aus." (Kösel 1993, S. 27)

Realität im Sinne des radikalen Konstruktivismus erweist sich als subjektives Konstrukt. Selbstorganisation, Selbstproduktion, Selbstreferentialität stehen im Zentrum des didaktischen Geschehens. Innerhalb des systemisch orientierten Denkens werden Widersprüche zwischen den Vorgaben der „objektiven" Welt und den Ansprüchen der Subjekte thematisiert. Der Glaube an absolute Wahrheiten wie an eine objektive Realität wird destruiert. Ziel der Didaktik ist die Ermöglichung von autonomem Lernen. Der Lehrer macht dem Lernenden lediglich Lernangebote und schafft angemessene Kontexte zur Verwirklichung der individuellen Lernprozesse. Didaktisches Handeln wird also zur „Modellierung von Lernwelten", in denen die Lernenden möglichst eigenständig handeln können. Selbstverwirklichung wird zum obersten Prinzip der Gestaltung von Lehr-Lernprozessen.

Heursen vermerkt zu diesem Ansatz kritisch, dass vor allem „Fragen bezüglich der wissenschaftstheoretischen Voraussetzungen der Systemtheorie und des radikalen Konstruktivismus sowie ihrer noch weitgehend ungeklärten gesellschaftstheoretischen Implikationen (unbedingt zu erörtern sind). Denn subjektive Autonomie muss nicht auch schon gesellschaftliche Autonomie sein. Solange dies nicht geklärt ist, besteht die Gefahr, dass in der konstruktivistischen Didaktik die Idee der Bildung zur bloßen Propagierung individueller Unterschiede im Lernen, zum reinen Konkurrenzlernen verkommt." (Heursen 1997, S. 56)

Ein weiterer wichtiger Kritikpunkt ist hier anzuschließen: Wenn im konstruktivistischen Sinne jede Wirklichkeitskonstruktion von gleicher Wertigkeit ist, so können auch problemlos psychotherapeutische Ansätze und Methoden Eingang in das didaktische Denken finden, ohne dass deren wissenschaftliche Dignität tatsächlich geprüft wird (vgl. Heursen 1997, S. 56).

Diese Kritik betrifft insbesondere die 1997 von **Reinhold Miller** vorgelegte „Beziehungsdidaktik". Im Ansatz ist Miller sicherlich zuzustimmen wenn er sagt: „In der Schule der Gegenwart und Zukunft kann es nicht mehr darum gehen, bloßes Wissen zu vermitteln und auf den Beruf vorzubereiten, sondern vielmehr darum, den Kindern und Jugendlichen Hilfen anzubieten, damit sie die Gegenwart bewältigen und sich auf ihre Aufgaben und Anforderungen in der Zukunft vorbereiten können. Dies bedeutet vor allem, das Augenmerk weit mehr als bisher auf Einstellungen, Haltungen und Verhaltensweisen zu legen (Neugier, Interesse, Offenheit, Flexibilität, Umgang mit Neuem), auf Belastungen, die auf sie zukommen können (Umweltschäden, Folgeprobleme, Krankheiten, Begrenzungen ...) und ebenso auf Möglichkeiten der Entlastungen." (Miller 1999, S. 12) Auch sein Hinweis, dass die Beziehungsproblematik zwar in der Reformpädagogik und in der geisteswissenschaftlichen Pädagogik eine wichtige Rolle gespielt hat, jedoch in den wichtigen Modellen der

Didaktik zunehmend in Vergessenheit geraten ist, ist zuzustimmen, wenn es darum gehen soll, einen besonderen Akzent innerhalb der Didaktik zu setzen.

Obgleich Miller die Kritik an konstruktivistischen und systemischen Sichtweisen erwähnt (vgl. Miller 1999, S. 51ff.), plädiert er dennoch im Sinne des radikalen Konstruktivismus für das Ersetzen des Erziehungsbegriffs durch den der Beziehung. Eine Beziehungsdidaktik in diesem Sinne befasst sich dann „mit der bewussten und systematischen Wahrnehmung, Beobachtung und Reflexion von Verhaltensweisen von Personen innerhalb zwischenmenschlicher Beziehungen (Mikroebene), mit der Klärung von Haltungen und Einstellungen, mit der Vermittlung beziehungsrelevanter Inhalte, mit der Erörterung ethischer Fragen und mit Lernen in adäquaten „Übungsfeldern" (Modellen) des Beziehungs*lernens* im *gesamtgesellschaftlichen Zusammenhang* (Makroebene)." (Miller 1999, S. 65)

Wie allerdings bei Zugrundelegen des konstruktivistischen Paradigmas diese gesamtgesellschaftlichen Zusammenhänge, die ja insbesondere die Abhängigkeit der Schule als Institution und somit der Schüler und der Lehrer von fremd bestimmten Interessen impliziert, theoretisch erfasst und praktisch kritisch-konstruktiv überwunden werden können, bleibt in dieser Konzeption vollkommen offen. Stattdessen werden dem Lehrenden psychotherapeutische Konzepte angeboten für die Thematisierung von Kommunikationsproblemen und Gefühlen wie Macht, Liebe, Kränkung, Hass, Schuld, Angst, Verdrängung, Vertrauen, Aggression, Sexualität u.a.. Als Modelle des Beziehungslernens werden die Konzepte der Selbsterfahrung, der Supervision, der themenzentrierten Interaktion, der Transaktionsanalyse, der Psychodramaarbeit, der Gestaltarbeit, des neurolinguistischen Programmierens u.a. angeboten, ohne dass es zu einer Differenzierung zwischen diesen außerordentlich divergenten Konzeptionen kommt. Das Angebot der Didaktik für den Lehrenden wie die Lernenden wird zum „Gemischtwarenladen".

4.6   Ausblick

Herwig Blankertz hat bereits 1969 in seinem seither vielfach wieder aufgelegten Buch „Theorien und Modelle der Didaktik" die drei wichtigsten Theorieansätze der Didaktik seiner Zeit - die bildungstheoretische Didaktik Klafkis, das lerntheoretische Berliner Modell und die informationstheoretische Didaktik - kritisch analysiert und systematisch zusammengefasst. Als Systematisierungsinstrument wählte er in Anlehnung an die Theorie der Erkenntnisinteressen von Jürgen Habermas die Zuordnung didaktischer Modelle zu den wissenschaftstheoretischen Grundpositionen Hermeneutik, Empirie und Ideologiekritik. Damit wies er insbesondere dem geisteswissenschaftlichen Ansatz, aber auch dem lerntheoretischen Ansatz, einen Weg hin zur Konstituierung einer kritisch-konstruktiven Position. Blankertz kommt ein nicht unerheblicher Verdienst zu, diese Weiterführung in zahlreichen Diskussionen angeregt und kritisch begleitet zu haben (vgl. Born/Otto (Hrsg.) 1978; Abschlussdiskussion in Gudjons/Teske/Winkel 1987, S. 95ff.). Sein Postulat, „dass der heute mögliche und notwendige Problemhorizont der Didaktik sich erst in der Verschränkung und Überlagerung verschiedener Ansätze eröffnet" (Blankertz 1974, S. 17), hat auch heute noch Gültigkeit, ohne dass allerdings damit einem beliebigen Eklektizismus das Wort geredet werden soll. Didaktische Theorie muss auch in der Gegenwart die ihr zugrunde liegenden Erkenntnisinteressen aufdecken und sich der Kritik stellen.

Einen der Weiterführung der didaktischen Diskussion möglicherweise angemesseneren Systematisierungsversuch aktueller Theorien und Modelle didaktischen Handelns hat Kron (1994) vorgelegt, der vorschlägt, die Vielfalt der didaktischen Modelle unter den Leitbegriffen Bildung, Lernen und Interaktion zusammenzufassen.

Insgesamt haben allerdings schon Jank und Meyer 1991 festgestellt, dass es in den Achziger Jahren in der Bundesrepublik und im deutschsprachigen Ausland kaum zu Neuansätzen der didaktischen Theorien und Modelle gekommen ist. Terhart konstatiert 1999: „Um die Allgemeine Didaktik ist es ruhig geworden. Die Kontroversen der späten Sechziger und frühen Siebziger Jahre sind abgeebbt; die Theorielage ist seit Jahrzehnten im wesentlichen stabil. In den einschlägigen Lehrbüchern werden immer noch mit Beharrlichkeit und Erfolg die von H. Blankertz systematisierten „Theorien und Modelle der Didaktik" präsentiert. ... Von einer Theoriediskussion kann in der Allgemeinen Didaktik im Grunde schon seit zwei Jahrzehnten keine Rede mehr sein. Die überhaupt entwicklungsfähigen der von Blankertz unterschiedenen Theorien und Modelle der Didaktik sind mehrfach fortgeschrieben worden und haben sich im Verlaufe dieses Prozesses stark angenähert, man könnte auch sagen: schutz-suchend aneinander gelehnt. Die aktualisierte bildungstheoretische Didaktik wie auch die ebenso erneuerte lerntheoretische Didaktik beherrschen weiterhin das Feld; Theoriediskussion selbst ist weithin ersetzt worden durch die Entwicklung und Apologie von bestimmten *methodischen Doktrinen*." (Terhart 1999, S. 629f.)

Sofern diese didaktischen Konzeptionen die große Fülle an Ideen und Vorschlägen für die Gestaltung von Unterricht präsentieren, können sie als sehr fruchtbar bewertet werden. In dem Augenblick allerdings, wo sie aus ihrer Nähe zur Praxis das *Postulat* der Praxisorientierung von Didaktik machen, bergen sie Gefahren. Stets zielt Alltagspraxis auf Absicherung des Bewährten, Wissenschaft sollte jedoch vor allem auch Zweifel am Bestehenden aufkommen lassen. Allzu große Nähe zur Praxis birgt die Gefahr der Vereinfachung; Betriebsblindheit statt kritischer Distanz können die Folge sein (vgl. Licher 1995, S. 344f.). Wenn darüber hinaus im konstruktivistischen Sinne postuliert wird, die subjektivistischen Weltkonstruktionen seien so weit ernst zu nehmen, dass sie die Grundlage der

Didaktik darstellten, so droht hier aus Pluralismus Dogmatismus zu werden (vgl. Göstemeyer 1993, S. 857ff.).

Wenn - wofür vieles spricht - sich Postmoderne und Konstruktivismus als nicht tragfähige
Konzeptionen angesichts gesellschaftlicher Entwicklungstendenzen bezüglich des Auf-
wachsens in der „Risikogesellschaft" (vgl. Beck 1986; Beck (Hrsg.) 1997) erweisen sollten,
so ergibt sich meiner Einschätzung nach für die Allgemeine Didaktik die Notwendigkeit der
kritischen Weiterentwicklung auf der Basis begründeter theoretischer Konzepte, wie es
etwa Wolfgang Schulz und Wolfgang Klafki geleistet haben. Dabei sollten Vertreter der
Allgemeinen Didaktik sich auch beteiligen an der Kritik wie an konstruktiven Ansätzen der
Veränderung des gegenwärtigen Schulsystems (vgl. Bildungskommission NW 1995;
v. Hentig 1993, 1996).

Kritische didaktische Theorie in der Gegenwart muss der konstruktivistischen Verengung
von Allgemeiner Didaktik auf Fragen von praktischer Unterrichtsplanung, Unterrichtsorga-
nisation und Entfaltung der Subjektivität unter Verzicht auf sozialwissenschaftliche und
philosophische Fragestellungen entgegentreten und das didaktische Denken vor strukturellen Vereinfachungen seines Gegenstandes bewahren. Notwendig ist stattdessen „die
systematische Reflexion der soziopolitischen Rahmenbedingungen von Unterricht, der
gesellschaftlichen Genese und Bedeutungszuschreibungen von Bildungsinhalten sowie
der sozialen Herstellung und Selbstherstellung der Bildungssubjekte. Weit davon entfernt,
die Gründe des „Scheiterns" traditioneller didaktischer Modelle analytisch bestimmen zu
können, wird (von der sog. konstruktivistischen Didaktik) der didaktische Neuanfang vo-
luntaristisch   postuliert. Die Fundamentalkritik ignoriert die Tatsache der durchgängigen
gesellschaftlichen Bestimmtheit schulischer Lehr- und Lernprozesse. Sie setzt oberhalb
der basalen gesellschaftlichen Vorgänge an, kann deren verformenden Einfluss auf
didaktische Intentionen und Inszenierungen demzufolge nicht vermitteln. Das didaktische
Handeln erscheint in dieser Form der „inneren Kolonialisierung" des Menschen, als Instrument der Selbstdisziplinierung, der Installierung von Selbstkontrolle oder als Vollstre-
ckerin des heimlichen Lehrplans unserer Zivilisation... Auf das Phänomen entfremdeter
Lehr-Lern-Prozesse antwortet die Grundlagenkritik mit einem unkritischen Subjektivismus,
der der Frage nach der gesellschaftlichen Konstitution des Subjekts konsequent ausweicht
und in der Konsequenz das Problem der inneren Kolonialisierung noch verstärkt. Denn die
kaum reflektierten gesellschaftlichen Voraussetzungen von Schule und die nicht themati-
sierten gesellschaftspolitischen Zugriffe auf didaktische Modelle lassen Unterricht als ge-
sellschaftsfernen Raum von Konstruktionsspielen der beteiligten Subjekte erscheinen."
(Bernhard 1999, S. 653)

Gerade angesichts der Zunahme fremdbestimmter Vergesellschaftung in der modernen
Mediengesellschaft sollte Didaktik nicht Anleitung zum Spielen werden, sondern die ge-

sellschaftlichen Zusammenhänge von Pädagogik, Didaktik und Schule zu ihrem zentralen Inhalt machen. Armin Bernhard schlägt vor, eine kritisch-theoretische Didaktik solle an dem Grundgedanken der geisteswissenschaftlichen Didaktik ansetzen und diesen kritisch-konstruktiv weiterführen: „Die Gesellschaft mit ihren zerfallenen Traditionen und ihren fragilen Sozialisationsmilieus, ihren ästhetischen Verführungsräumen und kulturindustriellen Welten erfordert mehr denn je das, was die bildungstheoretische Didaktik herausgearbeitet hat: das „Erschlossensein" der Wirklichkeit für die lernenden Subjekte und gleichzeitig ihr „Sich-Erschließen" bzw. ihr „Erschlossen werden" für diese Wirklichkeit (Klafki 1967...). Dieser noch geisteswissenschaftlich befangene, wiewohl nicht nur im Hinblick auf akademische Erhellung von Aneignungs- und Zueignungsprozessen fundamentale bildungstheoretische Grundsatz bedarf der kritisch-gesellschaftstheoretischen Reformulierung von Bildung als eines von Zwängen und Brüchen gekennzeichneten Bildungsgeschehens, in dem die wechselseitige Erschließung von Ich und Welt strukturellen sozialen Hindernissen ausgesetzt ist. Bildung ist, gerade in einer von Widersprüchen charakterisierten Gesellschaft mit prekären Sozialisationsbedingungen, kein harmonischer, linear progredierender Vorgang des Anschlusses wissenschaftlicher Erkenntnisse an die Erfahrungen der Lernenden. Sie ist vielmehr ein *schmerzhafter und krisenhafter Prozess der Umstrukturierung und Neuorganisation bisheriger kindlicher Erfahrungswelten*, der aus der Konfrontation miteinander rivalisierender gesellschaftlicher Weltauffassungen (Gramsci...) entzündet wird. In diesem widersprüchlichen Prozess liegt die Möglichkeit, „gesellschaftliche Bildung" als „Instrumentarium der Befreiung" zu organisieren, emanzipative Subjektbildung aus dem Aneignungsprozess heraus zu provozieren (Heydorn...). Kritische Didaktik erfordert die Verbindung einer Theorie der Bildungsinhalte mit einer Theorie der Bildungssubjekte, um ein kritisches Reflexionsvermögen freisetzen zu können. Im Prozess der wechselseitigen Erschließung von Bildungsgegenstand und lernenden Subjekten geht es weder um die Tyrannei der Bildungsinhalte noch um eine subjektivistische Selbsterbauung." (Bernhard 1999, S. 654)

So weist die hier vorgenommene Skizze der Entwicklung der Diskussion der Allgemeinen Didaktik in den letzten 35 Jahren am Ende auf ihren Anfang zurück. Die immanenten Ansprüche kritisch-konstruktiver Allgemeiner Didaktik harren ihrer Ausformung.

5   Pflegedidaktik heute - Stand, Entwicklungen, Perspektiven

Roswitha Ertl-Schmuck

5.1   Von der Freihand-Improvisation zu pflegedidaktisch ausgewiesenen Modellen

5.1.1 Autodidaktisch erlernte Pflegedidaktik benötigt Theorie - ein Problemaufriss

Die Aufbruchstimmung der Neunziger Jahre, die in pflegedidaktischen Publikationen und Kongressen zum Ausdruck gebracht wurde, ist derzeit abgeklungen. Das Publikationsorgan PflegePädagogik ist seit 1999 aufgelöst und die Unterrichtshefte Pflegedidaktik (Thieme-Verlag) werden seit 1998 nicht mehr publiziert. Zur Zeit gibt es die Hefte in der Reihe "Unterricht Pflege", in denen Pflegethemen, losgelöst von einem pflegedidaktischen Gesamtkonzept, für den Unterricht aufgearbeitet werden. Ansonsten erscheinen pflegedidaktische Aufsätze allenfalls in Pflegezeitschriften. In diesem Beitrag geht es darum, die pflegedidaktische Diskussion neu zu beleben. Ausgehend von einer Analyse vergangener und gegenwärtiger Entwicklungen werden im zweiten Teil subjekttheoretische Überlegungen dargelegt, die für die Neubegründung einer Pflegedidaktik nützlich sein können.

Wissenschaftlich fundierte Modelle der Pflegedidaktik inklusive wissenschaftlich begründetem Pflegewissen wurden bislang nur in Ansätzen entwickelt. Die Diskussion um eine Pflegedidaktik fand vielfach ohne expliziten Bezug auf wissenschaftstheoretische Diskurse statt. Ein Grund hierfür ist neben der besonderen Stellung der Pflegeausbildung im dualen Bildungssystem nach wie vor das Fehlen einer etablierten Pflegewissenschaft sowie einer Pflege-Berufsbildungforschung. Die sich daraus ergebenden Ausbildungsdefizite haben weitreichende Auswirkungen auf die Qualität der PatientInnenbetreuung und auf die Entwicklung einer selbstbewussten beruflichen Identität der Pflegenden (vgl. Wittneben 1991).

Lange Zeit wurde die thematische Struktur in der traditionellen Pflegedidaktik von der medizin-orientierten und arztabhängigen Pflegepraxis sowie dem pflegerischen Wissen von Berufserfahrenen bestimmt. Das hier gelehrte Pflegewissen beruhte auf einer Vielzahl von praktischen und technischen Fertigkeiten sowie tradierten Erfahrungen. Im Vordergrund stand eine Berufserziehung, die auf Anpassung, Disziplin und Unterordnung unter die Machtverhältnisse im System Krankenhaus ausgerichtet war. Mit der Forderung nach Gehorsam und Unterordnung wurden zum einen die christliche Ethik inklusive Nächstenliebe und Aufopferung, zum anderen die Ideologie von der weiblichen Natur als natürliche Eignung der Frau zur Ausübung der Pflege funktionalisiert. Die kritiklose Übernahme hausarbeitsnaher Tätigkeiten, die für Frauen gebotene Möglichkeit einen Beruf auszuüben, der

Verzicht auf Aufstiegsmöglichkeiten und auf konkurrierendes Verhalten gegenüber den männlichen Medizinern, all dies entsprach einer traditionell erwünschten weiblichen Einstellung zum Erwerbsleben (vgl. Bischoff 1994 a). Unterschlagen wurde der pädagogische Anspruch, die Auszubildenden zur Kritik und zum Widerstand gegen entmündigende Realitäten zu ermutigen. Die Spannungen, die sich im Arbeits- und Lernfeld der Lernenden ergaben, wurden lange Zeit zum Preis einer unkritischen Harmonisierung und Ideologisierung geleugnet. Mündigkeit war auf die Zeit verwiesen, in welcher die SchülerInnen ihre Ausbildung beenden und ins berufliche Leben treten.

Fragt man nach der didaktischen Struktur dieser Berufserziehung, dann wird sichtbar, dass sie nicht durch ein Ausbildungscurriculum bestimmt war, sondern eher durch Zufälligkeit, Begrenzungen und Funktionalität geprägt war. Zufälligkeit deshalb, weil es sicherlich hervorragende Pflegende gab, die die SchülerInnen in ihren praktischen Einsätzen auf den jeweiligen Pflegestationen anlernten, während andere vielleicht völlig versagten; Begrenzungen und Funktionalität deshalb, weil beim Erwerb von Kenntnissen und Fertigkeiten erfahrungsbezogene Dimensionen und unreflektierte Routinehandlungen eine Rolle spielten, die im jeweiligen Krankenhaus auf den Pflegestationen üblich waren und zugelassen wurden. Die Entscheidungen der Lehrenden über Ziele und Inhalte wurden weitgehend von den funktional ausgerichteten Anforderungen der Pflegepraxis, von ihren eigenen Erfahrungen als Pflegende und von gesetzlichen Vorgaben geleitet und weniger von Bildungs- und Entwicklungsideen. In der Theorie wurden somit Inhalte unterrichtet, die pragmatisch festgelegt worden waren und keine klare wissenschaftsorientierte und pädagogische Ausrichtung hatten.

Eine Verzahnung von Bildungszielen der theoretischen und praktischen Ausbildung fehlt nach wie vor (vgl. oben, Kapitel 3). Daraus resultieren Schwierigkeiten der Lernenden, das in einem spezifischen Lernkontext (Pflegeschule) erworbene Wissen zu dekontextualisieren und in veränderten Anforderungssituationen - im pflegerischen Handlungsfeld - nutzbar zu machen. Die Auszubildenden erleben in ihren ersten praktischen Einsätzen auf den jeweiligen Pflegestationen Differenzen zwischen Theorie und Praxis. Da wenig Raum für Lernsituationen und theoriegeleitete Reflexionen im Pflegealltag bleibt, werden die Lernenden mit ihren Fragen, Verunsicherungen und Ängsten weitgehend allein gelassen. Unter diesen Bedingungen ist die Dialektik pflegerischen Handelns für Auszubildende kaum zu verstehen. Allmählich entwickeln die Lernenden Strategien, wie sie mit den widersprüchlichen Anforderungen fertig werden. Kollektive Verarbeitungsmöglichkeiten wie sie z.B. in der Supervision praktiziert werden, bleiben eher die Ausnahme.

Ein entscheidendes Merkmal der praktischen Unterweisung in der pflegeberuflichen Ausbildung ist, dass die Auszubildenden wenig auf den Gang der Ausbildung Einfluss nehmen können, sie sind eher in einer passiven, konsumierenden Rolle. Der Lern- und Arbeitsprozess wird weitgehend von den funktionalen Anforderungen der jeweiligen Pflegestationen bestimmt. Dabei werden die unterschiedlichen strukturellen und interaktionellen Aspekte nicht berücksichtigt, die in ihrer Vielschichtigkeit ineinander greifen und die praktische Ausbildung mitbestimmen. Der Umgang mit PatientInnen, mit ArbeitskollegInnen und schwierigen Arbeitsbedingungen macht Fähigkeiten in verbaler und nonverbaler Kommunikation sowie im reflexiven Umgang mit diesen Bedingungen erforderlich. Die Reflexion über das eigene Vorgehen, die Analyse der Reaktionen der Mitmenschen auf das eigene Handeln, das Bemühen um das Verstehen von manchmal unvorhergesehenen Reaktionen, all dies kann zu nachhaltigen Einsichten führen, bedarf jedoch einer systematischen und stetigen Schulung auf den Pflegestationen.

Unter den derzeitigen Arbeitsbedingungen auf den Pflegestationen lernen die Auszubildenden ein "affirmatives Handeln" ohne sich den Handlungsplan in kritisch-reflektierender Weise anzueignen. Diese Fremdbestimmung trägt dazu bei, dass die Lernenden in den jeweiligen Pflegeeinrichtungen schon zu Beginn ihrer Ausbildung instrumentalisiert werden, d.h. es wird die Erwartungshaltung an sie heran getragen, möglichst schnell als vollwertige Arbeitskraft zu funktionieren und sich dem geforderten Arbeitsrhythmus der jeweiligen Pflegestationen anzupassen (vgl. oben, Kapitel 3).

Ein weiteres Problem besteht darin, dass die Frage der Differenzierung zwischen lernschwächeren und lernstärkeren Auszubildenden durch differenzierte Lernangebote und ein entsprechendes Methodenrepertoire bisher kaum in den Blick genommen wird. Auch die Defizite der Lernenden hinsichtlich Team- und Kooperationsfähigkeit sowie Selbständigkeit und Selbststeuerung beim Lernen werden im pädagogischem Handeln der Lehrenden nicht angemessen berücksichtigt.

Pädagogische Fragestellungen waren somit lange Zeit kein Thema für die Lehrenden in der Ausbildung zur Krankenpflege. Die Lehrenden für Pflege, selbst in diesen auf Anpassung angelegten Strukturen sozialisiert, gaben ihr erfahrungsgeleitetes medizingeprägtes Wissen an die nachkommende Generation weiter. Pflegetheorie war zugleich abgewandelte, vereinfachte Medizintheorie. Konzepte der Patientenorientierung lernten PflegelehrerInnen in ihrer Pflegeausbildung und in der anschließenden Pflegepraxis und Weiterbildung zum/zur LehrerIn für Pflege nur auf der appellativen Ebene kennen, nicht jedoch in der eigenen praktischen Umsetzung. Daraus folgte, dass derartige Konzepte unreflektiert übernommen und im Unterrichtsgeschehen funktionalisiert wurden, ohne dass die Fülle der mit diesen Begriffen signalisierten programmatischen Veränderungen in den Blick kam. Wie kann man jedoch von den Auszubildenden erwarten, dass sie den Patienten als mündigen Menschen begegnen, solange solche Begriffe und die dahinterstehenden Konzepte in ihrer Ausbildung und auch in der Berufspraxis noch viel zu wenig selbst erlebt werden können?

Bis Ende der Achziger Jahre waren pflegedidaktische Veröffentlichungen relativ selten. Ihre AutorInnen beschränkten sich darauf, allgemeindidaktische Prinzipien unkritisch auf den Pflegeunterricht zu übertragen (vgl. Bäuml-Roßnagl 1981; Vogel 1979). Darüber hinausgehende Ansätze finden sich bei Schwarz-Govaers (1983). Sie entwickelte ein Planungsmodell für den Krankenpflegeunterricht auf der Grundlage pflegetheoretischer und unterrichtsmethodischer Überlegungen. Das Konzept von Mulke-Geisler basiert auf den theoretischen Vorstellungen der Gestaltpädagogik, der Themenzentrierten Interaktion nach Ruth Cohn sowie dem Menschen- und Weltbild der Humanistischen Psychologie (vgl. Mulke-Geisler 1994).

Die genannten Arbeiten hatten jedoch wenig Einfluss auf eine theoriegeleitete pflegedidaktische Diskussion und wurden anscheinend von den eher autodidaktisch geschulten PflegelehrerInnen kaum wahrgenommen und rezipiert. Erst im Zusammenhang mit der Einrichtung von Pflegepädagogik-Studiengängen an Fachhochschulen und vereinzelt auch an Universitäten beschäftigen sich die Lehrenden für Pflege intensiver mit wissenschaftsorientierten pflegedidaktischen Fragestellungen.

Bei der pflegedidaktischen Auseinandersetzung werden folgende Problembereiche erkennbar, die bislang alles andere als hinreichend breit behandelt worden sind, dürften aber bald zum brisanten Thema der Pflegeausbildung und PflegelehrerInnen-Rolle werden:

- Zum einen gibt es die Pflegewissenschaft als eigenständig universitäre Disziplin erst seit Beginn der Neunziger Jahre - das originäre Pflegewissen wird somit erst erforscht und in einen systematischen Zusammenhang gebracht. Derzeit lässt sich die Qualität der pflegewissenschaftlichen Erkenntnisse noch nicht absehen.
- Hinzu kommt eine weitere Problematik: Da es Pflege als reine Wissenschaft nicht gibt und das Pflegewissen aus vielen Bezugswissenschaften stammt, müssen die Lehrenden für Pflege zur Zeit bei Ihrer Planung von Unterricht auf Erkenntnisse anderer Wissenschaften zurückgreifen, um die komplexen Pflegephänomene erklären und pflegerische Interventionen unter Berücksichtigung berufsethischer Verantwortbarkeit begründen zu können. Das ermittelte Wissen muss auf den Gegenstandsbereich der Pflege hin gebündelt und konkretisiert werden. Dabei ist noch nicht geklärt, welche Bezugswissenschaften dazu gehören. Einzelne Pflegelehrende wären freilich überfordert, eine umfassende Systematisierung von Pflegeinhalten mit fachwissenschaftlichen Relevanzkriterien zu erarbeiten. Dies dürfte eine vorrangige Aufgabe der PflegewissenschaftlerInnen sein, das vorhandene Wissen zu sichten, zu bündeln, in einen theoretischen Zusammenhang einzuordnen und neues Wissen für die Lösung vorhandener Pflegeprobleme zu entwickeln.

- Drittens dominieren in pflegedidaktischen Publikationen Positionen und Erfahrungen einer Krankenhauspflege, die vor allem durch das naturwissenschaftlich geprägte Medizinsystem bestimmt werden. Handlungsansätze, die im Bereich der Altenpflege, Heilerziehungspflege, Familienpflege etc. entwickelt wurden, werden somit ausgegrenzt (vgl. oben, Kapitel 1). Dies führt zu einer Zersplitterung, durch die synergetische Effekte eher verhindert werden.

- Mit der Veränderung des Krankheitsspektrums und der allmählichen Ausrichtung des Gesundheitssystems auf die Prävention im ambulanten Bereich wird Pflegearbeit zunehmend in Bereichen stattfinden, wo Heilung nicht in jedem Fall möglich ist. Der häufig über längere Zeiträume vorhandene veränderte Pflegebedarf ist mit den betroffenen Menschen selbst und anderen an der Pflege beteiligten Berufsgruppen sowie den Angehörigen zu beraten und zu koordinieren. Die Bewältigung dieser Aufgaben erfordert eine inter- und multidisziplinäre Zusammenarbeit, die im gegenwärtigen pflegerischen Ausbildungssystem zumeist nur unzureichend thematisiert und eingeübt wird. Somit ist eine Neubestimmung der pflegerischen Handlungsfelder unabdingbar, um daraus Bildungsanforderungen bestimmen zu können.

- In der pflegeberuflichen Ausbildung dominiert - bis auf wenige Ausnahmen - das Fachprinzip. Die Schulorganisation ist weitgehend an einem Modell von LehrerInnenarbeit ausgerichtet, in dem ein einsames Unterrichten in Fächern dominiert. Dies begünstigt ein rezeptives Lernen und führt zu einer Einengung des Kompetenzbegriffs auf isolierte pflegerische Handlungen, wobei die soziale Dimension und die Dialektik pflegerischen Handelns vernachlässigt werden. Auch wenn fächerintegrative Ansätze gefordert werden, so wird deren Umsetzung vom Fachprinzip bestimmt. Beispielsweise werden in dem Curriculum von Oelke fächerintegrative Unterrichtseinheiten angestrebt. Allerdings werden diese willkürlich ausgewählt, so dass sie nur schwerlich in einen integrativen Gesamtzusammenhang gebracht werden können (vgl. Oelke 1991 a, b; vgl. auch die kritische Reflexion zu diesem Curriculum, Franken 2000). Eine beliebige Integration kann jedoch nicht das Ziel der Unterrichtsgestaltung sein.

- Nach wie vor fehlen theoriegeleitete berufspädagogische Forschungen und Konzepte in der Pflegeausbildung, Pflege-Berufsbildungsforschung ist bislang an den Universitäten nicht etabliert. Forschungsprojekte erfolgen derzeit weitgehend über Diplomarbeiten und Dissertationen von StudentInnen.

Für PflegelehrerInnen ergeben sich somit eine Reihe bislang nicht gelöster Probleme. Unbestreitbar ist, dass für die Entwicklung einer theoriegeleiteten Pflegedidaktik Erkenntnisse der Pflegewissenschaft unabdingbar sind. Aufgrund des weitgehend hohen Abstraktions- und Allgemeinheitsgrads fachwissenschaftlichen Wissens ist die Vermittlung zur Praxis jedoch kein Prozess, der deduktiv und linear organisiert werden kann, sondern bedarf der hermeneutischen Umsetzung. Während für die Auszubildenden weitgehend der

Bezug auf ihr berufliches Erfahrungswissen im Vordergrund steht, ist der Lehrende besonders gefordert, sein berufstheoretisches bzw. pflegewissenschaftliches Expertenwissen in die Verstehensarbeit einzubringen (vgl. Pätzold 2000, S. 78f.). Hierzu bedarf es jedoch weit mehr als der Erkenntnisse der jeweiligen Fachwissenschaft. Die Annahme, dass das Wissenschaftswissen dazu taugt, das Fundament von LehrerInnenbildung und Fachdidaktik abzugeben, wird schon lange angezweifelt. „Die Zweifel greifen um sich, ob solcherart gefördertes und für wichtig gehaltenes Wissen wirklich Lehrer dazu befähigt, junge Menschen anzuregen, kraft solchen Wissens erfahrungs- und handlungsfähig zu werden." (Rumpf 2000, S. 14) Die klassische Rolle der Fachdidaktik, in der eine Fachorientierung fokussiert wird, ist für die Entwicklung einer Pflegedidaktik zu eng, weil sie zu sehr der Fachlogik unterliegt und Aspekte beruflicher Mündigkeit und interaktive Prozesse im Lehr-Lernprozess nicht berücksichtigt werden. In neueren Konzepten zur beruflichen Bildung geht es statt dessen zunehmend mehr um eine stärkere Vernetzung von theoretischen und praktischen Ausbildungsanteilen, in der die Entfaltung beruflicher Handlungskompetenz sowie lebensweltorientierte Konzepte der Erwachsenenbildung in den Vordergrund rücken (vgl. Kaiser 1990; Pätzold 1992; Arnold/Lipsmeier 1995; Lisop u.a 1999).

In derartigen Konzepten wird Handlungsorientierung zum zentralen didaktischen Prinzip sowohl der betrieblichen als auch der schulischen Qualifizierung erhoben. Seit drei Jahren werden Rahmenlehrpläne der KMK nach dem Lernfeldkonzept entwickelt, in denen die Handlungssystematik zum zentralen didaktischen Kriterium für den berufsbezogenen Unterricht in der Berufsschule erhoben wird. Dabei geht es nicht mehr um relativ detailliert gefasste, überwiegend fachsystematisch geordnete Lernziele, sondern vielmehr um handlungssystematisch gefasste Zielformulierungen, mit dem Ziel, Handlungswissen zu fördern (vgl. Lipsmeier/Pätzold 2000). Im Vordergrund stehen neue Formen der Lernorganisation unter besonderer Berücksichtigung des selbstbestimmten und sozialen Lernens.

Bei aller Euphorie, die vor diesem Hintergrund entwickelte Projekte erfahren, ist jedoch zu bedenken, dass Handlungsorientierung eine wissenschaftlich umstrittene, keineswegs eindeutige Kategorie ist. Handlungsorientierung kann im Sinne des Bildungsziels der Entfaltung von Handlungsfähigkeit aber auch als methodisches Leitprinzip verstanden werden. Insgesamt lässt sich Handlungsorientierung in berufspädagogischen Ansätzen weitgehend als ein methodisches Konzept charakterisieren. Ob und welchen Bildungsbezug das methodische Konzept in seiner Realisierung jeweils erhält, hängt von den übergeordneten Zielen ab. Diese können einseitig an den je aktuellen Betriebserfordernissen ausgerichtet sein, können aber auch von einem kritisch-konstruktiven Bildungskonzept geleitet werden (vgl. Lisop 1999, S. 38). Ohne bildungstheoretische Reflexion der Inhalte und ohne Einbezug pädagogischer Grundsätze kann jedoch die Frage nach der Handlungsorientierung in der beruflichen Bildung nicht angemessen beantwortet werden.

Dies erfordert zum einen eine kritische Reflexion allgemeindidaktischer und bildungstheoretischer Inhalte, zum anderen ist aber auch zu klären, von welchen zentralen Merkmalen das jeweilige berufliche Handeln bestimmt wird. Berufliche Situationen sind „in ihrer Konstellation, in ihrer Verflochtenheit mit anderen Situationen, in den Möglichkeiten des Handelns und den zutreffenden Entscheidungen vielfältig, aspektreich, mehrdeutig. Vom Handelnden erfordert dies die Abwägung verschiedener möglicher Gesichtspunkte, unter denen die Situation betrachtet werden kann, das Erfassen der Aspektvielfalt einer Situationskonstellation, die Aktivierung unterschiedlichen situationsspezifischen Wissens ... Häufig werden diese situationsspezifischen Leistungen abgekürzt erbracht, wenn Situationen routinemässig zu bewältigen sind. Aber sobald die Routine zum Handeln nicht mehr hinreicht, muss sich der Mensch ... explizit auf die Situation richten." (Kaiser 1985, S. 43) Interaktive, inhaltliche und normative Momente sind in jedem Handeln in einer verwobenen Art und Weise miteinander verschränkt. Somit wird das Handeln immer auch von unvorhergesehenen und irrationalen Momenten bestimmt. Dies gilt insbesondere für pflegerisches Handeln.

Handeln in der beruflichen Pflegearbeit ist immer ein offenes Projekt. Es geht um komplexe Situationen, die von den beteiligten Menschen gestaltet werden. Pflegerisches Handeln ist konkret in Pflegenden-PatientInnen-Interaktionen eingebettet. Das pflegerische Handlungsfeld ist durch eine unglaubliche Komplexität, durch oftmals unabsehbare Folgen des eigenen wie fremden Handelns und es ist durch eine soziale Intensität gekennzeichnet. Diese bedingt eine informierte, effektive und humane Interaktion, um der Vielzahl von Individuen verantwortungsvoll begegnen zu können. Für die Bearbeitung komplexer Pflegeprobleme benötigen beruflich Pflegende ein theoriegeleitetes Wissen, um die vielfältigen Pflegephänomene verstehen zu können, sie benötigen Fertigkeiten, insbesondere im sensomotorischen Bereich, systemorientiertes Denken und Handeln sowie Fähigkeiten in verbaler und nonverbaler Kommunikation und eine ethische Entscheidungs- und Handlungsfähigkeit hinsichtlich Zielen und pflegerischen Interventionen. All dies verlangt eine didaktische Aufbereitung der pflegeberuflichen Tätigkeitsfelder. Die Durchdringung im Hinblick auf die jeweiligen Bildungs- und Lernziele sowie die Lerninhalte leistet jedoch nicht die Pflegefachsystematik sondern die pflegedidaktische Systematik. Diese ist einerseits interdisziplinär, andererseits stärker an bildungsbezogenen Lernprozessen auszurichten.

Eine mögliche Annäherung an eine Pflegedidaktik wird daher von der Fragestellung bestimmt, für welche Berufssituationen qualifiziert die Ausbildung zur Pflege und von welcher Zielsetzung wird diese geleitet. Hierbei können Anregungen der Curriculumforschung genutzt werden, wie sie insbesondere von Robinsohn formuliert wurden (vgl. Robinsohn 1973). Auch für die pflegeberufliche Ausbildung wurden curriculare Erkenntnisse aufgegriffen, jedoch bis heute nicht in konsequenter Weise umgesetzt (vgl. Sieger 1994; Knigge-Demal 1999). Die Curriculumthematik wird an anderer Stelle eingehend dargestellt (vgl. unten, Kapitel 6).

Für die Entwicklung einer Pflegedidaktik ergibt sich zunächst die Forderung, pflegerische Handlungsfelder von beruflich Pflegenden und Lernbereiche pflegerischen Handelns zu identifizieren, die dafür erforderlichen Qualifikationen zu bestimmen sowie theoretische und praktische Ausbildungsanteile in curriculare Planungen zu integrieren. Die Isolierung der jeweiligen Lernorte und ihrer jeweils typischen didaktischen Settings voneinander kann nicht überwunden werden, solange das Lernen nicht auf eine gemeinsame, dem Lernprozess zugrunde gelegte Aufgabenstellung ausgerichtet ist. Ohne lernortübergreifende Aufgabenstellungen fehlt der Handlungskontext, der die Lernaktivitäten an den einzelnen Lernorten in einen zielorientierten Zusammenhang bringt. Fehlt dieser, so bleibt Lernen vordergründig im isolierten Einüben von Regeln, Pflegetechniken, deren Auswahl und Reihenfolge für den Auszubildenden nicht nachvollziehbar ist. Potentielle Lernmöglichkeiten werden nicht ausgeschöpft. Damit wird die Notwendigkeit einer inhaltlichen und zielorientierten Lernortkooperation betont.

Um jedoch eine instrumentelle Verengung zu vermeiden, gilt es, die pädagogische Verantwortung für die Entwicklung von Selbst-, Mitbestimmungs- und Solidaritätsfähigkeit sowie Handlungs- und Reflexionsfähigkeit ernst zu nehmen (vgl. Klafki 1993, S. 52ff). Unter dieser Perspektive kann in der pflegeberuflichen Ausbildung auf einen Begriff von Bildung, als übergeordnete normative Kategorie für pflegedidaktische Entscheidungen und Begründungen, nicht verzichtet werden, dessen Doppelcharakter historisch wie auch bildungstheoretisch stets präsent war: Einerseits steht Bildung für die marktgerechte, funktionale Qualifikation andererseits wird der Begriff seit der Aufklärung „als Selbstdenken, Selbstbestimmung, als Selbstaneignung" diskutiert und steht gegen eine pure Verzweckung der Person im Arbeitsalltag (vgl. Meueler 1993, S. 154). Dies verweist auf einen Bildungsbegriff, in dem die Ansprüche der objektiven Welt und die Ansprüche des Subjekts auf eigenständiges Denken, das Treffen eigenständiger Entscheidungen und selbstbestimmtes Handeln in dialektischer Weise miteinander verbunden werden.

In der didaktischen Dimension bedeutet diese Sichtweise, dass der Auszubildende nicht nur „Subjekt seines unaufhebbaren Lernens" bleibt, sondern er „auch als ein solches respektiert" wird (Heid 1999, S. 240). Beteiligung und Mitbestimmung der Lernsubjekte sind unverzichtbar. Dabei geht es um transparente Regelungen, Aufgabenverteilungen und um verteilte Verantwortung. Da die Adressaten in der pflegeberuflichen Ausbildung junge Erwachsene und Erwachsene sind, können Modelle der Schulpädagogik für die Konzeptualisierung einer Didaktik der Pflege nur mit Einschränkung herangezogen werden. Erwachsene befinden sich aufgrund ihrer Persönlichkeitsentwicklung in einer anderen Situation als Kinder und Jugendliche im allgemeinbildenden Schulsystem. Die Berufsausbildung stellt einen wichtigen Teil des Lebenslaufplans dar. Für diese Zielgruppe ist es wichtig, den Sinn bestimmter Lernsituationen zu erfahren; dies wird von den jungen Erwachsenen auch immer bewusster eingefordert. Zudem gilt es, die Interessen und Fragen der Auszubildenden im Unterrichtsprozess einzubeziehen und aufzuspüren welche Verstehensprozesse tatsächlich am Lernort Betrieb und Schule ablaufen, um Sinnhorizonte der Subjekte zu verstehen und diese für situationsgerechte Lehr-Lernprozesse nutzbar zu machen. Hier können lebensweltorientierte Konzepte der Erwachsenenbildung und sozialwissenschaftliche Erkenntnisse als Reflexionshintergrund herangezogen werden.

Um eine pflegedidaktische Systematik entfalten zu können, bedarf es somit nicht nur der Einbeziehung allgemeindidaktischer und pflegewissenschaftlicher Erkenntnisse sondern insbesondere auch der Integration berufspädagogischer und erwachsenenpädagogischer Theorien im Kontext der Erziehungswissenschaft und sozialwissenschaftlicher Erkenntnisse. Die Interdependenzen zwischen gesellschaftlicher Entwicklung und pflegeberuflicher Ausbildung sowie Pflegepraxis sind dabei zu berücksichtigen.

Im Folgenden werden pflegedidaktische Modelle vorgestellt, die in der Ausbildung zum/zur LehrerIn für Pflege und in Fachveröffentlichungen heute thematisiert werden. Dabei liegt das primäre Interesse auf der kritisch-konstruktiven Reflexion, um Möglichkeiten und Probleme der Weiterentwicklung einschätzen zu können.

5.1.2 Das Duisburger Modell einer Fachdidaktik Pflege

Das sogenannte Duisburger Modell wurde im Rahmen der Weiterbildung zum/zur LehrerIn für Pflege am ÖTV-Institut in Duisburg entwickelt. Seit 1987 wurde dieses Modell einer Fachdidaktik Pflege durch zuständige DozentInnen und WeiterbildungsteilnehmerInnen sowie BerufsprakterInnen aus den Pflegeschulen zwar überarbeitet und modifiziert, doch die Grundkonzeption blieb weitgehend erhalten (vgl. Bögemann-Großheim 1994, S. 56). Die TeilnehmerInnen die eine Weiterbildung zum/zur LehrerIn für Pflege am ÖTV-Institut absolvieren sind während ihrer Weiterbildung verpflichtet, ihren Unterricht, den sie in ihren Praktika in Pflegeschulen durchführen, nach diesem Modell zu planen, zu organisieren und zu evaluieren. Somit bestimmt dieses Modell nicht nur theoretisch die Weiterbildung, es wird auch - zumindest von den TeilnehmerInnen der Duisburger Einrichtung - in ihrer Unterrichtstätigkeit in Pflegeschulen umgesetzt.

Zum Zeitpunkt der Entwicklung dieses Modells (1987) gab es weder eine theoriegeleitete pflegedidaktische Diskussion, noch eine pflegewissenschaftliche Disziplin, deren Erkenntnisse Maßstäbe für pflegedidaktische Fragen hätten setzen können. Das Modell kann daher mit einer heuristischen Strukturierungs- und Orientierungsfunktion hinsichtlich der

Unterrichtsvorbereitung als vorläufige Kompensation der defizitären Situation der Lehrerlnnen-Ausbildung für Pflege verstanden werden. Es fungiert „als ein kurz- und mittelfristig möglicher Ersatz für eine systematische fachdidaktische Theorie, ein strukturiertes (wissenschaftliches) Fachwissen der Pflege und ein erkenntnisorientiertes Pflegestudium für Lehrer an Pflegeschulen." (Bögemann u.a. 1989, S. 21)

Das Modell ist nach Meinung der VerfasserInnen speziell für die Vorbereitung des theoretischen Unterrichts für die Lehrenden im Fach Pflege gedacht und für die Ausbildung in der Pflegepraxis nicht geeignet. Sie fordern eine strikte Trennung von Theorie und Praxis in der Pflegeausbildung. Im Theorieunterricht geht es um die Einübung praktischer Diskursformen. Dabei geht es nicht um ein „Handeln in der Pflege" sondern vielmehr um ein „Nachdenken über Pflege" (Bögemann-Großheim 1994, S. 66f.). Das Erkennen allgemeiner pflegerischer Strukturmerkmale gilt als Voraussetzung der Möglichkeit, die komplexe Pflegewirklichkeit zu durchschauen und verändernd auf diese einzuwirken. Mit Hilfe des Strukturmodells können - nach Aussagen der VerfasserInnen - pflegespezifische Strukturmerkmale erarbeitet, Problemfelder aufgedeckt und normative Setzungen von Handlungen kritisch in Frage gestellt werden.

Das Modell setzt die Vorgabe von Themen voraus. Im Zentrum steht die fachlogische Auseinandersetzung mit einem Pflegethema. Dabei soll die Komplexität von Pflege deutlich werden, die in einer reglementierten Institution erfolgt und in einem historisch gesellschaftlich kulturellen Kontext stattfindet. Bei der Erarbeitung wird der Bezug auf eine Pflegetheorie ausdrücklich abgelehnt, um die Auszubildenden nicht auf bestimmte normative Implikationen festzulegen. Die VerfasserInnen stellen fest, dass sich die Pflegetheoriediskussion noch auf einer sehr abstrakten Erkenntnisebene bewegt, „die die Abgrenzung zwischen Pflege und Medizin als Naturwissenschaft mit der normativen Forderung nach ganzheitlicher Orientierung in der Pflegearbeit ... durchzusetzen beabsichtigt" (Bögemann-Großheim 1994, S. 59). Bevor der Lehrende den Unterricht gestalten kann, muss er sich das Pflegewissen „aus der Perspektive des Fachwissenschaftlers Pflege" erarbeiten (Bögemann-Großheim 1994, S. 59). Dabei geht es um eine wertfreie Wissenschaftsorientierung.

In Anlehnung an Blankertz (1974) geht es den VerfasserInnen vor allem darum, Wissenschaftsorientierung als generelles Prinzip für Lernprozesse zu sichern. Von den LehrerInnen für Pflege wird erwartet, dass sie bei der Vorbereitung von Unterricht, unter Berücksichtigung des Strukturmodells, eine umfangreiche Sachanalyse erarbeiten. Nach dem Modell lassen sich folgende Erkenntnisfelder bestimmen:

1. Das Feld der Pflegebedürftigkeit wird mit Hilfe von Kenntnissen zu Gesundheits- und Krankheitsäußerungen sowie mit Kenntnissen über Lebens- und Umweltbedingungen für Gesundheits- und Krankheitsentstehung definiert.

2. Das Feld der Pflege umfasst das Nachdenken über

- die pflegebedürftige Person, die die Pflegehandlung erleidet, duldet, davon profitiert, sie mitgestaltet, evtl. auch sich verweigert;
- die Pflegeperson, die über spezifisches Pflegewissen verfügt und Kenntnisse über die an der Pflegehandlung Beteiligten und deren spezifische Rollen im Interaktionsprozess hat;
- standardisierte Handlungsmuster, die sich bei Krankheits- und Gesundheitsproblemen etabliert haben und von den Pflegenden in einem logischen Zusammenhang argumentativ vertreten werden können;
- die Strukturen der jeweiligen Institution, die Einfluss auf die Gestaltungsspielräume der Pflegenden ausüben.

3. Der gesellschaftliche, politische und ökonomische Kontext umfasst die Rahmenbedingungen des Pflegehandelns.

4. Der historisch-kulturelle Kontext beeinflusst das Denken, die Einstellungen und das Verhalten der am Pflegeprozess Beteiligten.

5. Der philosophische und ideologische Kontext (vgl. Bögemann-Großheim 1994, S. 61f.).

Dem Modell liegen keine curricularen Theorien zugrunde, es wird vorausgesetzt, dass im Rahmen unterschiedlich begründeter Curricula mit dem Strukturmodell gearbeitet werden kann. Einschränkend weisen die VerfasserInnen darauf hin, dass das Modell nicht mit einem fächerübergreifenden Curriculum kompatibel ist, in dem die Fachstrukturen der verschiedenen Unterrichtsfächer aufgehoben sind und die gesamte Pflegeausbildung in Form von Problemen und handlungsorientierten Aufgabenstellungen strukturiert wird (Interview mit Frau Bögemann-Großheim 1998).

Als Referenzrahmen für die Entwicklung des Duisburger Modells wird neben Überlegungen zur Wissenschaftsorientierung nach Blankertz (1974) der Ansatz von Bruner (1976) in dem die Struktur des wissenschaftlichen Wissens im Zentrum didaktischer Entscheidungen steht, herangezogen. Für die Analyse und Planung von Unterricht wird die lerntheoretische Didaktik (Berliner Modell) erkennbar (vgl. oben, Kapitel 4.2.2), diese wird jedoch nicht explizit begründet.

Die Planung des Unterrichts erfolgt detailliert nach Zielen, Inhalten, Methoden und Zeitangaben. Unterricht ist in diesem Modell eine Unternehmung der Lehrenden, die ihn in seinen Strukturen analysieren, planen, durchführen und bewerten. Die Auszubildenden sind Teil dieser Struktur, ihre Lernvoraussetzungen hinsichtlich pflegepraktischer Erfahrungen, Schulbildung, Ausbildungsstand werden in der Bedingungsanalyse berücksichtigt. Die Lehrenden hingegen sind zum einen Teil dieser Struktur, zum anderen sind sie Außenstehende, die über diese Struktur systematisierend, planend und eingreifend verfügen.

Kritische Reflexion

Die Orientierung am Duisburger Modell bei der Ausarbeitung eines Unterrichtsthemas im Fach Pflege erweitert den Blick auf wichtige Einsichten aus angrenzenden Wissensbereichen, wie z.B. von Psychologie, Medizin, Soziologie etc. Ein Pflegethema wird so unter verschiedenen Aspekten bearbeitet; Kernbereiche pflegerischen Handelns rücken in den Vordergrund. Gesellschaftlich und institutionelle Einflussfaktoren werden beleuchtet. Das Aufeinanderprallen der Spannungen, wie sie im System Krankenhaus durch die unterschiedlichen Erwartungshaltungen der verschiedenen Berufsgruppen entstehen, wird thematisiert und es wird zu kritischem Nachdenken der hier erkennbaren Macht- und Herrschaftsstrukturen angeregt. In dieser Perspektive erfolgt eine Aufklärung über fremdbestimmte Anteile in der Berufsausbildung zur Pflege. Dafür zu sensibilisieren ist auch ein besonderes Anliegen einer kritisch-konstruktiven Pflegedidaktik.

Der Sachanalyse kommt eine hohe Bedeutung zu. Von den zukünftigen LehrerInnen für Pflege, die eine Weiterbildung am Duisburger Institut absolvieren wird ein hohes Maß an Eigenständigkeit, Reflexionsfähigkeit und vor allem Transferleistung verlangt, um das Wissen aus den verschiedenen Theoriefeldern für die spezifische Pflegeproblematik nutzbar zu machen. Es wird erwartet, dass sie Kernbereiche des pflegerischen Handelns zu identifizieren und Pflegewissen zu generieren lernen. Dabei sollte die Struktur des Pflegewissens ermittelt werden. Diese Struktur ist durchaus nicht eindeutig und zweifelsfrei zu analysieren. Problematisch ist hierbei, nach welchen Kriterien die Auswahl der Inhalte aus anderen Wissensbereichen erfolgen soll. Ungeklärt bleibt, welches die einschlägigen Bezugswisssenschaften für das Fach Pflege sind.

Die VerfasserInnen betonen ein rationales Wissenschaftsverständnis, dieses soll für die Pflegearbeit und den Unterricht Gültigkeit haben. Dies ist sicherlich für den Pflegebereich von enormer Bedeutung, um verkrustete Strukturen und irrationale Akzentsetzungen bei der Normierung „richtiger" Pflege aufzudecken und neue Impulse zu setzen. Die grundsätzliche Forderung nach intellektueller Redlichkeit bei der Behandlung von Inhalten steht völlig außer Frage, da diese in der bisherigen Pflegeausbildung und Pflegepraxis viel zu wenig beachtet wird. In einem kritisch-konstruktiven Verständnis geht es um eine aufklärende und aufklärerische Berufsausbildung, in der ein kritisch rationales Wissenschaftsverständnis einen wichtigen Platz einnimmt. Berufliches Handeln ist ohne die Kenntnis „objektiver Wissensbestände" nicht möglich. Dabei geht es nicht um Wissensanhäufung sondern um Erkenntnisgewinn. Es ist jedoch zu fragen, ob in der stark strukturierten Weiterbildung anhand des Modells tatsächlich der Zugang zum speziellen Pflegewissen gelingen kann und ob die von den VerfasserInnen beanspruchte wertfreie Wissenschaftsorientierung nicht doch durch die je eigenen subjektiven Entscheidungen bei der Auswahl der Inhalte überlagert wird. Dass die vermeintliche „objektive Sachstruktur" somit auch durch subjektive Deutungen im Lehr-Lernprozess bestimmt wird, diese Problematik wird im Duisburger Modell weitgehend ausgeblendet. Unterschlagen wird die Erkenntnis, dass die Auswahl und Gewichtung der Pflegeinhalte erheblich von der je vorangegangenen beruflichen Sozialisation als Krankenschwester/-pfleger oder AltenpflegerIn bestimmt wird.

Pflegerische aber auch pädagogische Handlungssituationen sind einerseits gesellschaftlich und historisch, also durch objektive Faktoren, bedingt; andererseits werden diese zugleich von den beteiligten Subjekten konstruiert. Pflegerisches und pädagogisches Handeln ist mit der Identität und den sozialen Komponenten der Pflegenden bzw. Lehrenden und Lernenden untrennbar verbunden. Im beruflichen Handeln wird dieser subjektive Zugang unmittelbar wirksam. Somit gilt es, die Lernsubjekte mit ihren Erfahrungen ernst zu nehmen. Diese subjektiven Deutungen werden mit wissenschaftlich gewonnenen Einsichten in Beziehung gesetzt und im Dialog kritisch reflektiert.

Der einseitig intellektualisierende, rationalitätsbetonte Ansatz, der im Duisburger Modell zum Ausdruck kommt, ist zwar wichtig, kann aber auch zu einer erneuten Einengung führen, wenn ausschließlich das empirisch gesicherte Wissen Geltung haben soll. Ein Unterricht, der nur wissenschaftstheoretisch legitimiert wird, realisiert sich in den Varianten eines zweckrationalen Unterrichtskonzepts. Das Subjekt als konkret leiblich-sinnliche Individualität erscheint in diesem Modell als Störfaktor. Diese Sichtweise bestimmt auch die Gestaltung von Unterricht. Die Lernenden sind von den Ziel-, Inhalts- und Methodenentscheidungen der Lehrenden abhängig, ihre Mitbestimmung im Unterricht wird zwar theoretisch gefordert, letztlich aber durch eine sehr strukturierte Unterrichtsverlaufsplanung, in der wenig Freiraum für die subjektiven Lernerfordernisse der Lernsubjekte bleibt, verhindert. Somit bleiben die Auszubildenden in hohem Maße Objekte pädagogischer Entscheidungen und Aktivitäten. Ein so angeleiteter Unterricht könnte Sozialisationstendenzen verstärken, den Patienten in der praktischen Tätigkeit auf den Pflegestationen nur als Objekt pflegerischer Bemühungen zu behandeln.

5.1.3 Das Aarauer Fachdidaktikmodell Pflege

Ausgangspunkt für die Konzipierung dieses in Aarau in der Schweiz entwickelten Modells war, dass der Krankenpflegeunterricht medizinorientiert gestaltet wurde und dass nach wie vor eine mangelnde Kohärenz zwischen vermittelter Theorie und gelebter Praxis zu beobachten ist (vgl. Schwarz-Govaers 1993, S. 212). Eine eigenständige Fachdidaktik Pflege und eine fachwissenschaftlich fundierte Ausbildung der Lehrenden in der Pflege fehlen. Um diesen offensichtlichen Mangel zu beheben, wurde in einem ersten Schritt ein „Modell mit geringer Reichweite" entwickelt, das den Lehrenden in der Pflege Hilfen bietet, den Krankenpflegeunterricht in Theorie und Praxis an eigenständigen Pflegezielen und -inhalten

zu orientieren. Das Aufgabenfeld der PflegedidaktikerInnen wird darin gesehen, fachbezogene und erziehungswissenschaftliche Aspekte der Theorie mit ausbildungsspezifischen
Fragestellungen der Praxis in Verbindung zu bringen (vgl. Kaderschule 1992, S. 4).

Die fachdidaktischen Überlegungen konzentrieren sich zunächst auf ein curricular vorgegebenes und ausgewähltes Pflegethema, das die PflegelehrerInnen unterrichten müssen, wie
z.B. die Pflege eines halbseitig gelähmten Menschen. Von diesem Thema ausgehend lassen sich mit Hilfe des Aarauer Strukturmodells vielfältige, dem Pflegelehrenden real erscheinende Pflegesituationen beschreiben. Dabei geht es um pflegespezifische Fragestellungen, die sich zum einen aus der Sicht der Pflegenden, zum anderen aus medizinischer
Sicht, aus Patienten- und Angehörigensicht sowie den Perspektiven von anderen im Gesundheitswesen Beteiligten ergeben. Aus diesen Beschreibungen sollen zentrale Problemstellungen oder Begriffe (Konzepte) abgeleitet werden, im Hinblick darauf, was „... eine Pflegeperson denken, tun und fühlen muss ...", um patientenorientiert pflegen zu können
(Schwarz-Govaers 1993, S. 215).

Dem Modell liegen drei aufeinander bezogene Ebenen zugrunde (vgl. Kaderschule 1992,
S. 5ff.):

1. Die **Ebene der Situationsbeschreibung**, mittels derer die fünf Sichtweisen („Die fünf
    Optiken") der an der Pflege beteiligten Personen phänomenologisch beschrieben wer-
    den können. Die VerfasserInnen gehen davon aus, dass jede Pflegesituation sich un-
    terschiedlich darstellt, je nachdem welche der fünf Sichtweisen im Vordergrund steht:
    - Die **Sicht des Patienten** richtet sich auf seine Bedürfnisse, Ängste, Gewohnheiten
      und Einstellungen, die er im Zusammenhang mit seiner Pflegebedürftigkeit hat, wie
      z.B. „Ich habe große Angst vor dem Aufstehen".
    - Die **Sicht des Pflegepersonals** richtet sich auf das Erkennen der Pflegebedürftigkeit
      des Patienten und auf das pflegerische Handeln. Beispielsweise wird aus einem be-
      stimmten Verhalten eines Patienten geschlossen, dass er nicht alleine aufstehen
      kann und pflegerische Hilfe braucht.
    - Die **Sicht der Angehörigen** richtet sich weitgehend auf die Bedürfnisbefriedigung
      des Patienten. Angehörige sind oftmals in ihrem Verhalten gegenüber dem Patienten
      verunsichert. Dies zeigt sich in Äußerungen, wie z.B. „Ich weiss nicht, wie ich ihm
      helfen kann".
    - Die **Sicht der Ärzte** bezieht sich weitgehend auf das Krankheitsgeschehen, auf die
      Beschreibung der medizinischen Befunde, wie z.B. Hemiplegie rechts. Diagnose und
      therapeutische Maßnahmen stehen im Vordergrund.
    - Die **Sicht der verschiedenen Gesundheitsdienste,** wie z.B. der Physiotherapeutin,
      Sozialarbeiterin etc., ist auf das spezifische Aufgabengebiet dieser Berufsgruppen
      ausgerichtet.

Durch die verschiedenen Sichtweisen lassen sich vielfältige Erscheinungsbilder beschreiben, welche eine Fülle an bedeutsamen Problemstellungen für den Pflegeunterricht erschließen.

2. Die **Ebene der pflegerischen Zielsetzungen** wird durch die Faktoren Haltung, Planung und Handlung näher bestimmt.

Faktor Haltung: Hier geht es um die Einstellung der Pflegenden zum Menschen, die Formen der Zuwendung und die Art und Weise der Hilfeleistung. Da die Haltung der Pflegenden durch vielerlei Sozialisationsfaktoren, institutionelle Bedingungen und je aktuelle subjektive Befindlichkeit bestimmt wird, geht es um eine kritische Reflexion dieser Einflüsse. Folgende Inhalte können dabei thematisiert werden:

- Biographie der Pflegenden;
- Einstellungen zum Pflegeberuf;
- strukturelle Einflussfaktoren auf pflegerische Handlungsfelder in Institutionen;
- gesellschaftliche Einflüsse und Bedingungen im Hinblick auf Gesundheit, Krankheit und Pflegebedürftigkeit.

Faktor Planung: Hier geht es um wesentliche Faktoren, die die Planung von Pflege beeinflussen. Pflege-, Beziehungs- und Organisationsprozesse und deren Rahmenbedingungen, Einflussfaktoren und Qualitätsaspekte der Pflege werden reflektiert.

Faktor Handlung: Die je nach Situation unterschiedlichen Aktualkonzepte der Pflegenden ergeben sich zum einen aus dem Grad der jeweiligen Pflegebedürftigkeit des Patienten, zum anderen aber auch aus dem grundsätzlichen Selbstverständnis der Pflegenden. Im Aarauer Fachdidaktikmodell werden folgende Pflegehandlungen definiert:

- Unterstützen, Kompensieren der Selbstpflegetätigkeiten des Patienten;
- Begleiten in besonderen Lebens- und Krisensituationen;
- Assistieren bei präventiven, diagnostischen und therapeutischen Maßnahmen;
- Beraten in Anpassungsprozessen;
- Förderung einer sinnstiftenden Lebensgestaltung.

Die drei beschriebenen Faktoren (Haltung, Planung, Handlung) beeinflussen sich gegenseitig und werden durch die jeweilige Pflegesituation beeinflusst.

3. „Die **Ebene der fachdidaktischen Fragestellungen** im engeren Sinne, die die ausbildungs- und unterrichtsrelevanten Fragen thematisiert." (Kaderschule 1992, S. 5) Diese Ebene betrifft die klassischen Bedingungs- und Entscheidungsfaktoren des Unterrichts.

Die VerfasserInnen des Aarauer Modells verstehen die dargestellten Ebenen als Strukturierungshilfe, mittels derer Pflegesituationen und zu bewältigende Problemstellungen in der Pflegepraxis vom Pflegelehrenden beschrieben und konkretisiert werden können. Der Fokus der inhaltlichen Auswahl liegt auf dem pflegerischen Handeln und auf der besonderen Relevanz der Inhalte für den Pflegealltag. Betont wird dabei, was erfahrungsgemäß immer wieder zu Fragen anregt, was immer wieder falsch gemacht wird und was unbedingt vermieden werden sollte. Die konkreten Inhalte für den Unterricht ergeben sich aus der Zusammenschau der drei dargestellten Ebenen des Modells.

Kennzeichnend für das Aarauer Modell ist, dass der geplante Pflegeunterricht zunächst von einem vorgegebenen und ausgewählten Thema ausgeht. Auf den ersten Blick gleicht diese Vorgehensweise dem traditionellen Schema: erst die Theorie, dann die Praxis als Ableitung aus der Theorie. Genau diese herkömmliche Systematik wollen die VerfasserInnen des Aarauer Modells jedoch aufbrechen: Mit Hilfe des Modells sollen real erscheinende Pflegesituationen vom Pflegelehrenden ermittelt werden, die dann je nach Schwerpunktsetzung und Zielgruppe zu Problemsituationen transformiert werden. Durch die Beschreibung von Pflegesituationen werden zentrale Konzepte deutlich, die zur Auswahl der zu bearbeitenden Problemstellungen im Unterricht dienen. Aus diesen Situationen und Problemstellungen und den im Fachdidaktikmodell postulierten allgemeinen pflegerischen Zielsetzungen werden objektive Lernerfordernisse bestimmt.

Das Fachdidaktikmodell Pflege

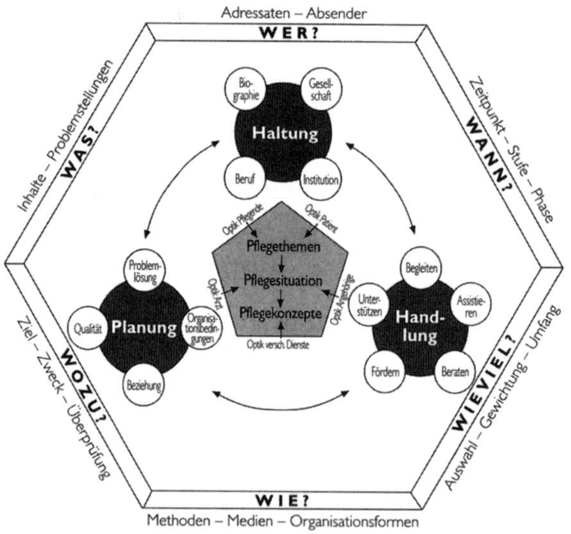

Abbildung 2: Das Aarauer Modell (Mühlherr 1994, S. 71)

Die Lernziele, verstanden als Bewältigungsformen der in der Pflegepraxis vorfindbaren Situationen und Probleme, werden zunächst von den Lehrenden ohne die Lernenden bestimmt. Die Ziele werden so formuliert, dass sie über das gewünschte Verhalten in konkreten Situationen Auskunft geben. Um pflegerische Situationen meistern zu können, müssen die Lernenden sich nicht nur Wissen aneignen, sondern sie müssen auch Fertigkeiten erlernen und diese mit eigenen Erfahrungen der Arbeitswelt in Verbindung setzen. Die subjektiven Lernbedürfnisse der Auszubildenden werden von den Pflegelehrer-Innen in den konkreten Unterricht einbezogen. Hier werden insbesondere Bedürfnisse und Fragen berücksichtigt, die die Auszubildenden im Umgang mit bestimmter Pflegebedürftig-keit, mit Pflegenden und anderen Berufsgruppen haben.

Um das Prinzip der Situations- und Problemorientierung im Unterricht auch tatsächlich ein-zulösen, werden folgende Prinzipien für die Gestaltung von Unterricht vorgeschlagen:

- Problemorientierung: Ausgangspunkt sind die konkreten Problemstellungen und Kon-flikte der Lernenden in realen Berufssituationen. Diese können über konkrete Erfahrun-gen, Beispiele, Pflegegeschichten, Rollenspiele, Interviews, Expertenberichte zum Aus-druck gebracht werden.
- Prozessorientierung: Es interessieren die Prozesse der Auseinandersetzung der Ler-nenden mit den jeweiligen Problemstellungen und der Suche nach Lösungen.
- Produktorientierung: Das neu Gelernte sollte möglichst klar bestimmt und gesichert wer-den.
- Praxisorientierung: Das neu Gelernte sollte in realen Berufssituationen anwendbar sein. Die dafür geeigneten Situationen werden zur Überprüfung und Festigung des Gelernten in der Pflegepraxis auf den jeweiligen Pflegestationen gesucht, notfalls aber auch im Klassenraum über Rollenspiele hergestellt (vgl. Kaderschule 1992, S. 14).

Die VerfasserInnen des Aarauer Modells plädieren für Methoden, die es ermöglichen, sich Wissen anzueignen, Fähigkeiten und Fertigkeiten zu erlernen und diese mit eigenen Erfah-rungen der Arbeitswelt in Verbindung zu setzen. In dieser Perspektive wird der Lernende mit seiner individuellen Lernproblematik in den Blick genommen. Die Lernorganisation wird zu-nächst vom Lehrenden für Pflege geplant. Inwieweit im Unterricht eine kommunikative Klä-rung mit der Lerngruppe über festgelegte Ziele, Inhalte, Methoden und Zeitangaben stattfin-det, bleibt offen. Die Aussagen zur Lernorganisation sind wenig konkret.

Die im theoretischen Unterricht erlernten Inhalte werden in der Pflegepraxis eingeübt, beob-achtet und beurteilt. Das Modell regt dazu an, die Lernaktivitäten an den einzelnen Lernor-ten - Schule und Krankenhaus - in einen einsichtigen Zusammenhang zu bringen. Dafür ist ein Austausch zwischen den Lehrenden in der Schule und den Pflegenden bzw. Praxisan-leiterInnen auf den Pflegestationen notwendig. Durch die Zusammenarbeit von Theoretiker-Innen und PraktikerInnen können Berührungsängste und Kommunikationshemmnisse, die nach wie vor bei den Lehrenden in der Schule und den Pflegenden auf den Pflegestationen vorhanden sind, abgebaut werden. Bestehende Unstimmigkeiten zwischen Theorie und

Praxis können offen gelegt, und es können in gemeinsamen Reflexionsgesprächen Lösungsmöglichkeiten erarbeitet werden.

Kritische Reflexion

Durch die Erarbeitung der Themen in einem komplexen Zusammenhang können die Verwobenheit der jeweiligen Bedingungs- und Einflussfaktoren erkannt, und das fachgerechte Denken und pflegerische Arbeiten gelernt werden. Die Theoriebildung erfolgt in diesem Modell gemäß dem phänomenologischen und dem konstruktivistischen Ansatz, indem die subjektiven Sichtweisen der verschiedenen Akteure in den Blick kommen und Situationen aus dem Pflegealltag beschrieben werden. Die Vielschichtigkeit der jeweiligen Pflegesituation eröffnet eine Vielzahl von inhaltlichen Möglichkeiten und Problemstellungen, so dass das Durchgängige zu ermitteln nötig wird. Immer wiederkehrende pflegerische Inhalts- und Problemfelder, sog. Kernbereiche pflegerischen Handelns, können kategorisiert werden.

Das Erleben und Denken sowie die darin erkennbar werdenden sozialen Deutungsmuster aller im Pflegeprozess Beteiligten werden in diesem Modell besonders hervorgehoben und nehmen damit in der Unterrichtsplanung einen zentralen Platz ein. Es bleibt jedoch problematisch, inwieweit sich das Denken und Erleben der Patienten in ihrer Subjektqualität aus der Perspektive des Lehrenden bei der Unterrichtsplanung erschließen lässt. Die Situationsanalyse, in der es um die Sicht der Beteiligten am Pflegeprozess geht, wird vom Lehrenden für Pflege vor der Unterrichtsgestaltung geleistet. Diese zu berücksichtigen ist im Kontext pflegerischen Handelns von Bedeutung. Sie jedoch zum alleinigen Ausgangspunkt für didaktische Entscheidungen zu machen, könnte dazu führen, dass der materiale Aspekt des Bildungsprozesses vernachlässigt wird.

Die vom Pflegelehrenden durchzuführende Situationsbeschreibung wird erheblich von seiner vorangegangenen beruflichen Sozialisation als Krankenschwester/-pfleger determiniert. Die Auswahl und Interpretation von Pflegesituationen und die Herausarbeitung von Qualifikationen erfolgt somit weitgehend willkürlich. Derzeit wird die inhaltliche Festlegung den je subjektiven Entscheidungen der Lehrenden überlassen. Inwieweit der Lehrende seine Erkenntnisse kommunikativ verfügbar machen möchte und machen kann und welche Bedeutung wissenschaftliche Theorien für seinen eigenen Erkenntnisprozess haben, bleibt die Entscheidung des Lehrenden.

Hier liegt offensichtlich eine Schwachstelle des Aarauer Modells, denn pflegerisches Denken und Tun benötigt wissenschaftliche Theorie, weil die individuellen Erfahrungen und Denkweisen allein zu viele Möglichkeiten für Fehlschlüsse enthalten. Dies wertet die Alltagserfahrungen nicht ab, lässt aber deren Verallgemeinerungs-Grenzen erkennen. Entscheidungen und Begründungen bedürfen einer theoretisch abgesicherten Legitimation, die diesem Modell noch eindeutig fehlt. Die Zuordnung der didaktischen Einzelentscheidungen in ein übergeordnetes Konzept bleibt der pädagogischen Kompetenz der Lehrenden überlassen.

Das Modell bietet jedoch Möglichkeiten kritisch-konstruktive Lernprozesse zu initiieren. Dies hängt weitgehend vom Bildungsverständnis und der sozialpädagogischen Kompetenz der Lehrenden ab, inwieweit sie in der Lage sind, diese sachgerecht zu evozieren und zu begleiten. Hier bedarf es qualifizierter PflegelehrerInnen, die sowohl pflegewissenschaftliche als auch erziehungs- und sozialwissenschaftliche Kenntnisse sowie pflegedidaktische Erfahrungen besitzen. Das Modell ist somit offen: sowohl für eine bloße Funktionalität des Lehrens und Lernens als auch für weitergehende bildungstheoretische Überlegungen.

Bei der inhaltlichen Auseinandersetzung mit dem Aarauer Modell ergeben sich folgende offene Fragen:

- Von welchen übergeordneten Zielen werden die pflegedidaktischen Entscheidungen der Pflegelehrenden bestimmt?
- Welche Rolle nehmen PatientInnen und Pflegende in diesem Modell ein?
- Durch welche Merkmale ist die Patienten/Pflegenden Beziehung gekennzeichnet?
- Was verstehen die VerfasserInnen unter patientenorientierter Pflege?
- Welche Selbst- und Mitbestimmungsmöglichkeiten werden den Lernenden tatsächlich eingeräumt, vor allem im Hinblick auf die Unterrichtsgestaltung und die praktischen Einsätze?
- Inwieweit wird die Fähigkeit zur konstruktiven, kritischen Auseinandersetzung praktiziert und geübt?

Vor dem Hintergrund repressiver institutioneller Machtstrukturen im Krankenhaus und der untergeordneten Stellung der Krankenpflege haben diese Fragen besondere Bedeutung und sind vom kritisch-konstruktiven Standpunkt her unverzichtbar.

5.1.4 Das Modell kritisch-konstruktiver Pflegedidaktik nach Wittneben

Wittneben reagiert mit ihrem pflegedidaktischen Modell auf die von ihr konstatierten Defizite in der Pflegepraxis und in der Aus- und Weiterbildung der Pflege. Die festgestellten Qualitätsmängel zeigen sich ihrer Meinung nach darin, dass das Pflegepersonal nicht hinreichend auf psychosoziale Bedürfnisse der Patienten eingehe und eine Tendenz der Patientenignorierung festzustellen sei. In der Pflegepraxis dominiere ein medizingeprägter Pflegebegriff, durch den die Betrachtungs- und Pflegeweise der Pflegenden bestimmt werde. Um patientenorientiert pflegen zu können, ist es nach Wittneben unabdingbar, neben einer medizinisch bestimmten auch eine psychosoziale Denk- und Handlungsfähigkeit zur Geltung kommen zu lassen (vgl. Wittneben 1991).

Eine patientenorientierte Pflege kann demnach nur dann zustande kommen, wenn Pflegende über ein differenziertes Wissen sowohl aus sozialwissenschaftlichen als auch aus naturwissenschaftlich-medizinischen Wissensgebieten verfügen. Wittneben setzt darauf, dass in der Ausbildung die entscheidende Sensibilisierung für eine patientenorientierte Pflege geschieht. Sie geht von der Grundannahme aus, „dass eine in einem weiten patientenorientierten Pflegebegriff fundierte Krankenpflegeausbildung ein Fundament für eine schülerorientierte Bildung zur Selbstbestimmungs-, Mitbestimmungs- und Solidaritätsfähigkeit ist und dass eine in einem kritisch-konstruktiven Didaktikbegriff fundierte Krankenpflegeausbildung eine Gewähr für eine patientenorientierte Ausübung der Krankenpflege bietet." (Wittneben 1991, S. 350) Diesen Anspruch will Wittneben durch die Entwicklung einer Typologie "multidimensionaler Patientenorientierung" und einer „kritisch-konstruktiven Didaktik der Krankenpflege" einlösen.

Wittneben geht bei ihren pflegedidaktischen Überlegungen zunächst von Pflegesituationen aus. Zur Präsentation dieser Situationen verwendet Wittneben "Narrativa" (Wittneben 1997). Darunter versteht sie Erzählungen (lat.: narrare = erzählen) über authentische Fälle, in denen das Pflegegeschehen abgebildet ist. Wittneben hält Ausschnitte aus der Pflegewirklichkeit dann für besonders relevant, wenn diese Erzählungen auf eine umfassende Pflegehandlung verweisen. Diese Situationsbeschreibungen lassen sich auf die in ihnen auffindbaren Handlungsproblematiken reduzieren, die ihrerseits als Grundlage für die Bestimmung der Pflegeunterrichtsthemen herangezogen werden können. Dabei dient das von ihr ausgearbeitete „multidimensionale Modell der Patientenorientierung" als Analyseraster und kann wie eine Folie auf die geschilderten Pflegesituationen gelegt werden. Das Modell umfasst folgende Dimensionen: eine ablauforientierte, verrichtungsorientierte, symptomorientierte, krankheitsorientierte, verhaltensorientierte, handlungsorientierte, interkulturelle sowie interaktions- und kommunikationsorientierte Dimension. Die von Wittneben bestimmten Dimensionen werden in eine Taxonomie eingeordnet, die von patientenignorierend bis zu patientenorientierend abgestuft ist. Die Ablauforientierung wird demnach als besonders patientenignorierend und die Handlungsorientierung als besonders patientenorientierend eingestuft (vgl. Wittneben 1998, S. 115).

Die Allgemeine Didaktik stellt für Wittneben ein weiteres Integrationselement der Pflegedidaktik dar. Ihr wird die Aufgabe zugewiesen, zwischen Wissenschaftsorientierung und Situationsorientierung zu vermitteln. Ausgehend von der bildungstheoretischen Position der kritisch-konstruktiven Didaktik Klafkis unternimmt Wittneben den Versuch, die Ausbildungsinhalte einer „multidimensionalen Patientenorientierung" hinsichtlich ihrer Bildungsrelevanz zu prüfen. Klafkis Ansatz enthält nach Wittneben nicht nur eine begründete Handlungsanleitung für Lehrende auf der unterrichtstheoretischen Argumentationsebene, sondern auch eine reflexive Begründung der Unterrichtsinhalte auf einer bildungstheoretischen Ebene.

Der Bildungsbegriff sei als zentrale Kategorie notwendig, um nicht die pädagogischen Bemühungen in ein unverbundenes Nebeneinander von Einzelaktivitäten auseinanderfallen zu lassen (vgl. Klafki 1993, S. 44). Nur von diesem Ziel her seien pädagogische Maßnahmen und Handlungen sowie individuelle Lernbemühungen begründbar. Wittnebens Arbeit ist damit ein wichtiger Beitrag dazu, eine theoriegeleitete pflegedidaktische Diskussion in Gang zu setzen.

Als Orientierung für pädagogische Fragestellungen in der Ausbildung zur Pflege greift Wittneben die von Klafki formulierten Fähigkeiten auf, die für Selbstbestimmung, Mitbestimmung und Solidarität von grundlegender Bedeutung sind. Dazu gehören:

- Kritik- und Urteilsfähigkeit,
- Kommunikationsfähigkeit,
- Fähigkeit, einen eigenen Standpunkt vertreten und diesen aufgrund besserer Einsicht korrigieren zu können,
- Selbstvertrauen,
- Selbstidentität,
- Empathiefähigkeit,
- Frustrationstoleranz,
- Handlungs- und Verantwortungsfähigkeit,
- soziale Beziehungs- und Behauptungsfähigkeit,
- Fähigkeit, sich kritisch auf neue Situationen und Anforderungen einstellen zu können,
- Fähigkeit, aus gewohnten Denk- und Einstellungsmustern ausbrechen und neue Lösungen finden zu können,
- Fähigkeit zur Vorwegnahme des heute oder in absehbarer Zeit Möglichen (vgl. Wittneben 1991, S. 288).

Wittneben ergänzt diese Aufzählung um die Anforderungen einer optischen, akustischen, olfaktorischen und taktilen Wahrnehmungsfähigkeit sowie der kinästhetischen Fähigkeit. Sie begründet diese Anforderungen damit, dass körperliche Symptome und die seelische Befindlichkeit eines kranken Menschen optisch (z.B. Gesichtsausdruck), akustisch (z.B. Seufzen), olfaktorisch (z.B. Geruch von Ausscheidungen) oder taktil (z.B. kalte Haut, Verspannungen) wahrgenommen werden können (vgl. Wittneben 1991, S. 325).

Als Orientierungsraster zur Planung, Durchführung und Analyse eines kritisch-konstruktiven Krankenpflegeunterrichts werden somit zum einen das Modell der „multidimensionalen Patientenorientierung" und zum anderen die von Klafki aufgeführten und von Wittneben erweiterten Fähigkeiten herangezogen. Die Auswahl und Begründung der Bildungsinhalte erfolgt durch den Lehrenden. Die Ausbildungsinhalte werden vom Lehrenden über das „Modell der multidimensionalen Patientenorientierung" bestimmt, seine Aufgabe besteht nun darin, die Bildungsgehalte zu erschließen, die in den Inhalten verborgen sind. Der Auszubildende als

Lernsubjekt wird im Zusammenhang mit dem Bildungsinhalt und im Rahmen vorbestimmter Zielvorstellungen thematisiert, nimmt jedoch nicht Anteil an der Auswahl der Unterrichtsinhalte. Der Lehrende nimmt eine dominante Stellung ein: Er plant, entscheidet und setzt die Schwerpunkte. Die Lernenden dagegen sind Objekte von pädagogischen Entscheidungen und Aktivitäten. Der Unterrichtsprozess als soziale Interaktion wird nicht in den Blick genommen.

Kritische Reflexion

In Wittnebens Modell stehen institutionelle und gesellschaftliche Bedingungen, die erheblichen Einfluss auf die Gestaltung und Umsetzung patientenorientierter Pflege haben, nicht im Zentrum des Interesses. Ihr Konzept einer Pflegedidaktik bleibt weitgehend in der Funktionalität von Patientenorientierung befangen. Die gesundheitspolitischen, wirtschaftlichen und psychosozialen Bedingungen, unter denen Pflege bzw. Pflegeunterricht stattfinden, werden wenn überhaupt, nur am Rande thematisiert. Macht- und Herrschaftsstrukturen im System Krankenhaus und ihre Auswirkungen auf den Ausbildungs-, Lern- und Pflegeprozess bleiben dadurch weitgehend unberücksichtigt.

Anzumerken ist jedoch, dass es keinen Automatismus des Transfers der in der Patientenorientierung erworbenen Fähigkeiten auf andere Handlungsfelder gibt. Jeweils in Sozialisationsabschnitten angeeignete Handlungskompetenzen müssen sich immer in der sozialen Auseinandersetzung mit je anderen Menschen neu bewähren. Ihre Anwendung kann durch restriktive Bedingungen im System Krankenhaus erheblich behindert werden. Die Pflegenden sind sowohl auf das unterstützende Mithandeln der PatientInnen wie auch auf das komplementäre Handeln der auf Behandlung, Pflege und Versorgung bezogenen anderen Berufsgruppen (u.a. Ärzte, Verwaltung) angewiesen, sonst können neue pflegerische Handlungsstrukturen nicht entwickelt werden. Dieser Sachverhalt ist gerade vor dem Hintergrund eingespielter und daher als „natürlich" betrachteter Macht- und Herrschaftsstrukturen im Krankenhaus von besonderer Bedeutung.

Für die pflegedidaktische Theoriebildung ist Klafkis übergeordnetes Orientierungsraster hilfreich. Klafki hat sein Modell zwar für den allgemeinbildenden schulischen Bereich entwickelt, dieses kann jedoch auch für die berufliche Bildung richtungsweisend sein, insbesondere was die bildungstheoretische Begründung der Unterrichtsinhalte angeht. Es werden aber auch Widersprüche deutlich: Obwohl Klafki das Subjektsein als konstitutive Kategorie - berücksichtigt, bleibt das Ziel der Selbstbestimmung bei ihm nur eine normative Größe. Die von Klafki eingeforderte Selbstbestimmung der SchülerInnen ist bei ihm Teil der von Lehrenden festgelegten Vorwegplanung, also nur unter der Bedingung von Fremdbestimmung möglich.

Wittneben transportiert dieses Grunddilemma einer auf Mündigkeit, d.h. Selbstbestimmung zielenden fremdbestimmenden Erziehung, unreflektiert in ihr Pflegedidaktikmodell. Aushandlungsprozesse zwischen Lehrenden und Lernenden mit all ihren fruchtbar zu machenden Ideen, Erfahrungen und Lernwünschen geraten in den Hintergrund.

Hier werden die Grenzen der Übertragbarkeit von Klafkis schulpädagogischen Überlegungen in die berufliche Bildung, in der es um junge, schon berufstätige Erwachsene geht, deutlich. Für die Gestaltung von erfahrungsgeleiteten und prozessorientierten Lernprozessen am Arbeitsplatz bieten sich Modelle aus der Berufspädagogik und Erwachsenenbildung, in denen die Lebens- und Arbeitswelt der Lernsubjekte und Lehrenden in den Blick genommen wird, eher an.

PatientInnen, wie auch Auszubildende und LehrerInnen, finden als eigenständige, widerständige und gefühlsbestimmte Subjekte in dem kritisch-pflegedidaktischen Konzept von Wittneben keine Berücksichtigung. An keiner Stelle thematisiert Wittneben den kranken, leidenden, genesenden und lernenden Menschen, sein Eingebundensein in einen historischen und sozio-kulturellen Kontext, der ihn prägt und der Einfluss auf sein Verständnis von Krankheit, Gesundheit und Lernen hat. Die von ihr geforderte Patientenorientierung entspricht mehr einem unterrichtlichen LehrerInnen-Kalkül. Die Kommunikation der Beteiligten untereinander spielt zwar eine Rolle, bleibt aber rational kalkuliert, so dass sich in den Unterrichtsverläufen kaum Überraschungen im Sinne unerwarteter subjektbezogener Dynamik ergeben können.

5.1.5 Zusammenfassende Bewertung

In den drei dargestellten Modellen werden jeweils unterschiedliche Akzente deutlich. Im Duisburger Modell dominiert eindeutig die kognitive fachwissenschaftsorientierte Zielsetzung, dabei werden interaktive Prozesse im Lehr-Lerngeschehen vernachlässigt. Das didaktische Denken zielt auf ein traditionelles Lehr-Lernverhalten.

Im Aarauer Modell werden dagegen subjektive Deutungsmuster aller an der Pflege Beteiligten berücksichtigt. Der Lehr-Lernprozess wird weitgehend von den Lernproblematiken und Lernhandlungen der Lernsubjekte (zumindest theoretisch) bestimmt. Da zum Guten wie zum Schlechten gelernt werden kann, fehlt in diesem Konzept eindeutig eine übergeordnete Kategorie, die als Orientierungsrahmen herangezogen werden kann.

In den pflegedidaktischen Ausführungen von Wittneben wird das Modell der „multidimensionalen Patientenorientierung" und die Kategorie „Bildung" in den Vordergrund gerückt. Wittneben geht von der Annahme aus, dass auf der Basis eines breit angelegten patientenorientierten Pflegebegriffs in der Pflegeausbildung eine schülerorientierte Bildung zur Selbst-, Mitbestimmungs- und Solidaritätsfähigkeit möglich sein sollte. Eine „allseitige" Bildung ist für Wittneben eine wesentliche Voraussetzung, um patientenorientiert handeln zu können. Sie integriert Elemente der kritisch-konstruktiven Didaktik Klafkis in ihr Konzept. Von diesen angeregt definiert sie Krankenpflege explizit als „Bildungsfach". Wittneben versucht nicht nur, ihre Überlegungen unterrichtspraktisch widerspruchsfrei zu gestalten, sondern sie strebt zugleich eine wissenschaftliche Untermauerung an. Ihr Modell einer kritisch-konstruktiven Pflegedidaktik kann daher als wichtiger Beitrag bewertet werden, um den Pflegeberuf von dem Stigma der Unwissenschaftlichkeit zu befreien.

Die von ihr ausgeführten Ausbildungs- und Bildungsinhalte bleiben jedoch eng an die Forderungen einer patientenorientierten Pflege gebunden. Interaktionsprozesse im Lehr-Lernprozess werden ausgeblendet. Auch wenn Wittneben eine „allseitige" Bildung fordert, so bleiben in ihrem Modell der Patient und die Auszubildenden als Lernsubjekte weitgehend Objekte von Tätigkeiten Dritter. Die sozialen Dimensionen des Unterrichtsgeschehens und des Arbeitshandelns in den praktischen Einsätzen auf den jeweiligen Pflegestationen werden völlig vernachlässigt.

Gemeinsam ist allen Modellen, dass die Entwicklung und Entfaltung einer emanzipativen Handlungskompetenz nur partiell angesprochen wird. Im Duisburger Modell und auch im Modell von Wittneben bleibt die Subjektseite rational verkürzt, im Aarauer Modell wird der materiale Bildungsaspekt weitgehend vernachlässigt.

Inwieweit die dargestellten Modelle im Berufsalltag der PflegelehrerInnen eine Rolle spielen, kann derzeit nicht beantwortet werden, da über die Brauchbarkeit der Modelle keine Ergebnisse vorliegen. Untersuchungen im Feld der Berufsbildungspraxis fehlen.

5.2   Konzeptualisierung einer Pflegedidaktik vom Subjekt aus

5.2.1 Der schillernde und vielschichtige Subjektbegriff

Im Nachdenken über die Pflege und die Pflegeausbildung gewinnt aus meiner Sicht eine anthropologische Chiffre an Boden, die wie kaum eine andere zur Neubegründung einer Pflegedidaktik nützlich sein kann - die Chiffre des „Subjekts". Ausgangspunkt der theoretischen Überlegungen ist nicht irgendein allgemeindidaktisches Konzept, sondern der Mensch, um den es sowohl in der Pflegearbeit als auch in der Lernarbeit geht. In den Blick gelangen der von Krankheit, Alter oder Behinderung betroffene Mensch als Subjekt seines Leidens, seiner Hoffnungen, seiner Ängste, seiner Genesung, die Pflegenden als Subjekte von fachlicher und menschlicher Unterstützung und Hilfe und ihre Kommunikation mit den pflegebedürftigen Menschen als Dialog. Aber auch die Lernsubjekte, die in Theorie und Praxis auf die Arbeit mit pflegebedürftigen Menschen vorbereitet werden, sowie die Lehrenden, die die Lernenden in ihrer beruflichen Ausbildung begleiten, werden in den Blick genommen.

Sich mit dem Subjektbegriff auseinander zu setzen ist ein schwieriges Unterfangen, da dieser im Laufe der Geschichte in vielfältige Facetten ausdifferenziert wurde. In der neueren Philosophiegeschichte seit der Aufklärung hat es einen glänzenden Aufstieg der Subjektidee gegeben, die dann auch wiederum so in Frage gestellt wurde, dass schließlich mit guten Gründen vom Tod des Subjekts gesprochen werden kann (vgl. Foucault 1987). Heute wird wieder sehr lebhaft danach gefragt, unter welchen Bedingungen und mit welchen Einschränkungen doch vom Subjekt gesprochen werden und wie Selbstbestimmung zustande kommen kann. Vor dem Hintergrund der sich schnell wandelnden Qualifikationsanforderungen im Zusammenhang mit der Einführung neuer Technologien und neuer Formen der Arbeitsorganisation werden bestimmte Subjektqualitäten wie Kreativität, Teamfähigkeit, Ambiguitätstoleranz etc. für berufliche Zwecke nutzbar gemacht. Der subjektive Faktor erfährt eine neue Wertschätzung. Im pflegerischen Handeln waren diese Subjektqualitäten schon immer von Bedeutung, wurden jedoch in der recht funktional ausgerichteten Pflegeausbildung nicht systematisch geschult.

Der für die Erwachsenenbildung entwickelte anthropologische Ansatz von Erhard Meueler stellt die Dialektik zwischen dem Ziel der Selbstbestimmung des Individuums und seinem Angewiesensein auf andere in den Vordergrund (vgl. Meueler 1993). Ein wesentlicher Aspekt dabei ist die Entwicklung des Verhältnisses von Subjekt und Objekt, wobei Objekt als Chiffre für alle äußeren und inneren Beeinflussungsfaktoren zu verstehen ist. Der Mensch unterliegt der inneren und äußeren Natur, und er wird durch die Gesellschaft sozialisiert. Die in lebenslangen Vergesellschaftungsprozessen erworbenen und internalisierten Deutungsmuster bestimmen dabei seine Wirklichkeitswahrnehmung und sein Handeln. Aufgrund seiner anthropologischen Bedingungen hat der Mensch jedoch Potentiale, aktiv an der Gestaltung seiner Lebenswelt mitzuwirken. Subjektentwicklung ist nach Meueler zu verstehen als lebenslanger Prozess der aktiven Auseinandersetzung des Individuums mit seiner sozio-kulturellen Umwelt, indem Rollen gelernt werden, Wirklichkeit angeeignet und interpretiert wird, sich Identität aufbaut, konstituiert aber auch wieder verändert. Im Zentrum dieses Prozesses steht die Entwicklung der menschlichen Persönlichkeit zum handlungsfähigen Subjekt, die zugleich auf Vergesellschaftung und Individuierung hinausläuft. In diesem nach vorn hin offenen Prozess, im Spannungsfeld von Selbstbestimmung und Anpassung entwickelt sich Subjektivität. Das potentiell handlungsfähige Subjekt ist dabei angewiesen auf kritisch-reflexive und sozial-kommunikative Fähigkeiten, die als emanzipatorische Selbstreflexion beschrieben werden können. Dadurch entsteht für den Einzelnen die Möglichkeit, die Grenzen und Chancen individuellen Handelns und dessen objektive und subjektive Strukturbedingungen analytisch zu erfassen und auf diese in der Auseinandersetzung mit Anderen verändernd einzuwirken.

Die Lehrenden können bei diesem Prozess Hilfestellungen geben. Chancen und Frei-räume können eröffnet werden. Bestimmte Methoden können eine entsprechende Sub-jektentwicklung fördern. Die entscheidende Leistung muss jedoch vom Subjekt selbst er-bracht werden, denn Subjekte im emanzipatorischen Sinne können sich nur - unterstützt durch andere - selbst entwickeln. Der hier formulierte Anspruch ist verknüpft mit einer kri-tisch-reflexiven und sozial-kommunikativen Handlungskompetenz, die das Ergebnis der sie bestimmenden Bildung ist.

Zum pädagogisch-praktischen Handeln gehört somit nicht zuletzt das Bewusstsein von einem offenen Ausgang sowie das Wissen um die und die Akzeptierung der Tatsache, dass auf der anderen Seite ein Subjekt steht, von dessen Selbsttätigkeit das Resultat der pädagogischen Bemühungen abhängt. Aus diesen Gründen sollten sich PädagogInnen die Sicht auf die konkreten Möglichkeiten subjektiver Entfaltung und Entwicklung, aber auch auf die sozialen wie individuellen Hindernisse, die der einzelne dabei zu überwinden hat, weder durch einen dichotomischen Subjektbegriff noch durch die Beschwörung einer autonomen Ganzheitlichkeit verstellen (vgl. Hopfner 1999). Dabei stellt sich nicht mehr die Frage nach dem Tod des Subjekts, „sondern die Frage nach der Differenz des Ich als Bestimmendem und dem Ich als dem Bestimmten oder nach der Differenz von souve-ränem Subjekt und dem Subjekt als Untertan, wobei diese Differenz durch das Subjekt selbst hindurchgeht oder ... die Subjektivität des Subjekts bestimmt" (Meyer-Drawe 1996, S. 88).

Für die Definition des Subjekts in der konkreten Lebenssituation sind somit die jeweils unterschiedlichen Handlungskompetenzen des Individuums, sein Lebens- und Arbeitsfeld, die sich daraus ergebenden Zwänge und Widersprüche, aber auch das vorhandene Ge-staltungspotential von zentraler Bedeutung. Anders als dialektisch lassen sich die Heraus-Bildungsprozesse des Subjekts im Gegenüber zu den allmächtigen Strukturen und den sie prägenden Institutionen nicht verstehen. „Mündigkeit im sozialen, emotionalen wie politischen Sinne ist kein ein für alle mal erreichter Zustand wie die Volljährigkeit, weil die vermeintliche Unabhängigkeit immer wieder ein Opfer fremder Macht oder der eigenen Triebdynamik werden kann." (Meueler 1990, S. 153) Gerade im Hinblick auf die geforder-ten Anpassungsprozesse im System Krankenhaus ist es notwendig, in der Pflegeausbil-dung die organisatorischen, sozialen und psychischen Bedingungen pflegerischen Han-delns, die Objektanteile der Subjekt-Objekt-Dialektik in der Pflegepraxis darstellen, zu be-rücksichtigen.

5.2.2 Bildung zum Subjekt als übergeordnete Zielkategorie einer Pflegedidaktik

Bildung, die Subjektentwicklung zum Ziel hat, ist als emanzipative Bildung zu verstehen, die nie abgeschlossen ist und sich als fortlaufender Prozess in der kritischen Auseinandersetzung des Einzelnen mit sich selbst, der Umwelt und den sie prägenden Strukturen vollzieht (Meueler 1994, S. 621). Das Lernsubjekt wird in der Dialektik von Subjekt und Objekt gesehen. Es wird dabei mit einer vorgefundenen Erziehungswirklichkeit konfrontiert und durch diese prägend beeinflusst. Gleichzeitig nimmt das Subjekt durch seine aktive Auseinandersetzung aber auch Einfluss auf diese und kann sich gegen repressive Erziehungsmechanismen wehren. Unter dieser Perspektive bedeutet Bildung zum Subjekt in der Pflegeausbildung, dass die in der Pflegepraxis erforderlichen „funktionalen" Qualifikationen ebenso wie die Förderung kognitiver und sozialer Fähigkeiten einbezogen werden. Einzuschließen sind auch die Fähigkeit zur kritischen Auseinandersetzung und Reflexion. Gefordert werden fachliche Fertigkeiten sowie Komponenten einer kritisch-reflexiven Selbst-, Sach- und Sozialkompetenz einschließlich der von Klafki formulierten Grundfähigkeiten, wie beispielsweise verbale und nonverbale Kommunikationsfähigkeit, Fähigkeit zu reflektierter Rollenübernahme und Rollendistanz etc., die für Selbstbestimmung, Mitbestimmung und Solidarität von grundlegender Wichtigkeit sind (vgl. Klafki 1977, S. 29).

Zur „funktionalen" Bildungsdimension eines derartigen Konzepts gehören Regeln, Faktenwissen, pflegerische Handlungsstrategien, sensomotorische Fertigkeiten und Kommunikationsfähigkeiten, die im Pflegealltag täglich abverlangt werden. Diese müssen in der Pflegeausbildung eingeübt und trainiert werden. Sie sind Grundlage der Entwicklung und Stabilisierung der Ich-Identität und sind erforderlich, um Subjektqualitäten weiter ausbauen zu können. Berufsorientierung verpflichtet darauf, Ansprüche der Betriebe und der jungen Berufstätigen in die curricularen Überlegungen aufzunehmen. Emanzipation kann nicht auf die Negierung der Ansprüche der Arbeitswelt begründet werden, vielmehr nur in ihrer konstruktiven Gestaltung und Kritik.

Darüber hinaus sind jedoch sozial-kommunikative und kritisch-reflexive Fähigkeiten zu fördern, damit vorhandene Grenzen und Handlungsmöglichkeiten wahrgenommen und konstruktiv erweitert werden können. In dieser Dimension geht es um Aufklärung über die eigene Persönlichkeit, das Arbeitsfeld, dessen Zwänge, Widersprüche, die dabei auftretenden Kränkungen und es geht um Aufklärung über vorhandene Gestaltungsmöglichkeiten. Dazu sind Wissen und institutionelle Phantasie vonnöten, um in Aushandlungsprozessen mit denjenigen, die Entscheidungen fällen, argumentativ auftreten und Freiräume aushandeln zu können. Subjektivität ohne emanzipative Handlungskompetenz ist nicht denkbar.

Unter dieser Perspektive wird ein Bildungsverständnis formuliert, in dem Theorie und Praxis in dialektischer Weise integriert wird. Dies bedeutet, dass die Bedürfnisse und Interessen der Auszubildenden, das Subjektive des Lernenden, seine Deutung von Wirklichkeit, sein Suchen nach Sinnhaftigkeit der Pflegeausbildung sowie der Pflegetätigkeit, sowie die Fremdbestimmung und die Anpassungsprozesse, denen die Auszubildenden in der pflegerischen Praxis ausgesetzt sind, ernst genommen und in den Lehr-Lernprozess integriert werden.

In diesem Kontext ist Subjektbildung auf Verstehen und Verständigung, auf einen dialogischen und kommunikativen Wahrheitsbegriff ausgerichtet (vgl. Meueler 1993, S. 157f.). Dazu ist Wissen vonnöten. Teil des Bildungsprozesses ist die systematische Analyse und die reflexive Auseinandersetzung mit objektiviertem Wissen, das zur Bewältigung und Begründung der berufsspezifischen Handlungen erforderlich ist. Um die Frage nach dem je richtigen Handeln beantworten zu können, sind eine Fülle unterschiedlicher, die jeweilige Handlungssituation bestimmender Faktoren, Regeln, Erkenntnisse, Interessen und Bedürfnisse zueinander in Bezug zu setzen. Dies kann nur **dialogisch** geschehen. Ziele und Inhalte der angestrebten Lernprozesse werden demnach nicht mehr durch die Lehrenden festgelegt, sondern sie werden zum Gegenstand von Lehr-Lernvereinbarungen gemacht, in denen sowohl die Lernnotwendigkeiten als auch spezielle Lerninteressen der Lernenden eingehen. Den PflegelehrerInnen kommt hierbei die Aufgabe zu, Gelegenheiten zu schaffen, in denen die Auszubildenden die Möglichkeit haben, Mündigkeit sozial erlebbar zu realisieren.

5.2.3 Die nicht erzwingbare Vermittlung zwischen Subjekt und Objekt

Unter subjekttheoretischer Perspektive können die Verantwortlichen für die Pflegeausbildung nur Bildungs-Gelegenheiten vorbereiten, wobei die potentiellen Lernenden zunächst nicht mehr als Objekte ihrer Planungen sind. Ob die angestrebten Bildungsprozesse realisiert werden, das hängt ganz und gar von den Subjektleistungen der Lerngruppe ab. Betrachtet man die Absichten der Lehrenden unter erkenntnistheoretischer Perspektive, dann wollen sie erreichen, dass es auf Seiten der Lernsubjekte zu einer ebenso sachgerechten wie erfolgreichen Vermittlung zwischen Subjekt und Objekt kommt (vgl. Türcke 1986, S. 9). In dieser Vermittlung wird die Distanz zwischen dem Wahrnehmungs- und Erkenntnissubjekt und den von ihm getrennten Objekten der Wahrnehmung und Erkenntnis überwunden oder doch zumindest reduziert, was als Aneignung der Lernsubjekte beschrieben werden kann. Dieser Strom der Vermittlung zwischen Subjekt und Objekt fließt immer dann besonders gut, wenn die Lernsubjekte den bislang fremden Gegenständen ihres Interesses eine Bedeutung der eigenen Lebenswelt, also einen Sinn zuschreiben können (vgl. Meueler 1994, S. 616).

Subjektorientierung in der Bildungsarbeit bedeutet jedoch nicht nur die Erinnerung an die alte Einsicht, dass Lernen und Verstehen nicht erzwingbare Subjektleistungen sind. Sie bedeutet auch die Aufgabe der alten sozialen Vorherrschaft der Lehrenden, die sich als alleinige soziale Subjekte des Unterrichts verstanden. Es geht um die Aufhebung der Missachtung der Lernenden als unfertig, defizitär und lebenslang erziehungsbedürftig. Die neue Sozialform des Umgangs miteinander ist der **Dialog** zwischen Lehrenden und Lernenden. Dem Lernenden wird die Planung der Lehr-Lern-Arbeit nicht einfach übergestülpt, sondern zur gemeinsam zu bewältigenden Aufgabe erklärt. Während die Lehrenden stärker die von ihnen auf wissenschaftliche Weise ermittelten Lernerfordernisse einbringen, äußern die Lernenden ihre spezifischen und situationsbezogenen Lernwünsche und -erwartungen. Gemeinsam wird überlegt, wie die Interessen und Bedürfnisse beider Seiten so miteinander ausbalanciert werden, dass sowohl eine möglichst große Sachangemessenheit als auch Ich-Nähe und Lebens-Nähe der gemeinsamen Arbeit zustande kommt. Die PädagogInnen lassen Raum für subjektive Interpretationen der Beteiligten und schaffen damit günstige Voraussetzungen für Subjektbildungsprozesse. Unter dieser Pespektive wird die traditionelle Rede von LehrerInnen, die „Lehrstoffe vermitteln", obsolet. Sie können allenfalls „Mittler" zwischen den Subjekten und ihren bislang noch fremden und unvertrauten Gegenständen der Wahrnehmung und aktiven Erschließung sein. LehrerInnen können Wissen und Erkenntnisse vortragen und erklären. Sie können versuchen, in Fertigkeiten einzuüben und zum Ausbau von Fähigkeiten zu ermuntern; sie können sie aber nicht letztendlich bewirken, garantieren, ebenso wenig, wie sie jemanden zu etwas befähigen können.

5.2.4 Die Kunst der Begleitung in Theorie und Praxis der Pflegeausbildung

Wie lassen sich vor dem Hintergrund dieser Überlegungen Bildungsprozesse anregen, begleiten und intensivieren? Die Erkenntnis, dass die Aneignung der Lerninhalte durch die Lernenden deren von außen nicht erzwingbare Subjektleistung ist und bleibt, ist für die Gestaltung des Lehr-Lernprozesses von besonderer Bedeutung. Der Pädagoge muss die zu lernende Thematik für die Lernenden interessant gestalten und versuchen, sie ihrerseits für die zu lernende Sache zu interessieren. Er achtet sie als selbstbewusste und selbstverantwortliche Erwachsene, denen er ein Lehren und Lernen im Erfahrungsaustausch anbietet. Zur Beschreibung dieser Rolle hat Erhard Meueler das Leitbild „Kunst der Begleitung" geprägt (vgl. Meueler 1993, S. 223). Der Pflegelehrende stellt fachliches, didaktisches und methodisches Wissen zur Verfügung. Er sollte aber seinen Vorsprung an Wissen, praktischem Können und Erfahrung nicht zur Herrschaft über die gesamten Lerngeschehnisse benutzen. Nur wenn von seiten des Lehrenden genügend Platz gelassen wird, können die Lernenden zu Veranstaltern ihrer eigenen Lernprozesse werden. Da Begleitung immer nur dann zustande kommt, wenn sich jemand selbst auf den Weg macht, bedeutet Begleitung dabei zu sein, mit einem gehen, mit anderen zusammen unterwegs zu sein. Ein Begleiter steht mit seinem Wissen und seinen inhaltlichen wie methodischen Erfahrungen zur Verfügung. Er ermuntert und verstärkt, er berät. Es kann nur dann sinnvoll von Entwicklung und Lernen gesprochen werden, wenn etwas Neues entsteht. Um das Neue zu definieren, muss das Alte als vorhanden und gleichzeitig als überwunden gedacht werden. Damit Lernerfahrungen gemacht werden können, die das gegenwärtige Wissen überschreiten, sind ein verfügbares Wissen über Theorien und Daten vonnöten, aber auch Methoden der Verknüpfung von eigenen Erfahrungen und gesellschaftlichem Wissen, und informierte Personen, die Wege der Aneignung zeigen, darin einüben und sie kritisch begleiten. Das Subjekt bedarf, um seinen Objektstatus zu überwinden, um aus der reinen Funktionalität eigenen Nachdenkens herauszukommen, der kollektiven Lernprozesse in der Gruppe. Die Lerngruppe bedarf wiederum einer qualifizierten Begleitung, mal als Lehrer, mal als angefragtes Lexikon, mal als Lotse, als Werkzeug, mal als aktiver Zuhörer, der darauf verzichtet mit seinem Wissen aufzutrumpfen.

Eine Pflegebildung, die als Begleitung der Auszubildenden verstanden wird, nimmt ihren Ausgang im Berufsalltag der Beteiligten, thematisiert diesen aus der Distanz wissenschaftlich orientierter Information und Deutung, um dann wieder Bezug zur erlebten Berufspraxis herzustellen. Unter dem Einsatz aller Kräfte, Fähigkeiten und Kenntnisse der Beteiligten wird der oftmals scheinbar undurchschaubare Pflegealltag zum Objekt von Nachforschung und Denkarbeit. Dabei geht es u.a. darum, in kollektiven Lernprozessen belastende Situationen zu erkennen und in ihrem Gesamtkontext besser verstehen zu können. Die pädagogische Anstrengung gilt dem Versuch, Unbewusstes zur Sprache kommen und bewusst werden zu lassen, und in dieser Anstrengung gesellschaftliches Wissen, wie es in Theorien, wissenschaftlichen Informationen und denkbarer Beratung durch Experten zugänglich ist, nutzbar zu machen.

Ein tieferes Verstehen kann nicht dadurch zustande kommen, dass nur der Austausch von subjektiven Wahrnehmungen, Erlebnissen, Einstellungen und Gelesenem organisiert wird. Es muss vielmehr immer darum gehen, das Erfahrungswissen der Lerngruppe mit dem wissenschaftlich-systematischen Wissen zur Thematik selbst zu vereinigen.

Das methodische Grundmuster ist dabei Folgendes:

- Dem Experten und seinem Wissen wird nicht mehr von vornherein Vorrang und Priorität eingeräumt.
- Das Erfahrungswissen der Lerngruppe wird ermittelt, systematisiert und akzeptiert
- Zur verhandelnden Thematik werden wissenschaftliche Informationsbeiträge erarbeitet und in Beziehung zur gruppeneigenen Sicht der Dinge gebracht. Das Expertenwissen entwickelt sich so nicht mehr zum Herrschaftswissen, das nur übernommen oder ab-

gelehnt werden kann, sondern es wird als fachlich ausgewiesener Beitrag zur Sachab-klärung verstanden. SchülerInnenwissen und Expertenwissen werden zugunsten von Problemlösungen gleichberechtigt miteinander ins Spiel gebracht.

• Die wissenschaftlich orientierte Nachfrage sollte vor allem den gesellschaftlich vermit-telten sozialen Deutungsmustern gelten, die unsere Alltagstheorien bestimmen, unsere Wahrnehmung und unsere Interpretation der Realität leiten. Sie sind nicht in einem zweck- und interessenfreien Raum entstanden. Unser Bewusstsein hat sich herausge-bildet im Hinblick auf ganz bestimmte Prozesse und Situationen in ganz bestimmten Zeiträumen. Bewusstseinsänderung und -erweiterung haben sich immer in Auseinan-dersetzung mit schon gedeuteter Realität vollzogen. Diese Interpretationen der sozia-len Realität waren und sind immer interessengeleitet. Das bedeutet, sie sind nur im Zusammenhang verschiedener Argumentationen zu verstehen, mit denen bestimmte Gruppen der Gesellschaft die Verhältnisse interpretieren. Mit sozialen Deutungsmu-stern ist sozusagen festgelegt, wie Probleme zu verstehen und zu bewältigen seien (vgl. Meueler 1987, S. 78ff.).

Unterrichtsgestaltung ist in diesem Kontext prozessorientierte Planung, die durch Trans-parenz, Partizipation, Dialog, Reflexion und Revidierbarkeit gekennzeichnet ist. Eine der-artige Vorgehensweise bedeutet in keinster Weise die Preisgabe von Planung, wohl aber die Verabschiedung von routinierter, technokratischer Planung, bei der die Lernsubjekte auf steuerbare Objekte reduziert werden. Der 90-Minuten-Unterrichtstakt muss zugunsten flexibel gestalteter Zeitplanung aufgegeben werden.

5.2.5 Das dialogische Prinzip im Pflegehandeln

Prozesse des Aushandelns werden jedoch nicht nur für die Lernarbeit gefordert, sondern auch für die Pflegearbeit. Im Mittelpunkt aller Überlegungen zur inhaltlichen didaktischen Strukturierung der Ausbildung zur Pflege steht der von Krankheit, Alter oder Behinderung betroffene Mensch und die Kommunikation zwischen ihm und den Pflegenden als **Dialog**. Unter subjekttheoretischer Perspektive wird die Missachtung des Patienten, er sei in er-ster Linie ein Objekt der Pflege, ihrer Organisation, ihrer Zeiteinteilung, obsolet. Der Pati-ent wird vielmehr als Subjekt seiner Erkrankung oder Behinderung, vor allem als Subjekt seiner Gesundung gesehen. Er wird als Experte für seinen eigenen Gesundheitszustand ernst genommen. Das subjektive Krankheitserleben, das „Kranksein" des Patienten, seine individuelle Betrachtungsweise von Krankheit und Gesundheit, seine Bewältigungsmög-lichkeiten sind als bedeutsame Faktoren im Gesundheitsprozess zu betrachten und im Pflegehandeln zu berücksichtigen. Nach Patricia Benner verstehen kompetente Pflegende die Bedeutung des Krankseins für den Betroffenen, und ihr Einfühlungsvermögen kann zur Förderung der Heilung beitragen. Selbst wenn Heilung nicht möglich ist, so können

Begleiterscheinungen wie das Gefühl der Entfremdung oder der Verlust der sozialen Integrität überwunden werden (vgl. Benner/Wrubel 1997, S. 30).

Fragen nach der subjektiven Einschätzung, dem individuellen Erleben von Kranksein, der Bedeutung von Krankheiten und den Formen der Verarbeitung für den je Einzelnen spielen unter dieser Perspektive eine besondere Rolle. Das Krankheitserleben, das Zurückgeworfensein auf die bloße Leiblichkeit, bekommt erst aus dieser Perspektive des Subjekts ein angemessenes Gewicht. Der Mensch wird dabei nicht als passives Objekt „fremder" Kräfte und Beeinflussung gesehen, sondern als erlebnisfähiges und als potentiell handelndes Subjekt verstanden, das an der Entstehung seiner Erkrankung ebenso beteiligt war, wie es jetzt Einfluss auf das Krankheitsgeschehen und den Gesundungsverlauf nehmen kann. Die Auseinandersetzung mit der Krankheit wird im subjektiven wie sozialen Kontext gesehen. Krankheit wird als biographisches Ereignis und als Teil eines biographischen Prozesses verstanden, muss be- und verarbeitet werden und kann als Teil der „produktiven Realitätsverarbeitung" durch das Subjekt gesehen werden (vgl. Hurrelmann 1989, S. 63ff.).

Bei einem derartigen Verständnis nimmt die subjektive „Realitäts- und Identitätsarbeit" (Cohen/Taylor 1977, S. 23) eine wichtige Rolle ein, in deren Unterstützung durch die Pflegenden die gesundheitlichen Stärken und Erfahrungen des Patienten berücksichtigt werden und dieser die Chance bekommt, Neues über sich zu lernen und in sein Leben zu integrieren. Realitätsarbeit als Element der Identitätsarbeit erfordert, die Realität im Bewusstsein so zu ordnen, dass Strukturen und Entwicklungen erkennbar werden und die veränderte Lebenswirklichkeit akzeptiert wird.

Die Bereitschaft des Patienten, sich neue Perspektiven zu eröffnen, ist jedoch eng mit dem Gefühl der Sicherheit verbunden und der damit verbundenen Akzeptanz subjektiver Deutungsmuster. Die Interaktionen zwischen Pflegenden und PatientInnen sind nicht mehr als Anpassung des Patienten an rationale professionelle Vorgaben zu verstehen, sondern sie werden als Interaktionsprozesse mit eigener Dynamik gesehen, bestimmt durch soziale Rollen, soziale Interpretationen und miteinander verschränkte Sozialisationsprozesse inklusive darin erworbener sozialer Deutungsmuster, die nicht nur als kognitive Muster der Verarbeitung von sozialer Realität anzusehen sind, sondern mit psychodynamischen Strukturen und Mechanismen eine spezifische Verbindung eingehen (vgl. Thomssen 1992, S. 61).

Diese Dynamik trifft insbesondere auf die Rolle des Patienten zu. Dass von so mächtigen Institutionen wie einem Krankenhaus ein erheblicher Anpassungsdruck ausgeht, ist in der Regel schon verinnerlicht, bevor der Patient ins Krankenhaus kommt. Der Patient betritt ja das Krankenhaus nicht in vollem Besitz seiner Kräfte. Sein Selbstbewusstsein ist vielmehr je nach Schwere der Erkrankung massiv geschwächt. Was den Kern seiner Subjektivität ausmacht - Selbstbestimmung, Verfügung über Lebensaktivitäten, Widerständigkeit - ist ihm zumindest partiell abhanden gekommen. Er erlebt sich schwach und hilfebedürftig. Eine resignativ-passive Haltung, verbunden mit einer hohen Sanktionsangst, kennzeichnen das psychosoziale Erleben vieler PatientInnen. Gefühle der Hilflosigkeit, der Verzweiflung und Selbstaufgabe sind Widerspiegelungen der erlebten körperlichen und psychosozialen Situation. Machtlosigkeit und Hilfebedürftigkeit lassen vielfach nur noch den Weg der Anpassung an die Bedingungen der Helfer offen.

In einer derartigen Situation fühlt sich der Patient in keiner Weise als gleichberechtigter Partner im Interaktionsgeschehen mit den Helfern. Im Hinblick auf das pflegerische Handeln ist in erster Linie eine pflegerische Betreuung erforderlich, in der die momentane Situation und die nonverbalen Signale des Patienten berücksichtigt werden; dies so, dass sich der Patient zunehmend mehr als Subjekt seiner Empfindungen fühlt. Fühlt er sich als Mensch angenommen, ist der Patient motiviert, seine Subjektanteile weiter zu vermehren und sich allmählich als gleichberechtigter Partner im Interaktionsprozess einzubringen. Dabei ist es wichtig, dass Pflegende den Patienten in seiner Vorstellungskraft und in dem Willen unterstützen, seine Situation immer wieder neu zu definieren und den nächsten Schritt zu wagen, um auf den Weg der Genesung voranzuschreiten. Das Gefühl der Vorwärtsbewegung und die detaillierte Beschreibung und Anerkennung kleiner Fortschritte durch die Pflegenden ermöglichen dem Patienten ein Gefühl von Entwicklung (vgl. Benner/Wrubel 1997, S. 92). Das Ziel einer derartigen unterstützenden Pflege ist es, Bedingungen zu schaffen unter denen der Patient seine Vorstellungen in die pflegerischen Handlungen produktiv einbringen kann. Die zunächst eingeschränkte soziale Welt erweitert sich um Optionen, die mittels zukünftig einzusetzender Fähigkeiten verwirklicht werden können. Dadurch übernimmt der Patient zunehmend Verantwortung für seine Gesundheit und speziell für seine pflegerische Situation.

Das Zusammenspiel von Wahrnehmung der aktuellen Situation des Patienten, Zuhören, emotionale Anteilnahme, Verständigung, erforderliche Körperarbeit und dadurch bedingte Neueinschätzung pflegerischer Routinetätigkeiten ist somit von entscheidender Bedeutung. Der Patient muss dabei zunehmend Handlungssicherheit bei pflegerischen Aktivitäten bekommen. Werden Gefühle der Überforderung wahrgenommen, müssen diese mit dem Patienten besprochen werden, um neue Entscheidungen zu treffen. Pflegeperson und PatientIn müssen sich somit in ihren Handlungen gemeinsam abstimmen. Die Handlungsorientierung liegt in diesem Dialog - der verbal und nonverbal erfolgen kann - eindeutig in der wechselseitigen Anerkennung als Subjekt in einer gemeinsamen Handlung.

Entscheidend für den Erfolg der Pflegeintervention werden die Problemsicht der Betroffenen und ihre Einschätzung der ihnen je zugänglichen körperlichen, psychischen und sozialen Bewältigungsmöglichkeiten. Diese wahrzunehmen, zu deuten, zu akzeptieren und die pflegerischen Handlungen danach auszurichten, darin kann vor allen Dingen der eigenständige Anteil der Pflegearbeit am Gesundungsprozess des Patienten liegen. In dieser Perspektive kann pflegerische Arbeit als offenes Projekt der Subjektentwicklung bezeichnet werden.

Zusammenfassend lässt sich das pflegerische Handlungsfeld dadurch beschreiben, dass die Interaktionsprozesse die zwischen Pflegenden und PatientInnen stattfinden, immer wieder neu interpretiert werden müssen, um die individuellen Bedürfnisse und Deutungsmuster der PatientInnen im Pflegeprozess einbeziehen zu können. Von den hier Beschäftigten werden reflexive Urteils- und sozial-kommunikative Fähigkeiten erwartet. Sie müssen einerseits in der Lage sein, die kognitive Strukturierung von Pflegewirklichkeit zu gewährleisten, dazu sind pflege- und sozialwissenschaftliche sowie medizinische Erkenntnisse vonnöten; andererseits müssen sie über Offenheit gegenüber neuen Erfahrungen und Pflegehandlungen sowie Einfühlungsvermögen verfügen und mit dem Patienten Pflegeziele und -maßnahmen gemeinsam im Dialog formulieren.

Den Patienten als Subjekt in seiner Würde und Selbstbestimmung zu achten, das bedeutet einen besonderen Anspruch an die Pflegepraxis, der sich entsprechend in der Pflegedidaktik und dem in ihr verhandelten Rollenverständnis von PatientIn und Pflegeperson niederschlägt. Infolgedessen muss die Entwicklung eines didaktischen Konzepts für den Pflegeunterricht eine Auseinandersetzung mit der Pflegepraxis der Lernenden und ihrem Rollenverständnis einschließen. Bislang war im gesamten Gesundheitswesen das von der modernen Medizin mit ihrer naturwissenschaftlichen Orientierung bestimmende Menschenbild von normativer und zugleich erdrückender Kraft. In einem derartigen Praxisfeld konnten emanzipative Bildungsprozesse kaum in den Blick kommen.

5.3   Ausblick

Handlungsorientierung, Problemorientierung, fächerintegrativer Unterricht, so oder ähnlich lauten die didaktischen Schlagwörter, die im Zusammenhang mit der Debatte um eine veränderte pflegeberufliche Ausbildung derzeit diskutiert werden. Dass der traditionelle Fächerkanon, die dozierende LehrerInnenrolle und die Belehrung mit fragwürdigen Weisheiten und vorrangig medizinorientierten Inhalten problematisch ist, wird von immer mehr PflegelehrerInnen anerkannt. Jedoch bei der Umsetzung handlungsorientierter Konzepte fallen Lehrende sehr schnell wieder in ihre traditionelle Rolle zurück. Es scheint wohl nur schwerlich zu gelingen, die Qualität des Unterrichts zu verändern und mehr Selbständigkeit, Transparenz und Partizipation im Handeln zu realisieren.

Die PflegelehrerInnen wurden lange Zeit in ihrer Ausbildung zum/zur LehrerIn für Pflege mit Inhalten der „Belehrungsdidaktiken" konfrontiert, in denen die Lernsubjekte auf steuerbare Objekte reduziert werden. Auch wenn heute in der PflegelehrerInnenbildung neue Lernformen thematisiert werden, so bleiben diese vielfach theoretische Konstrukte und werden nicht konsequent angewendet und somit auch nicht erlebbar. Ein Umdenken kann augenscheinlich nicht „einfach so" stattfinden. Die Veränderungsversuche prallen an äußerst widerständige Beharrungsmomente. Diese zu erhellen wären vordringliche Aufgaben einer Pflege-Berufsbildungsforschung.

Zu klären wird auch sein, bei welchen Aufgabenstellungen Fach- und Handlungssystematik miteinander verbunden werden können und wie die inhaltliche Beziehung zwischen den jeweils einbezogenen Fächern und Handlungsperspektiven akzentuiert werden kann. Nach wie vor wird das spezifisch soziologische Spektrum der Handlungskontexte im Berufsfeld Pflegeschule und Betrieb vernachlässigt. Somit verwundert es nicht, wenn ausgewiesene pflegedidaktische Konzepte sich im Schwerpunkt auf schulische Lern- und Handlungsprozesse beziehen, kaum aber auf arbeits- und betriebsorientierte individuelle und kollektive Lern- und Handlungsprozesse (vgl. Becker 1996, S. 89). Es werden praktikable Formen der Lernortkooperation zwischen Betrieb und Schule notwendig werden. Der Blick auf allgemeindidaktische Modelle reicht dabei nicht aus, Rückfragen sind umfassender an die Erziehungs- und Sozialwissenschaften zu richten.

Es gilt somit, die pflegedidaktische Diskussion wieder neu zu beleben. Die sich auf seiten der Lehrenden entwickelnde Kritik- und Reflexionsfähigkeit und ihre Fähigkeit zum Dialog sollte als eine entscheidende Voraussetzung für die Mündigkeit und Produktivität der nächsten Pflege-Generation gesehen werden. Die Fragen „Wie kann die angestrebte Mündigkeit handelnd verwirklicht werden?" oder „Wie kann eine dialogische Pflegepraxis aussehen und wie kann sie innerhalb der Schule und dem Lernort Krankenhaus/Pflegeeinrichtung ausgeübt werden?" sollten im PflegelehrerInnen-Studium einen zentralen Schwerpunkt einnehmen. Die Lehrenden haben eine pädagogische Aufgabe zu erfüllen; sie haben die Aufgabe, den Lernsubjekten die selbständige und eigenverantwortliche Aneignung von Wissen, Erkenntnissen und Fertigkeiten zu ermöglichen und sie auf diesem immer wieder von Hindernissen und Widerständen bedrängten Weg zu begleiten. Neben Komponenten der Methoden- und Sozialkompetenz für die dialogische Gestaltung von Unterricht wird eine hohe, auf die beruflichen Arbeitsprozesse bezogene reflexive Sachkompetenz erwartet. Auf diesen doppelten Praxisbezug werden die Lehrenden leider nach wie vor zu wenig vorbereitet. Die professionelle Bewältigung der heutigen und zukünftigen Anforderungen im Berufsfeld Pflege und Pflegeausbildung erfordert eine Neuorientierung und Schärfung der pädagogischen, speziell der pflegedidaktischen Professionalität.

6   Curriculumentwicklung für die Pflege

Michael Ammende

6.1   Curriculumbegriff und Curriculumtheorie

Wolfgang Klafki weist darauf hin, dass „der Begriff 'Curriculum' bereits im 17. Jahrhundert im pädagogischen Zusammenhang benutzt wurde und der - in Anlehnung an die anglo-amerikanische Terminologie und einen sich international durchsetzenden Sprachgebrauch - in die Diskussion in der BRD seit 1967 zuerst durch S.B.Robinsohn eingeführt wurde. (Er) bezeichnet nicht einen inhaltlich oder methodisch vom Problemkreis der 'Didaktik' abgrenzbaren Problemzusammenhang, sondern akzentuiert einen bestimmten Aspekt, unter dem die bisher mit dem Terminus Didaktik behandelten Fragen gesehen werden, den Aspekt der konsequenten, mit wissenschaftlichen Hilfsmitteln durchgeführten oder mindestens unterstützten *Planung und Kontrolle*" (Klafki 1974 b, S. 117f.). Lenzen verweist auf die Vieldeutigkeit des Curriculumbegriffs und bestimmt ein Curriculum als das „Gesamt der in einer Bildungsinstitution angestrebten und zu verantwortenden Lernprozesse" (Lenzen 1989, S. 298f.), eine Definition, die sehr breit angelegt ist. Er fährt fort mit der Anmerkung, „gemeinsam ist den meisten Bestimmungen des Curriculumbegriffs ... der Anspruch auf Transparenz und Rationalität der Lernziel-, Lerninhalts- und Lernorganisationsentscheidungen und die Betonung eines Bedingungs- oder Implikationszusammenhangs der das Curriculum konstituierenden Elemente". Lenzen geht somit zum einen von einem Lehr-Lern-Geschehen aus, in dem auch die zwischenmenschliche Beziehung gesehen wird, und zum anderen von den dafür notwendigen Konzepten und Planungsinstrumenten. Peterßen sieht ein Curriculum als ein Instrument, das „alle gezielte Unterrichtsplanung, vom ersten groben Einkreisen beabsichtigter Maßnahmen und praktischer Möglichkeiten bis hin zu den letzten konkreten Entscheidungen über die Unterrichtsgestaltung" umgreift (Peterßen 1998, S. 224), und schränkt damit Lenzens Ansatz wieder etwas ein.

Kaiser/Kaiser schreiben: „Bei der Didaktik steht die Frage der Transformation von Inhalten zu Unterrichtsgegenständen im Vordergrund der Überlegungen. Geklärt werden muss aber noch, wie welche Inhalte überhaupt ermittelt und begründet werden können, wie sie zu Schulfächern zusammengefasst werden, welche Überlegungen bei der Einführung oder dem Fortfall eines Faches angestellt werden und welche Begründung hinter dem Gesamtfächerkanon einer Schulform steht. Diese Fragen zu klären bemüht sich die Curriculumtheorie" (Kaiser/Kaiser 1995, S. 263).

Worin unterscheidet sich nun ein Lehrplan von einem Curriculum? „Mit dem Lehrplan wird nur eine Stufe, ein Plan im gesamten Planungsprozess bezeichnet, nämlich jene, ... die am Anfang aller Unterrichtsplanung steht" (Peterßen 1998, S. 224). Somit ist ein Curriculum ein wesentlich umfassenderes pädagogisches Gebilde als ein Lehrplan. Klafki weißt allerdings darauf hin, dass die Begriffe Didaktik und Curriculum als *Allgemeine* Didaktik bzw. *Allgemeine* Curriculumtheorie auf die generellen Probleme des Unterrichts oder als *Bereichs-* bzw. *Fachdidaktik* oder *Bereichs-* bzw. *Fachcurriculumtheorie* im Hinblick auf begrenztere Arbeitsbereiche, z.B. Fächergruppen ... oder Einzeldisziplinen... verwendet werden können" (Klafki 1996, S. 93f). Jank/Meyer (1996, S. 16) definieren Didaktik als „Theorie und Praxis des Lehrens", womit sich die eingangs zitierte Definition von Lenzen wiederfindet. Hier schließt sich der Kreis. Didaktik im weiteren Sinne ist Curriculumtheorie: Beide Begriffe basieren auf einem theoretischen Bezugsrahmen. Curricula, ob nun als Gesamt der Lehr-Lernprozesse oder als Teilabschnitt davon gesehen, verfügen über einen Begründungsrahmen, der im Lehr-Lernprozess nachvollziehbar wirksam wird.

Zwei Arten von Curriculumtheorie werden u.a. von Kaiser/Kaiser benannt: der *situationsanalytische* und der *offene* (vgl. 1995, S. 263).

Der **situationsanalytische Ansatz** der Curriculumtheorie geht von

- Situationen aus, die im Leben bzw. im Arbeitsalltag bewältigt werden müssen;
- diese Bewältigung setzt Qualifikationen voraus, welche zunächst erworben werden müssen. Damit sie erworben werden können, müssen
- entsprechende Inhalte zur Vermittlung festgelegt werden. Die ermittelten Inhalte werden an Kriterien gemessen, die als positive Qualitätsmaßstäbe der Inhalte anzusehen sind.

Diese Form eines Curriculums entsteht durch Forschung, Entwicklung, Implementierung und Evaluation. Dieser Dreischritt zur Erstellung neuer oder zur Revision bestehender Curricula nach Robinsohn ist ein planrationaler, situationsorientierter Ansatz. Oelke nennt Robinsohns Ansatz qualifikationsorientiert (vgl. Oelke 1991 b, S. 89f) Unklar bleibt bei Robinsohn, welche Situationen von wem und warum ausgewählt werden, und aus welcher Perspektive die Betrachtung von Situationen vollzogen wird. Schwierig ist auch zu bestimmen, wie Qualifikationen ermittelt werden die zur Bewältigung von Situationen geeignet sind. Offen bleibt, wie ein Inhalt tatsächlich eine konkrete Qualifikation vermittelbar macht, da dieser Prozess indirekt geschieht, und ferner ist nicht geklärt, was er unter „Bewältigung einer Situation" versteht.

Dieser planrationale Ansatz ermöglicht Lehrern und Schülern wenig bis keine Einflussnahme in der Entwicklungsphase. Daher wurde dieser Weg sehr heftig kritisiert, und eine schulnahe Curriculumentwicklung in regionalen pädagogischen Zentren gefordert (vgl. Gerbaulet u.a. 1972).

Ein **offenes Curriculummodell** entstand aus der Reaktion auf die Kritik an der bürokratischen Erstellung und Vorgabe planrationaler Curricula. 1974 veröffentlicht der Deutsche Bildungsrat seine "Empfehlungen der Bildungskommission - Zur Förderung praxisnaher Curriculum-Entwicklung" und ermöglicht damit diese Abkehr. Offene Curricula entstehen nach dem Prinzip der Handlungsforschung unter Einbindung von Wissenschaftlern, Lehrkräften und Schülern. Es handelt sich somit um einen komplexen Lernprozess, dem ein politisches Verständnis von Wissenschaft und ein Demokratieverständnis zugrunde liegt, das in den „Leitformeln von der gesellschaftlichen Mündigkeit und Emanzipation seinen Ausdruck findet" (Kaiser/Kaiser 1995, S. 270). Die entwickelten Curricula sind offene Elemente, „die Modellcharakter haben, um Lehrer zur selbständigen Entwicklung ähnlicher Einheiten zu befähigen" (ebd.).

Offene Curricula verzichten auf Lernziele, die ausschließlich in beobachtbaren Verhaltensäußerungen angegeben sind. Der Ansatz wendet sich gegen eine Planung, durch die der Ablauf von Lernvorgängen bis ins einzelne festgeschrieben wird, und soll statt dessen Lehrende und Lernende zu phantasievollen, innovativen Überlegungen anregen. Dennoch sind die Elemente nicht einer Beliebigkeit überlassen, vielmehr sind die Auswahl von Materialien, Verfahren und Zielen offenzulegen und zu begründen (vgl. Oelke 1991 b, S. 79).

Als Kritik an diesem Ansatz verweisen Kaiser/Kaiser auf den fundamental-demokratischen Ansatz der Handlungsforschung, der einer ideologie-kritischen Grundrichtung folgt, und damit den Grundsatz der Offenheit in Frage stellt. Ferner wird der qualifikatorische Unterschied zwischen Forschern, Lehrern und Schülern als Problem in der gemeinsamen Curriculumentwicklung angesehen. Eine offensichtliche Folge praxisnaher Curriculumentwicklung ist eine unübersichtliche Vielfalt, welche die Frage der Vergleichbarkeit von Bildungsmaßnahmen aufwirft.

Zusammenfassend ist auf die äußerst gegensätzlichen Grundauffassungen zu verweisen. So ist die situationsspezifische Curriculumtheorie ein positivistisch motivierter top-down Ansatz, der eine lernzielorientierte Position einnimmt. Im Positivismus steht die reglementierte Erfahrung im Vordergrund (vgl. Paffrath 1987, S. 22ff). Unreglementierter Erfahrung wird die wissenschaftliche Legitimität abgesprochen. Somit wird in diesem Modell das Lernspektrum und die Lernerfahrung des Schülers vorbestimmt und dem Lehrer ein reglementiertes Lehren zugemutet. Ziel ist die Optimierung des Lehr-Lerngeschehens. Definierte Ziele des Curriculums werden deduktiv bis auf die einzelnen Unterrichtsstunden durchdekliniert. Das normierte Curriculum ist somit ein "teacher-proof", also lehrersicheres Curriculum. Der Person des Lehrers und der des Schülers wird als direktem Interaktionspartner wenig Bedeutung beigemessen, denn ein lehrersicheres Curriculum geht davon aus, dass trotz Lehrkraft und Schüler annähernd immer gleiche Ergebnisse erzielt werden.

Es ist ein technizistisches Modell. Eine Gegenposition im Bezug auf Robinsohns curricularen Ansatz bezieht Wittneben (1998, S. 203), die die „von Robinsohn in einer kritisch-konstruktiven Weise vorgetragenen Vorschläge für eine Curriculum-Entwicklung" fruchtbar findet.

Natürlich ist ein Lehrplan oder ein Curriculum dazu gedacht einen geordneten, durchdachten Lehr-Lernprozess zu sichern. Hierzu ist eine umfassende Planung und Begründung des Geplanten notwendig. Ziele sind tragende Elemente jeder curricularen Arbeit. Dennoch ist zu hinterfragen, wie der Zielbegriff verstanden wird. In der Lernzielorientierung wird vielfach davon ausgegangen, dass abstrakte, übergeordnete Zielsetzungen auf untere Ebenen übertragen werden können. Jank und Meyer merken zu diesem Normenproblem der Pädagogik an: „Lernziele auf unteren Abstraktionsebenen können nicht zuverlässig und schon gar nicht eindeutig aus Lernzielen der höheren, allgemeineren Ebene abgeleitet werden. In solche Lernzieldeduktionen fließen vielmehr immer wertende Entscheidungen ein". (Jank/Meyer 1991, S. 86) Somit ist das planrationale Curriculum zwar eine interessante Idee, im Kern jedoch nicht realisierbar.

Es waren gerade die eifrigen Vertreter der planrationalen Curriculumtheorie, die neben der Auffassung der klaren Zielsetzung auch von einer Erforschbarkeit von Curricula und deren Umsetzung überzeugt waren. Jank und Meyer (1996, S. 126) weisen darauf hin, dass gerade die Curriculumforschung, die das Technologiedefizit der Pädagogik beheben wollte, zwischenzeitlich „sang- und klanglos abgetreten" ist. Der strukturelle Ansatz zur Curriculumentwicklung von Robinsohn ist jedoch allgemein akzeptiert und Allgemeinplatz geworden.

Der Ansatz des offenen Curriculums muss sich ebenfalls mit dem Begriff der Zielorientierung auseinandersetzen, denn staatliche Rahmenvorgaben finden sich auch hier bei der Planung wieder und müssen beachtet werden (vgl. Peterßen 1998, S. 216f.). An dieser Stelle soll nun aufgezeigt werden, wie diese Problematik aus Sicht der kritisch-konstruktiven Didaktik bearbeitet wird.

Klafki übernimmt in seiner "kritisch-konstruktiven Didaktik" die mit einer präzisen Funktionszuweisung aufeinander bezogenen historisch-hermeneutischen, empirischen und gesellschafts- und ideologiekritischen Methoden zur Erforschung pädagogischer Fragestellungen (vgl. oben Kapitel 1.2). Somit ist Handlungsforschung zur Entwicklung eines kritisch-konstruktiv motivierten Curriculums im Rahmen einer gesellschafts- bzw. ideologiekritischen Methode durchaus anwendbar, ohne, wie Kaiser/Kaiser unterstellen, Offenheit aufzugeben.

Klafki findet in seiner "kritisch-konstruktiven Didaktik" sehr klare Worte bezüglich Zielsetzungen in curricularen Konzepten: „Ein mögliches Missverständnis der These vom Primat der Zielentscheidungen muss hier noch ausdrücklich abgewiesen werden: Sie darf auf keinen Fall dahingehend verstanden werden, dass man von Zielentscheidungen her die Entscheidungen in den anderen Dimensionen *ableiten*, *deduzieren* könnte. Alle vorgeblichen Ableitungsversuche lassen sich als Selbstmissverständnisse oder Erschleichungen erweisen" (Klafki 1996, S. 117). Er verweist auf Hilbert Meyers Arbeit zu diesem Thema (Meyer 1972). Leitende Zielvorstellungen können auf anderen Ebenen anhand von Sachverhalten oder Inhalten kritisch interpretiert, nicht aber deduziert werden. Ferner weist Klafki darauf hin, dass „in einer Vielzahl von Arbeiten zur Curriculumtheorie und zur Strategie der Curriculumentwicklung ... das Verhältnis der Ziel- zur Thematik-Dimension so dargestellt wird, als ob es sich dabei grundsätzlich um ein Zweck-Mittel-Verhältnis handele. Ich nenne diese Vorstellung technizistisch". Einer Zielbestimmung im Sinne der kritisch-konstruktiven Didaktik „ist ein technologisches Zweck-Mittel-Paradigma unangemessen" (Klafki 1996, S. 120f.). Schulnahe Curriculumentwicklung und Handlungsforschung sind der kritisch-konstruktiven Didaktik verwandt, da sie einerseits dem emanzipatorischen Gedankengut entsprechen und andererseits auch den Zielbegriff im Sinne einer bildungstheoretischen Auffassung interpretieren.

Bei der Entwicklung eines Curriculums im Rahmen einer kritisch-konstruktiven Didaktik muss die Frage gestellt werden, „welcher Orientierung, Erkenntnisse, Fähigkeiten bedarf der Aufwachsende, um angesichts seiner gegenwärtigen und vermutlich zukünftigen geschichtlichen Wirklichkeit Selbstbestimmungs-, Mitbestimmungs- und Solidaritätsfähigkeit entwickeln zu können?" Ferner ist auch zu klären, „was Wissenschaften für die Aufklärung individuell und gesellschaftlich bedeutsamer Lebensprobleme leisten können" und wo hier die Grenzen liegen (Klafki 1996, S. 122). War der humanistische Bildungsbegriff zunächst der Berufsbildung gegenüber feindlich eingestellt und hat ihr die Fähigkeit auf Menschenbildung abgesprochen, hat sich dieses Argument Mitte des 20.Jahrhunderts aufgelöst. Nicht nur Persönlichkeit sollte gefördert und gebildet, sondern auch Anforderungen der Welt an das Individuum im Rahmen der Bildung berücksichtigt werden (vgl. Litt 1959). Klafki nimmt diesen Impuls im Rahmen der kategorialen Bildung auf.

Für die Krankenpflege(aus)bildung wäre der Begriff der Aufwachsenden durch Erwachsene zu ersetzen. Ferner ist zu klären, welchen Beitrag die Pflegewissenschaft für die Aufklärung individuell und gesellschaftlich bedeutsamer Lebensprobleme im Hinblick auf den Pflegeberuf leisten kann. Mit letzterer Fragestellung ist der Übergang von der Allgemeinen zur Fachdidaktik vollzogen. Krankenpflegeunterricht an Krankenpflegeschulen bereitet nicht auf eine wissenschaftliche Tätigkeit vor, sondern auf eine theoriegeleitetpraktische.

Fachdidaktik hat die Aufgabe, im Spannungsfeld zwischen Unterrichtswissenschaft und Fachwissenschaft einen Konsens herzustellen, der einerseits der Fachwissenschaft gerecht wird, andererseits aber auch dem Schüler, im Sinne der Versprachlichung wissenschaftlicher Konzepte. In der Fachdidaktik Pflege erhöht sich die Komplexität, da einerseits die Fachwissenschaft Pflege zentraler Inhalt einer Pflegedidaktik sein muss, andererseits die Pflegepraxis Ziel ist, schließlich ist der Patient indirekter Empfänger von Pflegeunterricht. Ferner ist der Schüler sowohl in einer theoretischen als auch in einer praktischen Ausbildungssituation, die diese Fachdidaktik reflektieren muss. Da sich die Pflegewissenschaft in Deutschland zur Zeit erst entwickelt, und so auch die Pflegedidaktik, ist, wie Wittneben ausführt „die Schwäche des Pflegebegriffs ... als Ursache für den starken Überhang der didaktischen Sichtweise anzusehen" (Wittneben 1998, S. 192). Vorsicht ist somit geboten, dass zum einen nicht eine Euphorie über die Entstehung einer Pflegewissenschaft die Unterrichtswissenschaft verdrängt. Viel wichtiger aber ist, die Verdrängung der Fachwissenschaft durch eine unangemessene didaktische Breite und intellektuelle Überheblichkeit zu verhindern. Eine kritische Haltung gegenüber allgemeindidaktischen Konzepten ist notwendig, da eine Fachdidaktik Pflege erst im Entstehen ist (vgl. oben, Kapitel 5).

6.2   Der Pflegebegriff und die Fachwissenschaft Pflege

Wie oben angeführt, wollte der Gesetzgeber 1985 den Pflegebegriff nicht definieren. Ob dies nun in der Diskussion um den Referentenentwurf des neuen Krankenpflegegesetzes geschehen wird, ist noch offen. Das KrPflG ist bei genauerer Analyse des § 4 und der Ausbildungs- und Prüfungsverordnung ein Rahmen, in dem Pflegende zu ärztlichen Assistenten und Vermessungstechnikern herangebildet werden. Zwar wird im Kommentar zu § 1 KrPflG zugestanden, dass Pflegepersonen in ihrem eigentlichen Aufgabenbereich „das Recht des fachlichen Vorbehalts" haben; dieses wird aber nicht weiter ausgeführt. Die Ausbildungsziele sind als nicht abschließend zu betrachten (Kurtenbach u.a. 1998, S. 70 u. 86), womit offen bleibt, was nun genau die Ausbildungsziele sind. Wittneben (1998, S. 71) sieht als Ergebnis ihrer umfangreichen Untersuchungen ein pflegerisches Handlungsdefizit, das sich „durch eine Tendenz zur Patientenignorierung charakterisieren lässt". Die gesetzlichen Vorgaben prägen bio-medizinisches, technizistisches Assistenzdenken und -handeln. Watson fragt zu Recht, wieso Pflegekräfte sich in Ausbildung und Beruf entfremdet fühlen (Watson 1999). Die Ausbildung prägt Pflegende an ihren eigentlichen Intentionen vorbei. Weder in der KrPflAPrV, noch in der Beschreibung des Pflegeprozesses im Kommentar zu § 4 wird das eigentliche pflegerische Ideal benannt, und somit in der Ausbildung verankert: die sorgende und heilende Beziehung zum Patienten im Pflegeprozess.

Der Pflegeberuf befindet sich in einem Veränderungsprozess, der durch eine Teilprofessionalisierung in Lehre und Management forciert wird. Veränderte Rahmenbedingungen im Gesundheitswesen wiederholen bekannte Muster: Sparmaßnahmen und Reorganisationsprozesse verhelfen Betriebswirtschaflern, das Führungsmonopol der Ärzteschaft zu durchbrechen und ökonomische Sachverhalte in den Vordergrund der Aufmerksamkeit zu stellen. Sowohl im ärztlichen als auch betriebswirtschaftlichen Ausbildungssektor werden Studienangebote entwickelt, die auf diese Priorisierung reagieren.

Pflegende sind einerseits die größte Berufsgruppe im Gesundheitswesen, andererseits aber traditionell, und vor allem in Zeiten des Umbruchs und der Umverteilung der Mittel, nicht an Entscheidungen beteiligt: Es fehlt an Wissen. Mit der Beibehaltung der ostdeutschen Pflegestudiengängen und deren Ausweitung im westlichen Bundesgebiet nach der Wende (vgl. unten, Kapitel 11.3) ist nun allerdings ein entscheidender Veränderungsfaktor in der Pflege eingetreten. Der Zugang zu Bildungsabschlüssen im tertiären Bereich berechtigt und befähigt Pflegende auf Veränderungen im Gesundheitswesen nachhaltig Einfluss zu nehmen. So können Pflegepädagogen nun an der Reform des Krankenpflegegesetzes mitwirken und Curricula für die Pflegeausbildung entwickeln.

Die Ausbildung von Pflegekräften hat berufsprägenden Einfluss. Daher sind Curricula für die Pflegeausbildung von eminenter Bedeutung. Im Kommentar zu § 1 der Ausbildungs- und Prüfungsverordnung steht: „Jede Schule muss einen Lehrplan über die theoretische und praktische Ausbildung verteilt auf 3 Jahre...aufstellen" (Kurtenbach u.a. S. 183), in dem die Ausbildungsziele nach § 4 KrPflG umgesetzt werden. Insbesondere legt der Gesetzgeber Wert auf die Einführung von Pflegeprozess und Pflegedokumentation (vgl. oben, Kapitel 2.4).

Dieser Rahmen erfüllt, wie Anna-Paula Kruse schreibt, „die Einflussnahme des Staates auf den Krankenpflegeberuf" (Kruse 1995, S. 173). Das unzureichende Berufsverständnis der Pflegenden hat zu einer Gesetzesvorgabe geführt, die Pflege nicht definiert, wohl aber im Kommentar die WHO zitiert, nach der Pflege als Kunst und Wissenschaft ausgewiesen wird. Schlimmer noch: Das KrPflG zieht eine Ausbildungs- und Prüfungsverordnung nach sich, die lediglich eine medizinische Assistentenausbildung zulässt, und die Krankenhäuser der Republik mit diesem Personal bedient. Die bio-medizinische Gehilfenprägung erfolgte über viele Jahre nahezu unreflektiert. Wittneben kritisiert diese Ausbildung zum Vermessungstechniker für Ärzte scharf und merkt an: „Eine Krankenschwester oder ein Krankenpfleger, die/der den Bedeutungszusammenhang von Krankheitserscheinungen nicht erkennen, aber Einzelsymptome verlässlich registrieren und melden soll, die Wirkungen einer Therapie selbst aber durchführen muss, wird in die Nähe eines gedankenlosen Roboters gerückt" (Wittneben 1998, S. 27). Das legt die Fremdbestimmung der Pflege offen.

Für ein zureichendes pflegerisches Berufsverständnis müssen Pflegekräfte den Unterschied zwischen einem positivistischen und einem holistischen Weltbild kennen und

Machtverhältnisse im Gesundheitswesen kritisch reflektieren können. Pflegekräfte pflegen nicht die Krankheit, sondern den ganzen Menschen. Ist Pflege eine Wissenschaft und eine Kunst, gilt es pflegetheoretische Wissensbestände zu vermitteln, und es „obliegt der Kunst der Pflege, dieses theoretische Wissen der Pflege für ihren Dienst am Menschen in die Praxis umzusetzen. Mit der Zunahme der theoretischen Wissensbestände und deren Anwendung in der Praxis erreicht die Pflege neue Formen der Vollendung" (Rogers 1997, S. 151).

6.3   Curricula für die Krankenpflegeausbildung

Im folgenden Abschnitt werden vorliegende Curricula für die Krankenpflege kritisch hinterfragt.

1986 gab die Arbeitsgemeinschaft krankenpflegender Ordensleute Deutschlands **(AKOD)** den Auftrag, einen Lehrplan für die Krankenpflegeausbildung zu entwickeln, der sich am christlichen Menschenbild orientiert. Eine Arbeitsgruppe aus Pädagogen und Pflegekräften erarbeitete "Pflegen können", ein Curriculum für die theoretische Krankenpflegeausbildung (Dreymüller u.a. 1993), welches die Vorgaben des KrPflG § 4 und der KrPflAPrV fächerorientiert umsetzt. Die Orientierung an einem christlichen Menschenbild soll die Menschlichkeit im Pflegeberuf stärken, eine christlich-humanistische Werteorientierung fördern und persönlichkeitsbildend wirken. Diese Orientierung meint, dass Patienten sich an Pflegenden als Vorbildern orientieren können, bei ihnen Sicherheit und Ruhe finden, dass sie an ihnen „Offenheit, Güte, Zuversicht und Hoffnung, aber auch Selbstbeherrschung und Takt kennenlernen" (Dreymüller u.a. 1993, S. 10).

Das erinnert an die Hausordnung der Kaiserswerther Diakonissenanstalt von 1838, in der Pastor Fliedner Liebe, Geduld, Treue, rechten Mut verlangt, und dass Schwestern sich „nie selbstgefällig erheben oder herrschen wollen" (Sticker 1960, S. 271f). Taubert (1994, S. 113) schreibt hierzu: „Es gibt keine christliche Krankenpflege. Es gibt Christen, die Krankenschwestern und -pfleger sind". Ferner verneint sie die Frage, ob Kirche in ihren bestehenden Strukturen in der Lage ist, in der Krankenpflegeausbildung die Herausbildung von starken Identitäten zu fördern (vgl. Taubert 1994, S. 112ff; vgl. auch oben, Kapitel 2.2 und 2.3).

In der didaktischen Standortbestimmung des konzeptionellen Rahmens des Curriculums wird das didaktische Modell von Wolfgang Schulz angeführt (vgl. oben, Kapitel 4.2.2). Es war sein Kollege Heimann, der bildungsphilosophischem Stratosphärendenken zuschrieb, dass keine klaren Lernziele formuliert werden können (vgl. Jank/Meyer 1991, S. 165) und somit zwar in Präambeln der Lehrpläne stehen, aber nicht umgesetzt werden. Hier wird nun ein lehrtheoretisches Modell angewendet, das einem technologischen Erkenntnisinteresse folgt und das Normenproblem der Didaktik nicht aufgreift. Der deduktive Ansatz hat sich nicht bewährt. Somit ist die Frage zu stellen, ob die im konzeptionellen Rahmen des AKOD-Curriculums angeführten Ziele nicht geradezu fromme Wünsche bleiben werden. Parse belegt, dass ein positivistisches Weltbild eben kein Pflegeverständnis zulässt (Parse 1987/ vgl. Fawcett 1989, S. 10). Wittneben bestätigt Parse`s Befunde in ihrer Konzeption einer Fachdidaktik, indem sie auf die Patientenignorierung in technizistischen Ansätzen hinweist. Der Hinweis auf die Problematik der Grob- und Feinzielplanung wird zwar durch die Einführung fragwürdiger "Paradigmen und Intentionen" übergangen, aber nicht gelöst. Unklar bleibt, wie diese Paradigmen und Intentionen zustande kommen und welches handlungsleitendes Signal sie geben sollen.

Obwohl eine ausgewiesene Pflegewissenschaftlerin an der Ausgestaltung des Lehrplans beteiligt war, wird die Fachwissenschaft Pflege im konzeptionellen Rahmen nicht angeführt. Pflege wird als Verb im Sinne von „pflegen" verstanden, und nicht als Substantiv im Sinne von „Pflege": Pflege wird als „tu"-Pflege gelehrt, nicht als „Wissen"-Pflege. Im Rahmen des Lehrplanes wird explizit Pflege nach dem Pflegemodell von Orem am Herzpatienten als Unterrichtsinhalt ausgewiesen. Konkret werden aber sechs Unterrichtsstunden über sechs unterschiedliche Pflegemodelle (!) vorgegeben und eine Stunde für die Pflege eines Patienten nach Herzinfarkt im konzeptionellen Modell von Orem. Es ist ein Anfang, sich mit einem Leitfaden für die Pflegepraxis auseinanderzusetzen, aber zeitlich völlig unzureichend. Das verkürzt Pflegetheorie zur Karikatur. Es wird darauf hingewiesen, dass in vorgesehenen Projektzeiten Pflegeforschung behandelt werden sollte, aber der Lehrplan verkörpert einen traditionellen Ansatz von bio-medizinischer Assistenztätigkeit. Der vom Gesetzgeber eingeräumte Interpretationsspielraum wird nicht im Sinne einer Orientierung an der Fachwissenschaft Pflege genutzt. Wird der Lehrplan konkret umgesetzt, werden die SchülerInnen nach der Ausbildung kein handlungsleitendes Pflegeverständnis entwickelt haben, das sich an einer Pflegetheorie orientiert. Vielmehr wird ein christlicher Bezugsrahmen geschaffen, der sich an metaphysischen Fragestellungen orientiert und nicht an pflegerischen. Ideologiekritisch gesehen verstärkt dieser Lehrplan die Fremdbestimmung und Entfremdung in der Pflege. Es überrascht in diesem Zusammenhang nicht, dass dem Begründungszusammenhang eine kritisch-historische Dimension völlig fehlt.

Die Einführung in den Lehrplan wird auf zehn Seiten spartanisch abgehandelt. Ein Begründungsrahmen, der Lernziel- und Inhaltsentscheidungen transparent werden lässt, liegt nicht vor, weshalb nicht nachzuvollziehen ist, warum dieser Lehrplan als „Curriculum" ausgewiesen wird.

Auf Initiative der Hessischen Landesregierung entstand Ende der Achtziger Jahre eine curriculare Arbeit, die 1990 als **„Hessisches Curriculum"** vorgelegt (DBfK 1990, 1991) und an hessischen Krankenpflegeschulen eingeführt wurde (mit Ausnahme konfessioneller Schulen nach diesbezüglichen gerichtlichen Auseinandersetzungen). Das Curriculum wurde von einer Arbeitsgruppe entwickelt, die aus neun Kinderkrankenschwestern und Krankenschwestern bestand. Unter ihnen war Hilde Steppe, Leiterin des Pflegereferats im hessischen Sozialministerium. Vorsitzender der Kommission war ein leitender Medizinaldirektor.

Das Konzept sollte den Lernzielkatalog des Landes ablösen und eine integrierte, pflegetheoriegeleitete Ausbildung ermöglichen. Der Aufbau weist eine fächerübergreifende, offene curriculare Struktur auf. Das Gesamtkonzept ist darauf ausgerichtet, der Eigenständigkeit von Pflege Ausdruck zu verleihen. Die SchülerInnen sollen lernen, dass sie einer eigenständigen Profession angehören und eine theoriegeleitete Ausbildung einen kompetenten Pflegeprozess ermöglicht (vgl. DBfK 1990, S. 11f). Dem Curriculum wird das Pflegemodell „Die Elemente der Krankenpflege" von Nancy Roper u.a. zugrunde gelegt. In einer recht unbekümmerten Art werden die Annahmen des Modells bezüglich der Lebensaktivitäten verändert, indem die ursprünglich zwölf Aktivitäten auf neun zusammengeschmolzen werden. Hier fehlt der fachwissenschaftliche Beirat. Zu dem Pflegemodell ist folgendes anzumerken: Roper gesteht 1998 in einem Interview ein, dass sie ihre Arbeit nicht für ein Pflegemodell hält, sondern eher von einem Theoretisieren in Pflege zu sprechen sei. Ferner sei das Pflegekonzept noch nicht erforscht worden (vgl. Mönig 1998, S. 462ff). Hier zeigt sich, dass das Hessische Curriculum zwar auf einer pflegetheoretischen Arbeit beruht, die auch etabliert scheint, die jedoch noch nicht erforscht wurde, und von der folglich niemand weiß, was diese Konzeption in der Pflege eigentlich bewirkt. Noch weniger ist gesichert, wie sich die Änderung der zugrunde liegenden Lebensaktivitäten in der Ausbildung auf die erwartete Pflege auswirkt.

Ein didaktisches Modell wird nicht empfohlen, wohl aber darauf hingewiesen, dass eine „behaviouristische Grundlage, die Lernen als messbare Verhaltensänderung definiert" in diesem curricularen Ansatz nicht ausreicht (DBfK 1990, S. 16). Das Curriculum wird als ein offener Rahmenplan bezeichnet, der den Krankenpflegeschulen ausreichenden Gestaltungsspielraum lässt.

Die Einführung in das Hessische Curriculum ist deutlich umfangreicher als die des AKOD-Curriculums. Die pflegetheoretische Dimension wird sehr betont, die didaktische Seite dieses Lehrplans wird jedoch nicht transparent gemacht, sondern dessen Interpretation an die einzelnen Schulen delegiert. Es überrascht, dass trotz der Mitarbeit einer prominenten Pflegehistorikerin der Einführung in das Curriculum keine historische Dimension hinzugefügt wurde, aus der sich die Konzeption des vorgelegten Ansatzes erläutern ließe. In Ermangelung eines explizit dargelegten didaktischen Ansatzes und wegen einer unzureichenden Begründung der vorgenommenen Veränderungen am pflegetheoretischen Grundkonzept ist die Frage zu stellen, ob es sich tatsächlich um ein Curriculum handelt, oder nicht vielmehr um einen Lehrplan. Im Vergleich mit den o.g. Erläuterungen zum Begriff des Curriculums wird an dieser Stelle davon ausgegangen, dass es sich bei dem „Hessischen Curriculum" um einen Landes-Rahmenlehrplan mit Präambel handelt.

Uta **Oelke** (1991) entwickelt im Rahmen ihrer Dissertation in Erziehungswissenschaften ein offenes, fächerintegratives Curriculum für die Krankenpflegeausbildung. Zu ihrem übersichtlichen Lehrplan legt sie einen fundierten Begründungsrahmen vor, der den Anwendern einen umfangreichen Einblick in die Konzeption, vorangegangenen Überlegungen und praktische Erfahrungen gewährt. Das Curriculum basiert auf der kritisch-konstruktiven Didaktik, deren Auswahl für das Curriculum historisch und berufsbezogen begründet wird. Der Lehrplan ist dementsprechend auf eine dialogische Unterrichtskonzeption ausgelegt.

Oelke sieht in ihrer Analyse pflegerischer Aspekte die emanzipatorische Seite aus Sicht der kritisch-konstruktiven Didaktik, nicht jedoch die fachwissenschaftliche Dimension. Sie zitiert Wanner, nicht aber seine These, dass es den Lehrenden und Lernenden in der Pflege an einer Bezugstheorie fehlt (vgl. Wanner 1993). Es ist ein gravierendes Problem des Oelke-Curriculums, dass ein pflegetheoretischer Bezugsrahmen fehlt. Die Kurzanalyse von Lehrbüchern der Pflege von Juchli, Mischo-Kelling und Beske ist unzureichend zur Konzeption eines Curriculums für die Pflegeausbildung. Hier ist die Begeisterung für die kritisch-konstruktive Didaktik und der fehlende fachwissenschaftliche Bezug zu einem Ausbildungskonzept geraten, das zwar einen hohe erziehungswissenschaftliche Kompetenz erkennen lässt, aber keine *Pflege*ausbildung ermöglicht. Der Begründungsrahmen weist sachgemäße Pflege, patientenorientiertes Pflegen, geplantes pflegerisches Handeln und selbstbestimmte, mündige und solidarische Berufsausübung als Zielaspekte des Curriculums aus (Oelke 1991 b, S. 110f.). Ob diese Ziele mit dem gegebenen Lehrplan erreicht werden können, ist *sehr* fraglich.

1999 legt der „Arbeitskreis Pflege Osnabrücker Curriculum" das **„APOC-Curriculum"** vor (Schusser u.a. 1999). Hierbei handelt es sich um eine lose Zusammenstellung von theoretischen Ausbildungsinhalten durch die Definition von acht Leitzielen und induktiv und deduktiv erarbeiteten ca. 200 Inhaltsbereichen. Die strukturelle Zuordnung von Ausbildungsinhalten zu den Leitzielen basiert auf einem dreistufigen, erweiterbaren Kontinuum von abstrakt bis konkret. Die Inhaltsbereiche dienen der Konzeption integrierter Lerneinheiten. Die Anwender des curricularen Ansatzes können das Konzept nach Bedarf anpassen. Der Begründungsrahmen des APOC-Curriculums besteht aus „beliebig herausgegriffenen" (teilweise veralteten) Literaturhinweisen, die „Dimensionen einer möglichen neuen anthropologischen Begründung zeitgemäßer Pflegetheorien und Pflegepraxis" ergeben sollen (Schusser u.a. 1999, S. 3). Wie dies anhand einer pflegetheorie-freien Literaturliste geschehen soll, wird nicht erläutert. Eine historische Dimension wurde ebenfalls nicht gelistet. Das Konzept geht in der Umsetzung von vorhandenen soliden erziehungswissen-schaftlichen Kenntnissen und einer umfassenden Allgemeinbildung aus, denn Anwender müssen aus dem losen Strukturkonzept einen eigenen Lehrplan entwickeln und begrün-den. Das APOC-Curriculum soll als „inhaltliche Wegbereitung/Bewusstseinsschärfung für den Einstieg in den Übergang von jetzt geltenden restriktiven formalen Ausbildungsbedin-gungen bis hin zu einer akademischen Vollausbildung Pflege" verstanden werden (Schus-ser u.a. 1999, S. 4).

Die AutorInnen des APOC-Curriculum treten dafür ein, dass Unterrichtsformen zu finden sind, „die nicht nur Wissen vermitteln, sondern auch Werte, Haltungen und Schlüsselquali-fikationen". Wie genau das geschehen soll, bleibt unklar.

Das APOC-Curriculum ist ein Konzept, das die zuvor besprochenen Lehrpläne in seiner Intention überschreitet. Die vorgelegte Arbeit ist allerdings so offen gehalten, dass eine Prüfung auf Kongruenz nahezu unmöglich ist. Ohne Begründungsrahmen und ausgeführ-ten Lehrplan kann dieses Konzept schwerlich als Curriculum bezeichnet werden.

Die besprochenen Ansätze sind Meilensteine auf dem Weg zu einer qualifizierten, nach-vollziehbaren Pflegeausbildung. Eine Untersuchung ergab, dass noch 1996 circa 80% aller Krankenpflegeschulen ohne Curricula ausgebildet haben. Die diskutierten Curricula für die Krankenpflegeausbildung sind nahezu alle zehn Jahre alt. Bevis (1988, S. 67ff) weist darauf hin, dass Curricula nach sieben Jahren einer umfassenden Revision bedür-fen. Die in der Krankenpflegeausbildung in Deutschland angewendeten Curricula sind veraltet. Nachdem nun die Verlage den Wissenstransfer aus dem anglo-amerikanischen Raum ins Fachgebiet Pflege bewältigt haben, ist es an der Zeit, Curricula für die Pflege-ausbildung zu entwickeln, die den gegenwärtigen fachwissenschaftlichen und erzie-hungswissenschaftlichen Erkenntnissen entsprechen.

6.4   Zur Konzeption eines Curriculums für die Pflegeausbildung

Wie die Analyse der Curricula zeigte, wird primär ein bio-medizinisches Modell in einer medizinischen Assistentenausbildung gemäß folgender Struktur umgesetzt:

	Ätiologie	Diagnostik	Therapie	Pflege (Assistenz und Vermessungstechnik)
Organ (z.B. Lunge, Herz, Darm usw.)				

Wird jedoch professionelle Pflege zur obersten Zielsetzung, so muss die Struktur grundlegend geändert werden. Ein Curriculum für die Pflegeausbildung wird zu einem Konstrukt, in dem pflegewissenschaftliche, (fach-)didaktische und fachwissenschaftliche Konzepte zusammenkommen. Pflegecurricula benötigen somit ein neues Strukturmodell:

	Pflegewissenschaft	Allgemeine Didaktik/ Fachdidaktik	Hilfswissenschaften
Pflegemaßnahmen/ Lebensaktivitäten			

Die Ablösung von einem in Teilen sehr erfolgreichen bio-medizinischen Modell und die Hinwendung zur eigenen Fachwissenschaft ist ein umfassender Wachstumsprozess. Das reaktive Assistieren weicht der aktiven Übernahme von Eigenverantwortung. Hierzu benötigt die Pflege ein Leitbild. Neben pflegetheoretischen Konstrukten ist der emanzipatorische Ansatz der kritisch-konstruktiven Didaktik ein hilfreicher Wegbegleiter. Curricula müssen außerdem die Vergangenheit des Pflegeberufs berücksichtigen, denn Prägungen finden sich bis in die Gegenwart (vgl. oben, Kapitel 2).

Die Pflegeausbildung ist derzeit von Effektivität und Effizienz im Handeln geprägt, was oft sinnentleert, ohne subjektive, menschliche Bedeutung erlebt wird. Nun geht es um die Gestaltung von Lernlandschaften, in denen ästhetische, moralische und intellektuelle Begegnungen stattfinden, die aufschrecken und verwirren, da die Erfahrungen im Zentrum des Interesses stehen, die eine emanzipatorische Funktion haben. In Zukunft wird die Pflegeausbildung sich viel mehr mit den Konzepten und Phänomenen auseinandersetzen müssen, die das sich rasant wandelnde Leben hervorbringt und Pflegende im Pflegealltag unmittelbar betrifft. Der Ausgangspunkt der menschlichen Freiheit nicht nur im bildungstheoretischen, sondern auch im fachwissenschaftlichen Bereich lässt viele Synergieeffekte zu. Konkret geht es um die Abkehr von der Ausbildung als Training hin zur Bildung, von der Technik hin zum Verstehen, vom faktenorientierten Lernen zum kritischen Denken und Entscheiden in der Pflege. Das Produkt Pflege muss eine werteorientierte, sorgende und heilende professionelle Tätigkeit sein. Das erfordert eine sorgende Bildung für gebildete Pflegende.

Über 80% aller Pflegenden sind Frauen. Frauen werden global in nahezu allen Gesellschaften unterdrückt. „Frauenunterdrückung ist die tiefste, da sie am schwierigsten zu beseitigen ist. Sie kann nicht durch die Aufhebung sozialer Ungleichheit abgeschafft werden. Frauenunterdrückung verursacht tiefstes Leid, sowohl quantitativ als auch qualitativ, obwohl dieses Leid sehr oft nicht erkannt wird, da die Unterdrückungsmechanismen des Unterdrückers und das Verhalten des Opfers dies nicht zulassen" (Watson 1998, S. 44f.).

Die Bewusstmachung und Aufhebung dieser Unterdrückungsmechanismen muss Anliegen der Pflegeausbildung sein.

In der Beziehung zwischen Pflegenden und Ärzten spiegelt sich zum einen die Dominanz der Männer gegenüber Frauen, zum anderen auch die Missachtung von Frauentätigkeiten. So wird der kurativen Seite medizinischen Handelns eine hohe Bedeutung beigemessen, der pflegenden, sorgenden Arbeit von Pflegenden allenfalls aber eine Statistenrolle ohne Bedeutung. Pflegekräfte werden dominiert, manipuliert und kontrolliert. Foucault verweist auf die Entwicklung des Spitals als Prüfungsapparat und auf die „epistemologische Enthemmung der Medizin" (Foucault 1977 zitiert nach Wittneben 1998, S. 22f.). Dieser Wandel in der Wahrnehmung im Fachbereich Medizin verändert auch die Wahrnehmung von Pflegenden. „Die Lokalisierung der Krankheit an einem Körperorgan ermöglichte zugleich ihre Dislozierung vom Kranken" (Wittneben 1998, S. 23). Sie entfremdet Pflegende von sich selbst, denn das Umsorgen, Pflegen und Betreuen von Pflegebedürftigen ist doch der eigentliche Grund, warum Pflegende Pflegen lernen und nicht Medizin studieren. Die unsichtbaren, jedoch zerstörerischen Machtstrukturen in diesem Verhältnis bewirken, dass viele Pflegende sich mit ihren Unterdrückern solidarisieren und den eigenen Berufsstand abwerten (vgl. Fawcett, 1999, S. 313). Wilson-Shaef (1985, 1995, 1997) sieht die Unterdrückung und Abhängigkeit als Zustände, die nicht geschlechtsspezifisch angelegt sind. Sie verweist auf zwei gegensätzliche Systeme: das kontrollierende, manipulative, ungehemmt wachsende und Suchtverhalten fördernde, und das andere, das einem friedlichen, humanistischen, ökologischen Ansatz folgt. Snow/Willard (1989) belegen ferner, dass das zuerst beschriebene System ein Suchtsystem ist, in dem Pflegekräfte zu Tode kommen. (Dies überrascht nicht, kennt man doch diesbezügliche Aufzeichnungen von Agnes Karll.)

Den Ausstieg aus diesem kranken System ermöglicht eine Pädagogik, die diese Verhältnisse offenlegt, denn Unterdrückte müssen nicht unterdrückt bleiben, sie müssen sich nicht weiter deformieren lassen. Die Unterdrückten können Subjekte sein, die aktiv an Veränderung teilhaben. Sie können ihre Rollen abschaffen oder sie umdeuten. Subjekte können ihr eigenes Selbst bestimmen.

Einen Ausweg aus dem scheinbaren Dilemma ergibt sich aus einem neuen Pflegeverständnis. Es geht um die Dekonstruktion, Rekonstruktion und Konstruktion von Pflege in Pflegelehrern und Pflegepraktikern. Eine transformative Sichtweise kann den verobjektivierenden Prozess aufhalten und umkehren. Der Glaube an die Menschlichkeit des Menschen und dessen Potentiale, humanistisches Bewusstsein und menschliche Kreativität sind die inneren Ressourcen und Hauptkomponenten, die ein Lehr-Lern-Verhältnis neu gestalten, so dass es zu einem sorgenden und heilenden Prozess wird. Heilend, da die

Auflösung unterdrückender Strukturen in Menschen Heilungsprozesse auslöst. Lehrende in der Pflege sind auch Heilende.

Als Bezugsrahmen für diese Art der Pflegepädgogik kann Watsons Pflegetheorie angewendet werden. „Die Pflegewissenschaft muss daran arbeiten, ihren Blickwinkel so zu verändern, dass sie die ihr innewohnende Schönheit, Kunst und Menschlichkeit ebenso sehen und würdigen kann, wie ihre Wissenschaftlichkeit. Vielleicht besteht die Aufgabe der Pflegewissenschaft auch darin zu erkennen, dass sie sich von den traditionellen Wissenschaften unterscheidet" (Watson 1996).

Die Rekonstruktion eines pflegerischen Wissens ist die Abkehr von einer positivistischen Weltanschauung und die Hinwendung zu einer ganzheitlichen, transformativen Perspektive. Weder das tayloristische Modell hoher Arbeitsteilung, noch das empirisch-quantitative Modell entspricht der Pflege. Die analytische Sichtweise kann nur zu einem vertieften Detailwissen führen, nicht aber zu einem Blick für den ganzen Menschen. Für die pflegerische Perspektive ist synoptisches Denken, ein qualitatives, dynamisches, prozesshaftes Modell wichtig.

Ein Curriculum aus dieser Perspektive greift die von Lenzen anfänglich angeführte Definition erneut auf, nämlich das „Gesamt der in einer Bildungsinstitution angestrebten und zu verantwortenden Lernprozesse". Ein Pflegecurriculum muss das sorgende, heilende, zwischenmenschliche Element besonders hervorheben, somit eine Vielzahl von Möglichkeiten zur Partizipation anbieten. Es muss ein offenes Curriculum sein, denn „das Verhalten von Unterdrückten ist vorgeschriebenes Verhalten, das den Vorgaben der Unterdrücker entspricht" (Freire 1970, S. 31). Es soll die Chance bestehen, das Geplante jederzeit adaptieren zu können, so dass der Dynamik des Lehr-Lernprozesses freier Raum gewährt werden kann.

Wird das Curriculum als ein „Ganzes" gesehen, dann ist die Interaktion zwischen Lehrenden und Lernenden und innerhalb der genannten Gruppen das Lehr-Lerngeschehen. Der Lernprozess steht im Mittelpunkt, alles andere ist ein Kommentar des Geschehens, so der Lehrplan, die Ziele, die Philosophie, die Inhalte, die Evaluationsstrategien. Ist das Curriculum darauf ausgelegt, sinnhafte, syntaktische, kontextuelle und untersuchende Wissensbestände zu vermitteln, die Bildung ermöglichen und den Lernenden reifen lassen, muss ein solches Konzept eine ethische Grundlage haben, nach denen Lehrende Lernende begleiten.

In allen Krankenpflegeschulen gibt es geschriebene und ungeschriebene Regeln. Curricula werden zunächst als sichtbare, schriftlich fixierte Konzepte angesehen, die konkrete Umsetzung benötigen. Das Interaktionsgeschehen im Lehr-Lernprozess ist vielfach unsichtbar. Wird es sichtbar, wird es kontrollierbar. Emanzipatorische Prozesse finden in

Menschen statt. Wahrnehmbares, verändertes Verhalten ist ein Baustein eines komplexen, vielfach nicht sichtbaren Wachstumsprozesses. Daher ist Teil eines auf Interaktions- und Emanzipationsprozesse ausgelegten Curriculums, dass viele Lehr-Lernprozesse unsichtbar sind.

Eine Möglichkeit des Lehrens im Sinne einer emanzipatorischen Didaktik ist die der Metastrategie. Der Lehrende kennt sein Fach, die Strukturen der von ihm vermittelten Wissensbestände, die Herangehensweisen zur Erschließung des Inhalts und den sokratischen Dialog als Form. Als Metastratege ist der Lehrende in den seltensten Fällen ein Informand, sondern vielmehr ein Lernberater, der Lernende im Erschließen von Wissensbeständen berät. In diesem Kontext lässt sich Benners Konzept der Entscheidungsfindung in der Pflegepraxis einbinden (Benner 1995).

Bei der Entwicklung von Pflegecurricula sind die komplementären Felder Medizin und Pflege auszuweisen, und deren äußerst *geringer* Überlappungsgrad aufzuzeigen. Vielfach findet Pflege statt und wird als ein „verwässertes Herumdoktern" angesehen. Das Wesentliche an der Erschließung von pflegerischen Inhalten ist Klarheit über die unterschiedlichen Arbeitsfelder der zwei Fachdisziplinen. Pflege leitet sich nicht aus der Medizin ab (vgl. Bevis/Jackson 1989, S. 144).

Die Entwicklung einer emanzipierten Lehr-Lernhaltung und kritischen Denkens in der Pflege wird die Möglichkeit eröffnen, das Verborgene sichtbar zu machen. Das wird einerseits Selbstreflexion bezüglich der verinnerlichten Strukturen und Auffassungen erfordern, andererseits aber auch Pflege rekonstruieren und konstruieren. Der Wunsch hierbei ist, dass in Zukunft gebildete, emanzipierte Pflegende Patienten bei der Bewältigung ihrer Gesundheitsprobleme zur Seite stehen und eine Pflege praktizieren, die in der Bevölkerung als eine besonders hilfreiche Dienstleistung Anerkennung findet. Der Wunsch ist aber auch, dass die Strukturen, die heute Pflegekräfte aus dem Beruf treiben, so verändert werden, dass Pflegende in ihrem Beruf bleiben wollen, - weil er es wert ist, zu bleiben.

7   Schlüsselqualifikationen und Pflegeausbildung

Gabi Müller-Seng / Elvi Weiß

7.1   Das Konzept der Schlüsselqualifikationen

Das Konzept der Schlüsselqualifikationen ist in der Literatur ein vielfach aufgegriffenes Thema und findet seit einiger Zeit auch in der pädagogischen Diskussion der Pflege breiten Zuspruch. Der Diskurs über das Konzept der Schlüsselqualifikationen wird dabei sowohl in der allgemeinen (Berufs-)Pädagogik als auch in der Pflegepädagogik äußerst facettenreich geführt und erinnert an die in der Geschichte der Pädagogik zahlreichen Versuche, Konsens darüber zu erlangen, was Bildung ist und wozu sie befähigen soll.

Die in dem Begriff der Schlüsselqualifikationen enthaltene Metapher suggeriert, dass es möglich ist, über bestimmte Bildungsinhalte zu verfügen, die zur Bewältigung beruflicher und ausserberuflicher Anforderungen notwendig sind und so die unterschiedlichen Interessen des Bildungssystems auf der einen und die des Beschäftigungssystems auf der anderen Seite einander anzugleichen. Vor dem Hintergrund dessen, dass gerade dieser, durch den Dualismus zwischen schulischer und betrieblicher Ausbildung hervorgerufene Konflikt die Ausbildungssituation in der (Kranken-) Pflegeausbildung entscheidend prägt, werden nunmehr auch in der Pflege zunehmend Hoffnungen an das Konzept der Schlüsselqualifikationen geknüpft.

Die Diskussion um Schlüsselqualifikationen und die darin enthaltene Veränderung der Qualifikationsanforderungen an die Beschäftigten sind eine Reaktion auf verschiedene einschneidende Veränderungen im Umfeld der Berufstätigen Anfang der Siebziger Jahre. Bei genauerer Betrachtung sind dabei insbesondere die Veränderungen im Bereich der Arbeitsorganisation und ein veränderter Stellenwert der Arbeit in der Gesellschaft von Bedeutung: Im Bereich der Arbeitsorganisation dominieren statt streng arbeitsteiliger Betriebsstrukturen zunehmend Gruppenarbeitsformen und flexible Fertigungsverfahren, was dem Einzelnen in seinem beruflichen Handeln ein höheres Maß an individueller Selbstverwirklichung und Partizipation ermöglicht. Grundlegende transferierbare Qualifikationen, wie bestimmte kognitive und soziale Fähigkeiten (z.B. Problemlösefähigkeit, Teamfähigkeit, Konfliktfähigkeit u.a.), erfahren dadurch in der Arbeitswelt zunehmende Beachtung.

7.1.1 Pädagogischer Hintergrund

Nach unserer Auffassung kann das Schlüsselqualifikations-Konzept nicht losgelöst von der Begriffsgeschichte der Bildung bzw. Qualifikation in der allgemeinen und beruflichen

Bildung betrachtet werden, da in diesem Konzept verschiedene, zum Teil bereits aus früheren Epochen bekannte Elemente von Bildungsauffassungen wieder aufgegriffen und integriert wurden und werden. Dies ist darauf zurückzuführen, dass der Bildungsbegriff (wie später auch der Qualifikationsbegriff) seit seiner Einführung in den pädagogischen Sprachgebrauch im letzten Drittel des 18. Jahrhunderts multiplen Definitions- und Konkretisierungsversuchen ausgesetzt war (vgl. Zabeck 1984, S. 146).

In der Geschichte des **Bildungsbegriffs** lassen sich folgende Akzentuierungen ausmachen:

Bildung nach dem Prinzip der Mündigkeit

Unter dem Einfluss der Aufklärung bezog sich der Bildungsbegriff im 18. Jahrhundert erstmals auf die Erziehung des Menschen zur Mündigkeit, d.h. die Befähigung des Menschen, „sich seines Verstandes ohne die Leitung eines anderen zu bedienen" (Kant 1784, zit. nach Gudjons 1999, S. 82).

Das Prinzip der Mündigkeit prägte auch das Bildungsverständnis der Geisteswissenschaftlichen Pädagogik, die sich mit der Erziehungswirklichkeit hermeneutisch auseinandersetzte, indem sie das Wollen, Fühlen und Handeln des Menschen nicht erklären, sondern unter Berücksichtigung all seiner Lebensbezüge verstehen wollte (vgl. Gudjons 1999, S. 30ff. und Kaiser/Kaiser 1996, S. 325ff.).

Das Prinzip der Mündigkeit wird in verschiedenen Ansätzen des Schlüsselqualifikations-Konzeptes unter den Bezeichnungen „Fähigkeit zum kritischen Denken" (Mertens 1974, S. 40), „Selbständigkeit und Leistungsfähigkeit" (Brassard u.a. 1992, S. 23) u.a. aufgegriffen.

Bildung nach dem Prinzip der individuellen Selbstentfaltung

Im 19. Jahrhundert wurde unter dem Einfluss Humboldts der umfassende Erziehungsanspruch des Staates zunehmend abgelehnt. Der Mensch als Individuum stand (bis zum Beginn des 20. Jahrhunderts) im Zentrum pädagogischer Bemühungen. Bildung war Selbstzweck und zielte auf die individuelle Selbstentfaltung ab, d.h. auf die freie Ausformung aller im Individuum von Natur angelegten Möglichkeiten (vgl. Gudjons 1995, S. 93).

Im Konzept der Schlüsselqualifikationen findet sich das Prinzip der individuellen Selbstentfaltung ansatzweise unter dem Aspekt der Kreativitätsförderung wieder, beispielsweise im Ansatz von Dieter Mertens (vgl. Mertens 1974, S. 41) und im ABB-Modell der Schlüsselqualifikationen (vgl. Brassard u.a. 1992, S. 24-29).

Bildung nach dem Prinzip „Charakterstärke durch Unterricht"

Johann Friedrich Herbart, der den Charakter eines Menschen in Abhängigkeit von den den Menschen beherrschenden Vorstellungen sieht, vertrat einen ausgesprochen „kognitivistischen Ansatz", indem er Bildung auf den „Aufbau eines Gedankenkreises" bezog.

Seiner Auffassung nach entsteht Bildung hauptsächlich durch Wissensvermittlung, indem der Lernende durch Unterricht befähigt wird, Informationen aufzunehmen, miteinander zu assoziieren, zu systematisieren und entsprechend anzuwenden. Diese „Bildung des Gedankenkreises" führt seiner Meinung nach zur Ausformung des Willens bzw. der Gesinnung und der Interessen, also zu „sittlichen Vorstellungen" und damit zu Charakterstärke (Gudjons 1999, S. 99).

Ein ähnliches Bildungsverständnis findet sich auch im Kritischen Rationalismus, der nach der von Heinrich Roth proklamierten „realistischen Wende" (1962) die Erziehungswirklichkeit mit Hilfe von empirischen Forschungsmethoden zu erklären versuchte. Als Voraussetzung für die erfolgreiche „Vermittlung" von Bildung wurde „erziehungstechnologisches Wissen" angesehen. Bildung im Sinne des Kritischen Rationalismus war stark auf die „Fachkompetenz" des Menschen ausgerichtet (vgl. Gudjons 1999, S. 35ff.).

Im Konzept der Schlüsselqualifikationen findet sich das Bildungsverständnis der Herbartianer und des Kritischen Rationalismus z.B. in dem Ansatz von Dieter Mertens wieder, der sich in seinem Ansatz im wesentlichen auf vermittelbare kognitive Fähigkeiten konzentriert (vgl. Mertens 1974, S. 41).

Bildung nach dem Prinzip der Selbstbestimmungsfähigkeit, Mitbestimmungs- fähigkeit und Solidaritätsfähigkeit

Im Rahmen der „Bildungstheoretischen Didaktik" postuliert Wolfgang Klafki seit den Fünfziger Jahren eine Bildung nach dem Prinzip der Selbst- und Mitbestimmungsfähigkeit. Bildung wird charakterisiert als „allseitige Bildung", die jeden einzelnen möglichst vielseitig, in allen seinen Möglichkeiten fördert und als „Medium im Allgemeinen", das den Mensch zur Auseinandersetzung mit der ihn umgebenden Welt befähigt (vgl. Jank/Meyer 1994, S. 175f. und oben, Kapitel 4.2.1).

Im Schlüsselqualifikations-Konzept sind Elemente eines solchen Bildungsverständnisses in verschiedenen Ansätzen enthalten, z.B. in dem Ansatz der „Projektgruppe Schlüssel-qualifikationen in der beruflichen Bildung", die als Schlüsselqualifikationen Lern- und Denkfähigkeit, Kommunikations- und Kooperationsfähigkeit, Selbständigkeit und Leistungsfähigkeit, Verantwortungsfähigkeit, Begründungs- und Bewertungsfähigkeit sowie Problemlösungsfähigkeit und Kreativität nennt, welche den Einzelnen sowohl zur Selbstbestimmung, als auch zur Mitbestimmung befähigen (vgl. Brassard u.a. 1992, S. 23).

Vor dem Hintergrund eines allgemein zunehmend „mehrperspektivisch-dialogischen Verständnisses von Erziehungswissenschaft" (Scarbarth 1979, zit. n. Gudjons 1999, S. 43) nahm Wolfgang Klafki in den Siebziger Jahren eine Erweiterung seines ursprünglichen Bildungsbegriffes vor, indem er diesen um das Prinzip der Solidaritätsfähigkeit erweiterte und so die vorher getrennt entwickelten wissenschaftstheoretischen Positionen in ein neues Bildungskonzept zu integrieren versuchte. Dabei betrachtete er Bildung noch immer als notwendige zentrale Kategorie im Hinblick auf die pädagogischen Aufgaben (vgl. Klafki 1996, S. 44).

Unseres Erachtens wurden in den verschiedenen, uns bekannten Ansätzen des Schlüsselqualifikations-Konzeptes bisher nur sehr vereinzelt Elemente dieses Bildungsverständnisses aufgegriffen, die den von Klafkis Bildungsbegriff ausgehenden umfassenden Anspruch im Hinblick auf die Fähigkeit zur Veränderung gesellschaftlicher Bedingungen auszudrücken vermögen.

Der **Qualifikationsbegriff** wurde von Robinsohn im Rahmen der Curriculumforschung eingeführt und dem Bildungsbegriff gegenübergestellt (vgl. Robinsohn 1973). Dabei vertrat Robinsohn die These, dass seine inhaltliche Bestimmung aus gesellschaftlichen und beruflichen Lebenssituationen abzuleiten sei.

In seiner weiteren Verwendung wurden - ähnlich wie beim Bildungsbegriff - immer wieder neue Inhaltsbestimmungen vorgenommen (vgl. Wenger 1993, S. 161):

Die personalistische Prägung des Qualifikationsbegriffes
Im Rahmen der Arbeitspädagogik stellte Johannes Riedel den Zusammenhang von Arbeit und Erziehung heraus und forderte für den Qualifikationsbegriff die stärkere Berücksichtigung personaler Dispositionen sowie der „sinnstiftenden und sozialen Dimension" von Arbeitstätigkeit. Qualifikation im Sinne Riedels bezieht sich zum einen auf die Befähigung zu Arbeit und Leistung, zum anderen auf die Ausbildung der Persönlichkeit (vgl. Wenger 1993, S. 145).

In der Schlüsselqualifikations-Diskussion wurde dieser Ansatz in vielfältiger Weise aufgegriffen, z.B. von Gerhard Bunk, der in seiner Systematisierung von Schlüsselqualifikationen eine Unterscheidung nach materialen und formalen Schlüsselqualifikationen einerseits (beispielsweise technische und wirtschaftliche Elementarkenntnisse, selbständiges Lernen) und personalen Verhaltensweisen andererseits (z.B. Teamgeist, Toleranz und Einsatzbereitschaft) vornahm (vgl. Wenger 1993, S. 156).

Die kritisch-rationalistische Prägung des Qualifikationsbegriffes
Diese Prägung des Qualifikationsbegriffes wird im Ansatz von Jürgen Zabeck zum Ausdruck gebracht, der den Qualifikationsbegriff in Abhängigkeit von den in Berufssituationen geforderten Fertigkeiten, Fähigkeiten und Kenntnissen aus der Arbeitstätigkeit ableitet. Qualifikation im Sinne Zabecks zielt also auf die Bewältigung der Berufssituation und die „Wahrung der Funktionsfähigkeit während der prospektiven Phase der Berufstätigkeit" ab (vgl. Wenger 1993, S. 161).

Im Schlüsselqualifikations-Konzept findet sich diese Prägung in den Ansätzen wieder, die Schlüsselqualifikationen von den Leistungsanforderungen der Ökonomie her begründen und vorwiegend kognitive Schlüsselqualifikationen benennen, wie z.B. Dieter Mertens.

Die technologische Prägung des Qualifikationsbegriffes

In dem von Andreas Schelten für die Arbeitspädagogik konzipierten „technologischen Ansatz" umfasst Qualifikation die „Gesamtheit der Kenntnisse, Verständnisse, Fertigkeiten und Fähigkeiten, über die eine Person zur Ausübung ihrer Arbeitstätigkeit verfügen muss" und das „Gesamt der hierarchisch sequentiellen Handlungsregulationen" (Wenger 1993, S. 162). „Qualifikation" ist im wesentlichen ausgerichtet auf einen effizienten Einsatz der Arbeitskraft, der dem technischen Wandel gerecht wird. Schelten rekurriert dabei auf das Handlungsregulationsmodell von Hacker und Volpert.

Ein solches Qualifikationsverständnis findet sich in den Ansätzen des Schlüsselqualifikations-Konzeptes wieder, die Schlüsselqualifikationen aus den Erfordernissen der modernen Arbeitswelt ableiten, wie z.B. dem Ansatz von Dieter Mertens, der Schlüsselqualifikationen als „geeignet für die Bewältigung einer flexiblen und variantenreichen Arbeitswelt" bezeichnet (Mertens 1974, S. 40).

Die kritisch-emanzipatorische Prägung des Qualifikationsbegriffes

Lempert stellte den Qualifikationsbegriff unter das Primat der Emanzipation, indem er „Qualifikation" mit der Fähigkeit zur kritischen Auseinandersetzung mit den gesellschaftlichen Verhältnissen verknüpfte. Zur Konkretisierung differenzierte er „technisch-fachliche Qualifikationen" als „Qualifikationen im engeren Sinne" und „die Gesamtheit der persönlichen Voraussetzungen für bestimmte Verhaltens- und Handlungsweisen", die er als „Qualifikationen im weiteren Sinne" bezeichnete (Wenger 1993, S. 161).

Der kritisch-emanzipatorische Qualifikationsbegriff von Lempert ist somit auf die persönliche Selbstverwirklichung der Arbeitenden und auf die Befähigung zur aktiven Mitarbeit an der Humanisierung der Arbeit bzw. der Demokratisierung der Betriebe und der Wirtschaft unter Abschaffung aller Herrschaftsstrukturen ausgerichtet (vgl. Wenger 1993, S. 133 u. S. 161).

Bilden Schlüsselqualifikationen nun oder qualifizieren sie?

Zunächst ist festzuhalten, dass der Begriff der Bildung - unabhängig von seiner geschichtlichen oder wissenschaftstheoretischen Prägung - wesentlich allgemeiner gefasst ist als der Begriff der Qualifikation, was darauf zurückzuführen sein könnte, dass der Bildungsbegriff eher im Zusammenhang mit Idealvorstellungen über die 'geistige Ausformung der menschlichen Persönlichkeit' verwendet wird, wohingegen Qualifikationen üblicherweise von konkreten Lebens- oder Berufssituationen abgeleitet werden. Weiterhin steht der Bildungsbegriff weniger unter dem Primat der Handlungsorientierung als der Qualifikationsbegriff, d.h. Bildung ist weniger als Qualifikation darauf ausgerichtet, den Einzelnen zum konkreten Tun zu befähigen. Vielmehr ist Bildung nach allgemeiner Auffassung auch Selbstzweck.

Schlüsselqualifikationen umfassen unseres Erachtens beide Aspekte: aufgrund des ihnen eigenen höheren Grades an Allgemeinheit weisen sie eine eher dem Bildungsbegriff zugeschriebene Eigenschaft auf, bezogen auf ihre Handlungsorientierung und unter Berücksichtigung des Wortstammes jedoch sind sie eher den „Qualifikationen" zuzuordnen.

Im Rahmen der beruflichen Bildung sollten Schlüsselqualifikationen unserer Auffassung nach über die Orientierung an konkreten Berufssituationen hinaus den Lernenden (im Sinne Klafkis) zu Selbstbestimmung, Mitbestimmung und Solidarität befähigen und das Bewusstwerden zentraler Probleme der Gegenwart und Zukunft unterstützen. Die ausschließliche Orientierung an Arbeitsmarkterfordernissen hingegen, die beispielsweise den technologischen Qualifikationsbegriff kennzeichnet, halten wir - gerade in den sozialen Berufen - für unzureichend.

7.1.2 Verschiedene Ansätze des Schlüsselqualifikations-Konzeptes

Um die Vielzahl vorhandener Ansätze in der Schlüsselqualifikations-Debatte zu systematisieren, bieten sich verschiedene Kriterien an. In der vorliegenden Arbeit wurde die Einteilung nach anwendungsbezogenen und theoretisch hergeleiteten Ansätzen gewählt (vgl. Fies 1994, S. 21), da diese Art der Systematisierung sowohl für die Darstellung der verschiedenen, auf die Berufe in Industrie und Handwerk angelegten Ansätze des Schlüsselqualifikations-Konzeptes, als auch für die Ansätze des Konzeptes in der Pflege geeignet erscheint.

In der einschlägigen Literatur wird Dieter **Mertens** immer wieder als Begründer des Schlüsselqualifikations-Konzeptes bezeichnet. Ausgangspunkt seiner 1974 formulierten „Thesen zur Schulung für eine moderne Gesellschaft" war die Annahme, dass eine genaue Ausrichtung von berufsbezogener Bildung auf künftige Arbeitsplätze nicht möglich ist, da die Wissenschaft nicht in der Lage sei, ihre eigene Entwicklung vorauszusagen. Konkrete Arbeitsplatzerfordernisse hielt er weder von Seiten der Arbeits- und Berufsforschung noch von Seiten des Bildungssystems für prognostizierbar.

Mertens stellt die These auf, dass „das Obsolenztempo (Zerfallzeit, Verhaltenstempo) von Bildungsinhalten positiv mit ihrer Praxisnähe und negativ mit ihrem Abstraktionsniveau korreliert" (Mertens 1974, S. 39). Er ist demnach der Auffassung, dass gerade der hohe Grad von Arbeitsteilung, der in modernen Volkswirtschaften erreicht ist, und der rasche Wandel von Arbeitsplatzverhältnissen es verbieten, berufliche Bildung unmittelbar auf gegebene Arbeitsplätze auszurichten, weil die Bildungsinhalte dann jeweils nur für wenige, einander ähnliche Arbeitsplätze verwendbar seien und sie einem so raschen Wandel unterworfen seien, „dass Curriculum-Reformen immer hinter der Wirklichkeit zurückbleiben müssten" (Mertens 1974, S. 39). Schlussfolgernd weist er auf die Notwendigkeit der Entspezialisierung beruflicher Bildung hin und plädiert für die Vermittlung von Schlüsselqualifikationen, die er als „solche Kenntnisse, Fähigkeiten und Fertigkeiten (definiert, Ergänzung durch Verfasserinnen), welche nicht unmittelbaren und begrenzten Bezug zu bestimmten disparaten praktischen Tätigkeiten erbringen, sondern vielmehr

a) die Eignung für eine große Zahl von Positionen und Funktionen als alternative Optionen zum gleichen Zeitpunkt, und

b) die Eignung für die Bewältigung einer Sequenz von (meist unvorhersehbaren) Änderungen von Anforderungen im Laufe des Lebens" (Mertens 1974, S. 40).

Mertens räumt ein, dass auch Schlüsselqualifikationen in gewissem Maß einem Wandel unterliegen, der sich jedoch langsamer vollziehe als der Wandel spezieller Fertigkeiten am einzelnen Arbeitsplatz. Deshalb misst er den Schlüsselqualifikationen und dabei insbesondere den informationsverarbeitenden, kognitiven Fähigkeiten und Kenntnissen im Bereich der Erwachsenenbildung eine hohe Bedeutung bei (Mertens 1974, S. 43).

Im Unterschied zum anwendungsbezogenen, hauptsächlich an den Arbeitsmarkterfordernissen orientierten Ansatz von Mertens erachten andere Vertreter des Schlüsselqualifikations-Konzeptes es als notwendig, stärker den Ansprüchen der Persönlichkeitsbildung Rechnung zu tragen. **Lothar Reetz** beispielsweise greift zur Begründung seines Schlüsselqualifikations-Konzeptes auf das Persönlichkeitsmodell von Heinrich Roth zurück:

Entsprechend den von H. Roth genannten Dimensionen menschlicher Handlungsfähigkeit, nämlich der Sachkompetenz und intellektuellen Mündigkeit, der Sozialkompetenz und sozialen Mündigkeit sowie der Selbstkompetenz und moralischen Mündigkeit systematisiert er Schlüsselqualifikationen nach

- persönlich-charakterlichen Grundfähigkeiten,
- leistungs-tätigkeits-aufgabengerichteten Fähigkeiten und
- sozialgerichteten Fähigkeiten (vgl. Reetz 1990, S. 22).

Bezüglich der leistungs-, tätigkeits-, aufgabengerichteten und der sozialgerichteten Fähigkeiten geht Reetz davon aus, dass diese sich erst im beruflichen Handeln selbst entwickeln. Dabei ist „aus einer allgemeineren Kompetenz heraus jeweils ein situativer Transfer auf konkrete berufliche Situationen möglich" (Reetz 1990, S. 25). Er konstatiert, dass Schlüsselqualifikationen „gegenüber den bisherigen normativen Vorgaben der Berufsbildung durch Kenntnisse, Fertigkeiten und Fähigkeiten eine höhere Form beruflicher Handlungsfähigkeit" (Reetz 1990, S. 17f.) bezeichnen. Diese kennzeichnet er als

- eher persönlichkeitsbezogen als situationsbezogen,
- eher allgemein und situationsunabhängig als spezifisch und situationsgebunden,
- eher abstrakt als konkret,
- eher komplex als einfach.

Im Hinblick auf die curricularen Konsequenzen weist Reetz darauf hin, „dass Schlüsselqualifikationen als allgemeine Lernziele nicht nur formal, sondern auch inhaltlich mit konkreten fachlichen Lernzielen in Beziehung stehen" (Reetz 1990, S. 22). Um die Verknüpfung solcher allgemeinen Lernziele mit konkreten fachlichen Lernzielen zu erreichen, befürwortet er im Bereich der beruflichen Bildung:

- die Annäherung schulischer Lernhandlungen an praktische Arbeitshandlungen,
- die Ausrichtung schulischer Lernhandlungen auf „Handlungen einer höheren Regulationsebene", in denen der Lernende vor konkrete und komplexe Aufgaben gestellt wird,
- eine solche Gestaltung praktischer Arbeitshandlungen, die dem Lernenden selbständiges Planen, Ausführen und Kontrollieren erlaubt (vgl. Reetz 1990, S. 26).

Die Ansätze von Mertens und Reetz unterscheiden sich insbesondere in ihrer theoretischen Herleitung und Begründung sowie in der Auswahl und Systematisierung der jeweils benannten Schlüsselqualifikationen.

Während Mertens die allgemeine Herleitung und Begründung für das Konzept der Schlüsselqualifikationen auf einer theoretischen Analyse von veränderten Qualifikationserfordernissen aufbaut, greift Reetz zur Begründung seines Ansatzes auf das Persönlichkeitsmodell von Roth zurück. Somit scheint dem Ansatz von Mertens ein eher funktionalistisches Menschenbild zugrunde zu liegen, wohingegen Reetz` Ansatz auf einem ganzheitlichen Menschenbild basiert.

Im Hinblick auf die Anzahl und Auswahl der Schlüsselqualifikationen legt Mertens eindeutig einen Schwerpunkt auf kognitive Fähigkeiten, während er den affektiven und sozialen Bereich fast gänzlich ausklammert. Reetz hingegen gewichtet den affektiven Bereich stärker, indem er im Rahmen seiner dreiteiligen Systematisierung zwei Kategorien mit jeweils personenbezogenen Schlüsselqualifikationen bildet, und zwar zum einen die persönlichcharakterlichen Grundfähigkeiten, zum anderen die sozialgerichteten Fähigkeiten.

Aus den genannten Gründen, und zwar insbesondere aufgrund der Schwerpunktsetzung auf kognitive Fähigkeiten, erscheint uns der Ansatz von Mertens ausschließlich geeignet für Berufsausbildungen, die im Bereich der Industrie oder z.T. des Handwerks angesiedelt sind; für Berufe im sozialen Bereich jedoch halten wir die in seinem Ansatz vorgenommene Auswahl an Schlüsselqualifikationen als Basis beruflicher Handlungsfähigkeit für nicht ausreichend.

Im Unterschied zu Mertens nimmt Reetz zwar eine mehrdimensionale Systematisierung von Schlüsselqualifikationen vor, die insbesondere auch den affektiven Bereich berücksichtigt, aber die theoretische Herleitung seiner Schlüsselqualifikationen ist unseres Erachtens - wie auch bei Mertens - sehr eng gefasst. Eine solche eng gefasste Herleitung und Begründung mag aufgrund ihrer personalistischen Prägung für solche Berufe im sozialen Bereich geeignet sein, deren Tätigkeitsspektrum eher begrenzt ist, für die Pflege jedoch, deren Tätigkeitsspektrum sehr breit angelegt ist, erscheint uns der Rückgriff auf eine einzige Theorie nicht ausreichend.

7.1.3 Kritik am Schlüsselqualifikationskonzept

Wenngleich in der einschlägigen Literatur die positiven Erwartungen an das Konzept der Schlüsselqualifikationen überwiegen, halten wir es für sinnvoll, nachfolgend auch die Kritikpunkte zur Diskussion zu stellen, um diese bei der Beurteilung für die Eignung des Konzepts in der Pflegeausbildung berücksichtigen zu können.

Die theoretische Herleitung der Schlüsselqualifikationen

Am Konzept der Schlüsselqualifikationen wird verschiedentlich die unklare Herleitung von Schlüsselqualifikationen kritisiert, die häufig weder theoriegestützt noch aus konkreten Arbeitskontexten differenziert abgeleitet sind. Die Auswahl der Kategorien nach Art und Anzahl erscheint oft willkürlich und in vielen Fällen fehlt eine zufriedenstellende Definition dessen, was die Kategorien bezeichnen und umfassen (vgl. Fies 1994, S. 37). In dem Modell der Projektgruppe „Schlüsselqualifikationen in der beruflichen Bildung" beispielsweise werden verschiedene Schlüsselqualifikationen lediglich aufgezählt, so dass die Beziehungen zwischen ihnen entweder völlig ungeklärt bleiben oder willkürlich erscheinen (vgl. Brassard u.a. 1992, S. 22ff.). Es entsteht dadurch der Eindruck der Beliebigkeit der ausgewählten Schlüsselqualifikationen, die einem reinen Wunschdenken an eine ideale Arbeitskraft entspringt. Schlüsselqualifikationen lassen somit die Projizierung verschiedenster Wünsche und Ansprüche zu, je nach dem zugrunde liegenden Menschen- oder Weltbild (vgl. Dörig 1994, S. 122f.).

Der Abstraktionsgrad von Schlüsselqualifikationen

Die den Schlüsselqualifikationen allgemein zugeschriebene Funktion, die berufliche Handlungsfähigkeit des Menschen über konkrete, situationsspezifische Kenntnisse, Fähigkeiten und Fertigkeiten hinaus zu fördern, beinhaltet nach gängiger Auffassung auch die Notwendigkeit, diese Qualifikationen allgemeiner und somit auch abstrakter zu fassen. Nach Reetz lässt die abstraktere Formulierung der Schlüsselqualifikationen jedoch auch deren unterschiedliche inhaltliche Deutung zu (vgl. Reetz 1990, S. 20). Dieser den Schlüsselqualifikationen zugeschriebene Interpretationsspielraum hat insofern zu einer begrifflichen Unübersichtlichkeit geführt, als häufig gleiche oder ähnliche Bildungserscheinungen mit verschiedenen Begriffen belegt werden und umgekehrt unter demselben Begriff verschiedene Bildungserscheinungen rangieren (vgl. Wilsdorf 1991, S. 53).

Im Hinblick auf den Lehr-Lern-Prozess resultiert aus einer sehr allgemeinen bzw. abstrakten Fassung von Schlüsselqualifikationen zusätzlich das Problem, dass die Transferfähigkeit von der Aneignungssituation auf die zukünftige Anforderungssituation weniger gegeben ist. Zabeck umschreibt diese Problematik mit dem Begriff „Schlüsselqualifikations-Dilemma": „Je allgemeiner bzw. situationsunspezifischer die Schlüsselqualifikationen definiert werden, desto wahrscheinlicher ist es, dass der Transfer misslingt, sie also die ihnen zugesprochenen Leistungen nicht zu erfüllen vermögen. Je enger bzw. situationsspezifischer die Schlüsselqualifikationen gefasst werden, desto weiter entfernen sie sich von der ihnen zugesprochenen Funktion, unabhängig von der konkreten Ausprägung zu bewältigender Anforderungen, Effizienz zu entfalten" (vgl. Zabeck 1991, zit. nach Dorn 1994, S. 49).

Die Abstraktion von Schlüsselqualifikationen erschwert somit deren Operationalisierung.

Das Anspruchsniveau des Schlüsselqualifikations-Konzeptes

Welche Anforderungen werden nun an einen „schlüsselqualifizierten" Mitarbeiter gestellt? Gefragt sind u.a. Kooperationsfähigkeit, Konfliktfähigkeit, Reflexionsfähigkeit, Empathiefähigkeit, Entscheidungsfähigkeit, Planungsfähigkeit. Die Auflistung ließe sich problemlos um weitere Attribute erweitern. Allerdings erscheint es - unter Berücksichtigung der Spannbreite möglicher Sozialisationsvoraussetzungen - kaum möglich, personenbezogene Qualifikationen auf einem derartig hoch angesetzten Niveau und in einer Ausbildungszeit von drei bis fünf Jahren zu vermitteln (vgl. Hoppe 1996, S. 3).

Die Operationalisierung von personenbezogenen Schlüsselqualifikationen setzt zum einen ein stark normativ geprägtes Menschenbild voraus, zum anderen erfordert es von Lernenden und Lehrenden die Bereitschaft zu lebenslangem Lernen. Somit erscheinen personenbezogene Schlüsselqualifikationen auch unter dem Gesichtspunkt einer von vielfältigen Belastungen gekennzeichneten Ausbildungsrealität nicht vermittelbar, sondern höchstens förderbar.

Schlüsselqualifikationen als Bedingung für neue soziale Abhängigkeiten

Geissler kritisiert am Schlüsselqualifikations-Konzept die Auflösung individueller Berufsstrukturen durch die Orientierung an allgemeinen, berufsübergreifenden Qualifikationen, die dazu führt, dass der „schlüssel-qualifizierte" Mensch nur über das Merkmal allgemeiner Qualifikationen verfüge, welches ihn aber nicht mehr ausreichend auszeichne, um daraus Einkommens- oder soziale Statusansprüche ableiten zu können. In der Konkurrenz um einen bestimmten Arbeitsplatz könne er somit keine konkreten, individualisierenden Qualifikationen mehr einbringen. Vielmehr sei er durch die Unbestimmtheit seiner Qualifikationen zusätzlich der Definitions- und Interpretationsmacht der für die Personalrekrutierung zuständigen Vertreter der Unternehmen ausgeliefert:

„Wenn jemand beispielsweise behauptet, er könne gut kommunizieren, dann bekommt er dafür gar nichts. Er muss seine Kommunikationsfähigkeit spezialisiert ins Wirtschaftssystem einbringen, d.h. er muss z.B. gut verkaufen können. Erst die Spezialqualifikation (das Verkaufenkönnen) bringt die Chance für Einkommen und Aufstieg." (Geissler/Orthey 1993, S. 156) Das bedeutet, dass „eine Schlüsselqualifikation - im Sinne der Verteilung sozialer Chancen - für den, der sie besitzt, nicht Abhängigkeit reduziert, sondern sie vielmehr dadurch erhöht, dass etwas Neues, Zusätzliches (das er selbst auch noch mitverantwortet) in seine qualifikatorische Bewertung, die keine Aufwertung ist, eingeht" (Geissler/Orthey 1993, S. 35).

Neue Abhängigkeiten können auch auf Ausbildungsebene impliziert werden, wenn personenbezogene Schlüsselqualifikationen „als Regulationsinstrumente ... auf die Ausprägung eines konformen Arbeitsverhaltens gerichtet sind" (Becker 1991, S. 90) und dazu benutzt werden, besondere Erziehungs- und Bildungsstrategien zu legitimieren. Beispielsweise, indem Dozenten von Auszubildenden Übungen zum Erwerb personenbezogener Kompetenzen einfordern und diese nicht als Angebot formulieren.

Das Paradoxon von Identitätsverlust und Identitätsgewinn im Zusammenhang mit Schlüsselqualifikationen

Dietrich und Orthey skizzieren eine weitere Problematik: Sie vertreten die These, dass einerseits die „Identitätsmuster befördernden beruflichen Inhalte" immer schneller veralten, was dazu führt, dass der Identitätserwerb zunehmend auf den Freizeitbereich verlagert wird, und andererseits der Beruf eine wichtige Funktion im Hinblick auf den sozialen Statusgewinn des Einzelnen ausübt, die sie als „Verberuflichungstendenz" bezeichnen (Dietrich/Orthey 1993, S. 35). Schlüsselqualifikationen spielen dabei insofern eine ambivalente Rolle, als sie zum einen das Phänomen der „Entberuflichung" bedingen und gleichzeitig eine „Verberuflichungstendenz" auslösen, indem sie qualifikatorische Sicherheit und sozialen Statusgewinn suggerieren.

Dadurch ist der mit der Orientierung an Schlüsselqualifikationen verbundene Verlust der Schutz- und Identifizierungsfunktion von Berufen weniger offensichtlich.

„Schlüsselqualifikationen" - ein neuer Begriff für alte „Arbeitstugenden"?

Ein letzter Aspekt sollte in der Auseinandersetzung und Bewertung des Schlüsselqualifikations-Konzepts - gerade im Hinblick auf die Umsetzung in der Pflege - nicht vernachlässigt werden: Manche Begrifflichkeiten, die sich in Katalogen von Schlüsselqualifikationen finden, wie z.B. „die Fähigkeit zur Ausdauer, ... , zur Mitverantwortung, ... , zur Leistungsfreude" (Mertens 1974, S. 40), oder auch die von Bunk unter dem Terminus „Werthaltungsqualifikationen" subsumierten Tugenden „Sauberkeit, Zuverlässigkeit, Pünktlichkeit, Ehrlichkeit, Fleiß, Disziplin, Pflichtbewusstsein ..." haben eine lange Tradition und waren auf dem Arbeitsmarkt seit jeher als Attribute eines „qualifizierten" Mitarbeiters gefragt, und zwar lange bevor die Diskussion um Schlüsselqualifikationen in Gang gebracht wurde (vgl. Reetz 1990, S. 30). Kath erinnert in diesem Zusammenhang daran, dass in der Erziehungswissenschaft diese Tugenden lange Zeit als Erziehungsziele formuliert wurden und erst zu dem Zeitpunkt, als das Konzept der Schlüsselqualifikationen bereits populär gemacht worden war, diese Tugenden „als lästige Traditionen diskreditiert" wurden (Kath 1990, S. 101f.).

Für die gesundheits- und sozialpflegerischen Berufe trifft die berufliche Prägung durch Arbeitstugenden in besonderem Maße zu, entstand sie als Berufstätigkeit zu Zeiten Theodor Fliedners doch aus einer christlich motivierten Hinwendung zum Nächsten und einem Dienen aus Berufung (vgl. Taubert 1994, S. 108 und oben, Kapitel 2.2). Die in dieser Zeit von einer Krankenschwester geforderte Disposition zur „Aufopferungsbereitschaft" scheint im Ansatz in manchen der heute postulierten Schlüsselqualifikationen noch enthalten zu sein: So kann sich die oben zitierte „Fähigkeit zur Ausdauer und zur Leistungsfreude" ohne die Fähigkeit, eigene Grenzen zu erkennen und zu akzeptieren, auch als Aufopferungsbereitschaft für das Krankenhaus erweisen. Aus dieser Perspektive können sich derartige personenbezogene Schlüsselqualifikationen kontraproduktiv auf den Professionalisierungsprozess und die Eigenständigkeit der Pflege auswirken.

7.1.4 Allgemeine Anforderungen an ein Schlüsselqualifikations-Konzept

Von den im vorausgegangenen Kapitel aufgeführten Kritikpunkten lassen sich folgende allgemeine Anforderungen an ein Schlüsselqualifikations-Konzept ableiten:

Schlüsselqualifikationen sollten in einen Begründungszusammenhang eingebunden werden.
Dies geschieht, indem sie aus bestehenden Theorien oder konkreten Arbeitskontexten abgeleitet und zueinander in Beziehung gesetzt werden. Dies ermöglicht eine Strukturierung der Schlüsselqualifikationen nach eindeutigen Kategorien und eine zufriedenstellende Definition dessen, was die Kategorien bezeichnen und umfassen (vgl. Fies 1994, S. 38).

Schlüsselqualifikationen sollten inhaltlich präzisiert werden
Zwar müssen Schlüsselqualifikationen, um überhaupt als solche bezeichnet werden zu können, einen gewissen Abstraktionsgrad aufweisen (welches wiederum die Gefahr der Generierung sozialer Abhängigkeiten in sich birgt), aber im Hinblick auf die Notwendigkeit

einer Operationalisierung sollten sie gleichzeitig konkretisiert werden, indem sie auf die Arbeitsanforderungen und die vorhandenen Rahmenbedingungen abgestimmt werden. Diese inhaltliche Präzisierung der Schlüsselqualifikationen selbst und ihres Geltungsbereiches bestimmt wesentlich die Qualität der Vermittlungsmethoden, denn das Lernen und Handeln erfolgt in „konkreten beruflichen Zusammenhängen - unter spezifischen Bedingungen, mit bestimmten Zielen, Personen und Gegenständen" (Laur-Ernst 1990, S. 43). Die inhaltliche Präzisierung wirkt darüber hinaus der Tendenz zur „Entberuflichung" entgegen.

Schlüsselqualifikationen sollten differenziert werden von Schlüsseldispositionen
Im Hinblick auf die Vermittelbarkeit sollten Schlüsselqualifikationen unterschieden werden von den sog. Schlüsseldispositionen, die nach Kath Fähigkeiten, Haltungen und Bereitschaften umfassen und im Rahmen der zur Verfügung stehenden Ausbildungszeit nicht zu vermitteln, sondern lediglich zu initiieren, zu fördern und zu entwickeln sind (vgl. Kath 1990, S. 104ff.). Im Gegensatz dazu umfassen Schlüsselqualifikationen vermittelbare Kompetenzen. Die bewusste Differenzierung zwischen Schlüsselqualifikationen und Schlüsseldispositionen erleichtert Dozenten unseres Erachtens die Auswahl geeigneter Vermittlungsmethoden und kann insofern zur Verhinderung von „Grenzüberschreitungen" beitragen, als Schlüsseldispositionen von Dozenten eher auf der Ebene von Freiwilligkeit angesiedelt werden.

7.2   Ein Ansatz zur „Entmystifizierung" der Schlüsselqualifikationen

Wie bereits mehrfach angedeutet, wirft der Begriff „Schlüsselqualifikationen" mehr Fragen auf, als er Antworten bietet. Aus diesem Grund schließen wir uns der Meinung von Hoppe an, die für eine „Entmystifizierung" des Begriffes plädiert (vgl. Hoppe 1996, S. 4).

Hierfür bieten Belz und Siegrist einen interessanten Ansatz, indem sie die Schlüsselqualifikationen in den Zusammenhang von Kompetenzen, Fähigkeiten und Fertigkeiten einordnen und somit eine Basis zur Operationalisierung schaffen.

Nach Auffassung von Belz und Siegrist drücken Schlüsselqualifikationen eine individuelle Kompetenz aus, die sich darin zeigt, dass diese Person fähig ist, situativ angemessen und in sich stimmig zu handeln. Schlüsselqualifikationen sind als solche auf der Ebene der Kompetenzen angesiedelt, die sich dadurch auszeichnet, dass „verschiedene hochkomplexe Fähigkeiten miteinander zum Tragen kommen" (Belz/Siegrist 1997, Teil IV, S. 9). Kompetenzen setzen sich also aus unterschiedlichen Fähigkeiten zusammen.

Diese unterschiedlichen Fähigkeiten sind ebenfalls auf einer Ebene angesiedelt, und zwar unterhalb der Ebene der Kompetenzen, da sie sozusagen die Bausteine der Kompetenzen darstellen. Durch **Reflexion**, worunter Belz und Siegrist „das synergetische Vergleichen und Zusammenfügen der einzelnen Fähigkeiten unter Berücksichtigung der **eigenen Werthaltungen** und der individuellen Lebensziele" (Belz/Siegrist 1997, Teil IV, S. 10) verstehen, bilden sich dann Kompetenzen heraus, die als solche **der Sozialkompetenz, der Selbstkompetenz** und/oder **der Methodenkompetenz** zugeordnet werden können.

Die Fähigkeiten wiederum können nach Belz und Siegrist zum Zwecke der Übung in einzelne Fertigkeiten (Skills) zerlegt werden, die einzeln reproduziert, trainiert und überprüft werden können.

Durch **eigene Erfahrungen** lernt eine Person, „diese Fertigkeiten zusammenzuführen, d.h. sowohl untereinander, als auch mit bereits vorhandenem Wissen zu verknüpfen, so dass sich aus den verschiedenen Fertigkeiten Fähigkeiten herausbilden". Zusammengefasst bedeutet das: Aus dem Trainieren und Einüben einzelner Fertigkeiten werden über Reflexion der betreffenden Person Fähigkeiten, die - wiederum über Reflexion - zu Kompetenzen führen (Belz/Siegrist 1997, Teil IV, S. 11).

„Die **Reflexion** ist somit das tragende Moment beim Erwerb von Schlüsselqualifikationen. Es bezeichnet den Prozess des prüfenden Nachdenkens" (Belz/Siegrist 1997, Teil IV, S. 10).

Die Kompetenzen bilden die Grundlage der beruflichen Handlungsfähigkeit, wobei die verschiedenen Kompetenzbereiche, welche die Sozial-, die Selbst- und die Methodenkompetenz umfassen, individuell unterschiedlich ausgeprägt sind. Dabei geht es nach Belz und Siegrist nicht darum, „dass eine Person komplett über alle drei Kompetenzbereiche verfügt, sondern es geht vielmehr um den **individuellen** Erwerb von Fertigkeiten und Fähigkeiten, die in Kompetenzen münden. Somit ergibt sich auch eine persönlichkeitsorientierte, d.h. auf die jeweilige Person zugeschnittene bedarfsorientierte und -gerechte Erweiterung der individuellen Handlungskompetenz." (Belz/Siegrist 1997, Teil IV, S. 9)

Einzelne Fähigkeiten sind nicht immer eindeutig einem bestimmten Kompetenzbereich zuzuordnen, manche sind für mehrere bedeutsam. Welche einzelnen konkreten Fähigkeiten unter die jeweilige Gruppe subsumiert werden, ist aber auch eine vergleichsweise nachrangige Frage. Wesentlich ist die Feststellung, dass es sich bei den Schlüsselqualifikationen um vermittelbare Kompetenzen handelt, mit der Einschränkung, dass personenbezogene Kompetenzen höchstens initiierbar und förderbar sind - und mehr nicht.

Wir werden im Folgenden dennoch den Begriff „Schlüsselqualifikationen" beibehalten, da er sich in der berufspädagogischen Diskussion etabliert hat. Es ergibt sich folgendes Schaubild:

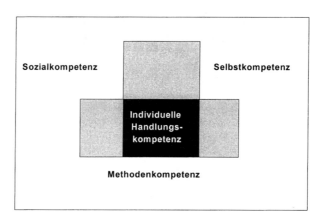

Abbildung 3: Ebenen der Kompetenz nach Belz/Siegrist (1997, Teil IV, S. 13)

Wir schließen uns vorläufig - um zu einer eigenen Begriffsdefinition zu gelangen - der Meinung der Autoren an, die in dem Schlüsselqualifikations-Konzept die Förderung von **Erschließungs- und Selbsthilfekompetenzen** sehen, d.h. die Förderung von unterschiedlichen Dimensionen der Persönlichkeit, des sozialen Verhaltens und der Methodenkompetenz (vgl. Dörig 1994, S. 123). Schlüsselqualifikationen sind demnach kein Ersatz für Fachwissen, sondern sie ermöglichen den **Umgang** mit Fachwissen. Das Fachwissen bildet somit die Basis für die Anwendung von Schlüsselqualifikationen. Bei der „Schlüsselqualifizierung" geht es um den Erwerb solcher Kompetenzen, mit deren Hilfe der Einzelne sein Fachwissen anwenden, umsetzen und bei Bedarf auch erweitern kann (vgl. Belz/Siegrist 1997, Teil IV, S. 11). Sie bilden folglich die Basis zum Weiterlernen. Im weitesten Sinne ermöglichen diese Kompetenzen demnach auch einen Transfer der Theorie in die Praxis. Dabei wird der Erwerb von Schlüsselqualifikationen als lebenslanger Lernprozess angesehen, da das Lernen in den Bereichen Methoden-, Sozial-, und Selbstkompetenzen nie abgeschlossen sein kann.

7.3   Voraussetzungen und Möglichkeiten zur Vermittlung von Schlüsselqualifikationen

Welche Anforderungen müssen nun an Lehr-/Lernprozesse gestellt werden, die den Erwerb von Schlüsselqualifikationen initiieren und fördern sollen? Wie Beck zu Recht feststellt, bedarf es für die Vermittlung von Schlüsselqualifikationen keiner Neukonzeption von Unterrichtsmethoden (vgl. Beck 1993, S. 55). Vielmehr gewinnen solche Unterrichtsmethoden in aktualisierter Form wieder an Bedeutung, die ein Angebot an ganzheitlichen, mehrdimensionalen Aufgaben- und Problemstellungen enthalten und   selbstgesteuertes und ganzheitliches Lernen ermöglichen. Projektunterricht bzw. projektorientierter Unterricht, Juniorfirmen, Problemlösungsgruppen beispielsweise bieten sich für die methodisch-didaktische Gestaltung der Lehr-/Lernprozesse an (vgl. Reetz 1990, S. 26, vgl. auch unten, Kapitel 8). Dem Lernen in kleineren und größeren Gruppen unterschiedlicher Zusammensetzung kommt dabei insofern eine besondere Bedeutung zu, als während des Prozesses der Aufgabenbewältigung ein Informationsaustausch und eine Auseinandersetzung mit unterschiedlichen Ideen stattfinden kann, was den Bereich der Sozialkompetenz fördert (vgl. Laur-Ernst 1990, S. 49). Die Lehrenden fungieren dabei weniger als unmittelbare AnleiterInnen und Wissensvermittler, sondern eher als BeraterInnen und ModeratorInnen, die die Lernprozesse der Auszubildenden initiieren und begleiten. Ein solches Selbstverständnis der Lehrenden jedoch setzt auch auf der Seite der Lernenden gewisse Bereitschaften und Fähigkeiten voraus.

Als notwendige organisatorische Bedingung für die Vermittlung von Schlüsselqualifikationen sind verschiedenen Formen der Lernortkooperation zu nennen, die auf eine stärkere Abstimmung von Theorie und Praxis abzielen, wie z.B. die gemeinsame Festlegung von Lernzielen, die gemeinsame Evaluation von Unterrichtseinheiten, das Einbeziehen von Praktikern in den Unterricht u.a..

Nach Bunk setzen pädagogisch sinnvolle Schlüsselqualifizierungen sogenannte „Schlüsselsituationen" voraus, die als Basis für Reflexions- und Abstraktionsprozesse dienen (vgl. Bunk u.a. 1995, S. 365f.).

7.4   Diskussion des Schlüsselqualifikations-Konzeptes in der Pflege

Während Schlüsselqualifikationen in den Ausbildungsbestimmungen der Berufe in Industrie, Verwaltung, Handel und Handwerk schon in den Siebziger und Achziger Jahren ihren Niederschlag fanden, begann die Diskussion um veränderte Qualifikationsanforderungen in der Krankenpflege erst zu einem vergleichsweise späten Zeitpunkt, nämlich Anfang der Neunziger Jahre.

Gestiegene, immer komplexer werdende beruflich-fachliche Anforderungen, strukturelle Veränderungen und ein verändertes berufliches Selbstverständnis sowie ein damit einhergehendes Professionalisierungsstreben der Pflegeberufe haben im Zusammenhang mit der Qualifikationsfrage die Diskussion um das Schlüsselqualifikations-Konzept auch in der Pflege ausgelöst.

Unseres Erachtens zeigen sich in der Diskussion, ob und in welcher Weise Schlüsselqualifikationen in die Pflegeausbildung integriert werden sollen, Anzeichen für eine unkritische Übernahme des Konzeptes, denn die aktuellen Diskussionen der Berufspädagogik und die bestehenden, bisher nur in Ansätzen gelösten Problembereiche werden bislang ausgeklammert. Vor allem die Problematik der Rahmenbedingungen der Ausbildung in den Pflegeberufen wird außer acht gelassen.

Unbestritten ist, dass in der Pflegeausbildung Handlungsbedarf besteht und dass man, wie Meifort konstatiert, von einem „offensichtlichen Fehlen kompetenter beruflicher Handlungsfähigkeit" (Meifort 1991, S. 122) in den Pflegeberufen sprechen kann. Der Schwerpunkt der bisherigen Ausbildung liegt in der Vermittlung von Sachkompetenzen und vernachlässigt die Sozial- und Kommunikationskompetenzen, die für die Ausübung der Pflege unabdingbar sind und als Basiskompetenzen der Pflege angesehen werden müssen.

Meifort fordert einen Paradigmenwechsel in der Aus- und Weiterbildung von Gesundheits- und Sozialberufen, um den Beschäftigten die notwendige berufliche Handlungskompetenz zu vermitteln, die es ihnen ermöglicht, die Anforderungen der Berufsarbeit zu bewältigen und Inhalte und Formen der Arbeit mitzugestalten. Diese Qualifikationen nennt sie Schlüsselqualifikationen. Vor der inhaltlichen Bestimmung sollten ihrer Meinung nach zunächst die individuellen, fachlichen und strukturellen Bedingungen der Berufsarbeit in diesem Bereich ermittelt werden (vgl. Meifort 1991, S. 116). Dieser Meinung können wir uns nur anschließen.

Sie benennt die folgenden Qualifikationen, die berufsübergreifend für alle Gesundheits- und Sozialberufe gelten und schon während der Hochschultage 1986 als „Extrafunktionale Qualifikationen" für den ambulanten Pflegedienst formuliert wurden:

- „die Fähigkeit der **interaktiven Kommunikation** mit der zu betreuenden Klientel,
- die Fähigkeit und Bereitschaft zur **interaktiven Kommunikation und Kooperation** mit anderen Berufsangehörigen (Stichwort Teamarbeit),
- die Fähigkeit zur **eigenständigen Planung und Organisation** der Arbeit,
- die Fähigkeit zu **strukturellem und betriebswirtschaftlichem Denken** sowie schließlich
- die Fähigkeit zu **pädagogisch-didaktischer Anleitung**" (Meifort 1991, S. 117).

Sie weist dabei darauf hin, dass neu zu bestimmen wäre, inwieweit diese Fähigkeiten als funktional oder extrafunktional für das Berufsfeld Gesundheit zu bezeichnen sind. Diese Fähigkeiten werden aus der Arbeitsorganisation des Berufsfeldes abgeleitet, ohne jedoch einen theoretischen Bezug zur Pflege herzustellen. Meifort sieht in dem Konzept der Schlüsselqualifikationen eine Chance, bei einer notwendigen Neuordnung der Berufe im Gesundheits- und Sozialwesen ein gemeinsames fachliches und berufsübergreifendes Fundament zu schaffen, das als Kommunikationsbasis und als „Schlüssel zur Ganzheitlichkeit" dienen kann. Sie betont deshalb die Wichtigkeit der **Kommunikations- und Kooperationskompetenzen** (vgl. Meifort 1991, S. 20).

Die bisher geführte Diskussion in der Pflege beschränkt sich meist auf eine schlagwortartige Auflistung von Kompetenzen, die nicht zueinander in Beziehung gesetzt werden und häufig weder theoretisch hergeleitet noch konkret von Arbeitsmarkterfordernissen abgeleitet sind. Es werden Aspekte von Mertens und Reetz aufgegriffen, ohne dass ein Bezug zur Pflege hergestellt wird (vgl. z.B. Smerdka-Arhelger 1994, Schewior-Popp 1998). Allerdings lässt diese Diskussion den Trend zu einer personenbezogenen Sichtweise des Schlüsselqualifikations-Konzeptes erkennen, indem zum einen verstärkt solche Qualifikationen gefordert werden, die in einem engen Zusammenhang zur Persönlichkeitsentwicklung von Individuen stehen, was mitunter an die von Theodor Fliedner propagierte „Charakterschulung" in der Pflegeausbildung erinnert und der Vergangenheit angehören sollte (vgl. Mischo-Kelling/Wittneben 1995, S. 235). Zum anderen wird die Berücksichtigung des Faktors „Mensch" bei der Bestimmung von Schlüsselqualifikationen gefordert, indem Schlüsselqualifikationen aus der Sicht der Berufsangehörigen bestimmt werden sollten, damit diese sie in die Lage versetzen, „die Anforderungen, aber auch die Begrenzungen des Berufs zu reflektieren, sie zu verarbeiten und damit letztlich auch: sie auszuhalten" (Becker 1991, S. 94).

Zweifellos kann und sollte eine Berufsausbildung auch der Persönlichkeitsentwicklung dienen, aber dies kann, wie bereits angedeutet wurde, nur als Angebot formuliert werden, nicht als explizites Ausbildungsziel (vgl. Hoppe 1996, S. 8). In Bezug auf die Förderung von personen- oder verhaltensbezogenen Schlüsselqualifikationen werden in diesem Zusammenhang Hoffnungen geknüpft (vgl. Smerdka-Arhelger 1994, S. 5), denen die Schwierigkeit der Vermittlung derselben aber eindeutig Grenzen setzt.

In den folgenden Abschnitten sollen exemplarisch an den Ansätzen von Oelke, Klemens und des Schweizer Roten Kreuzes die oben angesprochenen Problembereiche und Kriterien diskutiert werden.

Der Ansatz von Uta Oelke

Oelke versucht, die Schlüsselqualifikationen konkreter mit dem pflegeberuflichen Handeln zu verknüpfen, um dem Problem des hohen Abstraktionsgrades von Schlüsselqualifikationen entgegenzuwirken (vgl. Oelke 1998 a, S. 43). Sie orientiert sich hierbei an dem Grundsatz der „beruflichen Mündigkeit" der kritisch-konstruktiven Didaktik beruflichen Lernens nach Arnold und Lipsmeier (vgl. Arnold/Lipsmeier 1995, S. 15) und bildet die folgenden vier Kategorien, welchen die Schlüsselqualifikationen zugeordnet werden sollen:

A) Fachliche Kompetenz

B) Sozial- kommunikative Kompetenz

C) Methodische Kompetenz

D) Personale Kompetenz (Oelke 1998 a, S. 43).

(A) Fachliche Kompetenz

Um die fachliche Kompetenz genauer zu charakterisieren, zieht sie das Modell der „multidimensionalen Patientenorientierung" von Wittneben (1994, vgl. oben Kapitel 5.1.4) hinzu und ordnet den fünf Dimensionen die hierfür erforderlichen Qualifikationen zu.

- Verrichtungsorientierung:

  pflegerische Arbeiten unter der Berücksichtigung der Förderung der Gesundung und Selbständigkeit der PatientInnen verrichten, ohne sie zusätzlich zu belasten unter zunehmendem Einsatz von Pflegemodellen.

- Symptomorientierung:

  ausgeprägte, kontextuelle Beobachtungsfähigkeiten

- Krankheitsorientierung:

  Erkennen von medizinischen Symptomzusammenhängen

- Verhaltensorientierung:

  Fähigkeit, eine lindernde, schonende Pflege zu praktizieren

- Handlungsorientierung:

  Fähigkeit, die „Selbstpflegehandlungskompetenz" der PatientInnen zu unterstützen (vgl. Oelke 1998 a, S. 44).

(B) Sozialkommunikative Kompetenz

Diese Qualifikationen bezieht sie auf die Zusammenarbeit der Pflegenden mit PatientInnen und deren Angehörigen, KollegInnen sowie Angehörigen anderer Berufsgruppen.

- Kritikfähigkeit
- Konfliktfähigkeit
- Empathie
- Rollendistanz
- Frustrationstoleranz
- Gesprächsführungs- und Beratungsfähigkeit
- Argumentationsfähigkeit
- Artikulationsfähigkeit (vgl. Oelke 1998 a, S. 45).

(C) Methodische Kompetenz:

Um diese Qualifikationen zu begründen, bezieht sie sich auf die beruflichen Anforderungen an die Pflegenden, z.B. Teamarbeit, interdisziplinäre Arbeit, die Umsetzung des Pflegeprozesses, usw.

- Organisations- und Planungsfähigkeit
- Problemlösungs- und Entscheidungsfähigkeit
- Lernen des Lernens (vgl. Oelke 1998 a, S. 45).

(D) Personale Kompetenz:

Diese Qualifikationen sind laut Oelke notwendig, um sich vor dem hohen Belastungspotential schützen zu können, das pflegerische Arbeit darstellt.

- Fähigkeit mit psychischen und physischen Belastungen umzugehen
- Reflexionsfähigkeit
- Gestaltungs- bzw. Mitbestimmungsfähigkeit
- Selbstvertrauen, -bewusstsein
- Selbstbestimmungsfähigkeit (vgl. Oelke 1998, S. 46).

Die einzelnen Fähigkeiten werden jeweils noch in ihrer Bedeutung für die Pflegenden genauer erläutert.

Es soll an dieser Stelle kritisch angemerkt werden, dass die von Oelke ausgewählten Schlüsselqualifikationen nicht in einen Begründungszusammenhang eingebunden sind. Sie sind weder theoretisch hergeleitet, noch in systematischer Form von Arbeitsmarkterfordernissen abgeleitet, sondern als Bildungsziele lediglich an das berufliche Handeln angebunden, wobei die Auswahl der Berufssituationen von Oelke nicht offengelegt wird. Unter den aufgelisteten Schlüsselqualifikationen sind nicht nur berufsübergreifende Fähigkeiten zu finden, sondern auch pflegespezifische Fähigkeiten, wie z.B. die Fähigkeit, eine lindernde, schonende Pflege zu praktizieren, womit ein wichtiges Charakteristikum der Schlüsselqualifikationen nicht erfüllt ist. Arbeitstugenden werden in dem Ansatz von Oelke nicht aufgeführt, allerdings subsumiert Oelke auch Haltungen und Einstellungen unter den Begriff der Schlüsselqualifikationen, wie z.B. die „Rollendistanz" und die „Frustrationstoleranz" aus dem Bereich der sozial-kommunikativen Kompetenz. Teilweise wird eine Fähigkeit unter zwei verschiedenen Begriffen aufgeführt: So ist die Fähigkeit, „pflegerische Arbeiten unter der Berücksichtigung der Förderung der Gesundung und der Selbständigkeit der PatientInnen verrichten ..." unseres Erachtens identisch mit der Fähigkeit, „die Selbstpflegehandlungskompetenz der PatientInnen zu unterstützen" (vgl. Oelke 1998 a, S. 44). Fragwürdig bleibt auch die Differenzierung von fachlichen und sozialkommunikativen Kompetenzen. Unter Berücksichtigung dessen, dass der Aspekt der Vermittlung bzw. Förderung von Schlüsselqualifikationen von Oelke ausgeklammert wird, muss darüber hinaus auch das Anspruchsniveau einiger „Schlüsselqualifikationen" als zu hoch bezeichnet werden (Bsp.: Selbstvertrauen, Selbstbewusstsein).

Der Ansatz von Ulrich Klemens

Klemens gestaltet sein Schlüsselqualifikations-Konzept für die gesundheits- und sozialpflegerischen Berufe auf der Basis der Definition des Gesundheitsbegriffes und der Orientierung an der „mehrdimensionalen Wahrnehmungstheorie" von Opielka. Der Mensch wird dabei als mehrdimensionales Wesen angesehen, dessen Wahrnehmungen und Handlungen physische, psychische, soziale und meta-kommunikative Dimensionen aufweisen (vgl. Klemens 1991, S. 104f.). Entsprechend der Theorie von Opielka geht Klemens davon aus, dass die menschliche Wahrnehmung und das Verständnis von Gesundheit nur ganzheitlich, d.h. unter Berücksichtigung physischer, psychischer, geistiger und sozioökonomischer Aspekte, erklärbar ist. „Durch die Realisierung eines umfassenden Gesundheitsverständnisses unter den Bedingungen der Gesellschaft und der Reflexion über diesen Prozess wird der objektive Anspruch auf Bildung erfüllt. Durch die Metakommunikation und die beständige Rückbesinnung auf das erkennende Subjekt wird der subjektive Bildungsanspruch erfüllt." (Klemens 1991, S. 107)

Für den Gesundheits- und Sozialbereich betont Klemens die Bedeutung persönlichkeitsbezogener Qualifikationen. Schlüsselqualifikationen beschreiben dabei übergreifende Lernziele, die die kognitive, kreative und emotionale Ebene des Lernenden mit einbeziehen (vgl. Klemens 1991, S. 108). In seinem Ansatz werden sie Leitbegriffen zugeordnet (vgl. Klemens 1991, S. 111):

(A) Wahrnehmen/Erklären
- die Fähigkeit, den menschlichen Körper erkennen, beschreiben und vergleichen zu können,
- die Fähigkeit, die eigene Körperlichkeit fühlen und empfinden zu können.

(B) Erleben/Verstehen/Deuten
- die Fähigkeit der Differenzierung zwischen Fremdwahrnehmung und eigenem Erleben,
- die Fähigkeit, mit anderen Menschen Freude mitzuerleben und Leid zu teilen.

(C) Kreieren/Gestalten
- die Fähigkeit, übergreifende Zusammenhänge zu erkennen, weltanschauliche Positionen zu beziehen und systemkritisch zu denken,
- die Fähigkeit, kreativ und phantasievoll eigene Denkmodelle zu entwerfen und dabei das eigene Erleben mit einzubeziehen.

(D) Handeln/Helfen
- die Fähigkeit, verantwortlich zu handeln,
- die Bereitschaft, sich dem hilfsbedürftigen Menschen tätig hinzuwenden (vgl. Klemens 1991, S. 110).

Im Hinblick auf die Förderung dieser „Schlüsselqualifikationen" plädiert Klemens für Lernmethoden, „die die Handlungskompetenz erweitern und jedem die Möglichkeit zu kritischer Distanz gegenüber den Lerngegenständen einräumen" (Klemens 1991, S. 108). Er fordert „Freiräume ..., in denen das Gelernte reflektiert werden kann, mit anderen besprochen und zum besseren Verständnis wiederholt werden kann" (ebd.).

Im Unterschied zu Oelke ist der Ansatz von Ulrich Klemens theoretisch hergeleitet, indem die Persönlichkeitstheorie von Opielka zugrunde gelegt wird. Hier ist eine gewisse Ähnlichkeit zu dem Ansatz von Reetz feststellbar, der sich ebenfalls auf eine Persönlichkeits-theorie bezieht. Durch den Rekurs auf eine einzige (Persönlichkeits-)Theorie und die Aus-richtung des Ansatzes auf Gesundheitsberufe allgemein werden unseres Erachtens wichtige Aspekte pflegerischen Handelns vernachlässigt, wie z.B. die Planung und Orga-nisation pflegerischer Handlungen sowie die Zusammenarbeit mit anderen Berufsgrup-pen.

Die genannten Schlüsselqualifikationen sind so abstrakt formuliert, dass sehr unterschied-liche inhaltliche Deutungen möglich sind. Außerdem wird keine Differenzierung zwischen Schlüsselqualifikationen und Schlüsseldispositionen vorgenommen. Zu kritisieren ist dar-über hinaus die uneinheitliche Verwendung verschiedener Begrifflichkeiten, die eine Ein-ordnung von Schlüsselqualifikationen in den Gesamtkontext von Lernzielen, didaktischen Dimensionen und Gegenstandsdimensionen nicht ermöglicht.

Der Ansatz des Schweizer Roten Kreuzes

Vom Schweizer Roten Kreuz (SRK), das in der Schweiz im Auftrag der Kantone die Aus-bildung der meisten nicht-ärztlichen Berufe überwacht, wurden 1992 mit dem Erlass der „Neuen Ausbildungsbestimmungen" (NAB) grundlegende Reformen in der Pflegeausbil-dung eingeleitet.

In Orientierung an den WHO-Zielen für die „Gesundheit 2000" wird in der Schweiz eine „generalisierte (d.h. weniger spezialisierte), ganzheitliche Pflegeausbildung angestrebt, in der grundlegende fachliche Fähigkeiten gleichwertig mit Selbst- und Sozialkompetenzen vermittelt werden sollen" (Schwarz-Govaers 1995, S. 20). Schule und Praxis sind zur ge-meinsamen Ausgestaltung und Förderung der in den NAB definierten fünf Funktionen der Pflege sowie der fünfzehn Schlüsselqualifikationen verpflichtet.

Folgende Funktionen der Pflege werden in den NAB genannt:

Funktion 1: Unterstützen in und stellvertretende Übernahme von Aktivitäten des täglichen Lebens

Funktion 2: Begleitung in Krisensituationen und während des Sterbens

Funktion 3: Mitwirkung bei präventiven, diagnostischen und therapeutischen Maßnahmen

Funktion 4: Mitwirkung an Aktionen zur Verhütung von Krankheiten und Unfällen einer-seits sowie zur Erhaltung und Förderung der Gesundheit andererseits; Beteiligung an Eingliederungs- und Wiedereingliederungsprogrammen

Funktion 5: Mitwirkung bei der Verbesserung der Qualität und Wirksamkeit der Pflege und bei der Entwicklung des Berufes; Mitarbeit an Forschungsprojekten im Gesundheits-wesen (Schwarz-Govaers 1995, S. 21).

Auf diese Funktionen der Pflege bezogen formuliert das SRK fünfzehn Schlüsselqualifikationen und bezeichnet diese als „Fähigkeiten und Einstellungen ...", die sowohl in der Berufsausbildung allgemein als auch für die Persönlichkeitsentwicklung notwendig sind" (Schwarz-Govaers 1995, S. 21). Regula Ricka ergänzt, dass es sich bei den Schlüsselqualifikationen aus pädagogischer Sicht um Fach-, Sozial- und Selbstkompetenzen handelt, wobei „in den verschiedenen Schlüsselqualifikationen alle drei Kompetenzen gleichzeitig untrennbar miteinander verknüpft sind..." (Ricka 1994, S. 40). Dementsprechend wird vom SRK auch keine Systematisierung der benannten Schlüsselqualifikationen vorgenommen.

Unseres Erachtens beinhaltet die Auflistung der Schlüsselqualifikationen jedoch nicht nur Fach-, Sozial- und Selbstkompetenzen, sondern auch Methodenkompetenzen, wie z.B.:
- „Prioritäten zu setzen, Entscheidungen zu treffen und Initiativen zu ergreifen"
- „sich situationsgerecht, verständlich und differenziert auszudrücken"
- „zum Lernen zu motivieren, Verhaltens- und Einstellungsveränderungen aufzuzeigen und zu unterstützen".

Die Förderung dieser Schlüsselqualifikationen fordert nach Ricka „eine Lernorganisation, die das Handeln und das Nachdenken miteinander verknüpft", weshalb sie neben der Kooperation und der Veränderung von Rahmenbedingungen auch für das erfahrungsbezogene, das forschend-entdeckende, das problem- und projektorientierte Lernen plädiert (Ricka 1994, S. 44).

Kritisiert werden muss die in hohem Maße berufsspezifische Fassung mancher Schlüsselqualifikationen, die dadurch nicht als solche bezeichnet werden können. Es gehören dazu beispielsweise die Fähigkeit, „Pflegeverrichtungen geschickt und sicher ausführen" oder „Pflegesituationen im gesamten und in ihren Elementen wahrzunehmen und zu beurteilen".

Dem hohen Anspruchsniveau der Sozial- und Selbstkompetenzen wird in dem Ansatz des SRK insofern Rechnung getragen, als eingeräumt wird, dass es sich um „Ziele lebenslanger persönlicher Weiterentwicklung" handelt, die im Rahmen der Pflegegrundausbildung nicht vermittelt, sondern lediglich gefördert werden können (vgl. Ricka 1994, S. 44).

Die Herleitung der Schlüsselqualifikationen ist nicht theoriegestützt, sondern erfolgt in Orientierung an den Arbeitsmarkterfordernissen auf der Basis einer Analyse des „professionellen Wissens der Pflege", welches sich nach Ricka aus subjektivem Wissen, objektivem Wissen und traditionellem Wissen zusammensetzt (vgl. ebd.).

Die dargestellten Ansätze von Oelke, Klemens und dem SRK unterscheiden sich in der Art ihrer Herleitung und in der Auswahl und Systematisierung von Schlüsselqualifikationen erheblich voneinander.

Unterschiede in der Herleitung

Während die Schlüsselqualifikationen bei Klemens durch den Rekurs auf die Persönlich-keitstheorie von Opielka theoretisch hergeleitet sind, basiert die Herleitung der Schlüssel-qualifikationen in den Ansätzen von Oelke und dem SRK auf einer Einschätzung der be-ruflichen Anforderungen in der Pflege, wobei von Oelke die Auswahl der dafür zugrunde gelegten Arbeitssituationen nicht offengelegt wird und dadurch willkürlich erscheint. Auch in dem Ansatz des SRK bleibt der genaue Zusammenhang zwischen dem „pflegerischen Wissen" und den daraus abgeleiteten beruflichen Anforderungen unklar, so dass nicht von einer systematischen Herleitung der Schlüsselqualifikationen aus Arbeitsmarkterfordernis-sen gesprochen werden kann.

Unterschiede in der Auswahl und Systematisierung der Schlüsselqualifikationen

Im Unterschied zum SRK systematisieren Oelke und Klemens die ausgewählten Schlüs-selqualifikationen nach übergeordneten Kategorien. Oelke wählt dazu die Fachkompe-tenz, die sozialkommunikative Kompetenz, die Methoden- und die Personalkompetenz, Klemens bestimmt die übergeordneten Kategorien in Anlehnung an die zugrunde gelegte Theorie. Dabei handelt es sich bei den in Oelkes Ansatz unter die Fachkompetenz sub-sumierten „Schlüsselqualifikationen" nach unserem Verständnis teilweise nicht um Schlüsselqualifikationen, sondern um berufsspezifische Fähigkeiten und Fertigkeiten. Die von Klemens benannten „Schlüsselqualifikationen" setzen sich aus methodischen und so-zialen Kompetenzen und Fähigkeiten sowie Einstellungen und Werthaltungen, also „Schlüsseldispositionen" zusammen, werden jedoch nicht entsprechend differenziert. Das SRK hingegen listet die „Schlüsselqualifikationen" lediglich auf, ohne sie bestimmten übergeordneten Kategorien zuzuordnen oder zueinander in Beziehung zu setzen. Dabei umfassen die benannten „Schlüsselqualifikationen" neben Selbst-, Sozial- und Methoden-kompetenzen (bzw. teilweise auch den entsprechenden Fähigkeiten) ebenfalls berufsspe-zifische Fähigkeiten und Fertigkeiten sowie „Schlüsseldispositionen", wie z.B. „für Verän-derungen und Neuerungen" offen zu sein.

Allen drei Ansätzen ist gemeinsam, dass die benannten Schlüsselqualifikationen teilweise so abstrakt gefasst sind, dass der Interpretationsspielraum zum Teil sehr groß ist, was dazu führen kann, dass die jeweiligen „Schlüsselqualifikationen" entsprechend den persönlichen „Wunschvorstellungen" des Lesers gedeutet werden.

Der Ansatz des SRK erscheint uns zu visionär, da die darin formulierten Lernziele auf einem kaum realisierbaren, weil zu hohem Anspruchsniveau angesiedelt sind. Dies erscheint uns insofern problematisch, als gerade in den helfenden Berufen der Gefahr einer Überforderung der Auszubildenden und der Berufsangehörigen und damit des Burnout begegnet werden muss.

Wir kritisieren an den dargestellten Ansätzen insbesondere die unsystematische Herleitung der Schlüsselqualifikationen, wodurch der Komplexität pflegerischen Handelns zu wenig Rechnung getragen wird, und plädieren dafür, bei der Bestimmung von Schlüsselqualifikationen die veränderten Anforderungen an das Berufsbild Pflege zugrunde zu legen, indem sowohl gesellschaftliche, gesundheits-, sozial- und berufspolitische Veränderungen und Anforderungen, als auch pflegewissenschaftliche Wissensbestände mit berücksichtigt werden.

7.5   Schlüsselqualifikationen im Kontext eines veränderten Bezugsrahmens

Die Diskussion um Schlüsselqualifikationen wird auch geführt im Kontext massiver Wandlungen im Gesundheitsbereich (vgl. auch unten, Kapitel 11.1). Neben der Stärkung von Kompetenzen der psychosozialen Beratung und Unterstützung sowie der Fähigkeit zur Kommunikation, Argumentation und Kooperation geht es um ein „Höchstmaß an Sensibilität, an wirtschaftlichem Denken sowie an Kreativität und Improvisationsfähigkeit" (Meifort 1991, S. 25). Von besonderer Bedeutung ist hierbei der Bezug auf Versuche einer gesellschaftlichen **Neufassung des Gesundheitsbegriffs.**

Vor dem Hintergrund gesamtgesellschaftlicher Wertveränderungen, die hier nur sehr verkürzt dargestellt werden können, lässt sich ein verändertes Gesundheitsverständnis konstatieren, das auf einer höheren Abstraktionsebene seinen Niederschlag in den Forderungen der WHO (World Health Organization) findet, ganz konkret aber auch in einem stärker von Mündigkeit, Partizipation und Eigenverantwortlichkeit geprägten Patientenverhalten sichtbar wird.

Hillmann führt in diesem Zusammenhang die gesellschaftliche Aufwertung soziokultureller Werte wie „Gesundheit", „Persönlichkeitsentfaltung", „individuelle Freiheit" und „Autonomie" vor allem auf ein allgemein gestiegenes Bildungsniveau und dementsprechend höher entwickelte individuelle Reflexionsmöglichkeiten zurück, wobei er gleichzeitig einräumt, dass die verschiedenen Wertwandlungstendenzen sich in den verschiedenen Bevölkerungskreisen in Abhängigkeit von Bildungsniveau oder sozioökonomischem Status mit unterschiedlicher Intensität entfalten (vgl. Hillmann 1989, S. 181 u. 188).

PatientInnen sind heute eher als noch vor wenigen Jahrzehnten bereit, Verantwortung für die eigene Gesundheit zu übernehmen und aktiv am Genesungsprozess mitzuwirken, was seinen Ausdruck nicht nur in der Etablierung von Selbsthilfegruppen und dem steigenden Interesse an komplementären, den therapeutischen Prozess aktiv unterstützenden Heilverfahren findet, sondern auch darin, dass Beratung und Aufklärung in einem stärkeren Maße eingefordert werden. Weiterhin erwarten die über ihre Rechte besser aufgeklärten PatientInnen von heute auch ein höheres Mass an psychosozialer Unterstützung und ganzheitlicher Betreuung durch die Pflegenden. Dies erfordert von den Pflegenden entsprechende Kompetenzen und Qualifikationen.

Vor dem Hintergrund eines trotz medizinischer Weiterentwicklung und steigender Ausgaben im Gesundheitswesen stagnierenden Gesundheitszustandes der Weltbevölkerung setzte sich die WHO das Ziel, bis zum Jahr 2000 allen Menschen Gesundheit zu ermöglichen. Dabei hat das Pflegewesen ihrer Auffassung nach die gesellschaftliche Aufgabe, einzelnen Menschen, Familien und Gruppen zu helfen, ihr physisches, geistiges und soziales Potential im Rahmen ihrer Lebens- und Arbeitswelt zu verwirklichen (vgl. Stussi 1992, S. 11f.). Der zukünftige Auftrag beruflicher Pflege umfasst die Mitwirkung an der Gesundheitsförderung und -erhaltung, die Vermeidung von Krankheit, die Pflege während Krankheit und die Rehabilitation unter Berücksichtigung der körperlichen, psychischen und sozialen Aspekte des Lebens. Für die Ausbildung der Pflegekräfte fordert die WHO die Orientierung an einem gesundheitserhaltenden Modell anstelle eines krankheitskurierenden Modells.

Exemplarisch können folgende Kompetenzen und Aufgaben der Pflegenden abgeleitet werden:

- verstärkte Zusammenarbeit mit Menschen und Gesundheitsinstitutionen (was *Kooperationsfähigkeit und Kommunikationsfähigkeit* erfordert)
- die Koordination der trägerspezifischen Leistungen im Rahmen der Gesundheitsversorgung (dies erfordert *Planungs-, Entscheidungs- und Kooperationsfähigkeiten*)
- Durchführung präventiver Gesundheitsarbeit durch z.B. die Vermittlung gesunder Lebensweisen, das Aufspüren von Risikofaktoren beim Einzelnen u.a. (was von den Pflegenden *psychosoziale Kompetenzen, Wahrnehmungsfähigkeit und Beratungskompetenz* erfordert)
- individuelle Feststellung des Pflegebedarfs eines Menschen sowie Planung, Durchführung und Bewertung von Pflege (was von den Pflegenden z.B. *Wahrnehmungsfähigkeit, Beobachtungsfähigkeit* erfordert)
- Mitarbeit in multiprofessionellen Teams, z.B. in Gesundheitszentren (dies erfordert von den Pflegenden u.a. *soziale Kompetenzen, Argumentationsfähigkeit und -bereitschaft, Kritikfähigkeit und -bereitschaft sowie die Fähigkeit zur Selbstreflexion*).

Nach Becker ist es unabdingbar, Schlüsselqualifikationen auch aus Sicht der Berufsangehörigen zu bestimmen, damit diese befähigt werden, sowohl die beruflichen Anforderungen als auch ihre beruflichen Begrenzungen zu reflektieren und auszuhalten (vgl. Becker 1991, S. 94). Hierzu wird exemplarisch das **„Berufsbild Pflege"** des DBfK (Deutscher Berufsverband für Krankenpflege) herangezogen. Obwohl sich die von anderen Interessenvertretungen, z.B. der ÖTV, formulierten Anforderungen inhaltlich nicht wesentlich unterscheiden, ist es den verschiedenen Pflegeverbänden bisher nicht gelungen, sich auf ein einheitliches Berufsbild zu verständigen.

Bezogen auf die Berufe im Gesundheitswesen fordert der DBfK die stärkere pädagogische Schulung der Beteiligten, um sie zur *Beratung von KlientInnen im Bereich der Prävention und der Gesundheitsförderung zu befähigen* (DBfK 1995, S. 11). Betont wird auch hier *die Notwendigkeit der Ausbildung psychosozialer Kompetenzen*.

Nach Auffassung des DBfK soll die Ausbildung der Pflegenden zukünftig nicht vorrangig auf die Betreuung kranker Menschen, sondern stärker auf die Gesunderhaltung aller Menschen ausgerichtet sein (vgl. DBfK 1995, S. 21). Vor dem Hintergrund der Ausweitung des ambulanten Sektors im Gesundheitswesen und der Einführung der Pflegeversicherung wird auch auf die zunehmende Bedeutung *der Beratung, Anleitung und Unterstützung pflegender Angehöriger* sowie der *effizienten Überleitung von PatientInnen* von einer Einrichtung in eine andere hingewiesen (vgl. DBfK 1995, S. 22ff.). Der DBfK hebt außerdem die Bedeutung der *Qualitätssicherung und des Qualitätsmanagements* als pflegerischer Aufgabenbereich hervor, der von den Berufsangehörigen entsprechende Kompetenzen erfordert (vgl. DBfK 1995, S. 26).

Zusammenfassend lässt sich festhalten, dass sich in dem vom DBfK skizzierten Aufgaben- und Anforderungsprofil Elemente der WHO-Forderungen wiederfinden, jedoch nicht alle Aspekte aufgenommen werden.

Eine weitere Möglichkeit, Schlüsselqualifikationen für die Pflege zu bestimmen, besteht in der Herleitung von Schlüsselqualifikationen aus **Pflegetheorien**, wobei wir es als sinnvoll erachten, sich dabei nicht nur auf eine einzige Pflegetheorie zu beschränken, sondern entsprechend der Systematisierung von Meleis sowohl Bedürfnismodelle als auch Interaktionsmodelle und Pflegeergebnismodelle zu Grunde zu legen.

Aus den exemplarisch ausgewählten Pflegetheorien von Dorothea Orem, Hildegard Peplau und Martha Rogers lassen sich beispielhaft folgende Schlüsselqualifikationen ableiten:

• Die Fähigkeit zur Beratung und Anleitung von PatientInnen (also auch pädagogische Kompetenz)
• Die Fähigkeit, Bedürfnisse des Patienten wahrzunehmen
• Die Fähigkeit zur Empathie
• Die Fähigkeit, Entscheidungen zu treffen und Prioritäten zu setzen
• Die Fähigkeit zur Kooperation
• Die Fähigkeit zur Beobachtung und Wahrnehmung, um Probleme des Patienten identifizieren zu können
• Die Fähigkeit zur Selbstreflexion, um sich zu einer reifen Persönlichkeit zu entwickeln

- Die Fähigkeit zu integralem Denken
- Flexibilität und Kreativität (vgl. Rogers 1995, S. 158).

Aus den vorab beschriebenen neuen Anforderungen an das Berufsbild Pflege lassen sich unter Berücksichtigung von Veränderungen der Gesellschaft, des Gesundheitssystems und des beruflichen Selbstverständnisses sowie der vorliegenden pflegewissenschaftlichen Erkenntnisse zusammenfassend folgende Kompetenzen anführen, die in dem Qualifikationsprofil einer professionellen Pflegekraft enthalten sein sollten.

Für die Pflegeberufe gilt in besonderem Maße, dass die **Fachkompetenz** sowohl die Sozial- als auch die Methodenkompetenz fokussiert.

Die **Sozialkompetenz** umfasst folgende Kompetenzen:
- Beratungs- und Anleitungskompetenz
- Kommunikationskompetenz
- Wahrnehmungs- und Beobachtungskompetenz
- Empathie
- Kooperationskompetenz
- Kritikkompetenz.

Die Sozialkompetenz befähigt die Pflegeperson, ihr Fachwissen an PatientInnen und MitarbeiterInnen des interdisziplinären Teams weiterzugeben, Pflegehandlungen anderen gegenüber zu begründen bzw. durch das Eingehen-Können von Beziehungen eine Voraussetzung für die Weitergabe von Fachwissen zu schaffen. Sie ist somit wesentlich für den Transfer der Theorie in die Praxis. Die Sozialkompetenz kann im Rahmen der Ausbildung durch das gezielte Training von Fertigkeiten (Bsp.: nonverbale Signale beachten, klare Aussagen machen, wiederholen und zusammenfassen, körperbezogenes Arbeiten), die dadurch und durch den Einfluss eigener Erfahrungen zu Fähigkeiten werden, sowie den gezielten Einsatz der Methode der Reflexion, wodurch Fähigkeiten (z.B. die Kommunikationsfähigkeit) in Kompetenzen (z.B. die Kommunikationskompetenz) münden, gefördert werden.

Die **Methodenkompetenz** umfasst:
- Kreativität und Improvisationskompetenz
- Planungs- und Entscheidungskompetenz
- die Kompetenz, selbständig und vernetzt zu denken
- Flexibilität
- die Kompetenz, Zusammenhänge zu erkennen und diese in einen Kontext einzuordnen.

Die Methodenkompetenz befähigt die Pflegeperson, ihr Fachwissen geplant und zielgerichtet umzusetzen und auf veränderte Bedingungen fachkompetent reagieren zu können, indem sie in die Lage versetzt wird, auch ungewöhnliche Lösungsmöglichkeiten einzusetzen. Die Methodenkompetenz ist darüber hinaus auch die Voraussetzung für eine Erweiterung des Fachwissens. Sie ist dadurch, dass sie sich hauptsächlich aus kognitiven Kompetenzen zusammensetzt, auch im Rahmen einer Ausbildung vermittelbar.

Die **Selbstkompetenz** umfasst:

* die Fähigkeit zur Selbstreflexion
* die Fähigkeit, eigene Grenzen zu erkennen und Überlastungen zu formulieren
* Kritikfähigkeit.

Die Selbstkompetenz befähigt die Pflegeperson, ihr Fachwissen entsprechend dem eigenen Können und den eigenen Werten situativ angemessen einzusetzen. Sie versetzt die Pflegeperson also in die Lage, ihr pflegerisches Handeln in der komplexen Pflegesituation kritisch zu hinterfragen und zu beurteilen.

Die Selbstkompetenz kann als Konglomerat personenbezogener Kompetenzen im Rahmen der Ausbildung lediglich gefördert und initiiert werden, wobei die Förderung auf freiwilliger Basis und unter besonderer Berücksichtigung des individuellen Entwicklungsstandes der Lernenden erfolgen muss.

Der Zusammenhang zwischen pflegerischer Handlungsfähigkeit, Fachkompetenz, Selbst-, Sozial- und Methodenkompetenz wird in Abbildung 4 (S. 183) veranschaulicht.

7.6   Die Bedeutung von Schlüsselqualifikationen für die Pflegeausbildung

Welchen Nutzen hat das Schlüsselqualifikations-Konzept nun für die Pflegeausbildung und was leistet das Konzept?

Wenn Schlüsselqualifikationen als berufsübergreifende Kompetenzen verstanden werden, die den Kompetenzbereichen der Sozial-, der Selbst- und/oder der Methodenkompetenz zugeordnet werden können und als solche die Anwendung, den Umgang und die Erweiterung des berufsspezifischen Fachwissens erleichtern, dann sind sie in der Pflegeausbildung nicht Gegenstand des Unterrichts, sondern sie bezeichnen ein Unterrichtsprinzip, eine umfassende Denkhaltung (vgl. Beck 1993, S. 113), die sich an der individuellen Persönlichkeitsentwicklung der Lernenden zu orientieren hat. Schlüsselqualifikationen dienen dann also nicht der Inhaltsbestimmung, sondern sie verändern den Lehr-/ Lernprozess als Ganzes, da sie dessen ganzheitliche Betrachtung implizieren. Sie tragen dazu bei:

* die additive Wissensvermittlung zu überwinden und damit die Stofffülle zu reduzieren
* die Fragmentierung von Wissens- und Könnensbeständen zu verringern oder aufzuheben

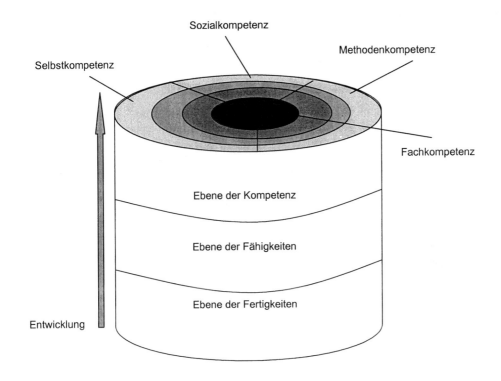

Abbildung 4: Kompetenzbereiche einer professionellen Pflegeperson

- passiv rezeptives Lernen durch aktives und selbständiges Lernen in handlungsorientierten Lernarrangements zu ersetzen (vgl. Beck 1993, S. 112)
- und die Auszubildenden in ihrer Selbstbestimmungsfähigkeit, Mitbestimmungsfähigkeit und Solidaritätsfähigkeit zu unterstützen, indem kooperatives Lernen gefördert wird.

Als „Unterrichtsprinzip" hat das Konzept der Schlüsselqualifikationen jedoch dort seine Grenzen, wo es um die Förderung der personenbezogenen Kompetenzen im Bereich der Selbstkompetenz geht: Dann dürfen zur Förderung dieser Kompetenzen lediglich Angebote auf freiwilliger Basis formuliert werden.

Dörig konstatiert: „Überall dort, wo die griffige, (zu) vielversprechende Metapher des Schlüssels missbraucht wird, um unklare Forderungen und reine Wunschvorstellungen zu legitimieren, hat dieses Konzept geringe Relevanz" (Dörig 1994, S. 27).

Schlüsselqualifikationen stellen übergeordnete Bildungs- und Qualifikationsziele dar, deren Integration für die Pflegeausbildung sinnvoll und notwendig ist. Da das Anspruchs- und Abstraktionsniveau der Schlüsselqualifikationen aber sehr hoch liegt und der Vermittelbarkeit Grenzen gesetzt sind, sollten sie nicht als explizite Ausbildungziele benannt werden.

Stellen Schlüsselqualifikationen ein Konzept zur Lösung des Theorie-Praxis-Konfliktes in der Pflegeausbildung dar?

Zur Diskussion dieser Frage seien hier zwei Thesen formuliert:

These 1: Schlüsselqualifikationen sind notwendig, um Theorie in Praxis umzusetzen.

Um Theorie in Praxis umsetzen zu können, bedarf es des Zusammenspiels verschiedener hochkomplexer Kompetenzen aus den Bereichen der Selbst-, der Sozial- und der Methodenkompetenz. Dies soll an folgenden Beispiel verdeutlicht werden:

Um das Wissen über die physiologischen Vorgänge des Sterbens, die Kenntnis der Sterbephasen und der pflegerischen Bedürfnisse eines Sterbenden sowie die Kenntnis ethischer Richtlinien u.a. in der konkreten Sterbebegleitung eines Menschen situationsgerecht anwenden, integrieren und umsetzen zu können, sind zum einen Kommunikationskompetenz, Wahrnehmungs- und Beobachtungskompetenz, Empathie u.a. Kompetenzen aus dem Bereich der Sozialkompetenz notwendig. Zum anderen bedarf die Pflegeperson auch der Planungs- und Entscheidungskompetenz, der Kompetenz, selbständig und vernetzt zu denken, Zusammenhänge zu erkennen und einzuordnen, ggf. der Improvisationskompetenz und der Flexibilität als Kompetenzen aus dem Bereich der Methodenkompetenz. Die Kompetenz der Selbstreflexion ist wichtig, um das eigene Verhalten in der konkreten Situation einschätzen und kritisch beurteilen zu können, und um eigene Werthaltungen angemessen berücksichtigen zu können.

Das Zusammenspiel der verschiedenen Kompetenzen erfolgt dabei individuell unterschiedlich, je nach individueller Ausprägung der einzelnen Kompetenzbereiche.

These 2: Die Vernetzung von Theorie und Praxis ist eine Voraussetzung für die Vermittlung und Förderung von Schlüsselqualifikationen.

Um Schlüsselqualifikationen vermitteln und fördern zu können, bedarf es insofern der Vernetzung von Theorie und Praxis, als die zur Vermittlung von Schlüsselqualifikationen als notwendig erachteten ganzheitlichen Aufgaben- und Problemstellungen Maßnahmen der Lernortkooperation und der handlungsorientierten, fächerübergreifenden Gestaltung von Lehr-/Lernprozessen unabdingbar machen.

Diesen Sachverhalt veranschaulicht Abbildung 5 (Seite 185).

Unter Berücksichtigung der beiden Thesen lässt sich somit festhalten, dass die Vermittlung von Schlüsselqualifikationen und die Vernetzung von Theorie und Praxis einander bedingen.

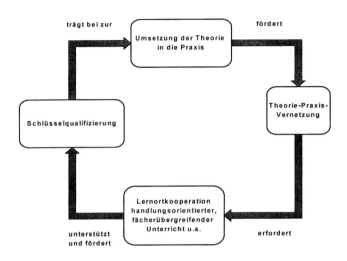

Abbildung 5: Schlüsselqualifikationen und das Theorie-Praxis-Problem

Schlüsselqualifikationen können also zur Entschärfung des Theorie-Praxis-Konfliktes in der Pflegeausbildung beitragen, indem die Vermittlung und Förderung dieser Kompetenzen eine Vernetzung von Theorie und Praxis erfordert.

Der sich aus der Interdependanz zwischen Schlüsselqualifizierung und der Theorie-Praxis-Vernetzung ergebende Regelkreis kann - unter Berücksichtigung der Tatsache, dass Ansätze zur Theorie-Praxis-Vernetzung in der Pflegeausbildung zwar vorliegen, aber erweiterungsbedürftig sind und in der Praxis bisher nicht umgesetzt werden (vgl. oben Kapitel 3.5) - unseres Erachtens nur durch eine Veränderung der Rahmenbedingungen in der Pflegeausbildung umgesetzt werden. Als notwendige Rahmenbedingungen für die Schlüsselqualifizierung auf der einen und die Theorie-Praxis-Vernetzung auf der anderen Seite werden vor allem angesehen:

Die pädagogische Qualifizierung der Lehrenden

Aufgrund fehlender gesetzlicher Vorgaben und ökonomischer Zwänge ist die pädagogische Qualifizierung der in der Pflegeausbildung Lehrenden z.Zt. sehr heterogen. Die in der theoretischen Ausbildung tätigen Lehrenden sind - wenn überhaupt - auf ihre Lehrtätigkeit i.d.R. durch ein- bis zweijährige Weiterbildungen an sog. Weiterbildungsinstituten vorbereitet worden, die in der praktischen Ausbildung tätigen Lehrenden sind - wenn überhaupt - häufig nur durch „Kurzschulungen" ausgebildet worden. Dies ist unseres Erachtens für die Umsetzung und inhaltliche Ausgestaltung didaktischer Konzepte und Curricula nicht ausreichend. Wir schließen uns der Meinung (nicht nur) Botschafters an (vgl.

Botschafter 1993, S. 125ff.), die auch für die Pflege die Lehrerausbildung auf Hochschulebene fordert, und zwar unserer Meinung nach sowohl für die theoretische, als auch für die praktische Ausbildung (vgl. unten, Kapitel 11.3). Hier sollte nach neuen Modellen für die Organisation der praktischen Ausbildung gesucht werden.

Die Freistellung der Lehrenden in der Praxis zur Durchführung der Ausbildung
Um eine strukturierte, gezielte und geplante praktische Ausbildung der Lernenden, die nicht den Arbeitserfordernissen der Stationen untergeordnet ist, zu gewährleisten, ist unseres Erachtens eine Freistellung der Lehrenden in der Praxis unabdingbar.

Der bedarfsdeckende Einsatz von Lehrenden in der Praxis
Der bedarfsdeckende Einsatz von Lehrenden in der Praxis ist notwendig, um eine Kontinuität an praktischer Ausbildung zu gewährleisten. Ohne eine Veränderung des Personalschlüssels dürfte sich die Zahl der gezielten und geplanten Anleitungen auch weiterhin auf einige wenige in dem zeitlichen Rahmen von drei Jahren beschränken.

Die Streichung der KrankenpflegeschülerInnen vom Stellenplan
Durch die anteilige Anrechnung der KrankenpflegeschülerInnen auf den Stellenplan der Stationen sind diese - wie Süss konstatiert- „als (Teil-) Arbeitskräfte definiert und entsprechend den wirtschaftlichen Interessen der Betriebsleitung verfügbar" (Süß 1996, S. 9), was eine Unterordnung von Ausbildungserfordernissen unter betriebliche Belange ermöglicht (vgl. oben, Kapitel 3).

Die gesetzliche Verankerung der Qualitätssicherung in der Ausbildung
Um die sehr heterogenen Qualitätsstrukturen der Krankenpflegeausbildung auf ein annähernd einheitliches Niveau zu bringen, ist es unseres Erachtens notwendig, die Qualitätssicherung gesetzlich zu verankern, so dass beispielsweise die Anzahl der geplanten und gezielten Anleitungen in der praktischen Ausbildung standardisiert ist.

Das Vorhandensein von Fachdidaktikmodellen, die sich nicht ausschließlich an der theoretischen Krankenpflegeausbildung orientieren, sondern die praktische Ausbildung mit einbeziehen
Im Hinblick auf die praktische Umsetzung erachten wir darüber hinaus auch das Vorhandensein von Curricula für beide Teile der Ausbildung, die die Möglichkeiten der Verknüpfung von Theorie und Praxis aufzeigen, als notwendig.

Die Definition und Abgrenzung des beruflichen Handlungsbereiches
Die Definition und Abgrenzung des beruflichen Handlungsfeldes der Pflege wird als notwendig für die Klärung des Zuständigkeitsbereiches der Pflegenden angesehen und kann dazu beitragen, die Übernahme pflegefremder, für die praktische Ausbildung der KrankenpflegeschülerInnen nicht relevanter Tätigkeiten zu verhindern bzw. zu reduzieren.

Hierzu ist es notwendig, Erkenntnisse der Pflegewissenschaft und der Pflegeforschung in die Pflegepraxis zu integrieren.

Abschließend lässt sich festhalten, dass der Theorie-Praxis-Konflikt in der Pflegeausbildung durch das Schlüsselqualifikations-Konzept allein mit Sicherheit nicht zu lösen ist. Als wesentlich wird die Thematisierung und Bearbeitung des Konflikts zwischen Theorie und Praxis angesehen, wobei die Förderung und Vermittlung von Schlüsselqualifikationen einen wichtigen Bestandteil darstellt.

Nur durch eine kontinuierliche pädagogische Begleitung der SchülerInnen auch während der praktischen Ausbildung kann der Theorie-Praxis-Konflikt thematisiert und aufgearbeitet werden. Hierbei sollten die Gegebenheiten der beruflichen Sozialisation der Krankenpflegeschülerinnen stärkere Beachtung finden und überlegt werden, ob der hohe Praxisanteil der Krankenpflegeausbildung weiterhin sinnvoll ist.

Das Spannungsfeld zwischen Theorie und Praxis kann zur Weiterentwicklung der Pflege beitragen, wenn ein Austausch zwischen Theorie und Praxis auf der Basis von gegenseitiger Akzeptanz und Wertschätzung stattfindet. Hierzu müssen Kommunikationsformen gefunden werden.

Unter der Berücksichtigung der Tatsache, dass es in einer über zwanzigjährigen Diskussion um das Schlüsselqualifikations-Konzept nicht gelungen ist, ein tragfähiges Konzept zu entwickeln, sollte der Schwerpunkt der Diskussion über die Integration von Schlüsselqualifikationen in die Pflegeausbildung, neben einer Identifizierung von erforderlichen Kompetenzen einer Pflegekraft, vielmehr auf der Fragestellung liegen, an welchen Inhalten und mit welchen Methoden Schlüsselqualifikationen in der Pflegeausbildung gefördert werden können.

8   Projektunterricht in der Pflegeausbildung

Kerstin Renfer [1]

8.1   Problemstellung

In den letzten Jahren findet in der Pflegeausbildung der Projektunterricht bzw. projektorientierter Unterricht immer öfter Verwendung als Unterrichtsform. Das Projekt als „Methodische Großform" des Unterrichts gilt unter anderem wegen seiner offenen und schülerorientierten Sozialformen und Handlungsmuster (vgl. Meyer 1987, Bd. 1, S. 143ff.) als eine bevorzugte Form von Lehren und Lernen im Sinne einer emanzipatorischen Pädagogik. Projektorientierter Unterricht wird als handlungs- und erfahrungsbezogener Unterricht geschätzt und für die Überwindung der Theorie-Praxis-Diskrepanz in der Ausbildung und die Förderung beruflicher und sozialer Handlungskompetenzen der SchülerInnen als besonders geeignet erachtet. Projektorientierter Unterricht unterscheidet sich von anderen Unterrichtsformen insofern, dass ihm zum einen zwar wie jedem anderen Unterricht ein bestimmter Gegenstand, ein Ziel und eine besondere methodische Gestalt innewohnt, dass er aber zum anderen auch immer sich selbst, d.h. die geplante Veränderung und Überwindung von Unterricht durch Unterricht zum Gegenstand hat.

Verwirrend ist, dass die in der Fachliteratur auftauchenden Projektbeschreibungen und Projektberichte aus der Pflegeausbildung sich nicht nur inhaltlich unterscheiden, sondern dass auch die beschriebenen Vorgehensweisen und speziellen Zielsetzungen innerhalb der Projektarbeit scheinbar unterschiedlichen Konzeptionen, Modellen und somit Verständnissen folgen können. Da ist von Projektstunden, -tagen oder sogar -wochen die Rede, von fachgebundenen und von fächerübergreifenden Themen, von Projekten die als Endprodukt einen Leitfaden herausgeben, in einem Ausstellungstag münden oder ganze Organisationsstrukturen verändern wollen. Einige Projekte finden auf Pflegestationen statt, andere nur in der Schule. In manchen Projekten wird arbeitsteilig gearbeitet, in anderen arbeiten einzelne für sich. Bei dem einen werden die SchülerInnen stark vom Lehrenden unterstützt, beim anderen sollen sie so viel wie möglich selbständig erarbeiten.

Es scheint in der Pflegeausbildung kein einheitliches Konzept der Projektmethode zu existieren und es bleibt die Frage, ob es sich nun bei jedem „Projekt" in der Pflegeausbildung tatsächlich auch um ein Projekt beziehungsweise um projektorientierten Unterricht handelt.

---

[1] Überarbeitet von: Karl-Heinz Sahmel

H   blematik des projektorientierten Unterrichtes und seiner Um-
s   die Pflegeausbildung gebracht werden. Es können dabei keine
fe   geliefert werden, aber sicherlich bietet dieses Kapitel durch die
Analyse des Projektbegriffes, seiner Ziele und Möglichkeiten, Rahmenbedingungen und Organisationsmomente von projektorientiertem Unterricht in der Pflege und die kritische Reflexion von Projekten in der Pflegeausbildung einige konstruktive Gestaltungsansätze.

8.2 Der Projektbegriff

Ursprünglich wurden im 16. bzw. 18. Jahrhundert „Projekte" an europäischen Universitäten als Aufgaben und Methoden des „praktischen Problemlösens" für Studenten der Architektur bzw. des Ingenieurwesens entwickelt. Bei diesen Projekten mussten die Studenten durch Anfertigung von (Bau-)Plänen und Modellen in einer begrenzten Zeit beweisen, dass sie dazu im Stande sind, selbständig fächerübergreifend theoretisches Wissen in praxisrelevante Anwendungen umzusetzen. Erst mit dem Projekt konnte festgestellt werden, ob der Student über das Können und Wissen verfügte, das er im Beruf brauchte. Das Projekt stellte also ein Instrument der Prüfung dar.

Die Aufnahme der Projektidee in Amerika ab dem Ende des 19. Jahrhunderts führte zu deren pädagogischer Grundlegung. Zwischen 1900 und 1915 entstand eine regelrechte Projektbewegung in Amerika. Das Projekt wurde von der Universität in die Schule übertragen, was wesentlich auf den Einfluss des Philosophen und Pädagogen John Dewey zurückzuführen war. Sein auf den Pragmatismus begründeter Projektbegriff stellte die Verbindung von zielgerichtetem Planen und Handeln an lebenswirklichen Situationen in den Mittelpunkt und erweiterte insofern den Projektbegriff, als dass er mit der Betonung des gemeinschaftlichen und gemeinschaftsbezogenen „Tun" Demokratie nicht nur üben, sondern diese auch weiterentwickeln wollte. Sein Schüler William Heard Kilpatrick machte den Begriff durch die einseitig auf den motivationalen Aspekt abgehobene Begriffsbestimmung weitgehend ubiquitär und instrumentalisierbar.

Er definierte „Projekt" als „herzhaftes absichtsvolles Tun". Dabei spielte die „Absicht" der SchülerInnen zu ihrer Arbeit die entscheidende Rolle. Was auch immer die SchülerInnen unternahmen, solange es „absichtsvoll" im Sinne einer intrinsischen Motivation geschah, handelte es sich um ein Projekt. Später revidierte Kilpatrick seine Projektdefinition. Trotzdem wurde sein Verständnis von deutschen Reformpädagogen aufgegriffen und weiter mit dem Projektbegriff verbunden.

Zu einer weiteren Ausdifferenzierung des Projektgedankens, gleichzeitig jedoch auch zu dessen weiteren Verwirrung, trug die Aufnahme des Projektkonzeptes in die europäische reformpädagogische Bewegung der Zwanziger Jahre bei. Pädagogen wie Georg Kerschensteiner, Hugo Gaudig, Hermann Lietz, Peter Petersen u.v.a.m. betonten mit unterschiedlichen pädagogischen Zielsetzungen den Wert weitgehend an der Realität orientierter, selbständig ausgeführter Lernprozesse, ohne den Begriff des „Projektes" ausdrücklich zu gebrauchen: so wurden z.B. Ziele der Arbeitsschul- und Erlebnispädagogik in „Vorhaben" verwirklicht.

Die in den Siebziger Jahren erfolgte Wiederbelebung des Projektgedankens bezog sich auf verschiedene historische Ansätze und verknüpfte diese mit „modernen" philosophischen und pädagogischen Theorien - so etwa mit dem Symbolischen Interaktionismus oder der Systemtheorie - ohne aber zu einer Klärung des Begriffes beizutragen (vgl. Autenrieth 1996, S. 16).

In der heutigen pädagogischen Diskussion werden hauptsächlich zwei konträre Positionen zum Projektbegriff vertreten. Anlass für die Kontroverse sind unterschiedliche Annahmen über Ursprung und Herkunft der Projektmethode. Wenn sie, wie beschrieben, ihren Ursprung in den Universitäten im Europa des 16. bzw. 18. Jahrhunderts und nicht in Amerika hat, so wäre die Projektmethode kein Kind der Demokratie, sondern ein Kind des Absolutismus. In der Praxis würde es sich dann aber auch nicht um das Bemühen zu einer inneren Schulreform bzw. einer Gesellschaftsreform mittels einer Projektphilosophie handeln, wie von den amerikanischen Pädagogen des Pragmatismus gefordert, sondern lediglich um eine Unterrichtsmethode, in deren Zentrum die „Konstruktion" steht, welche ihren Ursprung in der Professionalisierung eines praktischen Berufes hatte. Knoll bezeichnet diese Methode auch als „Lernen durch Tun" und als spezielle Methode des „praktischen Problemlösens" (Knoll 1993, S. 59).

Für die amerikanische Projektmethode waren zunächst drei Prinzipien maßgebend:

- Die **Schülerorientierung**: die SchülerInnen waren für die Planung und Durchführung der Projekte selbst verantwortlich.
- Die **Wirklichkeitsorientierung**: die SchülerInnen orientierten sich an tatsächlichen Problemen im Alltagsleben oder im Beruf.
- Die **Produktorientierung**: die SchülerInnen fertigten Objekte an, die es erlaubten, ihre Theorien und Pläne einer praktischen Prüfung zu unterziehen (vgl. Oelkers 1997, S. 16).

Wenig später wurde aus dem spezifischen Lehrverfahren der technischen Berufsausbildung eine allgemeine Lernmethode. Der Philosoph und Reformpädagoge John Dewey ging einen Schritt weiter. Für ihn war die Projektmethode *die* Philosophie der Erziehung und *das* Instrument zum Kampf gegen die traditionellen Bildungs- und Gesellschaftsvorstellungen Amerikas.

Das Projektkonzept Deweys orientiert sich an drei Kerngedanken seiner Erziehungsphilosophie. Es orientiert sich

- am Begriff der „denkenden Erfahrung", mit dem Dewey den Prozess der planvollen Auseinandersetzung des Menschen mit seiner Umwelt meint. SchülerInnen sollen Erfahrungen erwerben, indem sie ihre im Projektprozess erworbenen Kenntnisse und Vorstellungen in konkreten Situationen anwenden;
- am Bildungsziel der Höherentwicklung des Menschen, deren gesellschaftliche Seite Dewey in der Demokratie sieht;
- am Bild des Schülers, den Dewey als selbständig handelndes Individuum mit einem möglichst weitgehenden Anspruch auf Selbstorganisation und Selbstverantwortung sieht (vgl. Bastian 1993, S. 8).

Einen Ausgleich der beiden Auffassungen des Projektbegriffes - Projekt als Methode oder als Philosophie der Erziehung und Unterricht - hat es bisher nicht in einem zufriedenstellenden Maß gegeben. Beide Verständnisse (und viele Abstufungen dazwischen) finden sich in der heutigen Projektpraxis an den Schulen wieder. Immer wieder wird beklagt, dass der Projektbegriff „unpräzis", „ausufernd" und „inflationär" verwendet wird. Und niemand kann genau erklären, wodurch sich die Projektmethode von ähnlichen Methoden des Unterrichts unterscheidet bzw. was die Projektmethode wirklich ausmacht (vgl. Knoll 1993, S. 63).

Meines Erachtens sind beide Verständnisse von der Projektmethode zu polarisiert und stellen das typische Theorie-Praxis Problem dar. Mit Knolls reduziertem Projektbegriff, Projekt als spezielle Methode des technischen „Problemlösens" zu definieren, gingen alle nachfolgend in den Projektbegriff übertragenen positiven Reformgedanken und deren Auswirkungen auf didaktische Überlegungen verloren, wie z.B. der Gedanke, mit Hilfe der Projektmethode „zu einer Vermehrung des Wissens über gesellschaftliche Zusammenhänge beizutragen und so zur bewussten Teilnahme an der Gestaltung gesellschaftlicher Prozesse zu befähigen" (Bastian/Gudjons (Hrsg.) 1994, S. 27) oder das bewusste Anknüpfen an die Erfahrungen, Interessen und Bedürfnisse der SchülerInnen.

Die Projektmethode jedoch zur generellen Unterrichtsmethode bzw. zur Unterrichtsphilosophie zu erheben, widerspricht zum einen ihrer ursprünglichen Intention und zum anderen macht sie sie für die Praxis unbrauchbar, weil sie zu allgemein ist, diffus wird und dann zu verschiedenartig umgesetzt werden kann.

Wie auch im Theorie-Praxis-Konflikt der Pflegeausbildung muss eine Lösung für beide Seiten gefunden werden, indem sich die beiden Pole angleichen. So sollte die Projektmethode eine Unterrichtsform neben anderen und ergänzend dazu darstellen, mit bestimmten Merkmalen und Strukturen, welche reformpädagogische Prinzipien mit einbezieht. Dabei sollte sich das Projektkonzept stetig im Dialog mit der Praxis und die Praxis im Dialog mit dem Konzept weiterentwickeln (vgl. Bastian/Gudjons 1993, S. 73).

8.3. Projektunterricht und projektorientierter Unterricht

Die Begriffe „Projektunterricht" und „projektorientierter Unterricht" werden oft abwechselnd und ohne erkennbare Abgrenzung voneinander im gleichen Text verwendet. Es wird dabei nicht deutlich, ob es sich lediglich um zwei Ausdrucksweisen für ein und die selbe Sache handelt oder ob deren zugrunde liegende Kriterien sich evtl. doch in wesentlichen Merkmalen unterscheiden.

Im Folgenden werden die Merkmale und Komponenten der Projektmethode dargestellt und es ist davon auszugehen, dass es sich immer dann um projektorientierten Unterricht handelt, wenn versucht wird, diese Merkmale, Kriterien bzw. Stufen oder Komponenten im Gesamtunterricht zu beachten und umzusetzen bzw. wenn wenigstens ein gewisser Anteil des Unterrichts in Form von Projekten angelegt ist.

Waldemar Baron und Norbert Meyer unterstützen diese These: „Die Projektmethode im idealtypischen Sinne impliziert ein nahezu völlig **offenes Curriculum** und geht damit über die Möglichkeiten eines institutionell organisierten und lernzielorientierten Unterrichts hinaus. Werden nur einige dieser Handlungsziele und Interaktionsformen realisiert, so ist der Lernprozess als „projektartig" bzw. „projektorientiert" zu charakterisieren." (Baron/Meyer 1987, S. 145) Ihrer Meinung nach greift projektorientiertes Lernen auf einige Strukturmerkmale der Projektmethode zurück, wobei jedoch drei Merkmale als essentiell und für das projektorientierte Lernen unverzichtbar sind: „das Anknüpfen an die Erfahrungen, Interessen und Bedürfnisse des Lerners, das planvolle und weitgehend selbständige Vorgehen des Lerners (learning by doing) und der Bezug von Theorie und Praxis (ganzheitliches Vorgehen, fächerübergreifender Ansatz, Handlungsrelevanz)" (Baron/Meyer 1987, S. 146).

Herbert Gudjons vermerkt, dass es nicht nur bescheidener, sondern auch sachlich konsequenter sei, wenn statt von „Projektunterricht" von „projektorientiertem Unterricht" gesprochen wird, da oft das eigentliche „Herzstück" der freien, selbstbestimmenden, nicht hierarchischen Problembearbeitung, d.h. die von Dewey angestrebte Höherentwicklung des Menschen in Form der Demokratie, eher vernachlässigt wird (vgl. Gudjons 1997, S. 68f.).

Dagmar Hänsel zeigt auf, dass Deweys Verständnis von projektorientiertem Unterricht noch weiter zu fassen ist. Dewey bezeichne Projektunterricht als eine besondere Unterrichtsform, in der die Projektmethode ihren didaktisch konsequentesten Ausdruck finde. „Unter projektorientiertem Unterricht wird dann nicht eine Kümmerform des Projektunterrichts verstanden. *Als projektorientierter Unterricht wird hier vielmehr jeder Unterricht bezeichnet, der nach den Prinzipien der Projektmethode gestaltet ist.*" (Hänsel 1997, S. 73)

Eine einheitliche Definition von „projektorientiertem Unterricht" existiert nicht. Vielmehr finden sich in der einschlägigen Literatur zu dem Thema drei Typen bzw. Modelle von Antworten. Zum einen werden Merkmalkataloge aufgestellt, zum anderen werden spezifische Komponenten oder Stufen/Schritte heraus gearbeitet, die für projektorientierten Unterricht als typisch gelten und ein drittes Modell integriert Deweys Erziehungsphilosophie in einen „Handlungsfahrplan des Projektprozesses".

8.3.1 Merkmale des projektorientierten Unterrichts

Einen umfassenden Versuch, die Frage „Was ist Projektunterricht bzw. projektorientierter Unterricht?" mit Hilfe eines Merkmalkataloges zu beantworten, unternimmt Herbert Gudjons (vgl. Gudjons 1997, S. 74ff.). Er nennt folgende Merkmale, die ein Projekt ausmachen:

- Situationsbezug bzw. Lebensweltorientierung: Gegenstand der Projektarbeit sind Aufgaben oder Probleme, die sich aus dem „Leben" ergeben, deren Einbettung in eine Lebenssituation, am Zusammenhang der Dinge in der Wirklichkeit
- Orientierung an den Interessen, Bedürfnissen, Betätigungswünschen *und* Ablehnungen der Beteiligten
- Gesellschaftliche Praxisrelevanz
- Zielgerichtete Projektplanung im Sinne des zielgerichteten Tuns
- Selbstorganisation und Selbstverantwortung aller Beteiligten
- Einbeziehen vieler Sinne
- Soziales Lernen im Sinne demokratischer Verhaltensformen
- Produktorientierung: Projektunterricht hat stets ein „Produkt" zum Ziel. Dieses „Produkt" muss mehr sein als der gewöhnliche „Lernerfolg"
- Persönlich tiefgreifende Erfahrungen
- Veränderungen von Haltungen und Einstellungen und
- Verbesserungen von Situationen können ebenso „Produkte" des Projektunterrichts sein wie abrufbares Wissen und Fertigkeiten und vorzeigbare Gegenstände.

Gudjons bezeichnet diesen Merkmalkatalog als „einkreisende Umschreibung" und nicht als „exakte und ausschließliche Definition" des Projektunterrichts. Unterricht, in welchem sich jedoch diese Merkmale gar nicht finden lassen, ist für ihn kein Projektunterricht. Die Merkmale sind jedoch auch nicht unbedingt exakt einzuhalten.

Solche und ähnliche Merkmalkataloge zum Projektunterricht sind noch in anderen Texten und bei anderen Autoren zu finden (vgl. Klippert 1989, S. 15). Es fällt auf, dass die in den Katalogen aufgelisteten Merkmale sowohl in Zahl als auch inhaltlich schwanken. Außerdem wird häufig keine Beziehung zwischen den Merkmalen eines Kataloges hergestellt, sondern sie werden in einer Art Sammelliste addiert. Dies suggeriert dem Praktiker, dass sich die Listen beliebig kürzen oder erweitern lassen.

Die konkrete didaktische „Übersetzung" von jenen Merkmalen, welche eher übergeordnete Ziele und Prinzipien von Unterricht darstellen, bleiben die Autoren schuldig (vgl. Hänsel 1992, S. 17ff.).

Es wird deutlich, dass Merkmalkataloge keine befriedigende Antwort auf die in praktischer Absicht gestellte Frage „Was ist Projektunterricht bzw. projektorientierter Unterricht und wie setze ich ihn um?" geben können, sondern nur Grundsatzmerkmale liefern. Dagmar Hänsel folgert hieraus: Projektunterricht „gerät einerseits zu einem abstrakten Ideal, das der schlechten Realität gegenübersteht, andererseits zu einem diffusen Veränderungsprinzip von Unterricht. Jenes in der Unterrichtswirklichkeit nicht vorfindbare Ideal wird dann mit dem Begriff des Projektunterrichts, das Prinzip, nach dem Unterricht verändert werden soll, mit dem Begriff des projektorientierten Unterrichts umschrieben. In der Logik der Bestimmung des Projektunterrichts durch Merkmalkataloge liegt, dass *kein* (vorfindbarer) Unterricht Projektunterricht ist und zugleich *jeder* Unterricht als (mehr oder weniger) projektorientierter Unterricht gelten kann. Der Begriff des Projektunterrichts verliert hier jede klare Kontur und seine Bestimmung ihre handlungsorientierende Funktion." (Hänsel 1992, S. 19)

8.3.2 Stufen und Komponenten von projektorientiertem Unterricht

Karl Frey ordnet die Projektmethode nach verschiedenen Komponenten. Er spricht von der „Projektmethode" und nicht von „Projektunterricht bzw. projektorientiertem Unterricht", weil für ihn Projekt ein Weg zur Bildung bzw. eine Form der lernenden Betätigung, die bildend wirkt, ist, die über institutionell organisierten Unterricht hinausgeht. Er unterscheidet sieben Komponenten, die einen „idealisierten Projektablauf" darstellen (vgl. Frey 1998, S. 76ff.).

(A) Projektinitiative

Die Projektinitiative kann eine Idee, ein Erlebnis, ein Betätigungswunsch, eine formulierte Aufgabe oder ein vorgegebenes Thema (Curriculum!) eines Mitglieds der Lerngruppe oder eines Außenstehenden sein. Sie richtet sich an die ProjektteilnehmerInnen und ist als Angebot zu verstehen. Zwei Merkmale sind für die Projektinitiative charakteristisch: Sie hat eine *offene Ausgangssituation* und ist noch *ohne Bildungswert.*

(B) Auseinandersetzung mit der Projektinitiative (Projektskizze)

Erstes Element: Die TeilnehmerInnen stecken den Rahmen für die Auseinandersetzung mit der Projektinitiative ab: Organisation, „Spielregeln" für die Auseinandersetzung, Zeitlimit usw.. Es sollen möglichst alle zu Wort kommen und möglichst alle menschlichen Betätigungsformen (auch Gefühlsäußerungen, motorische Bewegungen) gefördert werden. Dieses erste Element dient als Verständigungsbasis für die ProjektteilnehmerInnen.

Zweites Element: Das zweite Element dient der eigentlichen Auseinandersetzung mit der Projektinitiative mittels Kommunikation in Worten, Gesten und Mimik. Es ist eine *Ideen-sammlung* und ein *Aushandlungsprozess* über das „Gebiet". Alle TeilnehmerInnen äussern selbst aktiv eigene Bedürfnisse und Betätigungswünsche, so dass das Thema zunächst komplexer wird. Es werden *mittelbar Beteiligte* (z.B. Vorgesetzte, Fachleute, Zulieferer usw.) identifiziert und evtl. involviert. Die Auseinandersetzung mit der Projektinitiative kann damit enden, dass sie keine Zustimmung findet oder als nicht umsetzbar gilt. Bei Zustimmung wird eine *Projektskizze* angefertigt.

(C) Gemeinsame Entwicklung des Betätigungsgebietes (Projektplan)

Alle TeilnehmerInnen äußern im Anschluss an Komponente 2, was sie im einzelnen tun wollen. Es sind konkrete *Projektpläne* zu entwerfen und das Zeitbudget zu erstellen. Sie können sich aber auch schon auf ein mögliches *Endprodukt* konzentrieren (Ausstellung, Dokumentation, Gerät usw.). Das Endprodukt ist aber nicht das wesentliche Element der Projektarbeit. Bildend wirkt das Bestimmen des „wer etwas tut, wie jemand etwas tut und warum ausgerechnet derjenige dieses tut". Dazu ist es notwendig, dass alle Beteiligten ihre Gestaltungswünsche, ihre kritische Sichtweisen, ihre negativen Erfahrungen von früher einbringen. Es wird ausprobiert, künftige Abläufe werden simuliert, fehlendes Wissen festgestellt und gegebenenfalls angeeignet. Die TeilnehmerInnen machen somit die Projektinhalte zu ihren Inhalten, so dass das „Tun" persönlich und motiviert ist. Es wird eine *Prioritätenliste* und ein *Zeitplan* mit Fixpunkten entworfen.

(D) Aktivitäten im Betätigungsgebiet/Projektdurchführung

Die ProjektteilnehmerInnen widmen sich nun längere Zeit einer vorgesehenen Beschäftigung, der Umsetzung des Geplanten. Recherchiertes wird zusammengefügt, Probehandeln wird zielgerichtet eingesetzt, usw.. Grundsätzlich kann jede Form der Tätigkeitsorganisation eingesetzt werden: Einzelarbeit, Arbeiten in kleineren oder größeren Gruppen, geistige und/oder körperliche Arbeit, kontrollierende, zuliefernde oder ausführende Tätigkeiten. Wesentlich ist, dass nicht immer alle alles und gemeinschaftlich tun müssen. Arbeitsteilung ist möglich, wenn sie als sinnvoll erachtet wird (dies ergibt sich oft schon in den oben genannten Komponenten).

(E) Beendigung des Projektes

Die ProjektteilnehmerInnen schließen die Projektdurchführungsphase mit einer von drei Varianten ab. In umfangreichen Projekten erscheinen sie allerdings auch gemischt bzw. kombiniert.

1. Variante: Bewusster Abschluss
Veröffentlichung des Ergebnisses, Ingebrauchnehmen des Produktes, Vorführung bei produktzentrierten Projekten.

2. Variante: Rückkopplung zur Projektinitiative

Die ProjektteilnehmerInnen vergleichen den Endstand des Projektes mit den Anfängen: Retrospektive, „Manöverkritik".

3. Variante: Auslaufenlassen des Projektes

Das Projekt mündet bereichernd in den Alltag. Wenn im Projekt vor allem das Sozialverhalten eine Rolle gespielt hat oder eine Tätigkeit bzw. Verhalten geübt wurde, ist dieser Übergang der sinnvollste. „Wenn ein Projekt so angelegt ist, dass es nach einiger Zeit z.B. in Berufspraxis, Normalunterricht oder Freizeit eingreift, steigen Transfer und externe Relevanz von Bildungsmaßnahmen erheblich. Das Projekt läuft nicht Gefahr, ein isoliertes Wissensstück ohne Gebrauchswert in die Welt zu setzen." (Frey 1998, S. 84)

Zwei weitere Komponenten sind nicht in einer zeitlichen Abfolge auf die oben genannten Komponenten zu verstehen, sondern sie treten je nach Bedarf im Verlaufe des Projektes parallel zu den ersten fünf Komponenten auf bzw. werden eingeschoben. Ohne Fixpunkte und Metakommunikation/Zwischengespräche kann das „Tun" in der Projektpraxis nicht zum „bildenden Tun" werden, ohne diese Komponenten „lebt" die Projektmethode nicht.

(F) Fixpunkte

Vor allem in länger dauernden Projekten (mehrere Tage oder sogar Wochen) tragen Fixpunkte wesentlich zum Gelingen des Projektes bei. Fixpunkte dienen sozusagen als „organisatorische Schaltstelle". Sie dienen der Orientierung, Koordination und Abstimmung zwischen den Einzelnen und Teilgruppen eines Projektes bzgl. des Standes der Arbeiten, Planung des weiteren Vorgehens und der nächsten Schritte. Es werden Notizen über die letzte Phase angefertigt und Anregungen für die folgenden Phasen formuliert. Fixpunkte helfen, das Projekt zu stabilisieren.

(G) Metainteraktionen/Zwischengespräche

In der Metainteraktion werden Fragen der Zusammenarbeit in der/den Gruppe/n sowie die Klärung von sachlich-inhaltlichen Fragestellungen erörtert. Es wird diskutiert, inwieweit der zu Beginn erstellte Verständigungsrahmen wirksam war oder ob dieser evtl. verändert werden muss. Die ProjektteilnehmerInnen beschäftigen sich mit Problemen im Umgang miteinander und setzen sich aus einer gewissen Distanz mit dem eigenen Tun auseinander. Gerade dieser letztgenannte Aspekt trägt wesentlich dazu bei, dass aus einfachem Tun der Projektpraxis „bildendes Tun" wird.

Mit Ausnahme der Komponenten F und G, welche quer zu den übrigen Komponenten liegen, stellen die fünf anderen Komponenten Stufen oder Schritte im Projektprozess dar. Wenn Lehrende und Lernende einen Unterricht als Projekt bezeichnen wollen, müssen sie alle beschriebenen Stufen durchlaufen. Davon unterscheidet Frey das „projektartige Lernen", bei dem nur eine oder wenige Komponenten berücksichtigt werden (vgl. Frey 1998,

S. 15). Während bei der Bestimmung der Projektmethode durch Merkmalkataloge eine Hoch- bzw. Idealform des Projektes in unerreichbare Ferne rückt, wird mit Freys Bestimmung mittels Komponenten eine Verwirklichung der Idealform des Projektes denkbar.

Problematisch ist die Bestimmung des Projektlernens über Komponenten aber in zweierlei Hinsicht (vgl. Hänsel 1992, S. 20f.):

- Zum einen rückt der *Inhalt des Lernens* in den Hintergrund. Er wird nicht zum Gegenstand systematischer Betrachtung und Analyse. Die Auswahl der Inhalte wird allein zum Problem der Lerngruppe erklärt. Bildend wirkt nur das „Wie", die Art und Weise ihrer Bearbeitung, welche eben möglichst alle sieben Komponenten umfassen sollte. Grundsätzlich kann jedes Thema, jeder Gegenstand des Lebens auch zum Gegenstand eines Projektes werden. Die Projektinitiative muss „nicht offenkundig sozial oder ökologisch oder sonstwie problemhaltig sein" (Frey 1998, S. 78). Projektlernen unterscheidet sich von anderen Unterrichtsmethoden nur dahingehend, dass hier beliebige Inhalte in ganz besonderer Art und Weise bearbeitet werden.

- Zum anderen ist bei Frey der *institutionelle Kontext*, in dem Projektlernen organisiert wird, sekundär. Spezielle institutionelle Kontexte, wie z.B. Schule, Erwachsenenbildung, außerschulische Jugendarbeit, berufliche Weiterbildung usw., kommen bei Frey nur als Variationen für die Umsetzung der Stufen und Momente der Projektmethode vor. Die Auswahl der Institutionen, in der Projektlernen stattfindet, wird der Methode nachgeordnet und nicht auf ihre evtl. implizite Konflikthaftigkeit hin überprüft.

Die Gefahr ist groß, dass Projektlernen, nach Freys Projektmethode organisiert, auf ein Problem der Methode, auf ein Problem des „Wie" des Lernprozesses, reduziert wird. Projektorientierter Unterricht wird zu einem Problem der Unterrichtsmethode „zurechtgestutzt". Vor allem in Texten zu Projektwochen (vgl. z.B. Klippert 1989), die LehrerInnen unmittelbar umsetzbare Handlungsanleitungen geben wollen, wird diese Verengung des Projektbegriffes deutlich.

8.3.3 Handlungsfahrplan für den Projektprozess

Ausgehend von Deweys Verständnis der Projektmethode (vgl. Gudjons 1997, S. 68ff.) und ihrer daraus abgeleiteten Bestimmung, was Projektunterricht ist, entwirft Dagmar Hänsel einen „Handlungsfahrplan für den Projektprozess" (vgl. Hänsel 1997, S. 82ff.):

Inhaltliche Bestimmung

Projektunterricht ist „Unterricht, in dem Lehrer und Schüler ein echtes Problem in gemeinsamer Anstrengung und in handelnder Auseinandersetzung mit der Wirklichkeit zu lösen suchen, und zwar besser als dies in Schule und Gesellschaft üblicherweise geschieht." (Hänsel 1997, S. 75)

Methodische Bestimmung

Projektunterricht ist ein „pädagogisches Experiment, das von Lehrern und Schülern in Form von Unterricht unternommen wird und das zugleich die Grenzen von Unterricht überschreitet, indem es Schule und Gesellschaft durch praktisches pädagogisches Handeln erziehlich zu gestalten sucht." (Hänsel 1997, S. 76)

Erziehungsphilosophische Bestimmung

Projektunterricht gründet auf einer

- erfahrungsbezogenen Vorstellung von Erziehung,
- „offenen" Vorstellung von Unterricht und
- „schülerorientierten" Vorstellung von der Lehrtätigkeit (vgl. Hänsel 1997, S. 76f.).

Hänsel unterscheidet zwei Typen von Aufgaben, die *inhaltsbezogenen* und die *methoden-bezogenen*, die von Lehrenden und Schülern bewältigt werden müssen (vgl. Hänsel 1997, S. 82ff.).

Inhaltsbezogene Aufgaben

Aufgabe	Was muss der/die Lehrende beachten/fragen?
1. Eine wirkliche Sachlage auswählen, die für die SchülerInnen ein echtes Problem darstellt.	• Schaffung eher unterrichtsuntypischer Situationen: z.B. Feste, Ausflüge, Spiele, ... • Systematische Analyse der sozialen Lebenszusammenhänge und der Lebensräume, in denen die SchülerInnen aufwachsen. • Eigene Interessen und Probleme analysieren. • Ausgewählte Sachlage im Projektprozess immer wieder auf Problemhaftigkeit überprüfen.
2. Einen gemeinsamen Plan zur Problemlösung entwickeln.	• Lehrende können schon vor Projektbeginn ohne die SchülerInnen einen groben Plan zur Problemlösung entwerfen. • Der Plan muss nicht notwendigerweise von den SchülerInnen initiiert, aber er muss von ihnen mitgestaltet werden. • Der Plan muss während des Projektprozesses immer wieder als gemeinsamer Plan begründet, hinterfragt und verändert werden.
3. Eine handlungsbezogene Auseinandersetzung mit dem Problem herstellen.	• Formen einer handlungsbezogenen Problemauseinandersetzung wählen: Rollenspiele, Interviews, Erkundungsgänge, Reportagen, ... • Herstellen eines Produktes: szenische Darstellung, Film, öffentliche Aktionen, Modelle, Experimente, ...

Aufgabe	Was muss der/die Lehrende beachten/fragen?
4. Die gefundene Problem-lösung an der Wirklichkeit überprüfen.	Mögliche Evaluationsfragen: • Ist im Projektprozess die Perspektive einer besseren Problemlösung konkret geworden, als es in der gesellschaftlichen Wirklichkeit bearbeitet zu werden pflegt? • Hat die gefundene Problemlösung eine Veränderung der Umwelt von LehrerInnen und SchülerInnen bewirkt?

Methodenbezogene Aufgaben

Aufgabe	Was muss der/die Lehrende beachten/fragen?
1. Die Voraussetzungen des Experiments klären.	• Gibt es unter dem Anspruch von Erziehung Kritik an der bestehenden Schule und Gesellschaft? • Will ich Unterricht als Erziehung gestatten? • Bin ich davon überzeugt, dass für die Verwirklichung dieses Anspruches das eigene Handeln bedeutend ist? • Welche erziehungsphilosophischen Vorstellungen von Erziehung, Unterricht und Lehrtätigkeit habe ich? • Sind die institutionellen Bedingungen durch einen Projektprozess tatsächlich veränderbar?
2. Das Ziel des Experiments bestimmen.	• Rechenschaft darüber ablegen, ob und wie die Bedingungen des „Normalunterrichts" (auch die LehrerInnen) in und durch den Projektprozess überhaupt verändert werden sollen.
3. Versuchsbedingungen herstellen.	• Bedingungen des Handelns für den Projektprozess gezielt, geplant verbessern versuchen, z.B. Kooperation zwischen den Lehrenden in einer vertrauensvollen, offenen Beziehung. • Sich den Modell- und Schonraumcharakter des Projektes bewusst machen.
4. Das Ergebnis des Experiments überprüfen.	• Habe ich mich im und durch den Projektprozess verändert? • Hat sich diese Veränderung über den Projektprozess auch als Veränderung des Normalunterrichts niedergeschlagen und wenn ja, wie? • Hat der Projektprozess Veränderungen von bestehenden gesellschaftlichen Verhältnisse, Problemen bewirkt?

199

Hänsel geht es nicht darum, ein Projekt danach zu beurteilen, ob alle Stufen formal und der Reihe nach vollständig eingehalten wurden. Das Kriterium für eine Entscheidung über die Projekthaftigkeit einer Arbeit muss sein, ob der Projektprozess auf den verschiedenen Stufen nach den oben genannten Gesichtspunkten Deweys und den Bestimmungen Hänsels gestaltet worden ist.

Und doch mutet der „Handlungsfahrplan" Hänsels eben wie ein Fahrplan an, der dazu verführt, die anfangs beschriebenen Kriterien und Prinzipien in den Hintergrund zu rücken und erst einmal die vorgegeben Stationen des Weges nacheinander „abzufahren". Und das auch nur in eine Richtung und mit einem Ziel, welches sehr an die Ideologie der 68er Studenten erinnert. Einziges Ziel und mögliches „Produkt" des Projektunterrichts darf die Verbesserung bzw. Überwindung schulischer wie gesellschaftlicher Verhältnisse sein. Schon die Themen werden nach ihrer Problemhaftigkeit bzgl. schulischer und gesellschaftlicher Bedingungen ausgewählt, sonst hat das Arbeiten im Projekt keinen Sinn. Schule und Gesellschaft sollen durch praktisches pädagogisches Handeln „erziehlich" gestaltet werden. Den SchülerInnen muss bewusst gemacht werden, wie wichtig das ist! Sicherlich ist es richtig, dass bei den SchülerInnen erst einmal ein Kritik- bzw. Problembewusstsein geweckt werden muss, aber wo bleiben deren Interessen? Sie werden zum Instrument oder Vehikel der schul- bzw. gesellschaftskritischen Idee gemacht. Von Selbständigkeit und Selbstbestimmung kann nicht gesprochen werden. Verstärkt wird dieser Eindruck noch durch die sehr lehrer- und institutionsbezogenen Formulierungen der Anmerkungen speziell zu den methodenbezogenen Aufgaben.

Und so bleibt die Frage: Geht es hier auch um die Höherentwicklung jedes einzelnen Schülers/jeder einzelnen Schülerin oder doch nur um die Ausbreitung einer Ideologie auf dem Rücken der SchülerInnen?

8.4   Die Rolle der Lehrenden im projektorientierten Unterricht

Viele Lehrende sind verunsichert, wenn sie Projektunterricht durchführen sollen. Es wird im projektorientierten Unterricht den Lehrenden oft das zugemutet, was sie weder gelernt noch selbst als SchülerInnen erfahren haben. Idealistische Postulate von „Gemeinsamkeit" und „Partnerschaft" helfen ihnen nicht weiter. Sie wissen nicht genau, wie sich ihre Rolle gestaltet, und befürchten, sie könnten die SchülerInnen entweder zu stark steuern oder ihnen zu viel Freiheit überlassen bzw. ihnen wegen zeitlichen, personellen und persönlichen Defiziten nicht genügend Aufmerksamkeit zukommen lassen. Sie fragen sich, ob sie eher auf einer gleichberechtigten Ebene mit den SchülerInnen interagieren sollen, oder ob dies, in Anbetracht ihres nicht zu verleugnenden Wissens- und Erfahrungsvorsprunges und ihres erzieherischen Anspruches geradezu unmöglich ist. Die traditionelle Rollenverteilung gibt Lehrenden wie Lernenden viel Sicherheit: Die Verantwortung ist eindeutig festgelegt, die Rolle des Planenden und Beurteilenden ohne Zweifel an den Lehrenden delegiert. Gerade dieses Verhalten soll im Projekt nicht gezeigt werden.

Aber wie sollten sich Lehrende im projektorientierten Unterricht verhalten? Johannes Bastian formuliert zur Beantwortung dieser Frage vier in sich übergehende Thesen:

These 1: „Projekte, die von der Sehnsucht nach Symmetrie im Lehrer-Schüler-Verhältnis gesteuert werden, scheitern oft!" (Bastian 1994, S. 29)
Er betont, dass sowohl Lehrende als auch SchülerInnen durch eine unreflektierte Hoffnung auf gleichberechtigte Interaktion im Projektunterricht überfordert werden. Vielmehr muss von einer kooperativen Interaktion gesprochen werden, d.h. von einem gemeinsamen Arbeiten, welches auch unterschiedliche Rollen beinhalten kann.

These 2:" Projektunterricht hat die Überwindung der Subjekt-Objekt-Beziehung im Lehrer-Schüler-Verhältnis zum Ziel ..." (Bastian 1994, S. 30).
Er sollte jedoch nicht die notwendige(!) Ungleichheit in der Lehrenden-SchülerInnen-Beziehung unreflektiert eingeebnet werden! Es handelt sich eher um eine Form des „Miteinander"-Lernens.

These 3: „Lehrer und Schüler befinden sich auch im Projektunterricht in grundsätzlich unterschiedlichen Rollen, in einer komplementären Beziehungsstruktur."
(Bastian 1994, S. 32)
Diese Tatsache erfordert eine gründliche Planung des Projektes durch die Lehrenden - auch und gerade dann, wenn sie wollen, dass die SchülerInnen selbst planen bzw. sich an der Planung beteiligen. Es ist dabei keineswegs paradox, wenn die Lehrenden den Selbstplanungsprozess der SchülerInnen vorplanen, wenn sie also überlegen, wie sie den SchülerInnen helfen können, die eigenen Interessen herauszufinden und sie in einem Projekt umzusetzen.

These 4: „Das Subjekt-Objekt-Verhältnis kann nur überwunden werden, wenn die komplementären Rollen auch im Projektunterricht gesehen und vom Lehrer akzeptiert werden." (Bastian 1994, S. 36)
Die SchülerInnen als Subjekte im Lernprozess ernst zu nehmen heißt zum einen, nicht so zu tun, als gäbe es keine institutionelle Macht der Lehrenden mehr, und zum anderen, die qualifikationsbedingten Vorsprünge des Lehrenden soweit zur Verfügung zu stellen wie es die SchülerInnen brauchen. Dabei muss sich die Projektplanung der Lehrenden immer an den arbeitsmethodischen, sozialen und inhaltlichen Kompetenzen und Vorerfahrungen der SchülerInnen orientieren.

Karl Frey sieht in der Rolle der Lehrperson im projektorientierten Unterricht eine Art „Hintergrundlehrer". Merkmale dieser Rolle sind (vgl. Frey 1998, S. 241ff.):

- das allmähliche Zurückziehen des/der Lehrenden;
- Helfen, wenn nötig;
- wie die SchülerInnen mitmachen;
- Aushalten und nicht eingreifen.

Die Rolle und die Aufgaben der Lehrenden in Dagmar Hänsels Verständnis lassen sich folgendermaßen beschreiben (vgl. Hänsel 1997, S. 71f.): Lehrende wie SchülerInnen sind lernende und sich entwickelnde Wesen, sie können also auch gemeinsam lernen. Dennoch können die Lehrenden ihre Rolle nicht der der SchülerInnen gleichsetzen, da sie Dinge und Inhalte kennen und verstehen, welche die SchülerInnen erst lernen müssen. Der/die Lehrende muss also analysieren, welche Fähigkeiten, Bedürfnisse und Erfahrungen die SchülerInnen bereits erworben haben, um dann den Lernprozess im Projekt voraus zu planen und zu organisieren. Die zum Projektbeginn von den SchülerInnen eingebrachten Themen- und Planungsvorschläge, sind von den Lehrenden mit den eigenen Erziehungsplänen (z.B. schulische und außerschulische Veränderungen durch Erziehung!) zu verbinden, denn die Lehrenden müssen den Lernprozess verantworten. Die Lehrenden übernehmen die Führungsrolle, welche sie auch in den Gruppenunternehmungen nicht aufgeben.

Fazit

Ein geplanter Projektunterricht bedarf von den Lehrenden einer intensiven Vorbereitung und Vorausplanung bezüglich Lehr- und Lerninhalten, Organisation, Struktur, Methodik, Material, Zeit, usw.. Sie müssen dabei unbedingt auch die Fähigkeiten, Ressourcen, Bedürfnisse und Erfahrungen der SchülerInnen berücksichtigen.

Die Lehrenden sollen gemeinsam mit ihren SchülerInnen Initiativen und Themen des Projektes überlegen und bearbeiten und dabei ihre (Erziehungs-)Ziele und eigenen Interessen offen legen und mit denen der SchülerInnen vergleichen, um spätere Motivationsdefizite seitens aller ProjektteilnehmerInnen einzuschränken. Im späteren Projektprozess ist darauf zu achten, dass die Lehrenden nicht sklavisch ihre Planung und eigenen Ziele verfolgen. Ein wesentliches Merkmal der Lehrendenrolle diesbezüglich ist wohl die „Flexibilität".

Den SchülerInnen ist im Projektverlauf von den Lehrenden immer mehr Selbständigkeit und Eigenverantwortung in Initiierung, Planung, Durchführung und Evaluation des Projektes einzuräumen, ohne sie jedoch dabei allein zu lassen. Die Lehrenden ziehen sich langsam zurück, arbeiten aber mit und sind kompetente Ansprechpartner, wann immer die SchülerInnengruppen Hilfe benötigen.

Die Aspekte der Rolle der Lehrenden *während* eines Projektes lassen sich beschreiben als begleitend, motivierend, beratend, innovierend, fachmännisch, mitarbeitend und bei Bedarf strukturierend. *Vor* und *zu Beginn* des Projektes ist die Rolle der Lehrenden gekennzeichnet durch Planung und durchaus auch durch Führung, im Sinne einer Hinführung zur Projektinitiative und evtl. zu den Aspekten und Möglichkeiten eines gewählten Themas (was auch immer wieder einmal während eines Projektes nötig sein kann). Die SchülerInnen müssen die Themen und Ziele des Projektes als ihre eigenen formulieren und annehmen können, sonst geht die motivierende und bildende Wirkung der Projektmethode und auch das pädagogische Ziel des Lehrenden, der Schulinstitution und/oder der Gesellschaft verloren.

8.5   Projektorientierung in der Berufsausbildung

Das Projekt gilt als eine bevorzugte Form von Lehren und Lernen im Sinne einer handlungsorientierten emanzipatorischen Pädagogik. Sie soll den Lernenden nicht nur fachlich qualifizieren, sondern führt ihn darüber hinaus zu schul- und berufsfeldübergreifenden Bildungszielen wie z.B. Abstraktionsfähigkeit, methodisches Vorgehen, Kommunikations- und Kooperationsfähigkeit, Selbstbestimmung und Verantwortungsbewusstsein. Außerdem hat projektorientierter Unterricht unterschwellig immer auch die Überwindung und Veränderung unterrichtlicher, schulischer bzw. gesellschaftlicher Verhältnisse und Bedingungen zum Ziel. Deshalb möchte projektorientierter Unterricht mehr als nur den Erwerb von Kenntnissen und manuellen Fertigkeiten erreichen. Er hat einen ganzheitlichen „mehrdimensionalen" Lernzielbezug. So kann man zusätzlich zu den manuellen und kognitiven Fertigkeiten und Fähigkeiten einen ganzen Katalog von gesellschaftlichen Richtzielen formulieren, welche durch projektorientierten Unterricht gefördert werden sollen und welche die Grundlage für die Veränderung von schulischen bzw. gesellschaftlichen Bedingungen darstellen. Diese werden vor allem als „Schlüsselqualifikationen" thematisiert (vgl. oben, Kapitel 7).

Möglich wird die Erreichung dieser Ziele durch Lernformen, die die auf den Einzelnen beschränkten und lehrerzentrierten Formen ablösen:

- „Lernen durch Erleben, Nachdenken, Handeln
- Lernen durch Erfahrungen
- problemlösendes Lernen
- entdeckendes bzw. forschendes Lernen
- selbstbestimmtes bzw. eigenverantwortliches Lernen
- emanzipatorisches Lernen in bezug auf die Ziele kritische Selbständigkeit und soziale Mündigkeit
- kooperatives bzw. soziales Lernen
- Probehandeln in echten Lebenssituationen." (Struck 1980, S. 24)

Durch den projektorientierten Unterricht werden diese kognitiven, emotionalen, sozialen und psychomotorischen Lernformen initiiert (vgl. Fix 1984, S. 81).

So stellt die Projektmethode z.B. ein geeignetes Mittel dar, die SchülerInnen an Bürgerpflichten und Bürgerrechte heran zuführen, „denn mit ihr kann man lernen, in einem grösseren Rahmen selbständig zu handeln." (Frey 1998, S. 70) Projektorientierter Unterricht fördert eher die Zusammenarbeit, Rücksichtnahme und gemeinsames Arbeiten, als dass es Konkurrenzverhalten hervorbringt und orientiert sich ganz besonders an persönlichen Fähigkeiten der SchülerInnen, um diese entfalten zu können. Die Projektmethode erleichtert die kurz- und mittelfristige Motivation für die Erreichung gemeinsamer Ziele und fördert die Kopplung bzw. Synthese schulischer und außerschulischer Lernbereiche (Theorie-Praxis-Verknüpfung). Die Projektmethode kann ein Bindeglied zwischen den einzelnen Fächern darstellen (fächerübergreifend) und trägt zur ständigen, inneren Erneuerung der Schule durch das Eingehen auf aktuelle Bedürfnisse und Fragestellungen bei (vgl. Frey 1998, S. 71).

Als didaktischer Leitbegriff für die berufliche Bildung allgemein gilt die „Entwicklung von Handlungskompetenz bzw. Schlüsselqualifikationen". Projektorientierte Ausbildung erscheint daher in vielen LehrerInnenaugen als das ideale Lehr-Lernarrangement, um den komplexen Anforderungen in der Pflegeausbildung und der Ausbildung dieser geforderten Schlüsselqualifikationen entsprechen zu können. Lernen durch Projekte gilt als der Königsweg handlungsorientierten Lernens in der Berufsausbildung.

Die Forderung nach der Projektmethode wird für allgemeines, politisches sowie für berufsorientiertes, berufliches Lernen erhoben. Denn damit kann den komplexen Lernprozessen in der Gesellschaft begegnet werden (vgl. Pukas 1978, S. 929).

Susanne Schewior-Popp stellt die Projektmethode als - im allgemeinen pädagogischen Verständnis – „eine moderne, offene, schülerorientierte Gestaltung von Unterricht bzw. bestimmter Unterrichtszeiten" (Schewior-Popp 1998, S. 139) vor, wobei ihrer Meinung nach die Überwindung der Distanz zwischen Schule und Arbeitswelt im Mittelpunkt steht. Dabei sieht sie zwei Richtungen der Überwindung:

- das „Hereinholen" der Aktivitäten der Arbeitswelt in die Schule und
- den Erwerb von „Bildung" im Handeln der Arbeitswelt (vgl. ebd.).

Projektunterricht kann „vorbereiten auf komplexes, selbständiges, teambezogenes und zielgerichtetes berufliches Handeln" (Schewior-Popp 1998, S. 142).

8.6   Ziele und Möglichkeiten von projektorientiertem Unterricht in der Pflegeausbildung

Welches der oben (vgl. Kapitel 8.3) beschriebenen Modelle ist nun am ehesten für die Krankenpflegeausbildung geeignet?

Die heute wohl gängigste Umsetzung des projektorientierten Unterrichts in der Krankenpflegeausbildung stellt mehr oder weniger eine Integration des Merkmalkataloges in das Stufen- bzw. Komponentenmodell frei nach Frey dar. Dies ist durchaus sinnvoll. Das Modell nach Frey gibt eine methodische Strukturierungshilfe, macht die Projektmethode konkret für die praktische Projektarbeit umsetzbar (vgl. Schewior-Popp 1998, S. 140). Es zeigt den SchülerInnen, wie durch Kooperation und Initiative, gezielte Planung, Durchführung und Evaluation Themenstellungen, die einen solchen Prozess benötigen, (auch im späteren Berufsleben) nützlich erarbeitet werden können. Und wie zufällig erscheint hier das Grundmuster des Pflegeprozesses als Problemlösungsprozess im Großen wiederzukehren.

Auch der Projektprozess kann als Regelkreis angelegt werden. Theoretische Konstrukte werden für die SchülerInnen erfahrbar (vgl. Lange 1989, S. 8).

Die Betonung und Umsetzung der Prinzipien und Kriterien aus Merkmalkatalogen wie „Schülerorientierung", „erfahrungs- und handlungsorientiertes Lernen", „fächerübergreifendes Lernen", „Ganzheitlichkeit", „kooperatives und soziales Lernen", „veränderte Lehrerrolle", „Praxisrelevanz" usw. innerhalb dieses Rahmens verhindert das Vergessen, dass Projektunterricht - trotz seiner starken Strukturiertheit - eine offene Lehrform darstellt. Außerdem entsprechen gerade diese Merkmale dem wachsenden, neuen Selbstverständnis der Pflege von „Personenorientierung", „kooperativer und integrativer Pflege", „veränderter Berufsrolle" und „Eigenständigkeit". Die Berücksichtigung dieser abstrakten Begriffe macht sie für die SchülerInnen in der Projektsituation (er)lebbar, hilft die berühmt berüchtigte Theorie-Praxis-Distanz zu überbrücken.

Aber auch Dagmar Hänsels „Handlungsfahrplan" kann durchaus nützlich in ein Projekt der Krankenpflegeausbildung integriert werden. Die schul- und gesellschaftsverändernden Ansprüche ihres Modells lassen sich gut mit den berufs(bildungs)politischen Diskussionen in der Pflege verknüpfen. Projekte in der Krankenpflegeausbildung, die ihrem Anspruch von Veränderung und Verbesserung bestehender Bedingungen nachkommen, können einen wesentlichen Beitrag zur Weiterentwicklung bzw. Umstrukturierung der (Kranken)Pflegeausbildung und der Pflegepraxis leisten. Sogar die SchülerInnen können sich mit diesem Ziel identifizieren, da sie die Defizite der Ausbildung und der Pflegepraxis selbst erleben oder schon selbst erlebt haben. Voraussetzung einer Veränderung der Realität ist zum einen, dass die Ergebnisse und besseren Lösungswege des Projekts den

Pflegepersonen und Verantwortlichen zugänglich gemacht und von diesen diskutiert werden und/oder zum anderen, dass die SchülerInnen die gewonnenen Erfahrungen, Fähigkeiten und Fertigkeiten bzgl. einer Verbesserung der Realität übergangslos in die Praxis mitnehmen und somit der dritten Variante der Beendigung eines Projekts nach Frey, dem „Auslaufen lassen" entsprechen.

Meines Erachtens stellt die Kombination aller drei Modelle die „Hochform" und das Ideal projektorientierten Lernens dar. Dabei kommt es nicht darauf an, immer alle Inhalte jedes Modells zu integrieren. Wichtiger ist die Überlegung „Was soll mit dem geplanten Unterricht erreicht werden? Bietet sich dazu eines der Modelle und seine Prinzipien an? Oder lassen sie sich sogar kombinieren?" Die größtmögliche Umsetzung jeweils eines der Modelle ist die Umsetzung eines Teilbereiches des projektorientierten Unterrichtes. Dies ist keineswegs falsch, sondern kann als Übung mit dem jeweiligen Modell verstanden werden. Auch dies ist schon sehr anspruchsvoll und innovativ.

Um die Frage beantworten zu können, was projektorientierter Unterricht **konkret** in der Krankenpflegeausbildung erreichen will, wurden von mir zehn Projektbeschreibungen von Krankenpflegeschulen aus dem gesamten Bundesgebiet - welche m.E. die Kriterien einer Projektorientierung größtenteils erfüllten - auf ihre Zielsetzungen hin untersucht (vgl. u.a. Bartsch/Rösch/Zerler 1997; Baumann 1999; Frey/Matzke 1997; Pankratz 1996; Schempp 1997; Schmidt-Richter 1998; Werner 1997).

Die **Themen** dieser projektorientierten Arbeiten waren ganz unterschiedlich: „Lehr- und Lernstation auf Zeit - KrankenpflegeschülerInnen übernehmen die Stationsverantwortung", „Rehabilitation im Krankenhaus", „Erkunden der eigenen Lebensaktivitäten", „Ein 'Roter Faden' für die 'Pflege' von Kommunikation", „Tag der alternativen Pflegemethoden", „Sucht", „Reanimation auf peripheren Stationen", „Der gesunde Mensch", „Psychiatrie in der Krankenpflegeausbildung", „Schüler informieren Schüler".

Es konnten in diesen Arbeiten folgende übergeordnete **Zielsetzungen** identifiziert werden:
- Theorie-Praxis-Verknüpfung
- Förderung und Entwicklung der beruflichen Handlungskompetenz der SchülerInnen
- Entwicklung des eigenständigen Berufs- bzw. Pflegeverständnisses der SchülerInnen und dessen Übertragung auf die Praxis
- Entwicklung der Persönlichkeit der SchülerInnen
- Vorbereitung auf das bevorstehende Examen bzw. auf die berufliche Tätigkeit nach dem Examen (Sicherheitsvermittlung bzw. Angstabbau)
- Öffentlichkeitsarbeit/Tranzparentmachen von Ausbildung und Beruf
- Verbesserung der Ausbildungssituation sowie der Pflegepraxis in struktureller wie fachlich-inhaltlicher Hinsicht.

Die differenzierten Zielsetzungen konnten in eine **inhaltliche Ebene**, eine **Kompetenz-Ebene** und eine **Meta-Ebene** eingeordnet werden.

Inhaltliche Ebene

Die SchülerInnen sollen/wollen zum Beispiel:

- sich selbständig Wissen über ein aktuelles Pflegethema aneignen, vertiefen, erweitern oder
- sich theoretisch mit einem gemeinsam gewählten Thema auseinandersetzen und es in irgendeiner Form praktisch umsetzen (z.B. auf Station, als Informationstag usw.),
- sich gemeinsam bzw. arbeitsteilig intensiv und umfangreich mit einem problematischen Thema auseinandersetzen,
- ein curricular bzw. lehrplanmäßig vorgegebenes Thema mit eigenen Inhalten füllen und erarbeiten,
- Inhalte pflegerischer Handlungen erarbeiten und umsetzen,
- die Diskrepanz bzw. den Zusammenhang zwischen der Theorie und der Praxis in der Krankenpflege (-ausbildung) erkennen und überprüfen,
- eigene „gesunde" und „kranke" Anteile erkunden,
- eigene Selbstpflegepotentiale erarbeiten,
- den Beziehungs-, Problemlösungs- und Handlungsprozess in der Pflege erkunden,
- ein erarbeitetes Thema und dessen Inhalte öffentlich machen (z.B. auch Publikationen),
- „Ganzheitlichkeit" als lebbar gestalten.

Kompetenz-Ebene

Die SchülerInnen sollen/wollen berufliche Handlungskompetenz erlangen durch die Förderung:

- der rationalen Diskursfähigkeit,
- der Kommunikationsfähigkeit,
- der Kreativität und Phantasie,
- der Organisations- und Planungsfähigkeit,
- der Selbständigkeit,
- der Kooperationsfähigkeit/Teamfähigkeit,
- von Methodenkompetenz,
- der Offenheit für neue Wege und Situationen,
- des Denkens in übergreifenden Zusammenhängen,
- von selbständigen Denk- und Handlungsprozessen,
- der Verständnisfähigkeit und der Empathie (u.a.m.).

Meta-Ebene

Die SchülerInnen sollen/wollen:

- die Projektmethode am „eigenen Leib" erfahren,
- das eigene Lernverhalten beobachten,
- den Zusammenhang zwischen Theorie und Praxis in der Krankenpflege reflektieren.
- eigene Kompetenzen wahrnehmen,
- eigene Grenzen kennenlernen und reflektieren,
- eigene Wertvorstellungen, Haltungen und Sichtweisen darstellen und hinterfragen,
- aus dem Erkennen der eigenen Werte, Kompetenzen und Grenzen Verständnis für andere Menschen entwickeln,
- gruppendynamische Prozesse und Zusammenhänge erkennen und initiieren,
- die eigene Rolle/Stellung innerhalb der Gruppe, Klasse, der Krankenpflege und Gesellschaft erkennen und hinterfragen,
- erarbeiten, wie sich Projektarbeit auswirkt,
- analysieren, wie Projektergebnisse im (beruflichen) Alltag auch in anderen/übertragbaren Situationen Anwendung finden können,
- den geschützten Rahmen des Projektes als solchen erkennen,
- Kommunikations- und Kooperationsstrukturen in der Krankenpflege erkennen und hinterfragen,
- aus der Reflexion der beruflichen Zusammenhänge ein eigenes Pflege- und Berufsverständnis entwickeln.

Alle Projektbeschreibungen ließen eine Ergebnisorientierung erkennen, in dem Sinne, dass in irgendeiner Form auf ein Endprodukt hingearbeitet wurde. Nur bei dreien wurde die Prozessorientierung explizit als ebenso wichtig angegeben.

Inwieweit nun diese Ziele umgesetzt wurden bzw. überhaupt umsetzbar waren, kann anhand der Beschreibungen zu den Projektevaluationen und -reflexionen überprüft werden. Dies wird jedoch durch den Umstand erschwert, dass die Krankenpflegeschulen diese Auswertungen in verschiedenen Ausmaßen, mit verschiedenen Schwerpunkten und verschiedenartigen Dokumentationsformen durchführen. Und nur die Ziele aus der inhaltlichen und evtl. der Meta-Ebene halten einer im direkten Anschluss an die Projektarbeiten eingeleiteten Überprüfung stand. Für die Ziele der Kompetenz-Ebene müssen wiederum Kriterien gefunden werden, die den jeweiligen Fähigkeiten entsprechen, an denen eine mögliche Entwicklung zu erkennen ist. Außerdem unterliegt die Entwicklung dieser Fähigkeiten einer längeren Zeit, als die einer Projektdauer. Allenfalls können die Inhalte und Strukturen des jeweiligen Projektes daraufhin untersucht werden, ob sie tatsächlich der Kompetenzentwicklung entgegen kommen. Ebenso ist es wichtig zu sehen, ob auch schon vor und später nach dem projektorientierten Unterricht die Strukturen und Inhalte des „üblichen" theoretischen wie praktischen Unterrichts eine Förderung der Kompetenzen der SchülerInnen zulassen. Meines Erachtens können nur auf längere Zeit angelegte empirische Untersuchungen und deren Ergebniskombinationen darüber Aufschluss geben, ob und in wieweit mittels projektorientierten Unterrichts in der Krankenpflegeausbildung die berufliche Handlungskompetenz der SchülerInnen gefördert werden kann.

Beispielsweise wurde in einer von mir 1999 durchgeführten empirischen Untersuchung eines SchülerInnen-Projekts mit dem Thema „Lehr- und Lernstation auf Zeit - KrankenpflegeschülerInnen übernehmen die Stationsverantwortung" mittels qualitativ geführter Interviews festgestellt, dass sieben der acht SchülerInnen durch das Projekt einen Zuwachs an Sicherheit für ihr zukünftiges berufliches Handeln erfuhren, unter anderem durch den Umstand, dass sie Verantwortung tragen und eigene Prioritäten setzen konnten (vgl. Renfer 1999, S. 54). Dieses kleine Beispiel schon lässt erkennen, wie sich die Organisation und die Strukturen eines projektorientierten Unterrichts auf die Ausbildung beruflicher Handlungskompetenz auswirken können.

8.7   Rahmenbedingungen und Organisationsmomente für projektorientierten Unterricht in der Krankenpflegeausbildung

Die Dominanz der Fachinhalte und das Bestreben, über ein möglichst umfangreiches Fachwissen „Pflege" zu verfügen, werden immer fragwürdiger. Die Intensität des Lernens und die Exemplarität der Inhalte werden angesichts der stetigen Zunahme des Wissens in und um die Pflege - unter anderem auch wegen des Wissenszuwachses aus der Pflegewissenschaft - immer vordringlicher. Ansätze für curriculare Veränderungen (vgl. oben, Kapitel 6.3) zeigen, dass dem erfahrungs- und handlungsorientierten Lernen in selbstbestimmten Problemlösungsprozessen Raum zu schaffen ist und dazu die entsprechenden Unterrichtsformen in curriculare Überlegungen integriert werden müssen.

Es bleibt also letztendlich den Krankenpflegeschulen, und speziell jedem einzelnen Lehrer und jeder einzelnen Lehrerin überlassen, wie sie selbstbestimmten, offenen, handlungs-, erfahrungs- und problemlösungsbezogenen Unterricht, und hierzu ist der projektorientierte Unterricht zu zählen, in ihren Gesamtunterricht integrieren.

Schewior-Popps Verständnis von der Integrierung der Projekt-Methode in die Schule ist, dass „die eigentliche Projekt-Methode über den Rahmen schulisch institutionalisierten Lernens hinausgeht, da sie genaugenommen keine Gestaltungs-Methode, sondern eine Methode des Curriculumprozesses ist" (Schewior-Popp 1998, S. 139). Die Projektinitiative stellt dabei den Ausgangspunkt dieses Prozesses dar. Aber sie sieht auch aufgrund zeitlicher, räumlicher und thematischer Vorgaben die Utopie in dieser Vorstellung und reduziert die Benutzung des Projektbegriffes auf „Projekt-Unterricht" oder - nach Frey - auf „projektartiges Lernen", wobei Projektunterricht als eine Unterrichtsform unter anderen verstanden werden muss.

Wichtig ist dabei, dass Projektunterricht nicht nur einmal im Jahr z.B. in Form von einer Projektwoche oder einem Projekttag vorgesehen ist, sondern dass die Auszubildenden den Umgang mit der Projekt-Methode erlernen, d.h. über den Sinn und Zweck der Projekt-Methode informiert sind, anfangs nur einzelne strukturelle Teile der Methode auswählen und an ihnen üben oder nur kleine Projekte durchführen.

Dazu gehört auch, dass die für die Arbeit in Projekten immanenten Kompetenzen und jeweils speziellen Inhalte im Vorfeld von den Auszubildenden erworben werden können.

Dies ist in curricularen Überlegungen zu berücksichtigen. Die größtmögliche Chance, Projekte in Unterricht zu integrieren, bietet m.E. ein **offenes Curriculum** (vgl. oben, Kapitel 6).

Die Organisation von projektorientiertem Unterricht lässt sich anhand des **Fachaspektes**, des **Lerngruppenaspektes**, des **LehrerInnenaspektes**, des **Lernortaspektes** und des **Zeitaspektes** beschreiben (vgl. Struck 1980, S. 59ff.).

Der Fachaspekt: Projektorientierter Unterricht kann organisiert sein als:

Innerfachliche Projektarbeit
Innerhalb eines Unterrichtsfaches und mit den Inhalten einer Fachdidaktik durchgeführte Projektarbeit. Sie findet i.d.R. ohne Veränderung des Stundenplanes statt. Es wird dabei im Rahmen der dafür vorgesehenen Fachstunden gearbeitet. Sie kann aber auch en bloc organisiert sein und kompakt über mehrere Tage hinweg durchgeführt werden, während der übrige Fachunterricht ruht. Auf jeden Fall lässt sich diese Art des projektorientierten Unterrichts gut in einem geschlossenen Curriculum einem Fach als Unterrichtsform oder Unterrichtsmethode zuordnen und als Projektzeit planen.

Fächerübergreifende Projektarbeit
Gewöhnlich wird projektorientierter Unterricht fächerübergreifend angelegt. Mehrere Unterrichtsfächer und möglichst mehrere Fachlehrer sind an dem Unterricht beteiligt. Ausgangspunkt für dieses Bemühen ist das ganzheitliche, Lebenszusammenhänge umfassende Thema selbst. Erst im Laufe der Planungsphase wird dessen fächerübergreifender Charakter sichtbar. Es soll nicht wegen eines Themas unter großen Anstrengungen eine künstliche „Klammer" über mehrere vorhandene Unterrichtsfächer gespannt werden. Deswegen wird es schwierig sein, mehrere curricular vorgegebene Unterrichtsfächer bzw. -themen einem Projektthema und bestimmten Projektzeiten zuzuordnen.

Fächerübergreifende Projekte werden meist in kompakter Form als Projekttag oder Projektwoche(n) organisiert. Es ist eher sinnvoll, im voraus Unterrichtszeit an sich als Projektzeit im Block- bzw. Jahresplan fest einzuplanen. Erst im nachhinein können die „gebrauchten" Stunden evtl. den einzelnen, durch die Projektarbeit berührten und curricular definierten Fächern zugeordnet werden. Ein offen gestaltetes Curriculum (wie etwa das „Oelke-Curriculum") ist deswegen wesentlich geeigneter für fächerübergreifenden projektorientierten Unterricht, als ein geschlossen gestalteter Lehrplan. (Es ist aber nicht unmöglich, auch mit einem geschlossen gestalteten Lehrplan einen solchen Unterricht zu planen.)

Überfachliche Projektarbeit

Überfachliche Projektarbeit findet außerhalb des curricular vorgegebenen Fächerkanons statt. Sie stellt eine besondere Initiative der SchülerInnen und LehrerInnen dar und kann sich z.B. in der Organisation eines Festes oder einer Kursfahrt ausdrücken. Als curricularer Hintergrund einer überfachlichen Projektarbeit lässt sich das dort evtl. formulierte Verständnis von den Beziehungsstrukturen zwischen den Menschen oder das formulierte Verständnis der ganzheitlichen Lebens- und Lernzusammenhänge anführen. Die Zeit für überfachliche Projekte kann auf alle Fälle schon in die Block- und Jahresplanung mit integriert werden.

Der Lerngruppenaspekt

Projektorientierter Unterricht lässt sich in der Gruppierung der SchülerInnen bzw. weiterer Beteiligter zu Arbeitsgruppen sehr unterschiedlich organisieren. Je nach Gruppengröße bzw. Gruppenanzahl ist darauf zu achten, dass ausreichend Begleitpersonen zur Gruppenbetreuung zur Verfügung stehen.

Die Lerngruppen können gebildet werden durch:

* Die ganze Schule
* Eine Klassen- bzw. Kursstufe oder ein Jahrgang
* Eine Klasse/einen Kurs
* Interessengruppen.

Ausschlaggebend für die Bildung dieser Lerngruppen sind die Interessen und Neigungen der SchülerInnen bzw. die der weiteren Beteiligten innerhalb einer Klassen- bzw. Kursstufe, einer Klasse/eines Kurses oder der Schule bzw. klassenstufenübergreifend. Dies kann in der Krankenpflegeausbildung, z.B. die gemeinsame Ausarbeitung eines Anleitungsplans, durch den Ober- und Unterkurs für den Unterkurs sein. Schul(form)übergreifend: In der Krankenpflegeausbildung sind unter diesem Punkt vor allem die Projektarbeiten mit und in der Praxis (z.B. mit MentorInnen, Stationsteams, interdisziplinären Teams) oder mit anderen Schulformen (z.B. mit Kinderkrankenpflege, Altenpflege, Physiotherapie, aber auch mit allgemeinbildenden Schulen) einzuordnen.

Der LehrerInnenaspekt

Projektorientierter Unterricht erfordert hochqualifizierte LehrerInnen mit durchdachten Lehrkonzeptionen und umfassenden Vorbereitungen. Alle Kompetenzen, die SchülerInnen glaubhaft vermittelt werden sollen, sollten beim Lehrenden selbst in hohem Maße vorhanden sein.

- Projektorientierter Unterricht unter der Anleitung bzw. Begleitung der einzelnen Klassen- bzw. KurslehrerInnen
- Projektorientierter Unterricht unter der Betreuung von FachlehrerInnen bzw. Fachmännern und –frauen
- Projektorientierter Unterricht unter der Betreuung mehrerer Lehrenden.

Der Lernortaspekt

Beim Lernortaspekt sollten immer räumliche, finanzielle, zeitliche und personelle Bedingungen und Strukturen mitbedacht werden. Es muss beachtet werden, welches Material den Projektteilnehmenden zur Verfügung steht, ob die Themenstellung evtl. das Einbeziehen von „Fachmännern und –frauen" erfordert und ob diese nur außerhalb der Schule anzutreffen sind, ob die Ergebnisse veröffentlicht werden sollen usw.

Projektorientierter Unterricht kann durchgeführt werden:

- innerhalb der Schule
- außerhalb der Schule
- in Kombination beider Orte.

Der Zeitaspekt

Hier geht es darum, möglichst schon in der Fächerverteilung des Curriculums, spätestens aber in der Jahres- und Blockplanung einen bestimmten Zeitraum für Projekte freizuhalten. Ob die Zeit dann tatsächlich für Projekte benutzt wird, ist zunächst einmal nebensächlich. Manche Krankenpflegeschulen planen die Unterrichtsblöcke inhaltlich erst ganz kurz vor deren Durchführung. Aber auch hier besteht noch die Chance einer Projektzeiteinplanung, falls ein fach- bzw. themenabhängiger projektorientierter Unterricht sinnvoll ist. Wenn aber von vornherein keine Zeit für Projekte eingerichtet wird, haben es alle Beteiligten schwer bei Interesse ein umfangreiches aktuelles Thema in projektorientierten Unterricht umzusetzen.

Die einzelnen Zeiträume für die Planung, Durchführung und Auswertung eines Projektes richten sich dann nach dem thematischen Umfang, den Lernstand und den Vorerfahrungen der SchülerInnen.

Projektorientierter Unterricht kann so gestaltet sein, dass dafür *einzelne Unterrichtsstunden* erforderlich sind, oder er beansprucht je nach Komplexität und Beteiligtenanzahl *einen Tag oder wenige Tage, eine oder mehrere Wochen.*

8.8   Kritische Einschätzung von Projekten in der Krankenpflegeausbildung

8.8.1   „Pflegen können": Ein Curriculum für die praktische Ausbildung in der Pflege

„Pflegen können", das neue Curriculum für die praktische Ausbildung in der Pflege von Grandjean u.a. baut auf dem gleichnamigen Curriculum für die theoretische Ausbildung in der Krankenpflege („AKOD-Curriculum", C. Dreymüller u.a. 1993) auf und will die theoretische Ausbildung mit exemplarischen Erfahrungen und Übungen in der täglichen Praxis verknüpfen. Außerdem soll die curriculare Gestaltung der praktischen Ausbildung in Form von „Projekten" den Krankenpflegeschule eine individuelle Planung der praktischen Ausbildung für jeden Schüler/jede Schülerin ermöglichen.

Durch exemplarisches Lernen mit Hilfe von 27 konkret formulierten „Projektthemen" und deren Umsetzung in der Anleitungspraxis soll den SchülerInnen die Fähigkeit vermittelt werden, „das Gelernte selbständig auf andere Situationen des komplexen Pflegealltags zu übertragen und sich individuell auf neue oder unvorhergesehene, bisher nicht erfahrene Pflegeprobleme einzustellen" (Grandjean u.a. 1998, S. 5).

Beispiele solcher, in ihrer Auflistung immer komplexer werdenden „Projekte" sind: „Die Aufnahme eines Patienten", „Körperpflege im Bett", „Mobilisierung eines Patienten mit Herzinfarkt", „Postoperative Überwachung eines Patienten nach Darmresektion", „Wahrnehmen und Beobachten eines Patienten mit psychischer Erkrankung" usw. (vgl. Grandjean u.a. 1998, S. 23).

Warum diese 27 vorformulierten Anleitungssituationen ausgerechnet als „Projekte" bezeichnet werden und welcher pädagogische oder didaktische Hintergrund diesem Vorgehen zu Grunde gelegt wurde, wird in dem Curriculum nicht konkret benannt. Den einzigen Hinweis darauf gibt die Aussage, dass bei der Auswahl der Projektthemen darauf geachtet wurde, dass nach dem Prinzip des exemplarischen Lernens alle wesentlichen Kompetenzbereiche angesprochen werden sollen. Darunter sind zu zählen die:

- fachliche Kompetenz (Wissen),
- soziale Kompetenz (Beziehungsfähigkeit),
- Eigenkompetenz (Selbstwert).

Dazu werden den Themen jeweils die schon aus dem Curriculum für die theoretische Ausbildung („AKOD-Curriculum") bekannten „Paradigmen" zugeordnet.

Die entwickelten Kompetenzen sollen die SchülerInnen dazu befähigen, „die betrieblichen Zusammenhänge zu erkennen, unvorhersehbare Probleme zu lösen sowie selbständig und kontinuierlich weiterzulernen" und entsprechen somit teilweise den oben identifizierten Zielen einer projektorientierten Berufsausbildung (vgl. Grandjean u.a. 1998, S. 14).

Die Auswahl der Themen orientiert sich des weiteren an:

- „den vorgegebenen Ausbildungsbereichen in der Anlage 1b der Ausbildungs- und Prüfungsverordnung für die Berufe in der Krankenpflege
- den zentralen Themen im pflegerischen Bereich, die im theoretischen Curriculum genannt sind
- den gegenwärtigen Entwicklungen im Gesundheitswesen" (Grandjean u.a. 1998, S. 13).

Diese Kriterien für die Themenauswahl orientieren sich stark an den vorgegebenen Strukturen in der Krankenpflegeausbildung und weniger an den speziellen Interessen der SchülerInnen und lassen nicht erkennen, ob „echte" Problemstellungen, welche sich in der Praxis abzeichnen, erarbeitet werden können.

Bei der Analyse des organisatorischen Ablaufes der einzelnen „Projekte" als Anleitesituation wird deutlich, dass es sich bei dieser Form des praktischen Unterrichts nicht um projektorientierten Unterricht handeln kann, da elementare Kriterien der Projektmethode bzw. des Projektunterrichtes nicht beachtet werden.

Das Curriculum gibt dem Anleitenden im sogenannten „Anleiterhandbuch" zu jedem der 27 „Projekte" konkrete Hinweise bzw. Empfehlungen bzgl. Zielsetzung und Inhalt und liefert eine komplett vorgegebene Planung der Anleitesituation zu den Aspekten Anleitungsstruktur, Kommunikation, Gesundheitsförderung, Empathie/Partner sein, Kreativität, Pflegeplanung/Pflegeorganisation, Kooperation und Leitbild.

Das für die SchülerInnen konzipierte „Schülerhandbuch" gibt diesen zu jedem der 27 „Projektthemen" nochmals inhaltliche Unterthemen vor.

Es soll nicht bezweifelt werden, dass dieses Curriculum wesentlich zur Sicherung der praktischen Ausbildung beiträgt, indem es sie plant, strukturiert und mit der theoretischen Ausbildung zu verknüpfen sucht. Es muss jedoch ganz deutlich hervorgehoben werden, dass es sich bei den beschriebenen Anleitesituationen nicht um projektorientierten Unterricht im Sinne der in diesem Kapitel erläuterten Projektmethode handelt. Die Verwendung des Begriffes „Projekt" innerhalb dieses Curriculums führt zu der irrigen Annahme, es handele sich um die Umsetzung selbstbestimmten, gemeinschaftlichen Handelns von SchülerInnen und Anleitenden in der Pflegepraxis unter einer selbstbestimmten, gemeinsam entwickelten Planung und Zielsetzung. Aber weder Struktur noch Inhalte, Zielsetzungen oder Evaluationskriterien können wirklich von Anleitenden und SchülerInnen zusammen erarbeitet und festgelegt werden, da sie durch dieses Curriculum vorgegeben werden. Ja selbst die Instrumente und die Struktur für die Planung der „selbständigen" Arbeitsphase der SchülerInnen sind schon im Curriculum festgelegt. Diese können noch nicht einmal selbständig die Pflegesituation oder den zu pflegenden Patient auswählen. Außerdem hat der Anleitende nicht die Rolle des Begleiters, sondern des Wissenden und Überprüfenden, weil das Curriculum schon fertige Empfehlungen und Pläne bzgl. der Vorgespräche und Pflegeplanungen vorgibt. Mit welchen objektiven Kriterien die Erreichung der übergeordneten Ziele „fachliche Kompetenz", „soziale Kompetenz" und „Eigenkompetenz" evaluiert werden kann, wird hingegen nicht formuliert.

Um der Begriffsklarheit Willen sollten daher die oben beschriebenen Anleitesituationen auch als solche bezeichnet werden.

8.8.2 Projektorientierter Unterricht in direkter Umsetzung auf Pflegestationen

Projektorientierter Unterricht hat in der Krankenpflegeausbildung unter anderem das Ziel, Theorie in Praxis umzusetzen und umgekehrt. Ganz bewusst wird dieses Ziel in den - schon jetzt zahlreich durchgeführten - projektorientierten Unterrichten mit dem Motto „KrankenpflegeschülerInnen übernehmen selbständig und eigenverantwortlich eine Pflegestation" eingesetzt. Zumeist werden die SchülerInnen eines Kurses im dritten Ausbildungsjahr dazu ermuntert, für eine gewisse Zeit komplett eine Pflegestation mit all deren pflegerischen und administrativen Aufgaben zu übernehmen. Sie sollen so auf das praktische Examen und den „Ernst des Berufes" vorbereitet werden. Diese Projekte verlaufen unterschiedlich lang, von ein paar Tagen bis zwei, drei oder vier Wochen. Lernaufgaben und -ziele der SchülerInnen sind z.B. „das Arbeiten mit einem hohen Grad an Selbständigkeit", „die konsequente Umsetzung patientenorientierter, aktivierender und umfassender (Bezugs- und/oder Bereichs-) Pflege", „Planung und Dokumentation von Pflege und Behandlung", „Kooperation mit anderen Berufsgruppen", „Übernahme der Schicht- und Stationsleitung" (vgl. Renfer 1999, S. 10). Manchmal steht sogar die Einführung einer neuen Pflegeorganisationsform (z.B. Bereichspflege), neuer Dokumentationsmittel (z.B. neuer Pflegeanamnesebogen), neuer Kommunikationsstrukturen (z.B. Teambesprechungen) und neuer Arbeitszeitmodelle (Einführung des Mitteldienstes) oder alles zusammen zusätzlich auf der Wunschliste der Beteiligten.

Schon diese kurze Beschreibung zeigt, wie komplex und anspruchsvoll diese Art des in die Pflegepraxis übertragenen projektorientierten Unterrichts ist und lässt erahnen, wieviel er von allen Beteiligten abverlangt. Solch ein Unterricht muss sehr gut vorbereitet und organisiert werden, sonst treten sehr schnell Probleme auf.

Eine der Schwierigkeiten ergibt sich schon aus der Aufgaben- und Rollenzuweisung der Projektmethode an die LehrerInnen. Die betreuenden LehrerInnen geraten ganz schnell in einen Rollenkonflikt, weil sie sich zum einen für das Gesamtprojekt verantwortlich fühlen und den Überblick behalten müssen, zum anderen als gleichberechtigte TeilnehmerInnen auf Station mitarbeiten sollen (vgl. Stich/Mahl 1999, S. 21). Dazu kommt, dass sie sich um die gesetzliche bzw. rechtliche Absicherung des Projektes kümmern müssen, denn KrankenpflegeschülerInnen dürfen rein rechtlich keine Station alleine führen und nebenher sollen sie noch den Schulbetrieb aufrechterhalten und evtl. andere Kurse und SchülerInnen betreuen. Es ist abzusehen, dass sie ohne Unterstützung und gründliche Vorplanung schnell an die Grenzen ihrer Leistungsfähigkeit kommen.

In der fehlenden Unterstützung kann das nächste Problem bestehen. Natürlich muss ein examiniertes Pflegeteam die Umsetzung des projektorientierten Unterrichtes auf seiner Station auch wollen. Meist sind dies sowieso sehr engagierte Pflegekräfte, welche gerne selbst an dem Projekt und an Förderung „ihres" Nachwuchses teilnehmen möchten. Darauf sind die LehrerInnen und Schülerinnen angewiesen. Ohne diese Pflegekräfte könnte ein solches Projekt schon allein deswegen nicht funktionieren, weil die Anzahl der LehrerInnen meist zu gering ist, um alle Dienstschichten als betreuende Personen zu begleiten. Das muss das dortige Pflegeteam (zumindest zum Teil) übernehmen. Aber diese Unterstützung muss schon in der Vorbereitungszeit des projektorientierten Unterrichtes und der Planungsphase beginnen. Die LehrerInnen und SchülerInnen sind von Beginn an auf das Wissen und die Erfahrungen des Stationsteams bzgl. die Stationsbegebenheiten und zu erwartenden Patienten angewiesen. Die Planung, Zielsetzung, Durchführung und Evaluation erfolgt mit der Praxis und z.T. auch in der Praxis. In dieser Tatsache liegt die große Chance, Theorie mit der Praxis und Praxis mit der Theorie verknüpfen zu können.

Schwierig wird es, wenn von seiten der Station übersteigerte Wünsche an Schule und SchülerInnen heran getragen und von denen unreflektiert als Ziele übernommen werden (z.B. Einführung der Bereichspflege, neuer Dokumentationsformen, Arbeitszeitmodelle, Kommunikationsstrukturen usw.). Wenn diese Ziele nicht erreicht bzw. später nicht von Station übernommen und weitergeführt werden, könnten das die SchülerInnen als ihr Versagen werten. Das Gegenteil von Selbstbewusstsein würde erreicht.

Eine dritte Problemkonstellation ergibt sich, wenn die SchülerInnen nie zuvor projektorientierten Unterricht oder zumindest Anteile daraus wie z.B. Methoden des eigenverantwortlichen Lernens, des erfahrungsbezogenen Handelns, usw. erfahren haben und sie nie eigenverantwortlich und selbständig auf Station Pflegetätigkeiten planen, durchführen und evaluieren konnten. Sie werden dann schnell mit der Situation auf Station überfordert sein. Dabei ist die Gefahr groß, dass sich die LehrerInnen und das teilnehmende Stationsteam Teile der Aufgaben, welche die SchülerInnen bewältigen wollten, selbst übertragen (z.B. Schicht- und Stationsleitung, Visitenbegleitung) und den SchülerInnen diese wertvollen Erfahrungen verloren gehen. Den LehrerInnen muss bewusst werden, dass die Schülerinnen dann „nur das Ergebnis einer praktischen Ausbildung widerspiegeln können, wie sie sie bisher erfahren haben" (Zimmer 1997, S. 281).

Diese Ausführungen wollen jedoch nicht ausdrücken, dass solche praxisorientierten und in der Praxis durchgeführten Stationsprojekte nicht sehr wichtig und viel zu schwierig sind

und deswegen besser nicht durchgeführt werden sollten. Es sollten lediglich die oben angeführten Problematiken und Lösungsansätze überdacht bzw. mitbedacht werden.

8.9   Grenzen von projektorientiertem Unterricht in der Pflegeausbildung

Projektorientierter Unterricht hat neben den aufgeführten Vorteilen und Möglichkeiten auch
Grenzen in verschiedenen Bereichen.

Curriculare bzw. gesetzliche Grenzen

Die LehrerInnen in der Krankenpflegeausbildung können bei der Wahl ihrer Ziele, Inhalte
und Methoden nicht uneingeschränkt frei handeln, denn der inhaltliche und zeitliche Rahmen wird durch das Krankenpflegegesetz und die Ausbildungs- und Prüfungsverordnung
für die Berufe in der Krankenpflege vorgegeben. Auf der Basis dieses Gesetzes muss die
Krankenpflegeschule innerhalb der drei Ausbildungsjahre in 1600 Stunden theoretischem
und praktischem Unterricht und 3000 Stunden praktischer Ausbildung die gesamten vorgegebenen Inhalte abdecken. Hinzu kommt der stetig wachsende Wissenszuwachs in der
Pflege aus Wissenschaft und Forschung. Die Erfüllung dieser Vorgaben ist oftmals nur
durch lehrer- und stoffzentrierten Unterricht erreichbar. Projektorientierter Unterricht ist
aber eine sehr zeitfordernde Unterrichtsform. Dadurch, dass die SchülerInnen an der Planung und Evaluation des Unterrichtes beteiligt werden und diesen selbständig durchführen
sollen, sind auch Irrtümer und Lernumwege gewollt und zugelassen. Deswegen wird im
projektorientierten Unterricht sehr viel mehr Zeit beansprucht als im lehrer- und stoffzentrierten Unterricht. Projektorientierter Unterricht als alleinige Unterrichtsform würde den
gesetzlich vorgegebenen zeitlichen und inhaltlichen Rahmen der Krankenpflegeausbildung
sprengen. Bei der Durchführung von projektorientiertem Unterricht in der Krankenpflegeausbildung kann es also nur um die gezielte Planung einzelner Projektarbeiten innerhalb
der dreijährigen Ausbildung gehen (vgl. Lange 1989, S. 5 u. 8).

Didaktische Grenzen

Neben den gesetzlichen Grenzen finden sich beim Versuch der Umsetzung der
Projektmethode in Unterricht auch zahlreiche didaktische Grenzen (vgl. Lange 1989, S. 8).

So stößt projektorientierter Unterricht auf seine didaktischen Grenzen, wenn

- die LehrerInnen in der Krankenpflegeausbildung ihre traditionelle führende und wis-
  sende LehrerInnenrolle nicht verlassen können oder wollen,
- die KrankenpflegeschülerInnen die ihnen zugestandene Rolle der selbständig und
  selbstbestimmt Planenden nicht einnehmen können oder wollen,
- sich das ausgewählte Thema bzw. der ausgewählte Inhalt (noch) nicht für das Lernen
  im projektorientierten Unterricht eignet,

- die SchülerInnen nicht zuvor schon die Kompetenzen zum Arbeiten im projektorientierten Unterricht entwickeln konnten,
- er als einzige Unterrichtsform während der Ausbildung eingesetzt wird. Unterricht lebt durch die Pluralität der Methoden,
- er von den LehrerInnen nicht sehr gezielt geplant und eingesetzt wird,
- es keine Verständigung auf bestimmte Umgangsformen in den Projektgruppen und zwischen den Projektteilnehmenden und anderen Beteiligten (z.B. auf Station) gibt und keine Verständigungsphasen während des Unterrichts berücksichtigt werden,
- sich das Arbeiten mit dem ausgewählten Projektthema ab irgendeiner Phase nur auf der kognitiven oder psychomotorischen oder affektiven Ebene bewegt.

Organisatorische Grenzen

Projektorientierter Unterricht in der Krankenpflegeausbildung kann scheitern an

- *räumlichen* Gegebenheiten, wenn die Krankenpflegeschule nicht genügend Räumlichkeiten für Gruppenarbeiten zur Verfügung stehen hat,
- *personellen* Defiziten, wenn nicht genügend für Projektarbeit qualifizierte LehrerInnen und Begleitpersonen zur Verfügung stehen, um die einzelnen Gruppen betreuen zu können,
- *finanziellen* Gründen, wenn die Krankenpflegeschule nicht genügend Personal einstellen kann bzw. dieses nicht auf Fortbildungsmaßnahmen schicken kann, bei denen sie die Qualifikation für Projektarbeit erhalten können,
- *zeitlichen* Problemen, wenn die Zeitplanung für Unterrichtsblöcke, bzw. die Zeitplanung für projektorientierten Unterricht und dessen einzelne Phasen zu knapp bemessen wurde,
- *materiellen* Engpässen, wenn keine Materialien zur kreativen Auseinandersetzung und Gestaltung mit dem Projektthema und dessen Inhalten zur Verfügung stehen,
- der *Pflegepraxis,* wenn seitens der Praxis bei praxisorientierten und in der Praxis durchzuführenden Projekten kein Interesse und Engagement aufgebracht wird.

Die aufgezählten Probleme hören sich zunächst zwar einfach zu bewältigen an, sind aber wesentliche Voraussetzungen für die Durchführung projektorientierten Unterrichts.

Bei einer gezielten Planung und unter Beachtung der genannten Grenzen stellt projektorientierter Unterricht einen Gewinn für die Ausbildung in der Pflege dar. „Projektunterricht muss ernstzunehmender Unterricht sein, nicht Spielwiese für frustrierte Schüler und ausgebrannte Lehrer, sonst wird auch diese wichtige Reformbewegung - einer Mode gleich - vergehen." (Gudjons 1997, S. 73)

8.10 Zusammenfassung und Ausblick

Aufgrund der Analyse des Projektbegriffes, seiner Historie und den kontroversen Konzeptionen und Modellen zur Projektmethode muss die Projektmethode als eine Form der Unterrichtsgestaltung angesehen werden, die wesentliche reformpädagogische Gedanken mitbringt. Zum einen werden die SchülerInnen zu Subjekten des Unterrichtsgeschehens. Ihre Erfahrungen, Wünsche und Bedürfnisse sind ausschlaggebend, wie ein Thema und dessen Inhalte im projektorientierten Unterricht umgesetzt werden. Zum anderen verhilft die Projektmethode mit ihren Organisations- und Kooperationsstrukturen und einer praxisrelevanten, schulische bzw. gesellschaftliche Verhältnisse gestalten wollenden Themenauswahl den SchülerInnen zu einem selbständigen, selbstbestimmten, eigenverantwortlichen, kritischen, flexiblen und sozialen Handeln. Damit nimmt projektorientierter Unterricht die SchülerInnen als Personen ernst und bringt sie einer „Höherentwicklung" im Sinne eines demokratisch handelnden Menschen näher.

Möglichkeiten des projektorientierten Unterrichts in der Krankenpflegeausbildung können vor allem liegen: In der **Entwicklung beruflicher Handlungskompetenzen.**
„Krankenpflege als Beziehungsprozess und Problemlösungsprozess bedarf der Schulung innerer und äußerer Fähigkeiten. Sie umfasst die Einübung der sozialen Kompetenz, der Kommunikationsfähigkeit, der Wissensverarbeitung und Denkschulung sowie der technischen Fertigkeiten." (Juchli 1987, S. 88) Diese Fähigkeiten, Fertigkeiten und Kompetenzen werden im allgemeinen der (beruflichen) Handlungskompetenz zugeschrieben. Projektorientierter Unterricht kann mit seinen Lernformen „Lernen durch Erleben, Nachdenken, Handeln", „problemlösendes Lernen", „entdeckendes, erforschendes Lernen", „selbstbestimmtes und eigenverantwortliches Lernen", „emanzipatorisches Lernen", „kooperatives und soziales Lernen", „Probehandeln in echten Lebenssituationen" berufliche sowie soziale Handlungskompetenz entwickeln und fördern.

Theorie-Praxis-Verknüpfung

Projektorientierter Unterricht beinhaltet die Möglichkeit der Theorie-Praxis-Verknüpfung in zweierlei Hinsicht. Zum einem können Probleme aus der Praxis theoretisch aufgegriffen, bearbeitet und reflektiert werden, zum anderen kann eine Umsetzung eines theoretisch vorbereiteten Themas praktisch erfolgen. Es können Personen aus der Pflegepraxis in die Krankenpflegeschule als Fachmänner und –frauen oder als ProjektteilnehmerInnen eingeladen werden oder die Pflegekräfte laden das Schulteam und die SchülerInnen zur Durchführung des projektorientierten Unterrichts auf Station ein. Projekte in der Pflegepraxis bedürfen einer besonders ausführlichen Vorbereitung und Reflexion möglicherweise auftretender Schwierigkeiten, um erfolgreich zu sein.

Motivationssteigerung

Durch hohe körperliche und psychische Belastungen auf den Stationen, Belastungen durch den Schichtdienst und mangelnde Zuwendung und Anleitungen entsteht oft spätestens in der Mitte der Ausbildungszeit ein Motivationsverlust bei den SchülerInnen.

Außerdem herrscht gerade in der Krankenpflegeausbildung in der SchülerInnenzusammensetzung Heterogenität bzgl. Altersstruktur, Vorbildung, Nationalität, Menschenbild usw. Ein Unterricht, der Heterogenität ignoriert, arbeitsmethodische und soziale Fähigkeiten voraussetzt und sich auf die Vermittlung von Wissen beschränkt, wird nur noch einer Minderheit gerecht; er unterfordert die einen und überfordert die anderen, er demotiviert. Im projektorientierten Unterricht können Probleme, Vorerfahrungen und Ressourcen der SchülerInnen aufgegriffen und integriert werden. Er ermöglicht den SchülerInnen Mitbestimmungsmöglichkeiten und bezieht sie als selbstbestimmte Subjekte in den Lernprozess ein. Er bietet ihnen Raum für engagiertes Handeln, Auseinandersetzung mit der Lebenswirklichkeit und selbstmotiviertes Lernen und kann somit die Motivation aller SchülerInnen fördern.

Veränderte SchülerInnen- und LehrerInnenrolle

Im projektorientierten Unterricht wird sowohl die SchülerInnen- als auch die LehrerInnenrolle neu definiert, denn er hat die Überwindung der Subjekt-Objekt-Beziehung im LehrerInnen-SchülerInnen-Verhältnis zum Ziel. Die SchülerInnen werden aus ihrer passiven Rolle befreit, es wird von ihnen Aktivität, Engagement und selbständiges Arbeiten verlangt. Genau dies sind die Eigenschaften, welche auch von zukünftigen examinierten Pflegekräften erwartet werden. Projektorientierter Unterricht eröffnet durch die veränderte SchülerInnenrolle Möglichkeiten, diese Fähigkeiten einzuüben.

Die LehrerInnen nehmen während des projektorientierten Unterrichts die Rolle der PartnerInnen und BeraterInnen ein. Das bedeutet nicht, dass sie den Unterricht vor dessen Umsetzung nicht planen, zeitweise die Initiative ergreifen, Diskussionen strukturieren, SchülerInnen auf Freiräume aufmerksam machen und helfen müssen.

Diese Veränderung der Rolle kann bei LehrerInnen wie SchülerInnen zunächst Verunsicherung hervorrufen. Wenn es jedoch gelingt, diese Unsicherheiten zu überwinden, bietet der projektorientierte Unterricht die Möglichkeit zu einer partnerschaftlichen Kooperation zwischen SchülerInnen und LehrerInnen und dient dabei als Vorbild für zukünftiges berufliches Handeln.

Chancen der Projektorientierung in einer neustrukturierten Pflegeausbildung

Unterrichtsmethoden in der Krankenpflege müssen dem neuen Selbstverständnis in der Pflege entsprechen. Zur Diskussion eines neuen Verständnisses der Pflege gehört auch die Diskussion über die Neu- bzw. Umstrukturierung der Pflegeausbildungen. Im Zuge der Überlegungen zu strukturellen Veränderungen sollte auch über die Integration entsprechender didaktischer Konzepte und Methoden in die Ausbildung nachgedacht werden, die das Selbstverständnis der Pflege unterstützen.

Pflegekräfte müssen schon in der Ausbildung erfahren, wie sie sich ihre eigenen Gefühle, Wertvorstellungen, Motivationen und Handlungen bewusst machen und ihre Fähigkeiten und Fertigkeiten realistisch einschätzen können, um berufliches Selbstbewusstsein zu entwickeln. Die selbstbestimmte Planung, Zielsetzung, Durchführung und Evaluation von Unterricht unterstützt diese Entwicklung.

Der Wunsch, ganzheitlich, ressourcenorientiert im multiprofessionellen Team zu arbeiten, kann durch projektorientierten Unterricht in einer neu gestalteten Pflegeausbildung, in der alle pflegerischen Berufe Einzug halten, intensiviert werden. Die der Projektmethode impliziten Kooperations- und Kommunikationsmerkmale bringt die an der Pflege der Patienten Beteiligten und deren Aufgaben einander näher. Das Lernen von Akzeptanz und Verständnis für die Situation und Aufgaben anderer Pflegender lassen sich durch die konsenssuchende Struktur und gemeinschaftlich entwickelte Zielsetzungen im projektorientierten Unterricht entwickeln.

Projektorientierter Unterricht fördert unter der Anwendung des Problemlösungs- und Beziehungsprozesses eine patientenzentrierte und qualitativ hochwertige Pflege. „Durch die Kriterien, die den Projektunterricht kennzeichnen, wie Einhaltung der Schritte Zielsetzung, Planung, Durchführung und Auswertung sowie die Elemente Ganzheitlichkeit, kooperatives und soziales Lernen, weist der Projektunterricht entscheidende Parallelen zum Problemlösungs- und Beziehungsprozess auf." (Lange 1989, S. 8) Sein prozesshafter Verlauf findet sich also im Pflegeprozess und der Pflegeplanung wieder. Qualitativ hochwertige und notwendige Pflege lässt sich nur mit Hilfe des Pflegeprozesses nachweisen. Eine projektorientierte Ausbildung dient also auch der Stärkung der Position Pflegender innerhalb des „Therapeutischen Teams" und des Gesundheitswesens, da es die Grundstrukturen des Pflegeprozesses schon ins Bewusstsein der PflegeschülerInnen bringt und ihn für sie zum Alltag macht.

9   Patientenanleitung als pflegepädagogische Aufgabe

Susanne Immohr

9.1   Problemaufriss

Um die Bedeutung der Anleitung von Patienten in der Krankenpflege zu erfassen, will ich zunächst einige Jahre zurückschauen. Die Krankenpflege ist in einem Entwicklungsprozess begriffen. Dieser drückt sich unter anderem auch in einer Veränderung der Betrachtung der Patienten durch die Pflegenden aus. In ihrem Buch „Pflege auf dem Weg zu einem neuen Selbstverständnis" beschreibt J. Taubert die Situation der Krankenpflege in den siebziger Jahren. Eine medizinisch-biologische Sicht von Gesundheit und Krankheit ist vorherrschend, die Krankheit eines Menschen wird als Störung der physiologischen Vorgänge definiert. Die Krankheitsorientierung der Medizin spiegelt sich auch in der Krankenpflege wider. J. Taubert schreibt: „Die kranken Menschen werden ... reduziert auf das nicht 'funktionierende' Körperorgan." (Taubert 1994, S. 23) Dieser Identitätsverlust durch Reduzierung drückt sich in der Sprache der Pflegenden aus, wenn z.B. Frau Schulze zur "Galle von Zimmer 3" wird.

Inzwischen sind die Pflegenden stark in Diskussionen um die eigene Identität und ihre berufliche Stellung eingetreten. Begriffe wie "Patientenorientierung" und "Ganzheitlichkeit" sind in aller Munde. J. Taubert begründet das Streben nach Ganzheitlichkeit in der Krankenpflege als Reaktion auf die Erfahrung von "Zerstückelung", also auf ein die Person auf biologische Vorgänge reduzierendes Menschenbild. Ganzheitliche Krankenpflege in ihrem Sinne ist ein Ideal, anhand dessen die gängige Praxis kritisch reflektiert werden kann. Voraussetzung ist ein berufliches Selbstverständnis, „bei dem die Beziehung zwischen Kranken und Pflegenden und die pflegerische Tätigkeiten nicht voneinander zu trennen sind." Folge dieser ganzheitlichen Sichtweise in der Krankenbetreuung ist der Pflegeprozess und damit eine individuelle patientenorientierte Pflege (Taubert 1994, S. 117f.).

Der hier angesprochene Pflegeprozess wird seit Inkrafttreten des Krankenpflegegesetzes von 1985 zunehmend in der Praxis eingeführt. An ihm wird das veränderte Verhältnis zwischen Pflegenden und Gepflegten deutlich. Es werden nicht mehr nur die Probleme betrachtet, die im Zusammenhang mit der Krankheit entstehen, sondern auch die Ressourcen des Patienten einbezogen. Entscheidend sind die Probleme, die aus Sicht des Patienten bestehen (vgl. Fiechter/Meier 1998, S. 43 u. 48f.). Es wird gefordert, sich in den Patienten hineinzuversetzen, mit ihm gemeinsam die bestehenden Probleme und Ressourcen festzustellen und auf dieser Grundlage die Pflegemaßnahmen zu planen. Die Umsetzung des Pflegeprozesses in diesem Sinne ist in der Praxis noch nicht abgeschlossen (vgl. oben, Kapitel 2.4). Die Veränderung der Patientenrolle ist aber bereits zu spüren. Während früher der Patient nur passives Objekt der Pflege war, wird er nun zunehmend als Subjekt beteiligt und selbst mit aktiv. Früher waren Krankenschwestern und -pfleger alleinige Experten für die Pflege, jetzt wird auch der Patient in gewisser Weise als „Experte" für seine Gesundheit, für die Erreichung seines Wohlbefindens einbezogen.

Ich möchte diese neue Sicht des Patienten anhand der Pflegetheorie von Dorothea E. Orem weiter verdeutlichen. „Der Grundgedanke bei Orem ist, dass erwachsene Menschen für sich selbst sorgen, also eigenständig handelnde Subjekte ihrer Gesundheitsfürsorge sind." (Botschafter/Moers 1991, S. 703) Dementsprechend wird die hohe Kompetenz des Patienten zur Selbsthilfe einbezogen. Das Ziel der beruflichen Pflege ist nicht allein die Übernahme des Bereiches, in dem ein Defizit besteht, vielmehr ist auch der Abbau des Defizits angestrebt. Eine Möglichkeit, dieses zu erreichen, ist die Erhöhung des Selbstpflegevermögens des Patienten. Eine der von Orem genannten Hilfemethoden ist das Anleiten des Patienten. Die Abhängigkeit von beruflicher Pflege wird hierdurch wieder reduziert. Dieses beschriebene Bild des Patienten stellt neue Anforderungen an Krankenschwestern, sie benötigen Fähigkeiten, z.B. im Bereich der Kommunikation, Gesprächsführung etc.. Mit dem Ziel der größtmöglichen Selbständigkeit des Patienten vor Augen erlangt seine Anleitung eine große Bedeutung. Diese wird mir im Gespräch mit Patienten bestätigt, gleichzeitig werden aber auch Kernprobleme der Anleitung in der Praxis aufgezeigt.

A. Eine Patientin berichtet mir von ihren Erfahrungen mit verschiedenen Krankenschwestern und ihren Verfahrensweisen bei der Mobilisation der Patientin nach einer Bauchoperation. Die erste Schwester forderte sie auf, sich ruhig zu verhalten und ihr alles zu überlassen. Dann wuchtete die Schwester die Patientin mit einem Ruck auf die Bettkante. Dies war für die Patientin unangenehm und schmerzhaft, weil sie auf das Geschehen keinen Einfluss hatte und sich ängstlich verkrampfte. Eine andere Schwester dagegen nahm sich Zeit und erklärte ihr eine Technik, durch die sie das Geschehen selbst bestimmen konnte. Sie brauchte wesentlich weniger Unterstützung und konnte das Gelernte später selbständig anwenden, um das Bett zu verlassen. Dieses Vorgehen beurteilte die Patientin sehr positiv.

Statt den Patienten zur Mitarbeit anzuleiten, wird oft ohne seine Einbeziehung an ihm gehandelt. In der akuten Situation erscheint „Selbermachen" immer noch als die schnellere Lösung. Nicht bedacht wird, dass gut angeleitete Patienten langfristig selbständiger sind.

B. Ein Patient soll das s.c. Spritzen lernen, um sich so auch nach seiner Entlassung zu Hause noch eine gewisse Zeit ein Medikament zu verabreichen. Aus seinem unsicheren und fehlerhaften Verhalten wird deutlich, dass er trotz mehrfachen Erklärens den Vorgang noch nicht verstanden hat. Auf Nachfrage sagt er, dass er die Krankenschwestern einfach nicht versteht, weil sie genauso ein „Fachchinesisch" redeten, wie die Ärzte.

Die Krankenschwestern sind es gewohnt, sich in medizinisch geprägter Terminologie auszu-drücken. Aus ihrer Zusammenarbeit mit den Ärzten, aus ihrer Rolle in der Ausbildung und aus ihrem Ringen um eine Fachsprache heraus. Oft fällt es ihnen schwer, sich auf die Alltagssprache der Patienten einzulassen und ihre Erklärungen entsprechend zu formulieren.

C. Eine alte Dame klagt, sie würde versuchen mitzuarbeiten, aber es ginge ihr immer alles zu schnell. Sie käme mit dem Tempo der Krankenschwestern einfach nicht mit.

Wird die Anleitung wie eine rein technische Verrichtung nach einem Schema als Handlungskette durchgeführt, steht nicht mehr der Mensch, sondern die Tätigkeit im Mittelpunkt. Dies geht am ei-gentlichen Ziel der Anleitung vorbei.

Ist die Anleitung von Patienten eine wichtige Aufgabe der Krankenpflege, so muss sie auch in der Krankenpflegeausbildung ihren Platz haben. Den Auszubildenden müssen die theoretischen Grundlagen vermittelt werden, die sie zur Patientenanleitung brauchen, sie müssen Gelegenheit haben, entsprechende Grundhaltungen und Einstellungen den Pati-enten gegenüber (ein ganzheitliches Menschenbild und Pflegeverständnis) zu entwickeln, sie müssen in der Praxis an Anleitungssituationen herangeführt werden und Erfahrungs-möglichkeiten erhalten. In diesem Kapitel wird untersucht, inwieweit das Thema „Anleitung von Patienten" im theoretischen Teil der Krankenpflegeausbildung bereits durch gesetzli-che und curriculare Vorgaben und durch die in den Krankenpflegeschulen verwandten Lehrbücher verankert ist. Der praktische Teil der Ausbildung findet lediglich in den Exper-teninterviews und den abschließenden Folgerungen Berücksichtigung.

9.2   Ergebnisse von Experteninterviews

Um die Bedeutung der Anleitung von Patienten im Alltag der Ausbildung zur Kranken-schwester zu klären, wurden als Experten Personen aus drei an der Ausbildung beteilig-ten Berufsgruppen befragt (Bembenneck 1998): eine Schulleiterin, eine Praxisanleiterin und eine Stationsleiterin.

Zusammenfassend ergeben sich aus den Interviews folgende wichtige Aussagen:

• Anleitung von Patienten ist eine Aufgabe der Krankenpflege.
• Anleitung ist „Hilfe zur Selbsthilfe" mit dem Ziel der Selbständigkeit des Patienten.
• Anleitung richtet sich auf die Zeit des stationären Aufenthaltes und darüber hinaus auf den häuslichen Alltag der Patienten.
• Anleitung von Patienten findet an vielen Stellen des Pflegealltags statt, ohne dass sie den Pflegenden als „Anleitung" bewusst ist. Daher ist ihre Gestaltung abhängig von der einzelnen Pflegeperson.
• Anleitung wird unter Zeitdruck häufig reduziert. Der langfristige Nutzen wird nicht er-kannt.

- Schüler werden nicht gezielt in der Anleitung von Patienten angeleitet, da diese nicht als Lernziel der praktischen Ausbildung bewusst ist.
- Da zur Anleitung von Patienten keine Lernziele festgelegt sind, lernen Schüler Anleitung eher durch Vorbilder und im Ausprobieren. Überprüft werden nur ihre Kenntnisse hinsichtlich der Anleitungsinhalte, nicht ihre Methodenkenntnisse.
- Anleitung von Patienten ist auch den Schülern nicht als Lerninhalt ihrer Ausbildung bewusst (weder in der Theorie noch in der Praxis).
- Anleitung von Patienten ist kein separates Thema in der theoretischen Ausbildung. Es taucht nur in Teilaspekten in bestimmten Unterrichtseinheiten auf, wobei das „Was" im Vordergrund steht, das „Wie" der Anleitung eher keine Berücksichtigung findet.
- Anleitung und Beratung von Patienten wird in Zukunft vermehrt Aufgabe der Pflege sein. Sie muss daher im praktischen Pflegealltag sowie in den Bereichen der Ausbildung einen größeren Raum einnehmen.

9.3   Begriffsbestimmung

„Anleitung" begegnet uns in der Alltagssprache kaum. Wir finden den Begriff enthalten in Worten wie „Bauanleitung" oder „Bedienungsanleitung". Diese Anleitungen geben Schritt für Schritt vor, wie ein Gegenstand aus mehreren Einzelteilen zusammengefügt oder ein technisches Gerät bedient werden sollen. Es sind also Handlungsanweisungen für bestimmte technische Vorgänge. Diese alltägliche Vorstellung von Anleitung enthält aber nur Teilelemente dessen, was Anleitung in der Krankenpflege, hier speziell die Anleitung von Patienten meint. Ein Mensch, der ins Krankenhaus aufgenommen wird, wird aus seinem gewohnten Lebensumfeld gerissen, sieht sich völlig anderen Rahmenbedingungen gegenüber (Räumlichkeiten, Personen, Tagesablauf, begrenzte Rückzugsmöglichkeiten...). Der Aufenthalt im Krankenhaus ist bereits aus diesen Umständen heraus für manchen Patienten sehr belastend. Kommen nun Einschränkungen seiner Selbständigkeit in der Versorgung hinzu, durch seine Krankheit (z.B. durch Schmerzen) oder die Therapie (z.B. durch Medikamentenwirkungen, ärztliche Beschränkungen u.a.), wird der Bereich, den der Patient eigenständig bestimmen kann, weiter verringert. Anleitung hat nun die Aufgabe, die Selbständigkeit des Patienten gezielt zu fördern, und ihm dadurch Bereiche eigenständiger Versorgung zu erschließen. Anleitung ist ein Prozess des Lehrens und Lernens. Jemanden anleiten heißt, ihn an eine Sache heranführen, ihm den Weg zeigen und ihn auf dem Weg begleiten. In diesem Bild stecken mehrere Aspekte, die meine Vorstellung von Anleitung eingrenzen.

*Anleitung ist **zielgerichtet**, sie läuft nicht planlos drauflos.* Wer einen Patienten anleitet, legt zunächst die Ziele fest. Ziele können z.B. sein, eine technische Fähigkeit zu beherrschen, ein bestimmtes Verhalten zu zeigen oder zu vermeiden. Die Ziele müssen dabei dem Patienten, d.h. seinen Möglichkeiten und Fähigkeiten, die er in seiner momentanen Situation hat, angepasst sein. Sie müssen erreichbar sein. Es kann ggf. sinnvoll sein, Teilziele zu formulieren. Aber nicht nur die momentane Situation im Krankenhaus ist von Bedeutung, oft ist auch die zukünftige Situation zu Hause zu berücksichtigen, weil Einschränkungen bestehen bleiben. *Ein Beispiel: Eine alte Dame ist nach einem schweren Sturz sehr unsicher auf den Beinen, sie soll lernen, mit einer Gehhilfe umzugehen. Selbst wenn sie mit einem Rollator am besten zurecht kommt, ist es nicht sinnvoll, sie in seiner Benutzung anzuleiten, wenn er in ihrer Wohnung aufgrund zu enger Türen nicht benutzt werden kann.* Ausgangspunkt für die Zielfestlegung sind die Fragen: Was soll der Patient erreichen? Was kann er erreichen? Was hilft ihm zur Selbständigkeit jetzt und über den Krankenhausaufenthalt hinaus? Am Anfang steht also die Ermittlung der Ist-Situation und die Festlegung des Soll-(Kann)Zustandes. Hiervon ausgehend werden die Schritte der Anleitung geplant. Dies kann nicht nur von auen geschehen, der Patient wird einbezogen, es wird mit ihm gemeinsam geplant.

Der Anleitende ist ortskundig und kennt den besten Weg, er ist dabei aber auch offen für neue Wege. Der Anleitende stellt sein **Fachwissen** zur Verfügung, indem er dem Patienten Anweisungen gibt, ihn berät, ggf. alternative Verhaltensweisen anbietet. Er ist Experte z.B. für eine pflegerische Technik, die er vermitteln will. Der Patient bringt **Alltagswissen** und Lebenserfahrung mit ein, er ist Experte für seine Fähigkeiten und seine Art, mit Gesundheit und Krankheit umzugehen.

Ein Beispiel: Einem Patienten wurde ein Urostoma angelegt, er soll lernen, dies zu versorgen. Die Anleiterin zeigt ihm, dass er die Stomaplatte entsprechend der Stomagröße ausschneiden muss. Der Patient stellt fest, dass dies für ihn schwierig sei, weil er ein so „schlechtes Augenmaß" habe. Er regt an, eine Schablone für ihn anzufertigen. Anleitung ist also kein einseitiges Lehren, Patient und Pflegekraft lernen voneinander.

Der Anleitende führt den Patienten, aber laufen muss dieser selbst. Anleitung ist keine Verrichtung, die „am Patienten" ohne sein Zutun durchgeführt wird. Ein Diabetiker, der die selbständige Blutzuckerkontrolle mit Teststreifen und Reflometer erlernen soll, erreicht dies nicht dadurch, dass die Blutzuckerbestimmung an ihm durchgeführt wird. Er muss aktiv dazu beitragen. Zunächst durch aufmerksames Zuhören, durch Beobachten und Nachfragen, später durch eigenständiges Durchführen, durch Üben und Kontrollieren lassen. Anleitung ist Hilfe zur Selbsthilfe. Die **Bereitschaft des Patienten, aktiv** an der Anleitung **teilzunehmen**, ist Voraussetzung für ihr Gelingen. Der Patient muss motiviert sein, er muss etwas lernen „wollen". Eine Anleitung gegen den Widerstand des Patienten ist nicht möglich. Es ist daher wichtig, von Anfang an den Patienten in die Planung der Anleitung einzubeziehen, um ihn hierfür zu gewinnen.

Der Anleitende passt sich dem Tempo des Patienten an. Anleitung bedeutet, dem Patienten etwas Neues beizubringen. Jeder Mensch hat unterschiedliche Lernfähigkeiten auf verschiedenen Gebieten, z.B. ist mancher manuell begabt, eignet sich aber nur schwer theoretisches Wissen an, während andere kognitiv schnell lernen, aber lange trainieren müssen, bis sie eine Technik korrekt *hand*haben können. Es gibt viele Varianten. Anleitung muss sich daher den individuellen Lernfähigkeiten des Patienten anpassen. Es kann keine Standardanleitung geben, die festlegt, was ein Patient wann und in welcher Form gelernt haben muss. Anleitung ist ein Prozess. In jedem Schritt wird betrachtet, was bereits gelernt wurde, wo noch Unsicherheiten bestehen, was noch gelernt werden soll. Zur Anleitung gehört also eine fortlaufende **Evaluation**. So werden Fortschritte und neu entdeckte Fähigkeiten, aber auch Rückschritte und Unsicherheiten berücksichtigt, Ziele und Planungsschritte ggf. verändert. Durch die Anpassung der Anleitung wird eine Unter- oder Überforderung des Patienten vermieden. Anleitung endet demnach nicht, wenn die Zeit abgelaufen ist, sondern wenn die gesteckten Ziele aus Sicht des Patienten und des Anleiters erreicht sind.

Der Anleitende ist kein Wegweiser, der stehenbleibt und den Wanderer allein weiterziehen lässt. Anleitung ist mehr als theoretischer Unterricht. Dem Patienten werden nicht nur Fakten vermittelt, er erhält nicht nur Informationen darüber, was er tun soll. Einerseits ist die Sprache nicht das einzige Medium, mit dem Anleitung arbeitet: es wird gezeigt, vorgeführt, oft dem Patienten im wahrsten Sinne „die Hand geführt". Andererseits wird er nicht nach der Erklärung allein gelassen. Anleitung heisst den Patienten durch alle Abschnitte seines Lernprozesses (vom Erklären, Ausprobieren lassen von Teilbereichen, wiederholtem Üben, bis zur selbständigen Durchführung) **begleiten**. Auch wenn mit zunehmender Selbständigkeit des Patienten die aktiven Anteile des Anleiters immer geringer werden, ist er da. Er motiviert, lobt, korrigiert und überprüft das Tun des Patienten. Das heißt auch, dass sich der Anleitende **Zeit** nehmen muss. Anleitung kann nicht zwischen Tür und Angel stattfinden. Sie braucht einen gewissen Rahmen, der Gelegenheit lässt, sich auf den anderen und die Situation einzulassen: Zeit, Ungestörtheit usw.

Führen heißt „an die Hand nehmen". Wer ein Stück Weges zusammen geht, kommt sich näher. Wie bereits beschrieben ist Anleitung ein Prozess, an dem sowohl Pflegender als auch Patient aktiv beteiligt sind. Sie gestalten ihn gemeinsam. Die **Beziehung** zwischen ihnen spielt eine wichtige Rolle. Anleitung braucht Vertrauen als Grundlage,

- weil nur auf ihr eine positive Kommunikation entsteht,
- weil kein abstraktes Objekt im Mittelpunkt der Anleitung steht, das distanziert von zwei Personen betrachtet wird, sondern der Patient, der in besonderer Weise von diesem Geschehen betroffen ist,

- weil sich zwei Individuen gegenüberstehen, die trotz unterschiedlichster Hintergründe (biographische Erfahrungen, soziales Umfeld u.v.m.) gemeinsam tätig werden,
- weil Anleitung nicht nur Stärken, sondern auch Schwächen erkennbar macht; weil nicht nur technische Probleme, sondern auch Gefühle, die mit der Situation verbunden werden, aufgefangen werden müssen,
- weil Anleitung eine enge Zusammenarbeit oft auch verbunden mit körperlichem Kontakt bedeutet. Es geht nicht nur um das Vermitteln und Lernen, es geht auch um die Begegnung mit dem Menschen und um seine und die eigene Entwicklung.

Zusammenfassend kann man sagen, dass Anleitung ein Lehr- und Lernprozess ist, der durch zwei Ebenen geprägt ist, den Sachaspekt und den Beziehungsaspekt. Auf der Sachebene steht die zu erlernende Handlung im Mittelpunkt. Auf sie bezogen werden Fähigkeiten erforscht, Ziele gesteckt, die Anleitungsschritte geplant, diese durchgeführt und anhand der Ergebnisse überprüft und angepasst. Auf der Beziehungsebene steht der Mensch im Mittelpunkt. Sie umfasst Elemente der Kommunikation, Motivation, der psychischen Begleitung u.v.m.. Diese beiden Ebenen sind verschiedene Blickwinkel derselben Sache, d.h. sie können und dürfen nicht wirklich getrennt werden. Auch auf der Sachebene wird die emotionale Situation der Beteiligten mit berücksichtigt, wie sich die Beziehungsebene gestaltet ist auch von der Art der Handlung abhängig. Es besteht also eine gegenseitige Abhängigkeit. Der gesamte Anleitungsprozess wird auch beeinflusst von den äußeren Rahmenbedingungen, von der Umgebung, in der sie stattfindet.

In Abbildung 6 (Seite 229) wird Anleitung von Patienten in diesem Sinne skizziert.

Beim Lesen der vorangegangenen Begriffserläuterungen mögen Assoziationen in Form ähnlich gebrauchter Begriffe auftauchen. Um meine Vorstellung von Anleitung von Patienten weiter zu verdeutlichen, will ich sie von einigen dieser Begriffe abgrenzen.

C. Olbrich schreibt in einem Artikel zur „**Patientenberatung**": „Beratung in der Pflege kann als prozesshaftes kommunikatives Geschehen zwischen Patienten und Pflegekraft beschrieben werden. Sie erstreckt sich auf verschiedene Arbeitsfelder, z.B. auf die Angehörigenberatung, die Altenpflege, auf Rehabilitation und gesundheitsfördernde Aufgaben." (Olbrich 1995, S. 428) Sie ist ihrer Meinung nach Aufgabe von speziell auf kommunikativem Gebiet geschulten Pflegepersonen, den BeraterInnen. Als Beispiel einer solchen Zusatzqualifikation wird eine zweijährige Weiterbildung am Klinikum Nürnberg angeführt. Aus den von ihr dargestellten Beispielen aus mehreren Einsatzgebieten dieser BeraterInnen wird deutlich, dass die Tätigkeit der Beratung über die Gesprächsebene hinaus auch die praktische Unterweisung der Patienten einbezieht. Anleitung wird hier also als Teil der Patientenberatung gesehen. Diesem kann ich nicht zustimmen. Nach meiner Auffassung ist vielmehr Beratung ein unverzichtbarer Bestandteil der Anleitung, Beratung findet aber auch unabhängig von Anleitung statt.

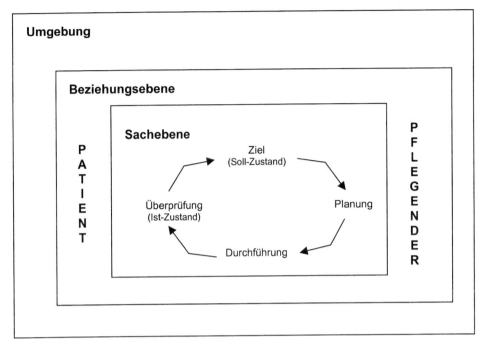

Abbildung 6: Anleitung von Patienten

Einen Patienten zu beraten heißt für mich, ihm die in seiner Situation möglichen Handlungsalternativen und die jeweiligen Vor- und Nachteile aufzuzeigen. Dies meint nicht, den Patienten zu erziehen oder ihn zu einer bestimmten Handlung zu überreden. Wenn ich den Patienten als selbständig handlungsfähig ansehe, muss ich ihm die freie Entscheidung zugestehen. Das bedeutet, dass der Beratende keine persönliche Wertung der möglichen Alternativen vornimmt. Er stellt sie lediglich dar, der Beratene wählt dann seinen Weg und muss diesen auch für sich verantworten. In der Anleitung heißt das, dass einem Patienten z.B. verschiedene Systeme zur Stomaversorgung vorgestellt werden, damit er für sich das geeignete auswählen kann. Ich bin auch nicht der Meinung, dass eine neue Qualifikation in Form der BeraterInnen sinnvoll ist. Jede Krankenschwester muss den Patienten in gewissem Umfang beraten können. Wie C. Olbrich richtig bemerkt, „geraten Pflegekräfte oft unerwartet in ein Beratungsgespräch", weil Patienten sie ansprechen. Soll der Patient dann wiedereinmal darauf hingewiesen werden, dass jemand anders zuständig sei? Viel zu häufig wird Patienten auf ihre Fragen statt einer adäquaten Antwort nur ein Verweis auf andere Personen gegeben. Ich bezweifle daher, dass eine weitere Spezialisierung angestrebt werden sollte. Brauchen wir in der Pflege Berater, Anleiter, Therapeuten für bestimmte Krankheitsbilder (Stomatherapeuten, Diabetesschwester ...) oder brauchen wir nicht eher Krankenschwestern, die sich solche

Qualifikationen je nach den Anforderungen ihres Einsatzbereiches durch Aus- und Fortbildung bewusst aneignen? Wie soll der Patient in seiner Ganzheit gesehen und gepflegt werden, wenn viele Personen beteiligt sind, die alle „nur" spezielle Aufgaben ihm gegenüber erfüllen?

Damit ist ein weiterer Begriff genannt, der zu klären ist, „Ganzheitlichkeit". **Ganzheitlichkeit** und **Patientenorientierung** sind zwei von verschiedenen Personen sehr unterschiedlich verstandene und gebrauchte Begriffe, sie werden teilweise synonym verwendet. (vgl. Maier 1989, S. 27) In einem Beitrag der Fachzeitschrift Pflege von 1989 schreibt M. Maier über die Bedeutung des Begriffs „Ganzheitlichkeit" bei verschiedenen Autoren. Eine der Vorstellungen sieht patientenorientierte (ganzheitliche) Pflege als eine von den Bedürfnissen des Patienten ausgehenden Pflege, wobei körperliche und psychosoziale Bedürfnisse einbezogen werden. Mit ihr verbunden wird die Befürchtung geäußert, „dass ganzheitliche Pflege zur totalen und umfassenden Hilfeleistung für den Patienten wird, so dass dieser hilflos wird und von einer entscheidungsfähigen und übermächtigen Schwester abhängig wird" (Maier 1989, S. 28). Pflege wird hier überbehütend, macht den Patienten unselbständig. Eine andere Vorstellung vertritt S. Käppeli, die von M. Maier folgendermaßen zitiert wird: „Die direkte Pflege befasst sich mit allen menschlichen Erfahrungen, Bedürfnissen und mit Lebensbereichen, welche mit Gesundheit, Krisensituationen, Krankheit, Behinderung und Sterben zu tun haben und nicht nur mit erkrankten Organen. Sie hilft Individuen und Gruppen mit Krankheit, Krisen und Behinderung und mit deren Therapie und Pflege umzugehen und sie zu bewältigen." Hier ist es im Gegensatz zum Vorgenannten nicht Aufgabe der Pflege, etwas für den Patienten zu bewältigen. Es gibt also eine große Bandbreite der Deutungen. Ganzheitlichkeit in der Pflege bedeutet für mich ein Menschenbild zugrunde zu legen, das den Menschen als Körper-Seele-Geist-Sozialeinheit begreift. Pflegen heißt dann nicht mehr nur Tätigkeiten fachgerecht auszuführen, sondern auch die Beziehung zwischen Patient und Pflegendem eingebunden in ihr Umfeld aufzunehmen. Ein ganzheitliches Menschenbild also als Grundlage einer Patientenorientierung in der Ausführung (vgl. Taubert 1994, S. 117ff.). Anleitung ist in meinen Augen eine Tätigkeit, die eine ganzheitliche Sichtweise des Menschen voraussetzt, sie soll patientenorientiert, also individuell geplant durchgeführt werden. Anleitung ist mit diesen Begriffen nicht gleichzusetzen, aber auch nicht von ihnen zu trennen. Anleitung ist eine Tätigkeit, Patientenorientierung ist die Art und Weise, wie die Tätigkeit gestaltet wird, Ganzheitlichkeit drückt sich in der Einstellung/Haltung der ausführenden Pflegekraft gegenüber dem Patienten und sich selbst aus.

Ein weiterer zu betrachtender Begriff ist die „aktivierende Pflege". W. Matthes stellt in seinem Buch „Pflege als rehabilitatives Konzept" Aussagen zusammen, die diese definieren: **„Aktivierende Pflege**

- ist ein Pflegeansatz, der integriert in der Grund- und Behandlungspflege versucht, weitestgehende Eigenständigkeit und Eigenverantwortlichkeit des alten Menschen zu erhalten und zu fördern (Brehm, 1972),
- beschreibt keine Methode oder Technik, sondern ein Pflegeziel, das unter den Beteiligten verabredet wird (U. Lehr, 1983),
- ist abhängig von der Einstellung und Haltung der helfenden Person, deren pflegerischer Umgang der Erhaltung und Förderung von Eigenaktivität alter und kranker Menschen dienen soll (nach Siebert/Weh, 1986),
- ist das tägliche Bemühen der Helfenden, nicht nur für sich, sondern nach Möglichkeit mit dem alten und kranken Menschen tätig zu werden (Matthes, 1981)." (Matthes 1993, S. 40)

In diesen Aussagen finden sich mehrere Aspekte des beschriebenen Anleitungsbegriffs wieder und doch gibt es Unterschiede. Aktivierende Pflege ist ein Ansatz aus der Altenpflege, Anleitung beschränkt sich nicht auf eine bestimmte Patientengruppe. Im Bereich der Altenpflege kann Anleitung eine Maßnahme aktivierender Pflege sein. Aktivierende Pflege umfasst aber einen viel größeren Bereich. Sie will den Menschen aktiv, d.h. tätig erhalten bzw. erneut werden lassen. Sie richtet sich u.a. auch darauf, den Menschen allgemein zu motivieren, etwas zu tun, sein Leben selbst zu gestalten und seine Fähigkeiten zu nutzen und zu erhalten. Sie aktiviert den Menschen z.B. dazu, seine sozialen Kontakte zu erhalten, seine Umwelt mitzugestalten, sich zu beschäftigen. Aktivierung heißt, den Abbau im Alter verhindern bzw. verzögern. Abbau bedingt durch Vereinsamung und Verringerung der sozialen Kontakte, der Verluste an persönlichem mit Biographie, Gewohnheiten etc. verbundenem Lebensraum, Krankheiten, mangelnde Anregung usw.. Auch Anleitung kann sich auf vorbeugende Maßnahmen beziehen, dient dann aber eher zur Verhinderung von Krankheit als zur Erhaltung vorhandener Fähigkeiten. Insgesamt ist Anleitung „nur" eine Tätigkeit, während die Aktivierende Pflege ein Ansatz ist, der sich in allem, was Pflege für den alten bzw. kranken Menschen tut, wiederspiegelt.

9.4   Anleitung von Patienten in KrPflG und KrPflAPrV

Das Krankenpflegegesetz macht keine direkten Aussagen über Inhalte der Krankenpflegeausbildung, es legt lediglich Ausbildungsziele fest. Anleitung taucht hier als genanntes Ausbildungsziel im § 4 Abs. 1 nur in der Formulierung: „Die Ausbildung soll insbesondere gerichtet sein auf...3. die Anregung und Anleitung zu gesundheitsförderndem Verhalten" (KrPflG nach Kurtenbach u.a. 1994, S. 7) auf. Anleitung von Patienten kann als Maßnahme der Gesundheitsförderung im Sinne der WHO aufgefasst werden. Sie hat das Ziel, die Selbständigkeit des Patienten zu stärken. Bestehende Abhängigkeiten werden abgebaut und der Mensch dazu befähigt, wieder mehr eigenverantwortlich zu übernehmen.

Geht aber das KrPflG von einem so umfassenden Begriff der Gesundheitsförderung aus, wie ihn die WHO vertritt? Die Formulierung des § 4 lässt anderes vermuten. Die im Satz 1 genannte übergeordnete Zielsetzung zeigt eine starke Orientierung an Krankheit. Damit erscheint auch das untergeordnete Ziel „Anregung und Anleitung zu gesundheitsförderndem Verhalten" nur auf die Verhinderung von Krankheit reduziert, also eher mit dem Begriff Prävention zu beschreiben. Anleitung von Patienten hat auch präventive Elemente (z.B. im Bereich der Prophylaxen). Anleitung ist den Pflegenden häufig aber nur bezogen auf behandlungspflegerische Tätigkeiten bewusst und ist somit eher ein Mittel der Krankheitsbewältigung als der Gesundheitsförderung.

Die Ausbildungs- und Prüfungsverordnung gibt nur den groben Rahmen der Ausbildung vor: In der Anlage 1 (zu § 1 Abs. 1) der KrPflAPrV sind die Inhalte der Ausbildung festgelegt. Das gesuchte Thema „Anleitung von Patienten" wird hierin nicht explizit genannt. Das Wort „Anleitung" kommt zweimal vor, jeweils unter dem Fach „Krankenpflege". Zunächst als „8.6.5. Hilfen bei der psychischen Aktivierung und Anleitung zur Beschäftigung". Dieses Thema könnte gefüllt werden mit Inhalten wie: Motivationstheorien; die LA (Lebensaktivität) „Arbeiten und Spielen" u.v.m. Dann als „8.8.4. Anleitung und Beaufsichtigung von Lernenden und Hilfspersonal". Bezüglich der „Anleitung zu gesundheitsförderndem Verhalten" als in § 4 KrPflG genannten Ausbildungsziels ist es erstaunlich, dass dieses als Thema nicht so benannt vorkommt. „Gesundheitsförderung" als Wort wird auch sonst nicht verwandt. Es sind lediglich unter dem Fach „Hygiene und medizinische Mikrobiologie" die Themen enthalten „2.1. Gesundheit und ihre Wechselbeziehungen" und „2.2. Gesundheitserziehung, Gesundheitsvorsorge, Früherkennung von Krankheiten". Letzteres macht durch seine Benennung erneut den starken Krankheitsbezug der Themenbestimmung deutlich. Neben diesen Themen finden sich zahlreiche Themen, die Teilaspekte des Themas „Anleitung von Patienten" aufweisen, genauso gut aber auch mit völlig anderen Inhalten gefüllt werden können.

9.5   Anleitung von Patienten in Curricula zur Krankenpflegeausbildung

Auf der Grundlage von KrPflG und KrPflAPrV sind mehrere Curricula für die theoretische Krankenpflegeausbildung entwickelt worden (vgl. oben, Kapitel 6.3). Drei Curricula werden auf die Integration des Themas „Anleitung von Patienten" hin betrachtet.

9.5.1 Pflegen können. Das Curriculum der AKOD

Im Index des Curriculums ist „Anleitung" nicht als Stichwort enthalten. Auf der Ebene der Unterrichtseinheiten sowie in den Themenbenennungen finden sich ebenfalls keine Bezeichnungen, die das Wort „Anleitung" enthalten. In den kurzen Beschreibungen der Themen sind jedoch vereinzelt Hinweise enthalten.

Das erste Mal erscheint „Anleitung" unter 1.2.03. (grundwissenschaftlicher Bereich; Psychologie; Lernen). Das Thema heißt „Modelle des Lernens" und wird folgendermaßen beschrieben: „Lernen als Verhalten: Klassische und operante Konditionierung in ihrer Bedeutung für die Pflegepraxis (Compliance, Anleitung, Rehabilitation u.a.). Lernen als inneres Handeln: Lernen am Modell am Beispiel einer Pflegesituation." (Dreymüller u.a. 1993, S. 39) Die Unterrichtseinheit steht unter dem Paradigma „Pflegehandeln", die Intention für dieses Thema ist mit I/1 (Personalität; kognitive Ebene) angegeben. Anleitung ist hier nur eine Nennung in einer Reihe aufgezählter Unterthemen, sie ist nicht inhaltlicher Schwerpunkt. Im Vordergrund scheinen hier Lerntheorien zu stehen. Diese sollen kognitiv bearbeitet und ebenso auf Pflegesituationen übertragen werden. Da die angegebenen Intention auf Persönlichkeitsbildung zielt, ist anzunehmen, dass die Schüler ihr eigenes Lernverhalten hinterfragen sollen. Das Paradigma „Pflegehandeln" kann in die Betrachtung rücken, wie die Schüler Pflegehandeln lernen, aber auch, wie sie sich in Lernsituationen der Patienten verhalten.

Das zweite Mal findet sich ein entsprechender Inhalt unter 1.4.02. (grundwissenschaftlicher Bereich; Pädagogik; Erziehungshandeln). Unter dem Thema „Methoden der Erziehung" wird ausgeführt: „Positive und negative Verstärkungen: materielle und soziale Verstärkungen; Lernen am Erfolg; Ermahnung, Zurechtweisung, Tadel, Beschimpfung. Herstellen positiver emotionaler Beziehungen: Freundlichkeit, gefühlsmäßige Wärme, liebevolle Zuwendung, Verständnis, Wertschätzung. Fördern der Einsicht: erklären, begründen, argumentieren; verhandeln, vereinbaren, Einsicht in 'das Gute' (ärztliche Verordnung, Motivation des Helfenden); Grenzen der Förderung. Modellverhalten: Beobachtungslernen; Übernahme von Verhaltensmustern, Gefühlen und Werteinstellungen; Vorbildverhalten; anleiten." (Dreymüller u.a. 1993, S. 51). Das Paradigma der Unterrichtseinheit ist „Kommunikation", die Intention des Themas II/3 (Solidarität/pragmatische Ebene). In der Themenbeschreibung erscheint „anleiten" zunächst als ein kleines Wort im Vergleich zur Fülle der genannten Unterthemen. Aus diesen Stichworten und den daraus ableitbaren Fragestellungen aber ergeben sich viele Aussagen, die für Anleitung von Bedeutung sind. Die Unterrichtseinheit „Erziehungshandeln" ist die einzige, für die als Bezug zur KrPflAPrV „Anleitung und Beaufsichtigung von Lernenden und Hilfspersonal" (8.8.4.) angegeben ist. Weiterer Bezug ist „Pädagogik in der Krankenpflege" (7.4.3.). Ersteres lässt vermuten, dass der Schwerpunkt des Inhaltes „Anleitung" auf Schüleranleitung ausgerichtet ist. Die Intention zielt auf Solidaritätsentwicklung, dies kann Solidarität mit anderen Schülern, aber auch Solidarität mit Patienten in Lernsituationen heißen. Die genannten Inhalte geben viele Möglichkeiten zu praktischen Übungen, in denen Kommunikation erfahren und kritisch reflektiert werden kann.

Das Wort „Anleitung" kommt noch weitere Male in einzelnen Themenbeschreibungen vor. Diese werden zusammenfassend betrachtet:

Standort im Curriculum	Thema	Zitat aus der Themenbeschreibung	Paradigma und Intention
2.1.31 (Pflegerischer Bereich, Krankenpflege, Pflege der Wöchnerin)	Brustpflege	„Anleitung zur Selbstpflege" (S. 119)	Pflegehandeln III/1 (Kompetenz /kognitive Ebene)
2.2.01 (Pflegerischer Bereich, Pflege und Medizin, Pflege bei Erkrankungen der Kreislauforgane)	Patient mit Hypertonie	„Anleitung zu regelmäßigen RR-Kontrollen" (S. 135)	Pflegehandeln III/1 (Kompetenz /kognitive Ebene)
2.2.02 (Pflegerischer Bereich, Pflege und Medizin, Pflege bei Erkrankungen des Nervensystems)	Patient mit apoplekti- schem Insult	„Motivation und Anleitung der Familienangehörigen" (S. 137)	Pflegehandeln III/1 (Kompetenz/ kognitive Ebene)
2.2.05 (Pflegerischer Bereich, Pflege und Medizin, Pflege bei Erkrankungen der Verdauungs- und Stoffwechselsysteme)	Patient mit Stomaanlage	„Anleitung zur Selbstpflege" (S. 144)	Pflegehandeln III/2 (Kompetenz/ emotionale Ebene)
2.2.09 (Pflegerischer Bereich, Pflege und Medizin, Pflege bei Erkrankungen des endokrinen Systems)	Patient mit Diabetes mel- litus	„Anleitung zur eigenver- antwortlichen Lebens- und Therapiegestaltung" (S. 155)	Pflegehandeln III/1 (Kompetenz/ kognitive Ebene)

Bei den hier aufgelisteten Themen handelt es sich um die, die meiner Erfahrung nach von Pflegenden am ehesten mit Anleitung verbunden werden. Ihnen gemeinsam ist, dass eine langfristige evtl. lebenslange Einschränkung der Gesundheit der Patienten besteht, welche Anleitung nötig macht. Der Patient muss bestimmte Verrichtungen erlernen, um nach der Entlassung in seinem häuslichen Alltag mit dieser Einschränkung leben zu können. Dies ist eine sehr beengte Sicht von Anleitung. Sie vernachlässigt all das, was der Patient im Krankenhaus lernt, aber nur kurzfristig anwenden kann, da nur vorübergehende Einschränkungen bestehen. Lohnt es sich z.B. nicht, einem Patienten nach einer Bauchoperation eine schonende Art des Aufstehens zu zeigen, weil er doch in ein paar Tagen wieder fit ist? Anleitung wird hier nicht als begleitendes Moment in der täglichen Pflege gesehen. Statt den Schülern den Blick zu weiten auf neue Möglichkeiten der Förderung der Selbständigkeit des Patienten hin, besteht die Gefahr, dass diese Anleitung nur in Zusammenhang mit diesen speziellen Maßnahmen setzen. Womöglich wird noch deren Anordnung erwartet.

In all diesen Themen scheinen nicht die Anleitung bzw. die Methode der Vermittlung von Wissen, Fähigkeiten usw. im Mittelpunkt zu stehen, sondern lediglich die Inhalte, die vermittelt werden müssen. Sämtliche genannten Unterrichtseinheiten stehen unter dem Paradigma „Pflegehandeln", als Intention ist bei den meisten Themen III/1 (Kompetenz/ kognitive Ebene) angegeben. Nur dem Thema „Patient mit Stomaanlage" (unter 2.2.05.) ist die Intention III/2 (Kompetenz/emotionale Ebene) zugeordnet (Vermutlich, da der Umgang mit einem künstlichen Darmausgang mit starken Gefühlsbelastungen verbunden sein kann.). Dies unterstützt die Orientierung dieser Themenbereiche an Faktenwissen. Reicht es aber nur zu wissen, wie sich die Patienten verhalten, was sie wie durchführen sollen? Erleben die Schüler eine rein kognitive Vermittlung der Inhalte, so sehen sie womöglich später auch nicht die Notwendigkeit, dem Patienten auch auf anderen als der kognitiven Ebene diese Inhalte weiterzugeben. Für den Patienten reicht es aber im Alltag nicht aus, lediglich die Theorie zu kennen, er muss auch befähigt werden, sie in praktisches Handeln umzusetzen.

Zusammenfassend lässt sich folgendes feststellen: Anleitung von Patienten stellt im Curriculum der AKOD kein eigenständig zu betrachtendes Thema dar. Zwei Themen verschiedener Unterrichtseinheiten bieten die Möglichkeit, allgemeine Fragestellungen der Anleitung zu integrieren. In mehreren Themen des pflegerischen Bereiches ist die Anleitung von Patienten, jedoch nur bezogen auf spezielle Handlungen als Bestandteil enthalten. Es wäre denkbar unter den Vorgaben dieses Curriculums Anleitung zunächst allgemein zu bearbeiten und dann dieses Wissen beispielhaft an speziellen Verrichtungen zu vertiefen. Ebenso könnte Anleitung aber auch nur als „Randbemerkung" vorkommen. Das Curriculum stellt es also durch den großen verbleibenden Interpretationsspielraum indirekt in die Entscheidung der Lehrenden, ob sie Anleitung in der Theorie überhaupt unterrichten, dieses in den Einzelthemen wieder aufnehmen, den Schülern die Möglichkeit zur Reflexion von gemachten Erfahrungen mit Anleitung geben, wie sie dies ausgestalten usw.. Durch die Zuordnung von Paradigmen zu Unterrichtseinheiten und Intentionen zu Themen wird die Entscheidungsfreiheit der Lehrenden andererseits eingeschränkt. Dies kann als Hilfe zur didaktischen Reduktion der Themeninhalte gesehen werden, es gehen dabei aber auch Betrachtungsebenen verloren. Dies steht dem ganzheitlichen Pflegeverständnis, das Grundlage dieses Curriculums ist, entgegen. Das unter 2.2.05. genannte Thema „Patient mit Stomaanlage" z.B. steht unter dem Paradigma „Pflegehandeln". Das veränderte Körperbild des Patienten spielt aber auch eine große Rolle, genauso wie die Tabuisierung solcher Themen, dies könnte unter den Paradigmen "Menschenbild" und „Kommunikation" eingeordnet werden. Auch die zugeordnete Intention III/2 schränkt ein.

Neben den wichtigen Erfahrungen der emotionalen Ebene (z.B. Ekelgefühle), sollte der Schüler auch Handlungserfahrungen in der Versorgung machen können und sich kognitiv Basiswissen erwerben. Intentionen und Paradigmen dürfen nicht dogmatisch aufgefasst werden. Es sollten die verschiedenen Erfahrungsebenen und Absichten für jedes Thema bedacht werden, um die für die Schüler sinnvollen Schwerpunkte zu setzen. Allein durch die Einführung dieses Curriculums wird keine Ganzheitlichkeit garantiert. Dies wird auch durch den Versuch, durch die Erschaffung des neuen Faches „Pflege und Medizin" einen fächerübergreifenden Unterricht zu ermöglichen, und durch die Forderung, projektbezogenes Lernen solle „didaktisches Prinzip im Schulalltag" sein (vgl. oben, Kapitel 8), nicht erreicht. Denn dieses spiegelt sich in der geschlossenen und fächerorientierten Form des Curriculums nicht wieder. Nur wenn die Lehrenden ein entsprechendes Pflegeverständnis verinnerlicht haben, können sie das Curriculum entsprechend im Unterricht ausgestalten.

9.5.2   Das Hessische Curriculum Krankenpflege

Aufgrund der offenen Konzeption des Curriculums sind die Lehrinhalte der theoretischen Ausbildung nur in Schwerpunkten angegeben. In den Querblättern, die tabellarisch die groben Lernziele und Inhalte des Faches „Pflege", versehen mit Hinweisen zu möglichen Lehrmethoden und Bezugsfächern, angeben, sind mehrfach Angaben zum Thema „Anleitung" zu finden. Lediglich ein Mal ist dies auf die Schüler bezogen. Innerhalb der Unterrichtseinheit „Körperpflege und Kleidung" wird unter dem Lernziel „erworbene Kenntnisse praktisch anwenden" der Lerninhalt „Anleitung auf der Station" aufgeführt. Alle weiteren Nennungen beziehen sich offensichtlich auf die Anleitung von Patienten. Sie sind zu finden unter den Unterrichtseinheiten „Aufrechterhaltung der Vitalfunktionen" und „Nahrungsaufnahme und Ausscheidung". Erstere enthält zweimal unter dem Lernziel „den individuellen Pflegebedarf ermitteln und die Pflege situationsgerecht planen und praktisch umsetzen" die Inhaltsformulierung „Anleitung und Beratung zur Lebensführung und zur Förderung der eigenen Fähigkeiten". Die zweite Unterrichtseinheit ordnet dem Lernziel „die erworbenen Kenntnisse patientenorientiert in der Praxis anwenden" den Inhalt „Anleitung zum selbständigen Umgang mit Diäten und gesunder Ernährung" zu. Im zweiten Ausbildungsabschnitt enthält fast jede Unterrichtseinheit Inhalte zum Thema „Anleitung von Patienten". Verschiedene Formulierungen kommen vor: „Beratung und Anleitung"; „Beratung und Anleitung von Patienten"; „Beratung und Anleitung des Patienten zur ..."; „Beratung und Anleitung des Patienten und der Angehörigen". Sämtliche derartigen Inhalte stehen unter dem Lernziel „spezielle Pflegetechnik erlernen".

Allein aus der Häufigkeit der verschiedenen Nennungen wird deutlich, dass Anleitung als eine wichtige Aufgabe der Pflege verstanden wird. Einen entsprechend großen Raum nimmt sie in den Lerninhalten der Ausbildung ein. Es fällt weiter auf, dass Anleitung (zumindest im zweiten Ausbildungsabschnitt) immer mit Beratung zusammen genannt wird. Beratung kann meiner Meinung nach allein stehen. Spreche ich aber von Anleitung, so ist in dieser immer auch die Beratung des Patienten enthalten. Die Formulierung „Beratung und Anleitung" kann aber auch heißen, dass Anleitung hier „nur" die Vermittlung von praktischen Fähigkeiten meint. Die Deutung des Begriffs wird vom Anwender des Curriculums bestimmt. Spielt auch das methodische Vorgehen in der Anleitung eine Rolle? In den Festlegungen der Lernziele der einzelnen Unterrichtseinheiten findet sich eine wiederkehrende Struktur in den Formulierungen: Es sollen zunächst „Bedeutungen erfasst und reflektiert", „theoretische Grundlagen bzw. Voraussetzungen erworben" werden, und dann „individueller Pflegebedarf ermittelt und die Pflege situationsgerecht geplant und praktisch umgesetzt bzw. angewandt" werden. Dies könnte man auch auf die Anleitung von Patienten als Unterrichtsthema übertragen. Zunächst müssten die Schüler die Bedeutung der Anleitung von Patienten als Aufgabe der Krankenpflege erfassen, dann die theoretischen Grundlagen der Anleitung und speziell der Anleitungssituation mit und für den Patienten erwerben, um schließlich diese in der Ermittlung seines individuellen Pflegebedarfs und der Planung der Pflege speziell für seine Situation umsetzen und anwenden zu können. Die ersten beiden Punkte müssten also durch Unterrichtsinhalte vermittelt werden, bevor Anleitungen zu bestimmten Tätigkeiten etc. thematisiert werden können. Ein solcher Unterrichtsinhalt wird aber im Hessischen Curriculum nicht ausgewiesen. Ähnlich dem Curriculum der AKOD sind auch hier lediglich Themen zum Lernen allgemein und zur Erziehung unter den Fächern Psychologie und Pädagogik im Einführungsblock und in der ersten Unterrichtseinheit des 1. Ausbildungsabschnitt enthalten. Der Umfang, in dem Anleitung unterrichtet wird, liegt erneut im Ermessen der Lehrenden. Sie legen die Feinlernziele für den Unterricht fest, und entscheiden dabei, ob sie das wiederkehrende Thema „Anleitung" nur unter dem Aspekt des „Was" oder auch dem des „Wie" behandeln wollen.

9.5.3 Planen, Lehren und Lernen in der Krankenpflegeausbildung. Das offene fächerintegrative Curriculum von U.-K. Oelke

Im Stichwortverzeichnis dieses Curriculums ist „Anleitung" nur als „Anleitung von KrankenpflegeschülerInnen" enthalten. Dies ist der Titel einer Lerneinheit des Lernbereiches V, die dem Teilbereich „Zur Situation des/der Krankenpflegeschülers/in als Interaktion- und Kommunikationspartner/in" zugeordnet ist. Sie hat drei inhaltliche Themenbereiche: die Reflexion der Erfahrungen der Schüler mit Anleitungssituationen in ihrer praktischen Ausbildung, d.h. in ihrer Rolle als Angeleiteter; didaktisch-methodische Grundlagen der praktischen Anleitung; die praktische Umsetzung dieses Wissens in Anleitungssituationen (vgl. Oelke 1991 a, S. 249). Diese Lerneinheit enthält allgemeine Aspekte der Anleitung, die auch für das Thema „Anleitung von Patienten" genutzt werden könnten. Es ist jedoch zu vermuten, dass dies in der Umsetzung nicht geschieht, denn Ausgangspunkt für die Betrachtung ist die Situation des Schülers. Der Fokus richtet sich auf die Anleitung als Ausbildungssituation. Es liegt nahe, auch die theoretischen Grundlagen der Anleitung unter diesem Gesichtspunkt zu betrachten. Die Anleitung von Schülern ist ein Thema, das meist erst im letzten Teil der Ausbildung behandelt wird. Auch in dem Beispiel zur zeitlichen Strukturierung der theoretischen Ausbildung im Anhang des Curriculums (vgl. Oelke 1991 a, S. 280-282), ist diese Lerneinheit im letzten Block angesiedelt.

Eine Lerneinheit oder ein allgemeines Thema „Anleitung von Patienten" gibt es nicht. Es gibt wohl Lerneinheiten, die Inhalte behandeln, die auch im Zusammenhang mit Anleitung betrachtet werden können, diese können aber auch ohne Berücksichtigung dieses Aspektes gefüllt werden. Einige Beispiele: „Krankenrolle, Patientenrolle und Patientensituation" (II/3); „Gesundheitserziehung (II/9); Soziales Lernen und Lerntechniken" (V/2); „Kommunikation, Interaktion und Gesprächsführung" (V/7).

Das Wort „Anleitung" kommt in den stichwortartigen Beschreibungen der Themeninhalte innerhalb der Lerneinheiten an verschiedenen Stellen vor. Der Übersicht halber sind diese tabellarisch aufgeführt (S. 239).

Sämtliche Zitate finden sich in Themenbeschreibungen, die Inhalte des Faches „Krankenpflege" konkretisieren. Anleitung von Patienten ist hier also eine pflegerische Maßnahme und nicht Aufgabengebiet anderer Fächer, z.B. der Pädagogik. Zum anderen sind die genannten Aspekte der Anleitung von Patienten bis auf eine Nennung dem Lernbereich III, „Pflege spezieller Patientengruppen", entnommen. Dies legt die Interpretation nahe, dass Anleitung nur im Zusammenhang mit spezifischen Pflegesituationen sinnvoll eingesetzt werden kann. Anleitung ist demnach kein Bestandteil von „Standardpflegesituationen" oder, wie in den Ausführungen zum Lernbereich I formuliert, von „typischen, 'alltäglichen' krankenpflegerischen Verrichtungen" (Oelke 1991 b, S. 120). Diese Annahme wird unterstützt durch die Tatsache, dass in allen obigen Nennungen Anleitung als eine Maßnahme, die auf bestimmte teilweise sehr eng begrenzte pflegerische Tätigkeiten bezogen ist, erscheint. In der Ausgestaltung dieser Vorgaben im konkreten Unterricht kommt es daher sehr auf die Ziele und die Schwerpunktsetzung der jeweiligen Lehrkraft an, ob Anleitung hier nur erwähnt wird, ob lediglich die notwendigen Inhalte der jeweiligen Anleitung oder auch das Vorgehen bei der Anleitung behandelt wird, ob die spezielle Situation des anzuleitenden Patienten reflektiert wird usw.. Das Curriculum überlässt bezüglich des Themas „Anleitung von Patienten" der einzelnen Krankenpflegeschule bzw. den einzelnen Lehrenden einen großen Gestaltungsspielraum.

Neben dem explizit genannten Wort „Anleitung" erscheinen im Curriculum eine Vielzahl weiterer Begriffe, die je nach ihrer Interpretation durch die Lehrenden Teilaspekte von

Anleitung beinhalten können: „Hilfe oder Hilfestellung für den Patienten", „Patientenberatung"; „Aktivierung", „Betreuung", „Unterstützung des Patienten"; Information", „Vorbereitung des Patienten" und „Nachsorge/Nachbetreuung des Patienten".

Standort im Curriculum	Fächer-zuord-nung	Themenaspekt	Zitat aus der Themenbeschreibung
I/5.3	Kranken-pflege	Mobilisation des Patienten	„Anleitung des Patienten zum Aufstehen ohne bzw. mit wenig Hilfe" (S. 20)
III/5.3.1.	Kranken-pflege	Schwerpunkte bei der Pflege von Patienten mit einer operativ behandelten Erkrankung des Stütz- und Bewegungsapparats	„Besonderheiten der präoperativen Betreuung (operationsabhängig): ... Patienteninformation und -anleitung im Hinblick auf die Operation und postoperative Phase" (S. 108)
III/6.6.3	Kranken-pflege	Schwerpunkte und Besonderheiten bei der Pflege eines tracheotomierten Patienten	„Postoperative Besonderheiten und Schwerpunkte:... Anleitung des Patienten im Umgang mit dem Tracheostoma" (S. 118)
III/9.5.2.	Kranken-pflege	Besonderheiten und Schwerpunkte bei der Pflege von Patienten mit operativ behandelten Erkrankungen des Ernährungs- und Verdauungstrakts	„Postoperative Besonderheiten und Schwerpunkte (operationsabhängig): ... Patientenaufklärung und -anleitung bezüglich einer gesundheitsfördernden Lebensweise" (S. 142)
III/9.5.3.	Kranken-pflege	Grundsätze der symptomatischen Stomapflege	„Besonderheiten der späteren postoperativen Betreuung: Anleitung des Patienten zur selbständigen Stomaversorgung (S. 143)
III/11.5.2.	Kranken-pflege	Besondere Aspekte bei der Pflege von Patienten mit Inkontinenz	„Patientenanleitung zur Beckenbodengymnastik" (S. 159)
III/12.6.2.	Kranken-pflege	Besondere Techniken bei der Pflege von Patientinnen mit Erkrankungen der Genitalorgane	„Applikation von Vaginaltabletten: Technik der Applikation, Anleitung der Patientin zur selbständigen Applikation" (S. 169)

9.5.4 Zusammenfassung

In keinem der Curricula stellt die „Anleitung von Patienten" ein separat aufgeführtes Unterrichtsthema dar, didaktisch-methodische Grundlagen der Anleitung von Patienten werden nicht explizit als Ausbildungsinhalt aufgeführt. Lediglich das Curriculum von U.-K. Oelke nimmt Anleitung inklusive theoretische Hintergründe als Thema auf, grenzt dieses aber durch die eindeutige Festlegung auf die Anleitung von Krankenpflegeschülern und die vorgeschlagene zeitliche Einplanung am Ende der Ausbildung erheblich ein. Alle Curricula enthalten Inhalte zu Lernen, (Gesundheits-)Erziehung usw., unter denen gegebenenfalls auch die Anleitung allgemein thematisiert werden könnte. Der hier vorhandene Gestaltungsspielraum gibt aber genauso die Möglichkeit, auf eine Bearbeitung der Anleitung weitestgehend zu verzichten.

In den Beschreibungen der Einzelthemen des Unterrichts ist aber in allen drei Curricula „Anleitung von Patienten" mehrfach als Inhalt genannt. Die entsprechenden Themen sind dem Fach „Krankenpflege" oder „Pflege und Medizin" untergeordnet. Ist also die Anleitung von Patienten zwar eine Aufgabe der Pflege, aber eine Aufgabe, die keiner theoretischen Grundlage bedarf? Der Inhalt „Anleitung von Patienten" wird dazu häufig im direkten Zusammenhang mit einer pflegerischen Maßnahme genannt. Wie diese schlagwortartigen Erwähnungen von den Nutzern des jeweiligen Curriculums aufgefasst, gefüllt und im Unterricht umgesetzt werden, bleibt ihnen überlassen. Sie können sich darauf begrenzen, zu erwähnen, dass der Patient angeleitet werden sollte. Sie können lediglich die Inhalte der Anleitung aufzählen oder mit den Schülern erarbeiten. Sie können aber auch die speziellen Problematiken der Situation Patientenanleitung beleuchten und Erfahrungen der Schüler einbeziehen.

9.6   Anleitung von Patienten in Lehrbüchern

Trotz der Vorgaben in KrPflAPrV und durch Curricula bleibt doch die endgültige didaktische Bearbeitung, die Aufbereitung des „Stoffs" für den Unterricht Aufgabe der Lehrenden. Neben anderen Quellen werden hierfür Lehrbücher genutzt. Diese dienen auch den Schülern als Informationsquelle und Lernhilfe. Ist in ihnen die Anleitung des Patienten als Aufgabe der Krankenpflege berücksichtigt? Werden theoretische Grundlagen zur Anleitung und speziell zur Anleitung von Patienten thematisiert. Dies wird exemplarisch anhand der Themen „Pneumonieprophylaxe", „Stomaversorgung" und „Patienten mit Diabetes mellitus" untersucht.

9.6.1 Pflege. Praxis und Theorie der Gesundheits- und Krankenpflege

Im Register dieses Buches (die Ausführungen beziehen sich auf die siebte Auflage von 1994) findet man unter dem Stichwort „Anleitung" den Eintrag „Anleitung des Patienten". Schlägt man auf der angegebenen Seite (Juchli 1994, S. 462) nach, so findet man unter der Überschrift „Patientenbezogene Interaktion" einen Absatz zu „Instruktion und Anleitung". Dieser macht zunächst nur allgemeine Aussagen zu Inhalten von Anleitung (*gezieltes Informieren und Einüben*) und den Rahmenbedingungen (*genügend Zeit*; *klare Ziele*), verweist dann aber auf einen Themenabschnitt zur Instruktion des Diabetikers, unter dem Grundlagen zum Lehren und Lernen zu finden seien (s.u.).

Am Beispiel des Diabetikers werden exemplarisch die pädagogischen Anteile der Pflege dargestellt. Unter der Überschrift „Instruktion und Lernen" wird dieser Abschnitt folgendermaßen eingeleitet: „Ein wichtiges Ziel in der Arbeit mit Diabetikern ist, dass er/sie lernt, mit der Krankheit selbständig zurechtzukommen." (Juchli 1994, S. 673) Es werden mehrere Lernformen, die Anwendung finden, kurz dargestellt: Übungslernen, Lernen durch Nachahmung und Lernen durch Einsicht. Unter dem Begriff „Übungslernen" wird die Instruktion des Patienten in mehreren Phasen besprochen. Des weiteren werden die Inhalte der Diabetesschulung benannt und die Zusammenarbeit verschiedener Berufsgruppen hieran betont. „Beim **Lernen durch Schulung, Information und Beratung** steht dem Diabetiker ein *Team* von Fachpersonen zur Verfügung - Arzt, Ernährungsberaterin, Diabetesschwester - , deren Ziel es ist, den Patienten zum *Mittherapeuten in eigener Sache* zu schulen." (Juchli 1994, S. 674)

Anleitung wird nicht als losgelöstes Thema theoretisch behandelt, sondern exemplarisch am Patienten mit Diabetes mellitus dargestellt. In Anbetracht der Tatsache, dass die Anleitung des Diabetikers (vornehmlich zur s.c. Insulininjektion) eine der klassischen Pflegesituationen für Anleitung ist, scheint dieses Beispiel geeignet. Durch die Verbindung mit ihm ist die Darstellung des Themas „Anleitung von Patienten" anschaulicher und praxisbezogener gestaltet. Diese Auswahl kann jedoch auch kritisch bewertet werden, da der Diabetes mellitus ein sehr komplexes Krankheitsbild darstellt, das häufig erst zu einem Zeitpunkt fortgeschrittener Ausbildung unterrichtet wird. Es kann erst entsprechend spät verwendet werden. Eine Lehrkraft oder ein Schüler, die/der nicht gezielt nach dem Thema „Anleitung" sucht, wird durch die übrigen Inhalte des Buches kaum dazu angeregt, methodische Aspekte der Anleitung zu hinterfragen. (Unter dem Thema „Stomatherapie" wird lediglich auf einen bestehenden Anleitungsbedarf hingewiesen. Im Zusammenhang mit dem Begriff „Pneumonieprophylaxe" bzw. im erweiterten Sinn mit Atmung werden Inhalte von Anleitung ausformuliert und als solche kenntlich gemacht.) Zudem werden nur Teilaspekte des Anleitungsprozesses in diesem Abschnitt behandelt. Lernformen und Inhalte zu kennen, reicht nicht aus, um eine individuell ausgerichtete Anleitung für einen und mit einem Patienten zu planen und durchzuführen. Wichtige Aspekte wie Bedingungsanalyse, Zielfestlegung und Evaluation usw. fehlen bzw. werden nicht benannt. Auch wird die Anleitung zwar auf Patienten bezogen besprochen, die Anleitungssituation aber nicht aus Sicht des Patienten betrachtet. Die Besonderheiten dieser Anleitungssituationen in Abgrenzung zu anderen Lernsituationen (z.B. der Schüleranleitung) bleiben außen vor.

Ein weiterer Gesichtspunkt erscheint mir problematisch. In dem Hinweis auf das multiprofessionelle Team, das die Betreuung des Diabetikers leistet, kommt keine Krankenschwester vor. Es ist stattdessen die Rede von der Diabetesschwester. (Im Abschnitt zur Stomaversorgung wird auf die Stomatherapeutin bzw. Stomaberatungsstellen verwiesen.) Es stellt sich daher die Frage, ob es einer zusätzlichen Qualifikation bzw. Spezialisierung auf bestimmte Pflegebereiche bedarf, um Anleitungen durchführen zu können. Ist Anleitung so wie es hier scheint eine Aufgabe von Experten? Oder anders ausgedrückt: Sind Krankenschwestern keine Experten für die Anleitung der Patienten zu solchen spezifischen Tätigkeiten und überhaupt? Die Tatsache der Entstehung dieser speziellen Qualifikationen ist ein Indiz dafür, dass hier ein Mangel von anderen eher als von der Pflege erkannt und genutzt wurde, um sich ein neues Arbeitsfeld zu erschließen.

9.6.2 Das neue Lehrbuch der Krankenpflege

Schlägt man im Register unter „Anleitung" nach bzw. sieht das Inhaltsverzeichnis auf entsprechende Themen durch, so findet man das Stichwort „Anleitung von Mutter und Kind". Es ist der Titel eines Themas unter dem Kapitel „Die Pflege des gesunden Neugeborenen". Hier wird Anleitung als Gesundheitserziehung verstanden. Sie soll die junge Mutter auf die selbständige Versorgung ihres Kindes zu Hause vorbereiten. Im Folgenden wird lediglich erwähnt, dass die Frau bezüglich ihrer eigenen Versorgung aufgeklärt und angeleitet werden müsse und hinsichtlich der Pflege ihres Kindes einzubeziehen, zu unterweisen und zu kontrollieren sei (vgl. Baumhauer u.a. 1992, S. 855f.).

Das Stoma bzw. der Anus praeter und seine Versorgung etc. ist ein Thema, das auf mehreren Seiten recht ausführlich behandelt wird. Aber auch hier steht die Darstellung von Fakten, Handlungsketten und Ablaufbeschreibungen im Vordergrund. Als Hinweis zur Notwendigkeit von Anleitung könnte folgende Aussage gewertet werden: „Der Patient muss pflegerisch und ärztlich so geführt werden, dass er so schnell wie möglich lernt, mit der Versorgung seines Anus praeter fertig und unabhängig zu werden." (Baumhauer u.a. 1992, S. 613) **Wie** dies geschehen soll bleibt unbearbeitet. Dazu wird empfohlen, auf das Bestehen von Selbsthilfegruppen hinzuweisen, die den Patienten bei Anliegen im medizinischen, sozialen und versorgungstechnischen Bereich helfen. Der abschließende Satz des Abschnittes lautet: „Es ist zu empfehlen, dem Patienten vor der Entlassung ein Merkblatt über den Umgang und die Pflege des Anus praeter auszuhändigen" (Baumhauer u.a. 1992, S. 616).

Die Darstellung der Themen beschränkt sich überwiegend auf eine chronologische Aufzählung von Fakten, Handlungen usw.. Der Patient erscheint nach meinem Eindruck eher als Objekt, an dem diese Handlungen durchgeführt werden müssen, als als Subjekt, das die Pflege mitbestimmt. An manchen Stellen scheint er eher ein unmündiges Kind, das Anweisungen zu folgen hat, das von der Pflege *erzogen* werden muss und kontrolliert und überwacht wird (z.B. „Diabetes mellitus": Das Pflegepersonal soll ihm Auskunft und Anweisung geben, ihn z.B. anhalten, die Diät einzuhalten, und ihn diesbezüglich dann *unauffällig überwachen* - vgl. Baumhauer u.a. 1992, S. 441f). Ansätze individueller Pflege sind nicht zu finden. „Hilfe zur Selbsthilfe" ist mit vereinzelten Hinweisen darauf, dass Patienten angeleitet werden müssten, nicht ausreichend dargestellt. Sie kann schon gar nicht durch die Verteilung von Merkblättern an die Patienten erreicht werden. Dieses Lehrbuch enthält weder für Schüler noch für Lehrer verwertbare Inhalte zum Thema „Anleitung" (allgemein) und speziell zur „Anleitung von Patienten". Es gibt auch keinen Anreiz, bei der Bearbeitung von Themen über Anleitung nachzudenken. Wer sie nicht bereits für wichtig erachtet, wird sich auch aufgrund der Lektüre dieses Buches nicht damit auseinandersetzen.

9.6.3 Pflege heute

Eine Nennung speziell zum Thema „Anleitung" bzw. „Anleitung von Patienten" befindet sich weder in den Inhaltsverzeichnissen, noch im Register des Lehrbuches.

Der Abschnitt zur Pneumonieprophylaxe beginnt mit der allgemeinen Aussage:

„Zur Pneumonieprophylaxe gehören:
- Einschätzung des Pneumonierisikos
- Planung und Durchführung von vorbeugenden Maßnahmen, die sich auf die Ursachen der Pneumoniegefährdung beziehen
- Anleitung des Patienten zur Mitwirkung bei diesen Maßnahmen." (Schäffler u.a. 1997, S. 113)

Neben einigen Ausführungen im Text sind die Inhalte zu den ersten beiden Aspekten jeweils in Form einer Tabelle dargestellt, die Anleitung der Patienten kommt, obwohl als Bestandteil der Pneumonieprophylaxe genannt, in diesem Abschnitt nicht mehr vor. Es folgen mehrere Abschnitte, die einen Teil der in den oben erwähnten Tabellen genannten Maßnahmen thematisieren (Atemübungen und Atemgymnastik, Atemunterstützende Lagerung usw.). Auch in diesen werden mehrfach Hinweise auf die Notwendigkeit der Anleitung der Patienten gegeben: „Folglich müssen Patienten bei diesem Atemtraining gut angeleitet und überwacht werden" (Schäffler u.a. 1997, S. 114) oder „Fehler ergeben sich meist aus unzureichender Anleitung und Kontrolle des Patienten" (Schäffler u.a. 1997, S. 116). Nähere Aussagen zur Anleitung von Patienten, zum Wann, Wie, Wieweit usw., werden nicht gemacht.

Im Abschnitt „Stomatherapie und Stomapflege" wird als Ziel die Rehabilitation des Patienten (körperlich, psychisch, gesellschaftlich) formuliert und die Bedeutung der Kooperation aller Beteiligten betont: „Unabdingbar hierzu ist eine gute Zusammenarbeit zwischen Betroffenen, dem Hausarzt, dem Operateur bzw. dem Stationsarzt, der Stomatherapeutin und dem Pflegepersonal der Station." (Schäffler u.a. 1997, S. 677) Bereits hier wie auch im weiteren Text fällt die Einbeziehung der Stomatherapeutin als Expertin auf. In diesem Zusammenhang werden auch Selbsthilfegruppen (z.B. ILCO) erwähnt. Im weiteren Text wird eine Aufforderung zur Anleitung formuliert: „Sobald der Patient den Anblick seines Stomas ertragen kann, wird er in die Versorgung einbezogen, damit er bis zu seiner Entlassung lernt, es selbst zu versorgen." (Schäffler u.a. 1997, S. 679) Wer die Anleitungsaufgabe übernehmen soll ist hier nicht deutlich ausgesprochen. Bei der speziellen Maßnahme Irrigation des Kolons dagegen wird eindeutig festgelegt, dass die Anleitung durch eine Stomatherapeutin zu geschehen hat (vgl. Schäffler u.a. 1997, S. 682). Die insgesamt sehr umfassenden Ausführungen enden mit einem Abschnitt „Patienteninformation", in dem noch einmal die Bereiche aufgezählt werden, zu denen der Patient während des Krankenhausaufenthaltes angeleitet bzw. beraten werden sollte.

Auch dieses Pflegelehrbuch enthält keinen gesonderten Abschnitt zum Thema „Anleitung", weder allgemein noch auf Patienten oder Schüler bezogen. In den ausgesuchten Themen finden sich immer wieder Hinweise darauf, dass Anleitung der Patienten Teil ihrer pflegerischen Versorgung ist. Es wird deutlich, dass für die weitere Lebensführung der Patienten nach dem Krankenhausaufenthalt von Bedeutung ist, ob sie gut angeleitet wurden. („Je besser ein Diabetiker geschult ist, desto geringer sind die Einschränkungen seiner Lebensqualität" - Schäffler u.a. 1997, S. 785). Es werden aber maximal einige grobe Inhalte der Anleitung aufgezählt, der Begriff „Anleitung" wird in vieler Hinsicht nicht gefüllt. Die Vorstellungen und Hintergründe, die die Nutzer dieses Buches diesbezüglich haben, können daher sehr unterschiedlich sein. Theoretische Grundlagen für diese Tätigkeit werden nicht vermittelt. Durch die Verweise auf Stomatherapeuten und Diabetesberater entsteht zudem auch hier der Eindruck, Anleitung wäre nicht die Aufgabe „normaler" Krankenschwestern, sondern spezialisierter Berufsgruppen. Wird aber die Anleitung zu diesen spezifischen Tätigkeiten als Aufgabe anderer gesehen, kann sich die Krankenschwester dann die Anleitung zu allgemeineren Maßnahmen zutrauen?

9.6.4 Professionelle Pflege. Fähigkeiten und Fertigkeiten

Der Begriff „Anleitung" bzw. „Anleitung von Patienten" ist weder in den Inhaltsverzeichnissen, noch im Register des Lehrbuches genannt. Im zweiten Abschnitt „Modul 2: Beratende Fertigkeiten" (Arets u.a. 1999, S. 229ff) findet man aber unter dem Kapitel „2.1 Beratung" die Themen „Patientenaufklärung" und „Das Aufklärungsgespräch".

In diesem Rahmen findet sich auch ein Hinweis zur Anleitung. Demnach sei „Anleitung ein wesentlicher Bestandteil der Aufklärung" (Arets u.a. 1999, S. 257) im Sinne einer Unterweisung in konkreten Handlungen, die der Selbstpflege dienen.

Aufklärung wird in vier Teilbereiche gegliedert:
1. Information, d.h. Wissensvermittlung
2. Erziehung, d.h. Hinwirken auf Einsicht und die Veränderung von Lebensgewohnheiten
3. Betreuung und Begleitung, d.h. psychosoziale Unterstützung
4. Aufklärung, d.h. Unterweisung in der Praxis.

Dass diese Trennung nur dem Verständnis dient, in der Praxis aber so strikt nicht besteht, wird im weiteren Text deutlich. In der ausführlichen Darstellung des Themas Aufklärung sind eine Vielzahl von Aspekten aufgenommen, die auch in dieser Arbeit zur Anleitung angesprochen werden. Die zu dem Thema angegebenen „Studienaktivitäten" können Lehrenden und Lernenden als Orientierungshilfe und didaktische Anregung dienen. Insgesamt aber bleibt der Eindruck, dass trotz Bestehens eines Unterthemas „Unterweisung in der Praxis" der Schwerpunkt dieses Kapitels auf der kognitiven Vermittlung von Inhalten liegt, auch die Studienaktivitäten bewegen sich überwiegend auf dieser Ebene. Eine Erweiterung um praxisbezogenere Aspekte wäre wünschenswert. Das Thema Aufklärung wird nicht nur separat behandelt, es wird auch aufgenommen in den im Modul 3 beschriebenen Fertigkeiten. Zum Beispiel findet sich unter „3.6. Ausscheidung" unter dem Thema „16 Sorge für ein Stoma" ein mehrseitiger Abschnitt „Aufklärung" (Arets u.a. 1999, S. 753ff.). Er enthält Hinweise über Aufklärung zur Lebensführung, zur psychischen Begleitung u.a.. In den folgenden Abschnitten werden dann der medizinische Hintergrund und die verschiedenen instrumentellen Techniken der Versorgung dargestellt. Unter der Überschrift „Autonomie" (Arets u.a. 1999, S. 777) wird abschließend erneut die Notwendigkeit einer individuellen Aufklärung betont.

9.6.5 Zusammenfassung

Die Art und Weise und der Umfang, in dem Anleitung von Patienten bzw. Anleitung allgemein Eingang in die Inhalte der Lehrbücher gefunden hat, ist sehr unterschiedlich. Gemeinsam ist, dass in allen Lehrbüchern Hinweise zu finden sind, dass die Anleitung von Patienten eine pflegerische Aufgabe darstellt. Das Buch „Pflege. Praxis und Theorie der

Gesundheits- und Krankenpflege" von L. Juchli weist einen Abschnitt auf, der sich speziell mit der Patientenanleitung befasst und dies durch die Verbindung mit dem Beispiel "Patient mit Diabetes mellitus" anschaulich macht. Dieser Abschnitt zeigt aber nur Teilaspekte auf. Umfassendere theoretische Grundlagen sind in „Professionelle Pflege. Fähigkeiten und Fertigkeiten" enthalten. Eine Betrachtung der spezifischen Umstände der Patientenanleitung, wie sie oben in Kapitel 9.3 beschrieben sind, findet lediglich hier statt. Auffällig ist auch die mehrfache Erwähnung von Experten für spezifische Tätigkeiten bzw. für spezifische Krankheitsbilder etc. (Stomatherapeutin, Stomaberatungsstellen, Diabetesberater, Diabetesschwester) in diesem Zusammenhang. Es ist zu fragen, welches Verständnis hinter diesen Hinweisen steht. Werden die hier gewählten Tätigkeiten als so spezifische angesehen, dass eine zusätzliche fachliche Qualifikation von Pflegenden notwendig ist, um diese beherrschen zu können? Wird die Anleitung hierzu gar als pflegefremde Tätigkeit eingestuft? Der Interpretationsspielraum ist weit. Insgesamt kann man sagen, dass die Aussagen der meisten Lehrbücher nicht ausreichen, um eine Unterrichtseinheit zum Thema „Anleitung von Patienten" inhaltlich vorzubereiten. Es müssen andere Quellen mit herangezogen werden. Die häufig fehlende Integration dieses Aspekts in den einzelnen Themen lässt eine Anregung zur Auseinandersetzung mit Anleitung von Patienten zudem kaum vermuten. Lediglich „Professionelle Pflege" kann hier als inhaltliche und methodische Quelle dienen. Es ist also auch in der direkten Unterrichtsvorbereitung anhand von Lehrbüchern in das Ermessen des Lehrers gestellt bzw. von seiner Einstellung hierzu abhängig, inwieweit er die Anleitung mit aufnimmt.

9.7   Anleitung von Patienten in der Ausbildung

Es wurde festgestellt, dass Anleitung von Patienten bereits eine Aufgabe der Krankenpflege ist, aber noch nicht ausreichend in der Praxis und der Lehre als solche bewusst realisiert wird. Zukünftig wird der Anleitung als Tätigkeit noch eine größere Bedeutung zukommen, da die Entwicklung im Gesundheitswesen hin zu einer Begrenzung stationärer Aufenthalte und zur Verlagerung medizinischer und pflegerischer Versorgung in den ambulanten Bereich geht. Eine Verkürzung der „Liegedauer" kann u.a. dadurch bewirkt werden, dass auf die Förderung der Selbständigkeit der Patienten größter Wert gelegt wird. Die Anleitung ist ein Mittel, um eben dieses zu erreichen. Eine frühere Entlassung der Patienten bedeutet für die Betroffenen, dass sie eher auf sich gestellt sind und an ihrer Genesung eigenverantwortlich weiterarbeiten müssen. Hier besteht weiterhin ein Bedarf an Beratung und Anleitung, den Pflege übernehmen kann. Wird die Anleitung von Patienten als Aufgabe der Pflege deutlich wichtiger, so muss dem in Praxis und Lehre Rechnung getragen werden.

9.7.1 Anleitung von Patienten als Thema des theoretischen Unterrichts

Anleitung begegnet den Lernenden in der Krankenpflegeausbildung in verschiedenen Situationen. Die Lernenden selber werden angeleitet in der Schule im theoretischen und im klinischen Unterricht und auf den Stationen im praktischen Einsatz. Sie beobachten ferner die Anleitung von anderen Schülern, von Patienten und Angehörigen auf den Stationen. Sie selber sollen schließlich Schüler und Patienten anleiten. Der Schüler erlebt Anleitung also aus verschiedenen Perspektiven: als Angeleiteter, als Beobachter und als Anleitender. Seine Position verschiebt sich im Laufe seiner Ausbildung. Je weiter diese fortschreitet, um so häufiger übernimmt der Schüler die Rolle des Anleitenden. Anleitung ist ständiger Bestandteil seines Ausbildungsalltags. Nach Abschluss der Ausbildung wird die selbständige Anleitung von Schülern und Patienten eine seiner Aufgaben sein. Was sollte nun **Inhalt** der theoretischen Ausbildung sein, um auf diese Aufgaben, speziell auf die Anleitung von Patienten, vorzubereiten? Ich will die mir sinnvoll erscheinenden Unterrichtsinhalte in drei Stufen beschreiben.

Inhalte aus den Bereichen anderer Fächer

Verschiedene Fächer (z.B. Psychologie, Soziologie, Pädagogik, Krankenpflege), die für den theoretischen Teil der Krankenpflegeausbildung vorgeschrieben sind (Anlage 1 zu §1 Abs. 1 KrPflAPrV), umfassen Inhalte, die für das Thema „Anleitung" genutzt werden können. Ich nenne einige Themen beispielhaft: Soziologie des Krankenhauses (z.B. der Mensch im Krankenhaus - die Patientenrolle), Kommunikation - Interaktion, Pädagogik in der Krankenpflege, Beobachten des Patienten (z.B. Wahrnehmung), Anwenden des Krankenpflegeprozesses. Es können fächerübergreifend Aspekte aufgenommen werden.

Inhalte zur Anleitung allgemein

Schüler sollen in ihrer zukünftigen Tätigkeit als Krankenschwestern und -pfleger Anleitungen sowohl von Schülern als auch von Patienten durchführen können. Obwohl diese beiden Personengruppen sich unterscheiden und damit auch die Anleitung, gibt es doch Grundfragen zu diesem Thema, die für beide Bereiche gelten. Diese sind z.B.: Was umfasst Anleitung? Wozu dient sie, ist sie überhaupt nötig? Welche Formen der Anleitung gibt es? In welchen Schritten geht man bei einer gezielten Anleitung vor? Welche Faktoren beeinflussen die Anleitung? Welche Medien und Methoden können eingesetzt werden. Wie, wo, wann findet Anleitung im Krankenhaus statt? Ist Anleitung eine Aufgabe der Krankenpflege? Auf die Beschäftigung mit diesen allgemeinen Fragen können dann Unterrichtsinhalte aufbauen, die sich mit den einzelnen Zielgruppen der Anleitung differenzierter befassen.

Inhalte zur Anleitung von Patienten

Die Anleitung von Patienten unterscheidet sich von der Anleitung, die der Schüler erfährt, und von der Anleitung anderer Schüler. Es darf keine undifferenziert angewandte Einheitspraktik der Anleitung entstehen. Die Besonderheiten der Patientenanleitung müssen herausgestellt und bewusst gemacht werden, damit sie vom Schüler entsprechend in die Praxis einbezogen werden. Einige zu thematisierende Differenzen sind:

Die **sprachliche Ebene**: Von einem Schüler, der angeleitet wird, kann abhängig von seinem Ausbildungsstand ein Verständnis für Fachbegriffe erwartet werden. Gegebenenfalls dient die Anleitung auch der Überprüfung seines diesbezüglichen Wissens. Den Patienten dagegen sind viele Fachtermini unbekannt, sind für sie sozusagen „Fremdwörter". Die anleitende Person muss sich der Sprache des Patienten in gewissem Rahmen anpassen, d.h. Wortwahl, Satzbau, Sprachgeschwindigkeit etc. auf sein Sprachniveau abstimmen, um Missverständnisse zu vermeiden.

Der **theoretische Hintergrund**: Der Fachsprache entsprechend bringt ein Schüler in die Anleitung ein seinem Ausbildungsstand entsprechendes theoretisches Fachwissen und ein gewisses medizinisches und pflegerisches Verständnis mit. Ein derartiger Hintergrund kann beim Patienten nicht vorausgesetzt werden. Das Wissen der Patienten kann sehr unterschiedlich sein, es resultiert häufig nicht aus der theoretischen Beschäftigung mit Pflege usw., sondern aus praktischer Lebenserfahrung. Für die Anleitung kann sich dies als förderlich oder hinderlich herausstellen. Nur wer die Wissensgrundlage des Patienten kennt, kann seine Anleitung darauf aufbauen.

Die **Motivation**/die **Zielsetzung**: Für die Schüler ist Anleitung ein Teil ihrer Ausbildung, eine Vorbereitung auf die abschließenden Prüfungen genauso wie eine Hilfe zur Bewältigung der alltäglichen Aufgaben. Anleitung ist damit aber auch eingebettet in das hierarchische System, das im Krankenhaus herrscht. Ein Schüler kann die Anleitung nicht verweigern, da er mit Sanktionen rechnen muss. Die Motivation bzw. die Ziele eines Patienten bezüglich der Anleitung können ganz unterschiedlich sein. Er kann das Ziel haben, wieder selbständig zu werden, sich wieder selbst helfen zu können. Vielleicht will er aber nur so schnell wie möglich wieder aus dem Krankenhaus, oder er will, dass der Arzt mit ihm zufrieden ist. Die Motivation kann in einer Spannbreite von kaum zu bremsendem Übereifer bis zur völligen Ablehnung der Anleitung liegen. Zu fragen ist, ob die Ziele des Anleitenden und des Patienten übereinstimmen. Eine andere, wie Motivation erreicht und erhalten werden kann. Wie kann mit Erfolgen und Misserfolgen umgegangen werden? Wo liegen die Grenzen der Anleitung? Es sollte auch thematisiert werden, wie mit eventueller Verweigerung des Patienten umgegangen werden kann. Auf jeden Fall muss über die Bedeutung des Willens des Patienten und den Stellenwert seiner Entscheidungen, sein Recht auf „Nein-Sagen" gesprochen werden.

Die **Inhalte**: Die Anleitung der Schüler wird mitbestimmt durch einen (formell oder informell) festgelegten Rahmen an Ausbildungszielen. Auch wenn sich die einzelne Anleitung am Schüler, seinen bisherigen Anleitungen, seinen Stärken und Schwächen ausrichtet, ist das Gesamtziel für die Schüler doch gleich. Für die Patienten aber werden Anleitungen mit verschiedensten Zielsetzungen notwendig. Es muss entschieden werden, was er lernen soll, welche Hilfsmittel hierzu eingesetzt werden können, ob andere Personen in die Anleitung einbezogen werden sollen usw.. Dementsprechend muss jede Anleitung individuell geplant und durchgeführt werden.

Die **Perspektive**/die **Betroffenheit**: Wird ein Schüler angeleitet, so zeigt man ihm eine Tätigkeit, eine Technik etc., die dem eigenen Tun entspricht. Man vermittelt sie aus der Position, die man selber einnimmt, und die der Schüler später einnehmen wird. Der Anleitende macht und lebt es vor, der Schüler beobachtet die Handlung, die er später genauso durchführen wird. Ihre Perspektive ist gleich. Bei der Anleitung von Patienten ist dies häufig nicht der Fall. Ein Beispiel: Einem Patient wurde ein künstlicher Darmausgang angelegt. Er soll jetzt lernen, diesen selbständig zu versorgen. Die anleitende Person kann ihm nun die Technik an den Versorgungsartikeln in der Theorie erläutern, auch kann sie die Versorgung direkt durchführen und dem Patienten so demonstrieren. Sie nimmt dabei aber nie die Perspektive des Patienten ein, sie steht im wahrsten Sinne des Wortes „auf der anderen Seite." Dies erschwert unter Umständen die Verständigung. Dazu kommt, dass der Patient diese Versorgung nicht nur als Technik betrachten kann. Der Patient ist von der Krankheit direkt betroffen, sie bedroht ihn ggf. existenziell. Er ist gezwungen, sich mit ihr auseinanderzusetzen, muss den eventuell dauerhaft bestehenden Zustand aushalten, kann sich nicht von ihr zurückziehen. Die Krankenschwester dagegen kann eine gewisse Distanz wahren. Der Patient erfährt bei der Versorgung Wahrnehmungen und Empfindungen, welche die Krankenschwester nicht teilen und voll nachempfinden kann. All dies ist für ihn stark mit dem Erleben seiner Krankheit, seiner Einstellung zu dieser Einschränkung, mit Ängsten, affektiven Barrieren u.v.m. verbunden.

Welche **Sozialformen** und **Unterrichtsmethoden** können sinnvoll eingesetzt werden, um die dargestellten Eigenheiten der Anleitung von Patienten den Schülern zu vermitteln? Die Begegnung und Auseinandersetzung mit dem Patienten ist wesentlicher Bestandteil der Anleitung. Die Sozialform des Unterrichts sollte daher ebenfalls diese Elemente enthalten. Der Anteil an Einzelarbeit und Lehrervortrag sollte daher gering gehalten werden, Gruppen- und Partnerarbeit dagegen einen größeren Raum einnehmen. Besonders die Partnerarbeit erscheint mir geeignet, da es sich hierbei um nur ein Gegenüber handelt, zwei Schüler sich direkt auseinandersetzen müssen. Bei der Methodenwahl sollten sich die Schülern selbst einbringen können. (So wie sich später auch die Patienten in die Anleitung mit einbringen sollen.) Die Schüler bringen aus ihrer Praxis Eigen- und Fremderfahrungen (Erfahrungen aus der Beobachterrolle) mit, dazu kommen Lebenserfahrungen, die sie selbst mit der Rolle des Patienten gemacht haben. Diese sollten reflektiert und so für die Erarbeitung genutzt werden. Des weiteren kann die Ermöglichung von Eigenerfahrungen im Unterricht das Verständnis der Schüler für die Anleitungssituation besonders aus Sicht des Patienten erleichtern. Es sollte nicht nur über das Thema theoretisiert, sondern praktische Elemente zur Verdeutlichung eingesetzt werden. Im Folgenden werden als Anregung einige **methodische Vorschläge** aufgezeigt:

A. Reflexion der gemachten Erfahrungen mit Anleitung anhand folgender Fragen

(z.B. in Form einer Gruppenarbeit):

Was motiviert mich zur Anleitung? Was demotiviert mich?

Was motiviert die Patienten dazu etwas zu lernen, was demotiviert sie?

Worin werden Patienten auf den Stationen angeleitet?

B. Rollenspiel – Beispiel I:

(Die Beteiligten Schüler erhalten jeweils nur die Anweisungen für ihre eigene Rolle.)

Situation: Einer Patientin werden präoperativ ATS angepasst.

Anleitender: Leiten sie die Patientin in der Handhabung der ATS an!

Patientin: Sie haben keinerlei medizinische Kenntnisse, sie wissen z.B. nicht, was „venöser Rückstrom" bedeutet. Dementsprechend verstehen sie nur, was in einfachster Alltagsprache erklärt wird.

Beobachter: Welche Mittel setzt der Anleitende ein, um die notwendigen Informationen zu vermitteln? Wie läuft die Kommunikation zwischen dem Anleiter und der Patientin ab?

Ziele des Rollenspiels: Sprachebene deutlich machen; Einsatz von nonverbaler Kommunikation, Visualisierung anhand der Hilfsmittel, Anweisungen geben, Ausprobieren lassen, Vormachen und Nachmachen, Üben usw. herausheben. Beziehungsebene als wichtiges Element hervorheben.

C. Rollenspiel – Beispiel II:

(Die Beteiligten Schüler erhalten jeweils nur die Anweisungen für ihre eigene Rolle.)

Patient: Sie sind ein Patient von 76 Jahren. Sie haben aufgrund einer Lungenentzündung längere Zeit fest im Bett gelegen. Sie fühlen sich sehr schwach und haben Angst, nicht mehr sicher auf den Beinen stehen zu können.

Schwester 1: Sie haben Frühdienst. Sie kommen gerade von der Frühstückspause. Die Stationsschwester gibt ihnen den Auftrag, den Patienten A (76 Jahre, Lungenentzündung) für den sie eigentlich nicht zuständig sind, zusammen mit einer anderen Pflegekraft in den Sessel zu setzen. Sie mahnt sie zur Eile, da die Visite jeden Moment beginnt. Ihnen passt dies gar nicht, da es ihre ganze Arbeitsplanung durcheinanderbringt.

Schwester 2: Sie sollen den Patienten A zum ersten Mal nach drei Wochen mobilisieren. Der Patient ist ein Herr von 76 Jahren. Er ist schwach, war aber vor seiner Erkrankung noch recht gut zu Fuß. Sie haben sich hierfür viel Zeit eingeplant, weil sie erst einmal herausfinden wollen, inwieweit der Patient mithelfen kann, und wieweit sie ihm helfen müssen. Eine zweite Schwester wird ihnen zur Hand gehen.

Beobachter: Welche Unterschiede bestehen zwischen den beiden Szenen? Wie hat der Patient jeweils reagiert? Wie glauben sie hat er die Pflegemaßnahme jeweils empfunden?

Ziele des Rollenspiels können sein: Sicht und Empfinden des Patienten verdeutlichen. Bedeutung von Rahmenbedingungen für die Anleitung erarbeiten.

Bei Durchführung mehrerer praktischer Übungen oder Rollenspiele ist es sinnvoll, die Ergebnisse jeweils zu sichern, um diese zu visualisieren und abschließend noch einmal kognitiv nachzuvollziehen. Hierfür können z.B. Wandzeitungen oder Meta-Plan-Wände genutzt werden.

D. Partnerarbeit:

Die Schüler bekommen zwei Texte, die beide den gleichen Vorgang beschreiben, z.B. die Verabreichung einer Insulininjektion. Einer der Texte ist in medizinischer Fachsprache verfasst und enthält daher viele Fach- und Fremdworte, der andere ist in „Alltagssprache" formuliert. Die Schüler sollen beurteilen, welcher der Texte eher als Grundlage für die Anleitung geeignet ist und anhand dieser Texte ihr Sprachverhalten gegenüber Patienten reflektieren. Deutlich werden sollen die verschiedenen sprachlichen Ausgangsebenen von Gesprächspartnern. Die unreflektierte Anwendung von Fachsprache und die aus dieser möglicherweise entstehenden Missverständnisse.

Als praktische Übung sollen die Schüler anschließend einen vorgegebenen Vorgang ohne Verwendung von Fachworten beschreiben.

E. Praktische Übung:

Zwei Schüler arbeiten jeweils zusammen. Einer der Schüler bekommt den Auftrag, dem anderen im Wickeln von Beinen anzuleiten. Er macht es vor, anschließend macht der zweite Schüler es nach, allerdings an seinem eigenen Bein. Die verschiedenen Rollen des Anleitenden und des Angeleiteten sollen deutlich werden. Die Schüler sollen die Perspektive des Patienten kennenlernen und feststellen, dass sie sich deutlich von der des Anleitenden unterscheidet.

F. Projekt:

Herstellung von Lehrvideos zum Thema „Anleitung von Patienten":

Die Schüler erstellen in Gruppen Szenen, die verschiedene Aspekte der Patientenanleitung deutlich machen. Diese werden besprochen, vorgespielt und per Video aufgezeichnet. Es könnte z.B. eine Tätigkeit einmal aus dem Blickwinkel der durchführenden Pflegekraft und einmal aus Sicht des Patienten gefilmt werden, um die unterschiedlichen Perspektiven zu zeigen, oder die Situation eines Patienten dargestellt werden, der sich vor seiner Stomaanlage ekelt und sie nicht selbst versorgen will u.v.m.. Das genaue Vorgehen in diesem Projekt sollte von den Beteiligten bestimmt werden.

Zu welchem **Zeitpunkt** der Ausbildung sollte die Anleitung von Patienten Eingang in den theoretischen Unterricht finden? Aus den bisherigen Ausführungen ist deutlich geworden, dass Anleitung eine komplexe Aufgabe ist, die eine bestimmte Grundhaltung bzw. ein bestimmtes Pflegeverständnis, Fachwissen, pädagogisches Wissen etc. voraussetzt. Man kann auf dieser Grundlage argumentieren, dass ein Schüler diese notwendigen Kompetenzen erst erworben haben muss, die Anleitung daher erst zu einem fortgeschrittenen Zeitpunkt der Ausbildung thematisiert werden kann. Geht man dagegen von der Praxisrealität aus, so begegnet den Schülern die Anleitung in der Krankenpflegeausbildung vom ersten Tage an. Meiner Meinung nach sollte für die Schüler Anleitung von Anfang an als Inhalt ihrer Ausbildung und als Aufgabe der Krankenpflege bewusst gemacht werden. Wie das Vorgehen in der Anleitung selbst, sollten sie in Schritten langsam an diese Tätigkeit herangeführt werden.

Eine mögliche Einteilung des Themas „Anleitung" wird im Folgenden gegeben. Wie unter dem Aspekt der Inhalte aufgezeigt, werden Angeleitetwerden, Schüler- und Patientenanleitung miteinander verbunden. Eine genaue zeitliche Einordnung des Unterrichts kann hier nicht geleistet werden, da die Lehrplangestaltung und die Organisationsformen in den verschiedenen Krankenpflegeschulen sehr differieren können. Eine exakte Planung ist erst auf dieser Ebene möglich. Diese Ausführungen können daher lediglich als Empfehlung gesehen werden, auch lassen sie Ergänzungen zu.

Allgemeine Einführung in die Anleitung:
Was ist Anleitung? Wer leitet an? Wer wird angeleitet? Welche Bedeutung kommt der Anleitung in der Krankenpflegeausbildung zu?

Angeleitetwerden als Schüler:
- *Arbeitsauftrag für den Praxiseinsatz: Beobachtung der Situation bezogen auf die eigene Anleitung (z.B. Empfindungen, positive/negative Erfahrungen, Rahmenbedingungen)*
- *Reflexion bisheriger Erfahrungen (Auswertung des Arbeitsauftrages); Rollen der beteiligten Personen (Aufgaben, Erwartungen); Formen der Anleitung; Schritte einer Anleitung.*

Patientenanleitung:
- *Arbeitsauftrag für den Praxiseinsatz: Worin werden Patienten angeleitet? Wann geschieht die Anleitung? Wer leitet die Patienten an? Sind die Schritte der Anleitung auch hier zu erkennen?*
- *Reflexion der Fremderfahrungen; Wie unterscheidet sich die Anleitung von Patienten von der Eigenerfahrung als angeleiteter Schüler? Was bedeutete Anleitung für den Patienten?*
- *Arbeitsauftrag: Patientenanleitung zu Tätigkeiten geringeren Umfangs (ohne differenzierte Planung)*
- *Reflexion der Eigenerfahrungen (z.B. Fragen, Probleme, positive und negative Situationen, Selbsteinschätzung, Grenzen der Anleitung); beeinflussende Faktoren und Rahmenbedingungen der Anleitung*
- *Arbeitsauftrag: Patientenanleitung zu komplexeren Tätigkeiten, Aufstellen einer Anleitungsplanung mit einem Patienten*
- *Reflexion der Eigenerfahrungen.*

Schüleranleitung:

- *Anleitung anderer Lernender, Rollenwechsel (vom Angeleiteten zum Anleitenden), Abgrenzung zur Patientenanleitung*
- *Arbeitsauftrag in der Praxis: Schüleranleitung (Planung, Durchführung, Auswertung)*
- *Reflexion der Erfahrungen in der Schüleranleitung*

In dieser Abfolge der Themenerarbeitung fällt der stete Wechsel zwischen theoretischen Inhalten und Praxiserfahrungen auf. Dies geschieht aus zwei Gründen. Zum einen ist es wichtig für die Schüler, einen Bezug zwischen dem theoretischen Wissen und seiner Anwendung im Stationsalltag herzustellen; zum anderen können die Erfahrungen der Praxis für den theoretischen Unterricht genutzt und den Schülern ein höherer eigener Gestaltungsspielraum eröffnet werden.

9.7.2 Integration der Anleitung von Patienten in die theoretische Ausbildung

Es reicht nun nicht, die Forderung an die Krankenpflegeschulen zu stellen, Anleitung von Patienten müsse mehr zum Inhalt der Ausbildung werden und hierdurch eine sofortige Veränderung der Ausbildung zu erwarten. Die Integration dieses Themas ist ein Prozess, der sich entwickeln muss.

Zunächst einmal muss bei den Lehrenden ein Bewusstsein für die Notwendigkeit dieses Inhalts in der Ausbildung geschaffen werden. Da diese neuen Inhalte nicht völlig getrennt behandelt werden können, sondern zumindest in Teilaspekten auch Eingang in andere Themen finden, sollten alle Lehrenden einbezogen werden. D.h. die Lehrer müssen sich über dieses Thema, ihre Erfahrungen hiermit, seine gegenwärtige und zukünftige Bedeutung in Pflege und Ausbildung usw. austauschen. Sie müssen bereit sein, ihr Verständnis diesbezüglich kritisch zu hinterfragen und ggf. zu verändern. Ist innerhalb des Schulteams Einigkeit darüber hergestellt, dass die Anleitung von Patienten Teil der Ausbildung werden soll, ist zu überlegen, wie dieses Thema zu integrieren ist. Eine allgemeine Absichtserklärung reicht nicht aus, um dies verbindlich zu regeln.

Die Schule ist nicht unabhängig. Sie muss ihr Vorgehen legitimieren und kann Entscheidungen organisatorischer Fragen in vielen Punkten nicht allein treffen. Da ökonomische Gesichtspunkte heute eine sehr große Bedeutung haben, muss sie dem Träger der Schule gegenüber argumentativ belegen, dass der Aufwand an Zeit, Personal und damit letztendlich auch finanzieller Mittel für dieses Projekt gerechtfertigt ist (vgl. oben, Kapitel 8). Argumente für ein Projekt „Integration der Anleitung von Patienten in Praxis und Ausbildung" könnten z.B. sein, dass

- die Veränderungen im Gesundheitswesen Auswirkungen auf die Tätigkeitsbereiche der Pflege haben und sich die Praxis und damit auch die Ausbildung diesen neuen Anforderungen entsprechend entwickeln muss, um ihnen genügen zu können,

- eine gute Qualifikation der Pflege diese Tätigkeiten sichert und so das Aufgabenfeld der Pflege zu bestimmen und ihr Selbstverständnis zu festigen hilft. Hier könnte z.B. auf das Entstehen von Sonderqualifikationen (z.B. Stomatherapeuten) hingewiesen werden, die bereits beginnen diese „Marktlücken" zu besetzen, wodurch der Pflege Entwicklungsmöglichkeiten genommen werden,

- die Investitionen in das Projekt langfristig gesehen dem Krankenhaus durch Verkürzung der „Liegedauer" Kosten spart,

- ein Krankenhaus in Zukunft mehr als bisher an seinem Leistungsangebot auch im pflegerischen Bereich gemessen werden wird. Es ist entscheidend, wie es sich nach außen darstellt. Ein Krankenhaus, in dem die Patienten eine individuelle Förderung ihrer Selbständigkeit erfahren, durch die sich ihre Abhängigkeit reduziert und womöglich ihr Aufenthalt verkürzt, ist für diese attraktiver.

Wo sollte nun ein derartiges Projekt zur Integration dieses Themas ansetzen? Wie bereits festgestellt, lässt sich das Thema unter den Vorgaben des KrPflG und der KrPflAPrV einordnen. Es ist davon auszugehen, dass ein Curriculum oder zumindest ein Lehrplan besteht, in welchem die Stundenaufteilung für die theoretische Ausbildung festgeschrieben ist. Ein neues Thema aufnehmen bedeutet bei Erhalt der Gesamtstundenzahl zwangsläufig die Kürzung von Stunden anderer Themen. Wird dieser Weg beschritten, so muss eine differenzierte Auseinandersetzung erfolgen nicht nur über die Einordnung dieses Themas in die vorgegebenen Fächer, sondern vor allem darüber, welche anderen Inhalte dafür gestrichen oder gekürzt werden können, ohne für die Schüler wichtige Ausbildungsinhalte zu vernachlässigen. Eine alternative Erweiterung der Stundenzahl erscheint ebenfalls problematisch. Die Stunden müssen in die Gesamtplanung der Ausbildung aufgenommen werden. Mehr Stunden in der Schule bedeuten weniger Stunden in der Praxis. D.h. für die Stationen, dass die Schüler weniger Tage als Arbeitskraft zur Verfügung stehen, und für die Schüler eine Verringerung ihrer praktischen Einsatzzeiten. Die Stunden müssen personell besetzt werden, d.h. ein Mehr an zu leistenden Unterricht für die Lehrenden bzw. die Notwendigkeit, mehr Personal einzustellen. Es müssen aber nicht nur die Stundenzahlen festgelegt und ihre Einordnung nach dem Krankenpflegegesetz bestimmt, d.h. die Einhaltung der gesetzlichen Vorgaben gewährleistet werden, die neuen Inhalte müssen zeitlich und thematisch mit den übrigen Ausbildungsinhalten (z.B. spezielle Krankenpflege bei Patienten mit operativen Eingriffen, Anleitung und Beaufsichtigung von Lernenden und Hilfspersonal) sinnvoll abgestimmt werden. Es muss entschieden werden, welche Anteile separat unterrichtet, welche ggf. mit bestehenden Themen kombiniert oder in diese integriert werden, Stunden zur Reflexion praktischer Erfahrungen der Schüler mit der Anleitung von Patienten eingeplant werden. Für die Lehrenden und die Schüler soll ein roter Faden über die Ausbildung hinweg erkennbar sein. Dies erfordert unter Umständen weitreichende Neuordnungen des bestehenden Curriculums/Lehrplans. Weiter müssen im Kollegium die Zuständigkeiten für diese Unterrichte geklärt und Absprachen zwischen den betreffenden Lehrenden (auch mit Fremddozenten) getroffen werden. Es ist wichtig, gemeinsam die allgemeinen Ziele dieser Unterrichte und ihre Inhalte festzulegen, um eine Einheitlichkeit in der Lehre zu gewährleisten. Da die Lehrbücher als Quellen hierzu nicht umfassend Sachinformationen geben, werden die Lehrenden hier einen guten Teil Eigenarbeit leisten müssen. Sie werden neben den Fachbüchern weitere Literatur heranziehen müssen, die sich speziell mit Anleitung beschäftigt.

9.7.3 Integration der Anleitung von Patienten in die praktische Ausbildung

Nun reicht es nicht, die Anleitung von Patienten in den theoretischen Teil der Ausbildung aufzunehmen und darauf zu hoffen, dass sich darüber auch die Praxis verändern werde. Dies ist ein Trugschluss. J. Taubert schreibt: „In der Krankenpflegeausbildung erwarten jedoch meist die Lehrenden von den SchülerInnen, dass sie entgegen der üblichen Stationspraxis das anwenden, was sie in der Schule gelernt haben, und bei Prüfungen am Krankenbett wird von ihnen verlangt, dass sie pflegerische Maßnahmen so durchführen, wie sie zwar korrekt, aber im Stationsalltag nicht üblich sind. Damit sind Auszubildende hochgradig überfordert." (Taubert 1994, S. 32) Wenn die Schüler in ihrem eigenen Pflegeverhalten mit der Umsetzung der Theorie überfordert sind, weil diese nicht der allgemein üblichen Praxis entspricht, wie kann man dann von den Schülern erwarten, die bestehende Pflegepraxis der Examinierten zu verändern? Eine solche Erwartung stellt einen nicht vertretbaren Rollentausch dar: die Schüler sollen die Lehrenden für das examinierte Pflegepersonal sein.

Der Weg zur Umsetzung neuer theoretische Inhalte muss ein anderer sein. Es ist zuerst zu gewährleisten, dass die Anleitung von Patienten Teil der praktischen Arbeit auf Station wird, um diesen Inhalt nicht nur in die theoretische, sondern dann auch in die praktische Ausbildung aufzunehmen. Die Schüler müssen nicht nur die Möglichkeit haben, Eigenerfahrungen zu machen, sie müssen Anleitung auch durch andere erleben können. Anleitung von Patienten muss eines der Lernziele des Stationseinsatzes werden. Das bedeutet, dass die Pflegepersonen, die den Schüler im praktischen Einsatz anleiten (seien es Praxisanleiter, Mentoren oder examiniertes Personal ohne Zusatzqualifikation, vgl. oben, Kapitel 3.4), diesbezüglich über das nötige Wissen verfügen, seine Umsetzung in ihrem Pflegeverhalten vorleben und dem Schüler adäquat vermitteln können müssen. Durch ihre Anbindung an ein oder mehrere Krankenhäuser und durch ihre Verantwortung für die gesamte Ausbildung, haben die Krankenpflegeschulen einen engen Kontakt zu den Pflegekräften der Einrichtungen und somit einen gewissen Einfluss. Es kann aber auch von ihr nicht erwartet werden, dass sie aus ihrer Position heraus die Pflegepraxis verändert. Dies kann nur gemeinsam mit der für die Mitarbeiter des Pflegedienstes zuständigen Leitung geschehen.

Auch in diesem Bereich reicht es nicht, über Mitteilungen usw. die Mitarbeiter zur Einbindung der Anleitung der Patienten in die tägliche Arbeit aufzufordern. Um eine tatsächliche Einbindung in die Pflegepraxis zu bewirken, müssen verschiedene Voraussetzungen geschaffen werden. Zunächst muss auch hier ein Bewusstsein für diese Tätigkeit geschaffen werden. Man kann nicht einfach eine Fortbildung zu diesem Thema ansetzen. Denn wer dieses Thema nicht für wichtig erkennt, wird die Fortbildung kaum nutzen. Werden die Mitarbeiter zur Teilnahme verpflichtet, regt sich allein dadurch schon bei einigen der Widerstand gegen die „Neuerungen von oben"; es ist zu bezweifeln, dass durch eine derartige Maßnahme eine Haltungsänderung erreicht werden kann. Es sollte daher vorher eine Auseinandersetzung erfolgen mit den Einstellungen der Pflegenden zur Anleitung der Patienten und der gängigen Praxis. Diese Erfassung der Ist-Situation und die Reflexion des jeweils eigenen Verhaltens könnte in Form einer Umfrage, in Teambesprechungen oder Arbeitsgruppen, auch unter Einbeziehung der Lehrenden, geschehen. Gut wäre es, wenn hieraus deutlich würde:

- dass Anleitung von Patienten eine Aufgabe der Pflege ist;
- dass sie an Bedeutung zunimmt; dass sie ein Lernziel auch für die praktische Ausbildung der Schüler ist;
- dass die Mitarbeiter bereits einen großen Erfahrungsschatz mitbringen, der genutzt werden kann;
- dass aber auch Bedarf an spezifischen Wissen zu diesem Thema besteht.

Hieraus kann dann eine Motivation entstehen, sich fortzubilden, um sich selbst weiter zu qualifizieren und um eine qualitativ hochwertige Ausbildung zu gewährleisten etc.. Im nächsten Schritt muss den Mitarbeitern die Möglichkeit zur Aufarbeitung vorhandenen und zum Erwerb neuen Wissens bezüglich der Anleitung allgemein und der Anleitung von Patienten im Besonderen gegeben werden. Dies kann über Fortbildungen geschehen. Theorie alleine reicht aber nicht aus, allein vom Hören kann man dies nicht anzuwenden lernen. Jedes einzelne Team der jeweiligen Stationen muss sich einig sein und sich geschlossen für die Umsetzung einsetzen, denn auch hier können einzelne keine Gesamtveränderung bewirken. Dabei brauchen sie Begleitung, einen Ansprechpartner, der für sie bei auftretenden Fragen und Unsicherheiten erreichbar ist, der sie ggf. direkt in der Pflegesituation begleitet, in der sie anleitend tätig werden. Dazu sollten sie die Möglichkeit haben, sich über ihre Erfahrungen mit dem bewussten Einsatz von Anleitung auszutauschen und auch in Problemsituationen aufgefangen werden. Hierzu kann neben Teambesprechungen, in denen eher Sach- und Organisationsfragen im Vordergrund stehen, Supervision genutzt werden. Es können so in einem geschützten Rahmen die persönlichen Erlebnisse und Schwierigkeiten mit der Anleitung thematisiert werden. Die Krankenschwestern der Stationen müssen aber nicht nur ihr eigenes Pflegehandeln verändern, sie haben auch eine Verantwortung in der Ausbildung.

Um die Anleitung der Patienten auch in die praktische Ausbildung aufzunehmen, ist es nötig, entsprechende verbindliche Lernziele zu formulieren und diese in den Lernzielkatalog für den praktischen Einsatz aufzunehmen. Das Ziel ist den Schülern und den anleitenden Pflegekräften bekannt, die Schüler werden gezielt angeleitet und die Erreichung des Zieles wird schließlich überprüft. Es bedarf auch einer guten Zusammenarbeit mit der Krankenpflegeschule. Diese muss die Stationen über die vermittelten theoretischen Hintergründe informieren und begründet mit ihnen vereinbaren, zu welchem Zeitpunkt der Ausbildung diese Inhalte im praktischen Einsatz von den Schülern geübt werden können und sollen. Die Schule erhält über die Schüler und über ihre Beurteilungen durch die Stationen Rückmeldungen über die Erfolge der Schüleranleitung zu diesem Lerninhalt. Die Anleitung der Schüler im praktischen Einsatz ist unterschiedlich geregelt. Gibt es neben den Mitarbeitern der Stationen noch Praxisanleiter, die Schüler verschiedener Stationen in ihren Einsätzen betreuen, also außerhalb des Stationsteams stehen, so müssen auch diese in den Prozess einbezogen werden. Auch die Lehrenden müssen, sofern sie Begleitungen der Schüler in der Praxis durchführen, den Gesichtspunkt Patientenanleitung aufnehmen. Dass großer Wert auf die Beurteilung der Fähigkeiten der Schüler auf dem Gebiet der Anleitung von Patienten gelegt wird, erscheint mir um so wichtiger, da dies kein festgesetztes prüfungsrelevantes Thema ist. Man neigt leicht dazu, Kenntnisse und Fähigkeiten, die nicht geprüft werden, als weniger bedeutsam einzuordnen und diesen entsprechend geringere Aufmerksamkeit zu schenken. Die Anleitung von Patienten wird nur dann Thema, wenn ein Schüler in der Prüfung einen entsprechenden Patienten zu betreuen hat, in dessen Pflege (Planung und Durchführung) er sinnvollerweise auch Anleitungsaspekte aufnehmen muss.

Wird ein solches Projekt „Integration der Anleitung von Patienten in Praxis und Ausbildung" durchgeführt, so muss nach einer gewissen Zeit die Umsetzung dieses Projektes in beiden Bereichen (im Stationsalltag und speziell in der Ausbildung der Schüler) überprüft werden. Dies kann z.B. erneut durch eine Befragung von Pflegenden, Patienten, Schülern etc. geschehen. Erst hier wird sich zeigen, ob die Vermittlung der theoretischen Grundlagen gelungen und eine Veränderung des Pflegehandelns und der Schüleranleitung in diesem Bereich der Praxis erreicht werden konnte, sowie der Einbezug des Themas in der schulischen Ausbildung. Es werden ggf. noch bestehende Mängel deutlich, die dann weitere Maßnahmen erfordern. Die Auswirkungen des Projektes insgesamt werden sich erst nach einer längeren Phase erfassen lassen, wenn die Anleitung der Patienten zum Arbeitsalltag wird. Es wäre z.B. interessant zu untersuchen,

- ob sich das Verhältnis der Pflegenden zu den Patienten und die Kommunikationsstrukturen geändert haben,
- wie die Veränderungen von anderen Berufsgruppen beurteilt werden,
- ob die Pflegenden die Anleitung auf Dauer als zusätzliche Belastung oder als Entlastung empfinden,
- ob durch die gezielte Anleitung und damit der Förderung der Selbständigkeit die Patienten tatsächlich früher entlassen werden können.

Es wurde jetzt lediglich die mögliche Einführung oder Erweiterung der Anleitung von Patienten in einer Einrichtung bzw. ausgehend von einer Krankenpflegeschule beschrieben. Eine gesetzliche Festlegung des Themeninhaltes „Anleitung von Patienten", d.h. seine Aufnahme in den Themenkatalog der Ausbildungs- und Prüfungsverordnung zu fordern, erscheint mir einerseits unrealistisch, andererseits übertrieben. Unrealistisch, denn erstens sind gesetzliche Änderungen nur langfristig zu erzielen und zweitens wäre eine solche Festlegung so allgemein gehalten (z.B. wäre eine denkbare Themennennung: „Anleitung von Patienten und Angehörigen"), dass sie auf die verschiedensten Weisen gefüllt werden könnte. Eine Behandlung des Themas im dargestellten Sinne wäre nicht garantiert. Übertrieben, da die bestehenden gesetzlichen Vorgaben einen Gestaltungsspielraum lassen, der ausreicht, um dieses Thema als Inhalt wie oben beschrieben aufzunehmen und umzusetzen.

9.8   Ausblick

Rückblickend ist durch die Betrachtungen dieses Kapitels die Aktualität und Bedeutung des Themas „Anleitung von Patienten" in Praxis und Lehre herausgestellt worden. Es ist ebenso ersichtlich, dass eine umfassende Erarbeitung dieses Themas und eine Umsetzung für die Lehrpraxis noch nicht ausreichend stattgefunden hat. Auch dieses Kapitel füllt das bestehende Defizit an differenzierter Auseinandersetzung mit dem Thema „Anleitung von Patienten" noch nicht vollständig aus. Weitere Aspekte, die näher untersucht werden können, sind z.B.:

- Anleitung von Patienten im ambulanten Bereich,
- der Schüler in der Anleitung des Patienten (Belastungen; Überforderungen usw.),
- Unterstützung und Hemmung der Anleitung von Patienten durch Angehörige.

Weitere Aspekte können zur Anleitung im weiteren Sinne betrachtet werden:

- die Angehörigen der Patienten als Zielgruppe der Anleitung,
- Grenzen und Chancen der Anleitung im bestehenden Gesundheitssystem.

Aus diesen Beispielen wird deutlich, dass das Themengebiet „Anleitung" noch viele Möglichkeiten zu weiteren Erarbeitungen bietet.

10 Krankenpflegeschulen zwischen Status quo und Visionen

Johanna Münch

10.1 Konzepte von Schulleitungen

Die Leitung einer Krankenpflegeschule stellt sehr hohe Anforderungen an den Inhaber bzw. die Inhaberin dieser Position: Obgleich sie keine spezifische Qualifikation für ihre Aufgabe erhalten, sollen sie nicht nur eine Schule leiten, sondern auch pflegepädagogisch innovativ tätig sein. Dies betrifft zum einen Ausbildungsinhalte und didaktische Vorgehensweisen, zum anderen Organisation und Führung einer Schule. Wie werden Schulleitungen von Krankenpflegeschulen diesen hohen Ansprüchen gerecht?

Zur Erhebung des Status quo an Krankenpflegeschulen wurden insgesamt acht Gespräche mit Schulleiterinnen und drei mit Schulleitern von Krankenpflegeschulen geführt. In den folgenden beiden Kapiteln werden wesentliche Ergebnisse dieser Interviews systematisch zusammengefasst, im abschließenden Teil wird das Profil einer pflegepädagogisch begründeten Krankenpflegeschule entwickelt.

Alle Schulleiterinnen bleiben in dieser Arbeit anonym und werden lediglich mit einer Nummer kenntlich gemacht. Die Berufsjahre der Interviewpartner erstrecken sich von 0,5 bis 22 Jahre in der Leitungsposition. Zehn der Befragten haben für ihre Tätigkeit eine Weiterbildung zur Unterrichtslehrkraft absolviert, ein Gesprächspartner hat Pflegepädagogik an der Fachhochschule studiert.

Die Befragung zu Pflegeverständnis, Ausbildungsverständnis und pädagogischem Verständnis in der Pflegeausbildung brachte folgende Ergebnisse:

- In den Interviews wird das *pädagogische Verständnis* mit Kategorien wie Eigenverantwortlichkeit, Theorie und Praxis – Verknüpfung, Leistungskontrolle beschrieben. Es sind hierbei Defizite bezüglich der Umsetzung in die Schulkonzeption festzustellen. Über Leistungskontrolle scheint der intensivste Austausch innerhalb des Teams an den Krankenpflegeschulen zu herrschen.
- Ein explizites *Pflegeverständnis* liegt selten vor. Die befragten Schulleiter artikulieren Aspekte ihres Pflegeverständnisses (Sozial – kommunikative Kompetenzen, Verantwortung, Fachwissen), die jedoch ebenfalls nicht in die curriculare Ebene einfließen und in der Lehr- Lernsituation umgesetzt werden.
- Das in den Interviews dargestellte *Ausbildungsverständnis* lässt sich in zwei Kategorien: Persönlichkeitsentwicklung der Schüler und Ausbildung zu einem professionellen

Beruf zusammenfassen. Über die Umsetzung dieser Aspekte in die konkrete Ausbildung gibt es ebenfalls keine Ansätze an den untersuchten Schulen.

Meiner Meinung nach hängt die Qualität der Pflegeausbildung in einem wesentlichen Maße davon ab, ob Lehrende in einem Austausch über pädagogische und ausbildungsbezogene Fragestellungen treten und sich um Wege bemühen, die dazu gefundenen Aspekte auf curriculare Ebene und in den Unterricht zu transferieren.

10.1.1 Qualifikation der Schulleitung an Krankenpflegeschulen

Schulleiter an Krankenpflegeschulen absolvieren keine besondere Weiterbildung, wodurch sie sich direkt zur Leitung einer Schule qualifizieren. Dieser Sachverhalt liegt auch an allgemeinbildenden Schulen vor. So hat bspw. der Rektor einer Grundschule ebenfalls an keiner speziellen Weiterbildung für sein Amt teilgenommen.

Schulleiterinnen an Krankenpflegeschulen gehören eindeutig zur Gruppe der Lehrerinnen und sind genauso in Lehrtätigkeiten eingebunden wie ihre Teamkolleginnen.

Bei einem Großteil der elf interviewten Schulleiterinnen hat es sich im Laufe ihrer Tätigkeit als Pflegelehrerin so ergeben, dass sie die Leitung der Schule übertragen bekamen. Dies wird an folgenden Zitaten aus den Interviews deutlich:

> *„Ich habe lange vorher schon die Schulleitung unterstützt. Dann hat es sich irgendwie so ergeben, dass ich nach deren Ausscheiden die Nachfolge angetreten habe und Schulleitung geworden bin." (Nr.9)*
> *„Ich bin am längsten im Schulteam, deshalb wurde bei mir angefragt, ob ich die Leitung übernehmen würde. So hat es sich ergeben." (Nr.6)*

Bei zwei Schulleitungen gab die Zugehörigkeit zu einem Ordensstand den Ausschlag zum Erlangen der Leitungsposition.

> *„Ich bin an diesem konfessionellen Krankenhaus die einzige Ordensfrau in der Schule, so wurde mir die Leitung übertragen." (Nr.2)*

Drei Leitungen, davon zwei männliche, haben sich gezielt um eine Leitungsstelle beworben.

> *„Ich habe mich gezielt nach Schulleitungsstellen umgeschaut." (Nr.1)*

Auf die Frage, was ihre Qualifikation für die Leitungsaufgabe ausmacht, gaben vier Schulleitungen ihre lange Erfahrung als Lehrerinnen an Krankenpflegeschulen an.

> *„Ich bin schon lange Zeit in der Pflegelehre, so dass ich viel in die Leitungsposition einbringen kann." (Nr.3)*

Einige Schulleiterinnen haben sich, zusätzlich zu oft langer Unterrichtstätigkeit, auf den verschiedenen Gebieten fortgebildet, wodurch sie sich von der Grundweiterbildung zur

Lehrerin für Pflege abheben. Ein Schulleiter hat ein abgeschlossenes BWL Studium, einer ein Pflegepädagogikstudium, was sie aus dem Kollegenkreis herausstellt.

Reflexion der Qualifikation der Schulleiterinnen

Ein Großteil der Gesprächspartnerinnen übernahm nach langjähriger Berufserfahrung in der Pflegelehre die Schulleitungsposition. Die klassische Karriere gestaltet sich demnach so, dass eine Pflegelehrerin während einer langen Tätigkeit an der Krankenpflegeschule schließlich die Leitung übernimmt.

Bei den befragten Ordensfrauen war dieser Schritt scheinbar noch näher, so dass die einzige Ordensfrau in der Schule zwangsläufig auch die Leitung übertragen bekommt.

Nur drei Schulleiter, davon zwei männliche, suchten zielstrebig nach einer Leitungsstelle. Auch eine nur kurze Berufserfahrung als Pflegelehrer zeigte sich nicht hinderlich im zielstrebigen Einnehmen der Leitungsstelle.

Es ist demnach kritisch zu betrachten, ob eine lange Erfahrung in der Unterrichtstätigkeit, wie es viele Schulleiterinnen vor ihrer Beförderung nachweisen konnten, zwangsläufig den Aufstieg in die Leitungsposition bedeuten muss und eine sichere Qualifikation dafür darstellt. Bei diesem Gedanken geht man davon aus, dass eine langjährig gut und erfolgreich arbeitende Pflegelehrerin prinzipiell eine qualifizierte Schulleitung wird.

Die Schnittmenge aus den Handlungsfeldern *"Gute Lehrerin"* und *"Gute Schulleiterin"* weist zwar einige, aber nicht viele gemeinsame Elemente auf. Hierbei werden Qualifikationen und Aufgaben einer Schulleitung übersehen, die eine Lehrerin in der Form nicht wahrnimmt.

Berufsanfänger des Handlungsfeldes Krankenpflegeschule sind meiner Einschätzung nach ebenso qualifiziert, die Leitungsposition einzunehmen wie langjährig Lehrerende. Lange Berufserfahrung als Lehrerin ist für die Position der Schulleitung nicht unbedingt erforderlich.

10.1.2 Eigenschaften einer Schulleitung an Krankenpflegeschulen

Eng mit dem Weg der Qualifikation sind Aspekte des Leitungsverhaltens und persönliche Eigenschaften als Führungskraft verbunden. Diese Aspekte zeigen viel mehr Leitungskompetenz als unterrichtliche Fähigkeiten.

Selbstbewusstsein, Selbstsicherheit, Engagement und Verantwortlichkeit sind Eigenschaften einer Führungskraft. (vgl. Bernhard/Walsh 1997 S. 21) Diese Attribute sollte eine Führungspersönlichkeit an sich kennen, damit sie ihre Wirkung auf die Gruppe einschätzen kann *(ebd.)*.

Folgende Zitate der Befragten beschreiben Charaktereigenschaften und persönliche Fähigkeiten, die in der Leitungsposition eingesetzt werden:

> *„Ich kann gut mit Menschen umgehen, das brauche ich als Schulleiterin."* (Nr.6)

> *„Ich lass mich nicht so leicht aus der Bahn werfen von anderen Meinungen. Wenn das nicht wäre, hätte ich die Leitung nicht übernehmen können."* (Nr.11)

> *„Mir macht es nichts aus, was andere über mich denken."* (Nr.1)

Ein Schulleiter verdeutlicht, wie selbstbewusst er seine Leitungsfunktion angetreten hat:

> *„Ich war ein halbes Jahr Lehrer an dieser Schule, ehe ich Schulleiter wurde. Als ich die Stelle übernahm, habe ich laut und selbstbewusst verkündet: Ich sage es hiermit deutlich: Ich bin jetzt hier in der Funktion des Schulleiters und ich werde diese Funktion auch wahrnehmen."* (Nr.4)

Zwei Schulleiterinnen stellen demgegenüber persönliche Eigenschaften heraus, die ihnen in ihrer Leitungsposition hinderlich sind:

> *„Ich bin in Verhandlungen mit der Verwaltung oft sehr nachgiebig, vielleicht zu verständnisvoll, wenn es darum geht, Forderungen durchzusetzen."* (Nr. 3)

> *„Es ist schon schwierig, sich immer mit den Praxisstellen auseinandersetzen zu müssen. Die Schule wird hier oft kritisiert und ich werde angesprochen."* (Nr.10)

Reflexion

Zwei Schulleiterinnen geben eher unsicheres Verhalten in der Leitungsposition an. Dies zeigt sich, wenn es darum geht, die Belange der Schule der Verwaltung oder den Praxisstellen gegenüber darzustellen. Eine Schulleiterin sieht es als hinderlich an, zu verständnisvoll der Verwaltung gegenüber zu sein, wenn sie Forderungen artikuliert.

Dies erinnert an ein Phänomen der Pflege: Unterschiedlichen Berufsgruppen im Krankenhaus erwartet von den Pflegekräften Verständnis für deren Bedürfnisse und erhalten dies in der erwarteten Weise. Die Berufsgruppe der Pflegenden organisiert auch heute noch ihre Arbeit so, dass andere Berufsgruppen möglichst ungehindert agieren können.

Wenn eine Schulleitung zu wenig die Belange der Krankenpflegeschule an externen Stellen durchsetzen kann, zeigt dies, dass sie noch stark in ihrer pflegerischen Sozialisation verwurzelt ist und die Bedürfnisse anderer bei ihrem Handeln berücksichtigt.

Zugleich wird hier deutlich, dass Schulleitungen zumeist keine spezifische Leitungsfortbildung besitzen. Sie wurden auf die neue Funktion und Rolle oftmals nicht systematisch vorbereitet und sind gewissermaßen allein auf ihre bisherigen beruflichen Erfahrungen angewiesen, die sie in dominanter Weise als Pflegekraft und Pflegelehrerin gemacht haben.

„Fachkompetenz" und „Reife als Lehrerin" wurde als Führungskategorie von acht bzw. drei Schulleitungen genannt. Diese Kategorien beziehen sich stärker auf pflegerische und didaktische Fähigkeiten, als auf Führungskompetenz.

Demgegenüber weist der Schulleiter mit dem abgeschlossenen BWL – Studium ein sicheres Rollenverständnis als Leitung in der Auseinandersetzung mit den Gremien des Krankenhauses auf. Er ist zusätzlich zur Pflege in einem anderen, nicht pflegerischen Feld sozialisiert und hat somit eine Qualifikation, die ihm für die Anforderungen in seiner Schulleiterposition nützlich ist.

Ungefähr die Hälfte der befragten Schulleitungen sind sich ihrer persönlichen Charaktereigenschaften, wie beispielsweise Selbstbewusstsein, Durchsetzungsvermögen, bewusst und bringen diese in ihre Führungsposition ein.

Ein Schulleiter, der gleich mit Übernahme der Stelle seine Position artikuliert und mitteilt, dass er nicht nur formal Schulleiter ist, sondern auch die Aufgaben dieser Position wahrnimmt, zeigt Selbstbewusstsein und darüber hinaus Engagement für seine Aufgabe. Auch hier zeigt sich eine bestehende Differenz zwischen dem (formalen) Einnehmen einer Leitungsstelle und dem tatsächlichen Wahrnehmen der Position mit all ihren Aufgaben.

10.1.3 Gestaltung der Führungsposition

Die Schulleitung der Pflegeschule nimmt eine wichtige Position innerhalb der gesamten Krankenhausorganisation ein. Sie hat die Gesamtverantwortung für die Ausbildung und ist gleichzeitig Vorgesetzte des Teams an der Krankenpflegeschule.

Auch wenn dazu kein formales Konzept besteht, gibt es zumindest gewisse Haltungen und Strategien, die sich im konkreten Leitungshandeln niederschlagen. „Zudem muss man sich vor Augen halten, dass jeder Vorgesetzte auf der Grundlage bestimmter Theorien handelt, ob ihm diese Theorien nun bewusst sind oder nicht." (Leuzinger/Luterbacher 1994, S. 9) In einem Führungsstil lassen sich Wertesystem, Grad des Vertrauens, Grad der Zufriedenheit mit der Führungsrolle, Gefühl der Sicherheit in unsicheren Situationen aufzeigen.

Folgende Aspekte markieren das **Führungsverständnis** der befragten Schulleiterinnen. Die Charakteristika der klassischen Führungstheorie autoritär, laissez-faire und demokratisch (vgl. Bernhard/Walsh 1997) schlagen sich in den genannten Kategorien nieder.

Kollegialität

Sieben Schulleiterinnen wollen einen von Kollegialität geprägten Teamgedanken durch ihre Führung verwirklichen. Gegenseitige Wertschätzung in der Zusammenarbeit und demokratisches Miteinander sind hierbei Hauptanliegen.

„Ich strebe eine kollegiale Zusammenarbeit mit anderen Lehrkräften an. Wir schätzen uns alle gegenseitig...." (Nr. 2)

„Es soll ein Miteinander sein. Ich verhalte mich nicht autoritär, sondern achte vielmehr auf kollegiales Zusammenarbeiten." (Nr.3)

„Es soll harmonisch im Team ablaufen." (Nr.10)

Manche Leitungen konkretisieren, wie sie diese Kollegialität erreichen wollen:

„Jeder soll sich in einem demokratischen Sinn einbringen können in die Belange der Schule ... und soll sagen, was stört." (Nr.5)

„In meinem Team gibt es starke Persönlichkeiten. Mit denen möchte ich kollegial zusammenarbeiten." (Nr.9)

„Jede Lehrerin aus meinem Team ist erwachsen und hat ihren Beruf gelernt. Das wird von mir geschätzt. Da brauche ich nicht autoritär zu sein." (Nr.2)

Transparenz

Drei Schulleiterinnen geben explizit an, ihre Leitungstätigkeit den Kollegen transparent zu machen.

„Ich will in meinem Handeln für die Kolleginnen einschätzbar sein. Meine Vorgehensweisen sollen durchschaubar sein." (Nr.6)

„Abläufe sollen deutlich und für alle nachvollziehbar sein." (Nr.9)

Beide Schulleitungen achten auf „Struktur und Ordnung" (Vgl. Meyer 1997, S. 216) an der Schule.

Vorbildliches Verhalten

Für vier Gesprächspartnerinnen ist es wichtig, in ihrer Position Vorbild für ihre Kolleginnen und für Auszubildende zu sein.

„Ich bin Ordensfrau und gleichzeitig Schulleitung, somit übernehme ich ganz stark eine Position in der ich Vorbild sein muss und natürlich auch sein will." (Nr.2)

„In meinem Handeln will ich Vorbild sein und die anderen ein Stück weit mitziehen." (Nr.7)

Hier wird beispielhaftes und vorbildliches Vorangehen der Leitung artikuliert - „Modeling the way" (vgl. Bernhard/Walsh 1997).

Mitarbeiterorientierung

Sechs Schulleiterinnen streben an, die Kompetenzen und Stärken ihrer Kolleginnen im Schulablauf gezielt einzusetzen und zu fördern. Diese Schulleiterinnen achten hierbei besonders auf Interaktion untereinander und wollen wechselseitige Bereicherung erzielen.

„In meinem Team gibt es starke Persönlichkeiten, die ich brauche und auch einsetze ......Ich nutze es, dass eine Lehrerin gut die Belange der Schule vertreten kann, deswegen schicke ich diese Lehrerin dann auch zu Stationsleiterversammlungen." (Nr.9)

„Es gibt immer mehr Experten im Team für die verschiedensten Bereiche. Da kommt mir nur zu Gute, wenn ich weiss, was die einzelnen Lehrer können."(Nr.7)

Andere legen den Schwerpunkt auf Aufgabenverteilung und Delegation (als Elemente eines partizipativen Führungsstils).

> *„Jeder wird einbezogen und übernimmt eine Aufgabe." (Nr. 11)*

> *„Unser Team ist groß. Da sind auch eine Reihe von Aufgaben delegiert. Ich mache nicht alles selbst." (Nr.5)*

Drei Schulleiterinnen wollen im Sinne einer Personalführung wissen, wie zufrieden ihre Mitarbeiterinnen sind und sind bemüht, diese zu steigern.

> *„Bei organisatorischen Dingen wie Urlaubsplanung oder Überstunden nehmen bspw., sollen alle zufrieden sein. Dies hat dann auch positive Auswirkungen auf die Arbeit." (Nr.6)*

Eine Schulleitung führt Mitarbeitergespräche als Instrument der Personalführung, um in einem persönlichen Rahmen den Austausch über individuelle Belange zu ermöglichen.

> *„Ich führe einmal im Jahr formale Mitarbeitergespräche durch. Ich möchte gerne wissen, wie es jedem einzelnen mit seiner Arbeit geht und beabsichtige damit ein Stück weit motivierend zu wirken ." (Nr.7)*

Entscheidungsfindung

Das Leitungsverständnis lässt sich an der Art Entscheidungen zu treffen ebenfalls identifizieren. Diese variiert unter den Befragten.

Einige Schulleitungen behalten es sich vor, Entscheidungen zu treffen, ohne vorher das Team darüber zu befragen.

> *„Bei kleinen Entscheidungen frage ich nicht jeden um seine Meinung. Das bringt nicht viel und geht ins Unendliche, wenn ich jeden frage: "Was halten sie davon?". Es kommt zu keiner Entscheidung, weil zuviel herum diskutiert wird, da wird man handlungsunfähig. Deswegen beziehe ich das Team oft nicht in kleine Entscheidungsprozesse mit ein und teile dann lediglich das Ergebnis mit." (Nr.1)*

> *„Die Richtlinienkompetenz behalte ich mir vor." (Nr. 4)*

Die restlichen Schulleiterinnen beziehen ihre Kolleginnen meistens in Entscheidungsprozesse mit ein

> *„Mir liegt viel daran, die Meinungen aller zu einer anstehenden Entscheidung zu hören. Ich treffe so gut wie keine Entscheidung alleine." (Nr.3)*

> *„Das wird bei uns im Team immer gut besprochen, wenn es um Entscheidungen geht – gleich welcher Art." (Nr.7)*

In manchen Situationen treffen Leitungen Entscheidungen, obwohl das Team sich anders verständigt hat. Eine mögliche Ursache hierfür beschreibt eine Schulleiterin:

> *„Manchmal treffe ich auch Entscheidungen, die nicht das Verständnis aller hervorruft. Die Ursache ist dann aber nicht mangelnde Konformität mit dem Team, sondern Druck und Vorgaben von der Verwaltung."(Nr.9)*

Reflexion

Das Führungshandeln wurde, in Anlehnung an die Literatur, in den Kategorien Führung, Strukturierung, Moderation und Repräsentation dargestellt.

Das Führungsverständnis der befragten Schulleiterinnen zeigt sich von Kollegialität geprägt. Die meisten Leitungen legen Wert auf ein kollegiales Miteinander im Team. Das Bedürfnis nach Harmonie kommt an dieser Stelle häufig zum Ausdruck. Viele Leitungen beziehen Lehrerinnen aus dem Team in formale Abläufe an der Krankenpflegeschule ein und delegieren Aufgaben. Sie selbst profitieren dabei von den Fähigkeiten und Talenten der Mitarbeiterinnen. Hier zeigt sich ein hochgradig interaktives Geschehen.

In der Zusammenarbeit der Schulleitung mit dem Kollegium wird darauf geachtet, dass die Mitglieder des Teams zufrieden sind und sich in Arbeitsabläufe außerhalb des Unterrichtens einbringen können. Diese Zufriedenheit wird vereinzelt an Urlaub und Arbeitszeit oder an Mitarbeitergesprächen zum Besprechen persönlicher Dinge festgemacht.

Zum Verständnis von Führung gehört für drei Befragte, ihre Arbeit transparent zu machen, was auch an Entscheidungsprozessen sichtbar wird. Viele Schulleiterinnen wollen das ganze Team in die Entscheidung einbeziehen. Andere haben keine Probleme damit, Dinge alleine zu entscheiden, differenzieren hierbei aber in der Wichtigkeit der Anliegen.

Es ist kritisch zu beleuchten, mit welchem Verständnis Aspekte des Führungshandelns in der Realität gelebt werden. Die beschriebene *Kollegialität* im Team erweckt an einigen Schulen den Eindruck von starker Harmoniebedürftigkeit, weil Verstehen und Zufriedenheit untereinander sehr hoch angesetzt wird. Konstruktives Auseinandersetzen im Team, was für Erörterung konzeptioneller Fragestellungen wichtig wäre, tritt dabei in den Hintergrund. Das Kriterium Harmonie prägt auch Entscheidungsprozesse und formale Gesprächen: Alle Teammitglieder sollen über anstehende Entscheidungen informiert sein und mitreden. Mitarbeiterzufriedenheit und -orientierung wird von vielen Gesprächspartnerinnen angestrebt, wobei sich die Zufriedenheit auf Urlaub und Stundenverteilung beschränkt.

Eine Führungsperson sollte jedoch die Motivation und Einstellung ihrer Mitarbeiterinnen einschätzen können. Hierzu nehmen Mitarbeitergespräche als Führungsinstrument unter den befragten Schulleiterinnen eine marginale Stellung ein. Nur eine Schulleiterin ergreift diese spezifische Führungsaufgabe, indem sie Mitarbeitergespräche mit jeder Kollegin führt.

Es ist ein Unterschied zwischen dem Leiten einer Krankenpflegeschule, weil man „nun einmal Schulleitung ist", und dem tatsächlichen Einnehmen dieser Position zu konstatieren. Harmoniebedürfnis und Absicherung der Handlungen durch die Kolleginnen klingt nach dem Einnehmen der Leitungsrolle, ohne tatsächlich die Aufgaben dieser Position wahrzunehmen.

10.2   Schulleitungsaufgaben an der Krankenpflegeschule

10.2.1 Führungsaufgaben

Herstellen einer Kommunikationskultur

Für viele Schulleiterinnen ist es eine explizite Führungsaufgabe, Teamsitzungen, also formale Gespräche, in regelmäßigen Abständen abzuhalten. An den meisten Schulen findet wöchentlich eine Teamsitzung mit allen Lehrerinnen der Krankenpflegeschule, teilweise auch mit Praxisanleiterinnen, statt.

Die Themen der Sitzungen werden häufig gesammelt, indem ein sog. „Themenspeicher" in der Zeit zwischen den Gesprächen gefüllt wird. Jede Lehrerin kann hier auf einem Aushang fixieren, worüber sie in der nächsten Besprechung diskutieren oder informieren möchte. An einigen Schulen erfolgt die Themenfestlegung quasi als erster Punkt des Teamgespräches.

Mit formalen Sitzungen streben neun Schulleiterinnen an, *Informationen* weiterzugeben.

> *„Informationsfluss ist das A und O. Da bin ich ganz stark hinter her. Nicht nur in bezug auf Vorgänge, die die Ausbildung betreffen, sondern auch fachlicher Art." (Nr.4)*

> *„Alle Informationen sollen jede Kollegin erreichen. Die müssen doch auch Bescheid wissen, was gerade ansteht. Dazu haben wir einen festen Punkt in den Teamgesprächen, der immer ausführlich besprochen wird." (Nr.9)*

Außerdem stellt das Teamgespräch ein Forum zur *Aussprache* dar.

> *„Hier kann jeder etwas loswerden." (Nr.1)*

> *„Im Teamgespräch tauschen wir uns aus und diskutieren über anstehende Punkte. Leider ufert das auch mal zeitlich und inhaltlich aus." (Nr.6)*

Kritik an Teamgesprächen äußern folgende Leiterinnen

> *„Wir kommen oft nicht zu einem Ergebnis, wenn wir alle bspw. über die Einsatzplanung reden." (Nr.3)*

> *„Oft fehlen einige, die Unterricht halten. Dann wird das Teamgespräch irgendwie halbherzig geführt." (Nr.11)*

Eine Schule führt keine formellen Teamsitzungen durch. Die Schulleiterin meinte dazu:

> *"Wir sind nur drei Lehrer. Da können wir alles, was zu besprechen ist, gleich bei Bedarf ansprechen und brauchen nicht auf eine Teamsitzung zu warten." (Nr.10)*

„Curriculares Arbeiten" ist an vier Schulen Thema der Teamgespräche. Drei Schulen erörtern curriculare Fragen in formalen Teamgesprächen, eine Schule arbeitet in separaten,
kleineren Besprechungen curricular. Der Schulleiter begründet dies folgendermaßen:

> *„Das sprengt den Rahmen der Teamgespräche. Außerdem ist es effektiver, wenn ich mit
> dem Kursleiter alleine über die Umsetzung des Curriculums spreche." (Nr.1)*

Informelle Gespräche stellen ebenfalls Gelegenheiten zum Austausch dar.

> *„Wir machen jeden Morgen Arbeitsfrühstück und reden miteinander. Das ist oft besser be-
> sucht als die formalen Teamgespräche, weil da keiner Unterricht hat." (Nr.9)*
> *„Neben den Teamgesprächen sehen wir uns aber täglich. Oft essen wir zusammen zu Mit-
> tag, wobei auch kleinere Sachen besprochen werden können." (Nr. 2)*

Viele Kommunikationsprozesse an den Krankenpflegeschulen finden außerdem situativ
statt. Die Lehrerinnen können sich bei Bedarf jederzeit gegenseitig im Büro aufsuchen. An
der einen Krankenpflegeschule, die keine formalen Teamgespräche durchführt, laufen die
meisten Absprachen auf diesem Weg.

Repräsentation

Für zwei Leitungen gehört es zur Führung, die Schule zu repräsentieren und somit das
Image der Schule zu pflegen

> *„Ich strebe schon an, dass die Schule sich darstellt. Sei es im Krankenhaus oder bei Exa-
> mensfeiern, ich achte darauf, dass man immer etwas von uns hört. Unsere Schule hat etwas
> zu sagen. Man kann hier auch von Öffentlichkeitsarbeit sprechen." (Nr.7)*
> *„Ich vertrete die Schule nach innen und außen und halte für meine Kollegen den Kopf hin.
> Dafür bekomme ich von ihnen deren Loyalität." (Nr. 4)*

Kontakt mit Gremien des Krankenhauses

Acht Schulleiterinnen nehmen an Besprechungen der PDL und der Stationsleiterinnen teil.
Hierbei soll der Kontakt zu den Praxisstellen gefördert und die Belange der Schule vertreten werden. Diese Führungsaufgabe wird gelegentlich an Lehrerinnen aus dem Team delegiert.

Reflexion

Die Kommunikationskultur der Schulen gestaltet sich so, dass formale Teamsitzungen ab-
gehalten werden. Es ergeben sich darüber hinaus viele informelle Gelegenheiten zum
Austausch untereinander, die als effektiv beschrieben werden. Formale Sitzungen werden
teilweise als lang, unergiebig und schlecht besucht beschrieben. Diese Besprechungen
sind zeitlich begrenzt, haben eine Tagesordnung und werden auch von Teilnehmern aus-
serhalb des direkten Teams besucht. Solche Sitzungen fordern folglich gute kommunikative, organisatorische und Moderations- Fähigkeit der Leitung: Weitschweifende Diskussionen müssen eingegrenzt, Diskussionsergebnisse sollen erzielt und verschiedene Ta-
gesordnungspunkte konstruktiv abgehandelt werden. Die Kritikpunkte und die Anforderun-

gen eines formalen Gespräches tragen dazu bei, dass informeller und situationsbedingter Austausch in der Beliebtheit wächst.

Es erscheint demgegenüber vergleichsweise einfach, sich informell während des Essens auszutauschen oder bei einem Anliegen mit einzelnen Kolleginnen ad hoc zu sprechen. Solch informelles Vorgehen birgt jedoch die Gefahr, dass keine Verbindlichkeit erreicht und der Informationsfluss nicht aufrechterhalten wird. Außerdem ist es in informellen Zusammentreffen nicht gut möglich, an curricularen und ausbildungsbezogenen Konzepten zu arbeiten.

Maximal drei Schulleiter (es sind tatsächlich nur Männer) scheinen Harmonie an der Schule nicht unbedingt für erstrebenswert zu halten. Sie wägen ab, was im Kollegium besprochen werden muss und stellen das Team in manchen Angelegenheiten vor vollendete Tatsachen. Sie vertrauen auf ihre eigene Kompetenz und handeln dementsprechend geradlinig. Sicher liegt auch diesen Schulleitern etwas am angemessenen Umgang miteinander, doch vernachlässigen sie wegen Harmoniebestrebungen und bspw. dem Wunsch, täglich mit dem Team zu Mittag zu essen, das konstruktive Arbeiten in der Führungsposition nicht.

10.2.2 Dozentengewinnung und -betreuung

Dozentengewinnung und -betreuung ist eine Aufgabe, die an allen Krankenpflegeschulen an die Schulleitung oder Klassenleitungen gestellt wird.

Dozenten, also Unterrichtende aus Nachbardisziplinen der Pflege, bspw. Mediziner, Psychologen, Chemie-Physiklehrer, Seelsorger, haben meist keine pädagogische und pflegerische Ausbildung. Sie bringen zwar als qualifizierte Vertreter ihrer Fachrichtung ihre Berufserfahrung an die Krankenpflegeschule, haben jedoch meist keine Kenntnisse im didaktisch-methodischen Bereich.

Viele dieser Fremddozenten sind in dem Krankenhaus beschäftigt, das unter der gleichen Trägerschaft steht, wie die Krankenpflegeschule. An einigen Schulen stehen manche Ärzte für Unterrichte dauerhaft zur Verfügung und sind mit festen Zeiten im Stundenplan integriert. An vielen Schulen treten jedoch häufig Probleme in der Gewinnung von Dozenten auf.

An den Krankenhäusern ist die Unterrichtsverpflichtung für Ärzte unterschiedlich geregelt. Teilweise übernehmen die Oberärzte und Chefärzte Veranstaltungen, an anderen werden Assistenzärzte vom Träger zu einer gewissen Unterrichtsanzahl verpflichtet. Bezüglich Psychologen und Seelsorger scheint eine gewisse Kontinuität im Unterrichten zu bestehen.

Die Schulleiterinnen wurden in den Interviews gebeten, zu beschreiben, worauf sie bei der **Gewinnung** von Dozenten achten.

Die Organisation der Unterrichte und die optimale Einplanung im Stundenplan ist für viele Schulleitungen der wichtigste Aspekt in Zusammenarbeit mit Dozenten.

Dabei sind Schulleiterinnen oft erleichtert, überhaupt einen Dozenten zu gewinnen.

> *„V.a. für die kleineren medizinischen Disziplinen in der Ausbildung suche ich bald jedes Jahr einen neuen Dozenten. Es sind meist Ärzte, die nur begrenzt zu Verfügung stehen."* (Nr.10)

> *„Es ist immer ein Problem mit den Dienstzeiten der Ärzte. Da muss ich genau schauen, wie man es einigermaßen organisieren kann mit den Zeiten an der Schule hier."* (Nr.6)

Was die **Betreuung** der Dozenten betrifft, empfinden es viele als nicht problematisch, dass Dozenten nicht aus dem Pflegeberuf kommen.

Viele meinen dazu, dass Mediziner und andere Dozenten wüssten, worauf es in der Pflegeausbildung ankomme.

> *„Die Ärzte kennen die Schüler ja von Station und wissen, was die in der Praxis tun."* (Nr.3)

> *„Die wissen doch, was man in der Krankenpflege braucht."* (Nr.10)

> *„Die wissen, dass wir eine Krankenpflegeschule und keine MTA Schule sind."* (Nr.2)

Inhaltliche Absprachen mit den Fremddozenten führen die meisten Schulen durch. Ist das AKOD – Curriculum an der Schule eingeführt, werden die zu vermittelnden Inhalte mit dem Dozenten abgesprochen. Hier wird auf Verbindlichkeit der Dozenten gebaut, weil sonst die curriculare Vernetzung der Fächer nicht gegeben ist.

> *„Ich erwarte schon, dass sich dann der Chirurg an das inhaltlich hält, was wir vom Team mit ihm ausgemacht haben. Er erzählt dann hoffentlich nicht, was er an dem Tag operiert hat."* (Nr.8)

Der Dozent wird an drei Schulen von den Schulleitungen gewissermaßen kontrolliert, indem man seine Einträge in das Klassenbuch mit den (curricularen) Vorgaben vergleicht oder die Schülerinnen befragt. An den anderen Schulen wird zumindest die Planung des Dozenten erfragt.

Zwei Schulen überlassen es den Psychologen und Theologen, aber auch den Ärzten, was sie den Schülerinnen vermitteln.

> *„...das macht unser Krankenhauspfarrer. Nein, dem sage ich nicht, was er machen soll. Er arbeitet doch im Krankenhaus."* (Nr.10)

> *„Der Oberarzt unterrichtet schon lange bei uns. Wir reden miteinander über die Schüler usw. Aber ich denke, dass es sich bewährt hat, was er den Schülern beibringt."* (Nr.2)

Um die fehlende pädagogische Vorbildung ihrer Fremddozenten machen sich wenige Schulleitungen Gedanken.

Einige nehmen dies als Realität hin,

> *„Das ist halt so..." (Nr.3,6)*

andere wollen diese Tatsache durch Absprachen kompensieren.

> *„Deswegen versuchen wir mit denen viel zu reden über die Schüler und die Anforderungen im Examen und so." (Nr.9)*
>
> *„Vor der mündlichen Prüfung reden wir über die Benotung." (Nr.2)*

Eine Schulleitung geht davon aus, dass ein Arzt einen guten Unterricht halten kann.

> *„Der Chefarzt der Anästhesie bspw. ist bei unseren Schülern mit seinem Unterricht sehr beliebt. Der hält einen guten Unterricht. Die sind eigentlich immer gerne gesehen in den Kursen." (Nr.10)*

Wenige sind sich der fehlenden Kenntnis in Didaktik und Methodik bewusst und versuchen damit umzugehen.

> *„Ich setze mich anfangs in den Unterricht rein. Ich muss schon wissen, wie er das macht." (Nr.7)*

Reflexion der Dozentengewinnung und -betreuung

Viele Schulleiterinnen sehen Dozenten vordergründig unter organisatorischen Aspekten. Oft bestehen Schwierigkeiten, Dozenten zu finden, die Unterrichte zu adäquaten Zeiten übernehmen. Die pädagogischen Defizite der Fremddozenten und die Konsequenzen für die Stoffvermittlung und für die Ausbildung werden kaum bedacht, weil man froh ist, einen Dozenten zu haben. Ein Fremddozent ist akademisch gebildet, meist Vertreter einer anerkannten Profession (Theologie, Medizin) und anderen wissenschaftlichen Fachrichtungen, wie z.B. Psychologie oder Chemie u.a.. Diese Tatsache sagt aber nichts aus, wenn es darum geht, diese Personen für Unterrichte in der Pflegeausbildung einzusetzen. Ein akademischer Bildungsgrad und das Arbeitsfeld Krankenhaus zieht nicht zwangsläufig einen pflegespezifischen Unterricht nach sich. So wird ein Krankenhausseelsorger in seinen Unterrichten nicht unbedingt von sich aus darauf eingehen, welche emotionalen Belastungen Pflegekräfte in der Konfrontation mit Krankheit, Sterben und Leid erleben und wie sie Bewältigungsstrategien für den Umgang damit erwerben könnten. Ein Psychologe kennt nicht zwangsläufig das Arbeitsfeld von Pflegenden so genau, dass er seine Unterrichte in der Krankenpflegeausbildung auf das Spezifische dieser Berufsgruppe ausrichten kann. Dies alles ist nicht selbstverständlich.

Der Blick der Schulleitungen ist teilweise eng auf die fachliche Qualifikation des akademischen Vertreters gerichtet, ohne auf seine Pflegeorientierung und pädagogischen Fähigkeiten zu schauen. Man ist vom Fremddozenten als Fachmann seines Faches überzeugt und denkt weniger an den Bezug zur Pflege. Zum Teil spiegelt sich in den Interviews großer Respekt besonders vor den Medizinern wider. Als Vertreterin der Pflege liegt es dann fern, die Arbeit des Arztes an der Krankenpflegeschule kritisch zu hinterfragen. Man geht davon aus, dass der Mediziner aufgrund seiner Kompetenz alles weiss, was für die Pflegeausbildung wichtig und richtig ist.

Es wird nur von einigen Schulleitungen wahrgenommen, welchen Stellenwert die Unterrichte der Fremddozenten in der gesamten Ausbildung haben. Für diese ist es von großer Bedeutung, dass pflegespezifische Inhalte auch in den Unterrichten des Fremddozenten vermittelt werden. Dazu scheuen sie sich nicht, die Fremddozenten auf deren inhaltliche Vermittlung hin zu überprüfen.

Fremddozenten übernehmen mitunter einen großen Teil der theoretischen Krankenpflegeausbildung. Im Extremfall kann in der Ausbildung Anatomie, Physiologie, Gesetzes- und Staatsbürgerkunde, Mikrobiologie, Biologie, Chemie und Physik, Arzneimittellehre, Krankheitslehre, Sozialwissenschaften, Sprache und Schrifttum und Erste Hilfe von Externen vermittelt werden. Das ist sehr viel wertvolle Ausbildungszeit, die von Personen gefüllt wird, die zwar fachkundig, aber (meist) nicht pflegekundig und pädagogisch ausgebildet sind. „Fremddozenten sind aus Sicht der Ausbildungsstätte Zulieferer. *Die Qualität von Dozenten ... muss systematisch überprüft und bewertet werden.*" (Falk 1998, S. 15)

Es muss kritisch gefragt werden, wer die Schwerpunkte in der Pflegeausbildung übernimmt. Besonders bei sozialwissenschaftlichen Fächern ist es überlegenswert, diese von den Pflegelehrerinnen unterrichten zu lassen, um das zu vermitteln, was in der Pflegeausbildung inhaltlich gebraucht wird. Die Wertigkeit der gesetzlich vorgegebenen 100 Stunden Sozialwissenschaften muss einer Schulleitung bewusst sein, wenn sie sich dafür interessiert, welche Kenntnisse ein Psychologe in dieser Zeit den Schülerinnen vermittelt. Besonders in diesem Bereich hängt die Qualität der Ausbildung sonst zu stark von den Leistungen nebenamtlich tätiger Dozenten ab. In der theoretischen Krankenpflegeausbildung sollte und muss nicht gänzlich auf Fremddozenten verzichtet werden. Für bestimmte Fachinhalte ist ein Experte, der das fachliche Wissen durch seine Profession mitbringt, nötig und sinnvoll. Eine Schulleitung hat aber die Aufgabe, in den Austausch mit den Dozenten zu treten und ihnen grundlegende pflegerische Intentionen der Unterrichte nahezulegen.

Mit der Dozentengewinnung und Dozentenbetreuung liegt eine verantwortungsvolle pädagogische Aufgabe und gleichzeitig eine Führungshandlung der Schulleitung vor. Im Zuge ihrer Gesamtverantwortung für die Ausbildung ist es erforderlich, diese wahrzunehmen.

10.2.3 Das Bewerbungsverfahren an Krankenpflegeschulen

Das Bewerbungsverfahren ist eine weitere spezifische Schulleitungsaufgabe, die Führungsgeschehen und verantwortliches pädagogisches Handeln in sich integriert.

In den Erläuterungen zu § 6 des Krankenpflegegesetztes ist festgelegt, dass „für Auswahl und Zulassung der Bewerber die Leitung der Schule zuständig ist." (Kurtenbach u.a. 1992, S. 127).

Die Anzahl der Bewerbungen, die derzeit auf Krankenpflegeschulen zukommen, reduziert sich seit einiger Zeit spürbar. Um so wichtiger ist es, die Vorauswahl aus den schriftlichen Bewerbungen gründlich zu treffen.

Der Ablauf des Auswahlverfahrens wird im Folgenden dargestellt.

Kriterien für die Vorauswahl aus schriftlichen Bewerbungen

Die Bewerbung wird zuerst formal auf Vollständigkeit, auf Erfüllen der gesetzlich geforderten formalen Voraussetzungen gesichtet. Anschließend werden an den Krankenpflegeschulen *informelle Kriterien* im Bewerbungsverfahren berücksichtigt:

Eindruck der Bewerbungsunterlagen

Fällt die äußere Gestaltung negativ auf, kann die Bewerbung schon zurückgewiesen werden. Dies gilt, auch wenn sonst alle Voraussetzungen für die Ausbildung optimal erfüllt sind.

> *„Wenn einer mir auf einen Schmierzettel mit Hand schreibt, dass er Pflege lernen will, bekommt er seine Unterlagen sofort zurück."* (Nr.1)

> *„Es muss sicher nicht alles in Prospekthüllen sein, aber auf Butterbrotpapier geschrieben geht doch zu weit ."* (Nr. 5)

Als weitere Merkmale für das Zurückweisen einer Bewerbung wird *„Lückenhafter Lebenslauf"* und *„Dauernde Abbrecher"* genannt.

Alter der Bewerberinnen

Das Alter der Bewerberinnen entscheidet über den Verbleib im Verfahren. Meistens wird präferiert, 18jährige und ältere, evt mit Berufserfahrung, in die Ausbildung aufnehmen.

Dazu die Schulleiterinnen:

> *„Mit älteren Schülern kann man in der Pflege besser arbeiten, obwohl ich nicht sagen möchte, dass sie reifer sind."* (Nr.6)

> *„Wir haben hier gerne Ältere, denen schon einmal Berufswind um die Nase geweht ist."* (Nr.7)

17jährige werden zum Teil dann eingestellt, wenn sie zu Beginn der Ausbildung das 18. Lebensjahr vollenden. Nach oben hin wird die Altersgrenze mit 30-35 Jahren von fünf, mit 45 Jahren von drei Schulen angegeben.

Eine homogene Gruppe soll für den Ausbildungskurs nicht formiert werden. Die Leitungen erhoffen sich von der Lebenserfahrung Älterer eine Bereicherung für die Gruppe.

„Eine Frau mit 35 hat doch ganz andere Lebenserfahrung als ein 17jähriges Mädchen. Ich habe es gerne, wenn die Gruppen heterogen sind." (Nr.8)

Schulbildung

Bezüglich der Schulbildung variieren die informellen Kriterien an den Schulen. Einige Schulleiterinnen nehmen grundsätzlich bzw. bevorzugt Abiturienten in die Ausbildung auf, weil diese die hohen Anforderungen der Ausbildung besser bewältigen könnten.

„Wir haben die Erfahrung gemacht, dass unseren intellektuellen Anforderungen hauptsächlich Abiturienten entsprechen." (Nr. 6)

An anderen Schulen nimmt die Art des Schulabschlusses keine vorrangige Stellung ein.

„Der Schulabschluss ist bei uns nicht so wichtig." (Nr. 10)

„Abitur sagt doch erst einmal nichts über den Menschen aus." (Nr.1)

Vier Schulleiter machen deutlich, dass sich das Niveau der Abiturienten nach einer gewissen Zeit der Ausbildung nicht mehr von dem der anderen Schülerinnen unterscheidet.

„Man merkt es nach ein paar Monaten nicht mehr, wer nun Abitur hat." (Nr.2)

„Abiturienten tun sich nicht unbedingt leichter als Realschulabsolventen." (Nr.3)

Eine Schulleiterin ist bei der Einstellung von Abiturienten vorsichtig und meint

„Abiturienten stellen einen Risikofaktor dar. Es kommt oft vor, dass sie während der Ausbildung abspringen und studieren." (Nr.8)

Noten

Häufig sind Noten der Grund für das Herausfallen aus dem Bewerbungsverfahren. Der Notendurchschnitt aus den naturwissenschaftlichen Fächern, Deutsch, Mathematik wird als ausschlaggebend angesehen. Die Grenze des Durchschnitts wird von vier Schulen bei Mittlerer Reife auf 3,0, bei Abitur auf 3,5 festgesetzt. Obwohl Noten als wichtiges Kriterium angesehen werden, ziehen schlechte Noten nicht unbedingt gleich eine Absage nach sich.

„Noten werden angeschaut und ein Durchschnitt errechnet, das ist aber nicht alles. Da muss es noch nicht vorbei sein." (Nr.8)

„Es kann noch etwas besonderes sein, was die Bewerbung ausmacht, z.B. ein individuelles Anschreiben, dann überwiegt das schlechte Noten – zumindest, was die Einladung zum Vorstellungsgespräch betrifft." (Nr.11)

Pflegeerfahrung

Ein Praktikum in der Pflege wird von allen Schulen positiv bewertet. Eine gewisse Auseinandersetzung mit dem Beruf wird von einer Bewerberin mit Pflegeerfahrung erhofft.

„Menschen mit Erfahrung in der praktischen Pflege haben sich mit dem Beruf schon viel mehr auseinandergesetzt und sind reflektierter in der Vorstellung von Pflege." (Nr. 11)

Ausländische Bewerberinnen

An zehn Schulen werden ausländische Bewerberinnen im Auswahlverfahren genauso behandelt wie deutsche. Eine Schule fordert, falls die Bewerberin in die engere Wahl kommt, am Tag des Vorstellungsgespräches die Bearbeitung einer schriftlichen Aufgabenstellung.

> *„Es hat sich schon oft gezeigt, dass die zwar wunderbar sprechen aber nicht deutsch schreiben können. Deswegen haben wir das mit dem Aufsatz eingeführt." (Nr.3)*

Heimatnähe

Im Verfahren wird auch der Wohnort der Bewerberin erwogen. Bevorzugt werden Bewerberinnen aus der näheren Umgebung, weil man dann einerseits keinen Wohnheimplatz benötigt, andererseits keine Heimfahrten vom Träger bezahlt werden müssen.

Kriterien im Vorstellungsgespräch

Im Vorfeld des Gesprächs finden Kriterien wie äußere Erscheinung und gesundheitliche Eignung Beachtung. Laut § 6 des Gesetzes von 1985 ist „bereits bei der Zulassung zur Ausbildung .. gesundheitliche Eignung zur Ausübung des Berufs nachzuweisen" (Kurtenbach u.a. 1992, S. 127).

Einige Schulleiterinnen achten auf das äußere Erscheinen der Bewerberinnen.

> *„Das Aussehen muss schon gepflegt wirken." (Nr.6)*

Ungepflegtes Erscheinen wird als nicht adäquat registriert.

Im Bewerbungsgespräch wird eine gewisse Beurteilung des Gesundheitszustandes der Bewerber vorgenommen, obwohl allen bewusst ist, dass dies in der Kürze eines Gespräches kaum möglich ist. Auf „Haut und Psyche" achten 5 Schulleiterinnen, auf „Knochenbau" eine. Bezüglich der Psyche könne man jedoch nicht klar unterscheiden,

> *„ob der jetzt ganz normal aufgeregt ist und demzufolge gehemmt oder ob er psychisch instabil ist. Eine ausgeprägte Neurose erkennt man nun mal nicht in 30 Minuten." (Nr.8)*

Ein anderer meint dazu:

> *„Wir wollen uns kein psychisches Problem in die Ausbildung holen." (Nr. 5)*

Ablauf des Vorstellungsgesprächs

An zehn Schulen führen die Leitung und eine Lehrerin, meist die zukünftige Klassenlehrerin, das Vorstellungsgespräch. Neben dem Schulteam sind an vier Schulen noch Mitglieder der PDL oder des Personalrates anwesend. Eine Schulleitung führt alle Gespräche alleine.

An den Schulen findet das Vorstellungsgespräch entweder statt als *Einzelgespräch*, als *Gruppengespräch* oder als eine *Mischform* daraus, die sich so darstellt, dass einer Bewerbergruppe allgemeine Informationen gegeben werden und anschließend Einzelgespräche stattfinden. Gruppengespräche werden so organisiert, dass maximal

5 Teilnehmerinnen gemeinsam zu einem Vorstellungsgespräch eingeladen werden. An wenigen Schule werden die Bewerberinnen in der Gruppe einzeln und unabhängig voneinander befragt. An der anderen Schule soll ein Gruppengespräch unter den Teilnehmerinnen entstehen. Im Anschluss erfolgt noch ein kurzes Einzelgespräch.

Vorgehen in Einzelgesprächen und Gruppengesprächen
Der Großteil der Schulleiterinnen stellen meist im Vorstellungsgespräch die gleichen oder ähnliche Fragen, die teilweise schriftlich fixiert sind.

An anderen Schulen macht man es von der Situation abhängig, was im Bewerbungsgespräch gefragt wird. Es soll ein *„lockeres Gespräch"* über das, was die Bewerberin *„von sich aus sagt"* (Interview Nr.4), geführt werden.

Folgende Fragen werden an den meisten Schulen in Einzelgesprächen gestellt:
*   Welche Vorstellungen haben Sie vom Pflegeberuf?
    „Wenn da keine Antwort kommt, sieht es schon schlecht aus." (Nr.2)
*   Welche Schwierigkeiten erwarten Sie im Beruf?
    „Wenn eine Bewerberin keine Schwierigkeiten im Beruf erwartet, bin ich im Zweifel, ob sie nur annähernd ahnt, was der Beruf von ihr fordert."(Nr. 7)
*   Was sind ihre Motivationen, den Beruf zu ergreifen?
*   Was könnten Sie sich nach der Ausbildung vorstellen?
*   Warum wollen sie keinen anderen Gesundheitsberuf lernen?
*   Welche Hobbys haben Sie?
    „Wenn jemand nur pflegen will und sonst nichts zum Ausgleich hat, muss man das skeptisch betrachten." (Nr.8)
*   Was machen Sie in der Zeit nach dem Schulabschluss bis zum Ausbildungsbeginn?
*   Welche Fragen haben Sie an uns?
*   Was hat Ihnen in Ihrem Pflegepraktikum gefallen? Wie haben Sie es erlebt?

Die Frage nach der Vorstellung vom Pflegeberuf und der Berufsmotivation werden von den meisten Schulleiterinnen in jedem Vorstellungsgespräch gestellt.

Folgende Fragen werden nur an einzelnen Schulen und auch nur im *Einzelgespräch* gestellt:
*   Was sagen Ihre Freunde und Bekannte zu ihrer Berufswahl?
*   Warum sind Sie geeignet, den Pflegeberuf zu lernen?
*   Wie ist Ihr Lernverhalten? Welche Methode haben Sie, um sich Wissen anzueignen?
*   Welche Haltung braucht man um mit kranken Menschen umgehen zu können?
*   Welche Werte sind Ihrer Ansicht nach im Krankenhaus wichtig?
*   Welche Bedeutung hat für Sie die eigene Gesundheit?

In den *Gruppengesprächen* werden eher allgemeine Fragen, wie z.B. Vorstellungen vom Beruf, Alternativen und Schwierigkeiten, gestellt.

Bei der *Mischform* soll im Gruppengespräch ein erster Eindruck vom Bewerber gewonnen werden, der Schwerpunkt jedoch im Einzelgespräch liegen.

> *„Es zeigt sich immer wieder, dass das Gruppengespräch nur ein erster Eindruck sein kann. Im Einzelgespräch sind Zurückhaltende dann doch sehr differenziert und offen. Wir wollen das Gruppengespräch nicht überbewerten." (Nr. 7)*

An einer Schule wird die Bewerberauswahl mit einem Verfahren, das aus dem *Assessement-Center* für Bewerberauswahl in der Industrie entstanden ist, durchgeführt.

Der Schulleiter, der diese Methode anwendet meint zu „Helfen wollen" auf die Frage nach dem Motiv, den Pflegeberuf ergreifen zu wollen:

> *„Dann sage ich: "Warum gehen Sie dann nicht in die Bank? Da können Sie auch anderen Menschen helfen!" Ich kann das bald nicht mehr hören mit dem "helfen wollen"!" (Nr.1)*

Einschätzung nach dem Bewerbungsgespräch

Unmittelbar nach jedem Bewerbungsgespräch werden in allen Verfahren die Gesprächseindrücke der Anwesenden ausgetauscht und über eine Zusage entschieden. Der Bewerber wird in bezug auf Verhalten, Sprache und Ausdrucksfähigkeit, äußeres Erscheinungsbild, persönliche Reife, Motivation und Eignung für den Beruf eingeschätzt. Das Bewerbungsgespräch wird nicht nach inhaltlich *„richtigen und ausgefeilten Antworten"* beurteilt, sondern nach der Art und Weise, wie die Bewerberin sich darstellt und welche Ausstrahlung sie hat.

Kriterien für die Zusage

Kriterien für eine Zusage können nur schwer konkretisiert werden. Einige Schulleiterinnen geben an, die Entscheidung „aus dem Bauch heraus" zu treffen.

> *„Ich gebe es zu: Das mache ich total spontan und gefühlsmäßig: Hier bei dem und anderen kann ich mir gut vorstellen, den richtigen Bewerber einzustellen, der eine gute Pflegekraft wird." (Nr.4)*

Wie sich dieses zustimmende Gefühl zusammensetzt, zeigen folgende Äußerungen:

> *„Er muss mir auch ein Stück sympathisch sein." (Nr.3)*

> *„Es muss ein gewisser Typ Mensch sein. Gewisse Sozialkompetenzen müssen mitgebracht werden." (Nr.7)*

> *„Eine Grundeinstellung für den Beruf muss da sein." (Nr.10)*

Täuschungen bei der Auswahl gibt es für die Schulleitungen immer wieder. Eine Schulleiterin meint:

> *„Es passiert manchmal, dass ich im Bewerbungsgespräch eine Person als hochmotiviert und geeignet erlebe und sie dann nicht mehr in der Klasse wiederfinde." (Nr.3)*

Reflexion des Bewerbungsverfahrens als pädagogische Aufgabe

Das Bewerbungsverfahren an Krankenpflegeschulen ist eine verantwortungsvolle pädagogische Aufgabe. Das Auswahlgremium hat die Möglichkeit, Menschen einen Ausbildungsplatz in der Pflege anzubieten oder nicht.

Ein solches Verfahren birgt zwei Fehler in sich: Ungeeignete Bewerberinnen werden ausgewählt und geeignete bekommen eine Absage. Es ist aber nicht gänzlich abzusehen, wer zu den geeigneten gehört und wer nicht. Menschen verändern sich im Laufe der Zeit und stellen sich in Bewerbungssituationen häufig anders dar, als sie wirklich sind.

An den unterschiedlichen Methoden, die an den Schulen Anwendung finden, ist der Wunsch abzulesen, möglichst Strategien zu entwickeln, die die Sicherheit bei der Auswahl erhöhen. Welche Fragen und Antworten lassen aber abschätzen, ob ein Bewerber für die Ausbildung und für den Beruf geeignet ist? Es gibt sicher nicht die passenden Fragen mit den „richtigen" oder „falschen" Antworten. Vielleicht ist es doch der subjektive Gesamteindruck, der den Ausschlag für eine Zusage oder Absage bringt?

Der Aspekt der *moralischen Reife* einer Bewerberin wurde in den Interviews nicht erwähnt. Fragen nach Wertvorstellungen und ethischen Grundhaltungen werden nur selten im Bewerbungsgespräch gestellt. Jedoch muss verantwortungsvoll reflektiert werden, ob die Schulabgänger, die eine Pflegeausbildung absolvieren wollen, von ihrer moralischen Entwicklung dazu in der Lage sind (vgl. Stratmeyer 1994).

Möglicherweise denken Schulen, die vorwiegend ältere Schülerinnen in die Ausbildung aufnehmen wollen, implizit an Aspekte der Entwicklungspsychologie (vgl. Gilligan, Theorie der moralischen und Identitätsentwicklung, in: Stratmeyer 1994) und bezeichnen es dann als *„Wir haben hohe intellektuelle Ansprüche"* (Interview Nr.6).

Die Auswahlmethode, die dem Assessment–Center entlehnt ist, will sozial-kommunikative Kompetenzen testen und von der Bewerberin mehr als: *„Ich will helfen"* hören. Natürlich sind Sozialkompetenzen im Pflegeberuf wichtig, aber müssen diese schon bei Antritt der Ausbildung in ausgeprägter Art und Weise vorliegen? Außerdem ist es kritisch zu würdigen, ob die Leitung einer Krankenpflegeschule tatsächlich fast „allergisch" auf das Motiv des „Helfen wollens" reagieren sollte.

Die Geschichte der Pflege zeigt klar, dass das ganze 19.Jahrhundert vom „Helfen", „Dienen" und „aufopfernden Dienst am Nächsten" geprägt war (vgl. oben, Kapitel 2.2). Dies ist im angestrebten Berufsverständnis nicht tragbar und steht dem Bemühen um Professionalität der Pflege entgegen.

Doch ist das Helfen in der pflegerischen Praxis etwas dem Pflegeprozess Immanentes, das auf professionelle Art und Weise in die pflegerische Beziehung eingebracht wird. Pflege wird auch weiterhin ein helfender Beruf bleiben. Fundierte sozial-kommunikative

Fähigkeiten sind zwangsläufig in diesem Verständnis erforderlich, aber ohne den Wunsch, helfen zu wollen, kann eine Pflegekraft keine professionelle Zuwendung zum Patienten erreichen.

Mit dem Bewerbungsverfahren können noch andere Ziele erreicht werden, die von der unmittelbaren Auswahl zukünftiger Auszubildende wegführen. Es birgt Möglichkeiten der Präsentation der Ausbildungsstätte, somit ein Stück weit Öffentlichkeitsarbeit in sich.

Problematisch am Bewerbungsverfahren zeigt sich der Umgang mit Enttäuschungen über Schülerinnen. Wie geht man dann mit einer Schülerin um, von der man sich als Bewerberin etwas besseres erhofft hatte, die sich als ungeeignet zeigt? Hier wird gesellschaftlicher Auftrag und Verantwortung der Krankenpflegeschule transparent: Sie ist Ausbildungsstätte für die Pflegekräfte von morgen – somit dürfen hierbei utilitaristische Werte für die Gesellschaft nicht vernachlässigt werden.

Gerade bei solchen Täuschungen zeigt sich in der Pflegepädagogik die Verantwortung für die Pflegeschülerinnen. Die Beratungskompetenz der Lehrenden ist hier gefordert, um eine Hilfestellung für das weitere Leben dieser scheinbar für die Pflege ungeeigneten Menschen zu geben.

10.2.4 Weitere Schulleitungsaufgaben

Aufgaben einer Schulleitung, die zusätzlich zu Führungsaufgaben und Lehrtätigkeit wahrgenommen werden, sind Planungs- und Organisationsaufgaben, Verwaltungs- und pädagogische Aufgaben.

Alle befragten Schulleiterinnen nehmen Aufgaben rund um das Bewerbungsverfahren selbst wahr. Das Führen der Schülerakte und die Erstellung der praktischen Einsatzplanung ist an einigen Schulen der Schulleitung vorbehalten. An anderen Schulen werden diese Aufgaben im Zuge des Klassenlehrersystems von den zuständigen Pflegelehrerinnen wahrgenommen.

Administrative Aufgaben einer Schulleitung beinhalten hauptsächlich Absprachen mit dem Träger und Formalitäten bezüglich der Examensprüfungen. Wenige Schulleitungen verwalten ein eigenes Schulbudget, das sie jährlich neu mit der Verwaltung aushandeln.

Ein Großteil der Gesprächspartnerinnen versteht sich in erster Linie als Lehrerinnen für Pflege, mit Schwerpunkt Unterricht verbunden mit Aufgaben in der Leitung der Schule. Wenige legen von Vornherein ihren Aufgabenschwerpunkt auf Leitung.

Die Intensität der Unterrichtstätigkeit variiert bei den elf befragten Schulleitungen. Drei sind von Klassenleitung freigestellt und vertreten bestimmte Fächer in den Ausbildungskursen, wobei sie 2-8 Stunden wöchentlich unterrichten. Andere Schulleiterinnen, besonders an kleinen Schulen, haben teilweise zwei Kurse als Klassenleiterin zusätzlich zu ihrer Leitungsposition. Dieser Unterschied macht ein Stück weit den bewussten Einsatz der persönlichen Stärken für die Leitungsposition sichtbar.

Pädagogische Aufgaben werden von Schulleitungen hauptsächlich im Beurteilen von Prüfungen wahrgenommen. Hierbei muss zwischen den Prüfungsarten unterschieden werden. Beim schriftlichen und mündlichen Teil, nehmen alle/fast alle Schulleiterinnen teil, am praktischen Teil ist weniger Beteiligung zu konstatieren.

Einige Schulleitungen begründen ihre Distanz von der praktischen Examensprüfung:

> *„Ich bin schon so lange aus der Praxis. Ich gebe auch keine Anleitung, also nehme ich auch die Prüfung nicht ab." (Nr.5)*
>
> *„Ich überlasse das den Lehrern, die Pflege unterrichten." (Nr.10)*
>
> *„Dazu habe ich meist keine Zeit." (Nr.6)*

Sicher kann und muss die Schulleitung nicht die praktische Examensprüfung bei allen Schülerinnen abnehmen. Ignoriert eine Schulleitung jedoch den praktischen Teil der Ausbildung und des Examens, wird damit ein ganzes Stück der Ausbildung von verantwortlicher Seite an der Schule nicht begleitet.

10.2.5 Schlussbemerkung und pflegepädagogische Bewertung

In diesem Kapitel wurde die Berufsgruppe der Schulleiterinnen an Krankenpflegeschulen unter den Aspekten des Führungsverständnisses und besonderer Aufgaben untersucht.

Es wurde festgestellt, dass eine Schulleiterin viele spezifische Führungsaufgaben wahrnehmen kann, wenn ihr Leitungsverständnis in dieser Weise ausgeprägt ist. Unter den Befragten sind es nur wenige, bevorzugt auch Männer, die Leitungsaufgaben in ihrer Position wahrnehmen und ausführen. Andere handeln noch stark gemäß ihrer pflegerischen Sozialisation. Ihnen kommt es in ihrer Position darauf an, eine harmonische Atmosphäre an der Schule zu spüren und um die Zufriedenheit jedes Teammitgliedes zu wissen.

Dozentengewinnung und -betreuung ist eine wichtige pädagogische Führungsaufgabe, bei der es darauf ankommt, sich der Notwendigkeit pädagogischer und pflegerischer Kenntnisse bewusst zu sein. Die Ausprägung des beruflichen Selbstverständnisses der Pflegelehrerinnen übt hierbei einen Einfluss darauf aus, ob der Bereich Dozenten vom Team der Krankenpflegeschule kritisch reflektiert wird. Aus Sicht der Pflegepädagogik müssen Pflege und Pädagogik als Wissenschaften in der Konzeption einer Ausbildungsstätte Priorität haben. Folglich sind die pädagogischen und pflegerischen Defizite der Fremddozenten als problematisch anzusehen.

Bewerberauswahl für neue Ausbildungskurse ist eine verantwortungsvolle Aufgabe den Bewerberinnen und auch dem Pflegeberuf gegenüber. Es hat sich gezeigt, dass diese Auswahl oft gefühlsbetont getroffen wird. Die Schulleiterinnen berufen sich auf ihre Menschenkenntnis und schätzen auf diesem Weg Bewerberinnen ein. Aus pflegepädagogischer Sicht ist zu reflektieren, welche Kriterien oberste Priorität im Bewerbungsverfahren haben, gerade in Zeiten, in denen die Bewerberzahlen wieder rückläufig sind.

Insgesamt ist in diesem Kapitel deutlich geworden, dass die Position der Schulleitung von einer Pflegelehrerin viele Kompetenzen verlangt, die sie in ihrem bisherigen beruflichen Werdegang nicht unbedingt erlernen konnte. Welche Möglichkeiten und Grenzen aus diesen Anforderungen erwachsen, soll im folgenden Abschnitt angesprochen werden.

10.3   Das Profil einer Krankenpflegeschule

Im Folgenden soll das Profil einer Krankenpflegeschule skizziert werden. Ein Profil stellt eine Seitenansicht dar, wodurch markante Aspekte eines Gegenstandes deutlicher herausgestellt werden. Im pflegepädagogischen Zusammenhang markiert das Profil einer Krankenpflegeschule sowohl wesentliche Aspekte der Ausbildung, als auch visionäre Gedanken dieses Handlungsfeldes.

Meyer schreibt in treffsicherer Art: „Jede Schule hat ein Profil – fragt sich bloß welches!" (Meyer 1997, S. 60) Zum Profil einer Krankenpflegeschule gehört „die über die gesetzliche Auflage hinausgehende individuelle Schwerpunktsetzung einer Schule" (Meyer 1997, S. 59)

Mit dem Krankenpflegegesetz von 1985 liegt der gesetzliche Rahmen für die Krankenpflegeausbildung vor, wobei Ausformung, Interpretation und ein Füllen der groben gesetzlichen Vorgaben möglich ist. Somit steht von dieser Seite nichts entgegen, curricular einen Schwerpunkt für die Ausbildung zu setzen, ein bestehendes Curriculum einzuführen oder eigene Konzepte zu entwickeln. Die Charakteristika des jeweiligen Curriculums, insbesondere Welt- und Menschenbild, sollen sich in seiner Umsetzung und im Schulleben profilierend zeigen.

Ein Schulprofil integriert jedoch auch extracurriculare Elemente, die als übergeordnete Zielsetzungen die Ausbildungsstätte prägen. So können die immer vielfältiger auftretenden gesellschaftlichen und berufspolitischen Veränderungen an einer Ausbildungsstätte nicht unberücksichtigt vorbeiziehen. Es ist folglich notwendig, sich mit übergeordneten Fragestellungen, die auf eine Krankenpflegeausbildung Einfluss haben, auseinanderzusetzen.

Im vergangenen Kapitel wurde deutlich, dass die Ist-Situation an den Schulen weitgehend von der Tradition der Pflege geprägt ist und aktuelle Entwicklungen des Gesundheitswesens und der Pflege nur punktuell berücksichtigt.

Nach wie vor liegt an vielen Ausbildungsstätten eine gewisse Medizindominanz vor, die sich an den (ärztlichen) Fremddozenten und in der medizinorientierten Ausbildung zeigt. Pflege erhebt noch immer nicht in ausgeprägter Weise für sich einen Qualifikationsanspruch. Es muss damit begonnen werden, Entwicklungsprozesse an den Krankenpflegeschulen voranzubringen. Im noch bestehenden Krankenpflegegesetz von 1985, besonders in den formulierten Ausbildungszielen des § 4 (vgl. Kurtenbach u.a. 1992, S. 115f.) können die Freiräume dieses Gesetzes genutzt werden, um Qualifikationsmerkmale für einen autonomen und professionellen Beruf abzuleiten. Dazu müssen übergeordnete Fragestellungen der Ausbildung reflektiert und Konzepte abgeleitet werden. Solche Fragen zeigen auf, welches Profil Krankenpflegeschulen unserer Zeit brauchen, um den gegenwärtigen und zukünftigen Anforderungen des Berufes, für den dort ausgebildet wird, gewachsen zu sein.

Diese Ergebnisse können dann auf die Ebene der Lehr-Lernsituation transferiert werden und die Auseinandersetzung mit fachdidaktischen Fragestellungen erfolgen. Diese finden dann über methodische Prinzipien in die konkrete Lehr- und Lernsituation Eingang. Erstrebenswert ist demzufolge ein Dreisprung von der konzeptionellen Zielsetzung der Ausbildung über die curriculare Verankerung dieser Vorgaben bis zur konkreten Situation im Klassenraum. Es kommt auf die Schulleiterinnen und das ganze Team der Schule an, ob sich am bestehenden Profil auf konzeptioneller Ebene etwas verändern wird. Man kann Winkel zustimmen, der konstatiert: „Die entscheidende Ressource bei der Reform der Schule liegen in den Menschen selbst." (Winkel 1997, S. 351)

Über die Richtung des Veränderungsprozesses muss jedes Schulteam in Anbetracht seiner Bedingungen selbst entscheiden. „Schulentwicklung bezeichnet den Prozess der Profilbildung einer Einzelschule durch Selbstorganisation." (Meyer 1997, S. 55)

Im Folgenden soll an zwei Bereichen das Profil einer Krankenpflegeschule beleuchtet werden: Zum einen wird das *Handlungsfeld Krankenpflegeschule* aus ethischer, pflegerischer und pädagogischer Sicht beleuchtet. Diese Kategorien prägen den Charakter einer Krankenpflegeschule und sind unter qualitätssichernden Gesichtspunkten unerlässlich (vgl. Falk 1998, S. 14). Zum anderen wird die *Institution Krankenpflegeschule* unter differenzierten Entwicklungsmöglichkeiten betrachtet.

10.3.1 Das Handlungsfeld der Krankenpflegeschule

Die konzeptionelle Zielsetzung im Handlungsfeld Krankenpflegeschule wird zuerst aus ethischer Sicht beleuchtet, weil ethische Fragestellungen allem Handeln übergeordnet sind. Danach wird der pflegerische Standpunkt beleuchtet, da konzeptionelle Aspekte an einer Krankenpflegeschule in markanter Weise vom Pflegebegriff geprägt sind. Die pädagogische Zielsetzung schließlich vervollständigt die Sichtweisen, weil es sich an Krankenpflegeschulen um berufliche Ausbildungen handelt, was pädagogische Fragestellungen erforderlich macht.

Ethische Zielsetzungen einer Krankenpflegeschule

„Ethik" beschäftigt sich vorrangig mit Fragen nach dem guten und sinnvollen Leben. Im Rahmen einer pädagogischen Ethik werden Prinzipien und regulative Elemente der Unterrichtstätigkeit, der Bildung und gesamten Ausbildung reflektiert. Ethische Aspekte unterstützen hier die professionelle Ausübung der Lehrtätigkeit – aus Verantwortung gegenüber Schülerinnen und Beruf. Ethische Fragestellungen müssen notwendigerweise in theoretische Konzepte der Pflegepädagogik Eingang finden, weil ethische Aspekte sowohl der beruflichen Pflegepraxis als auch der Pflegeausbildung immanent sind. Aus diesem Grund muss ein Schulteam bezüglich ethischer Ansichten einen gewissen Wertkonsens im pädagogischen Handeln anstreben, sich zumindest darüber austauschen. In einem Leitbild kann sich die Werteorientierung des Kollegiums schließlich wiederspiegeln.

Das markanteste Element an einer Schule und in einer pflegerischen Situation ist der **Dialog** (vgl. oben, Kapitel 5.2.5). „Pflegen ist wie Bildung und Erziehung: Bestandteil des Zusammenlebens unter besonderen Bedingungen – ist Dialog. Dialog ist die Basis, um sich die Welt selbständig anzueignen, um am Du zum Ich zu werden." (Grams 1998, S. 43)

Nur durch den Dialog wird ein Mensch selbstständig – dieser Gedanke lässt sich von der theoretischen Ausbildung auf die pflegerische Beziehung mit dem Patienten übertragen. Buber (zit. n.: Reifenrath 1983, S. 119) spricht von *„Beziehung"*, wenn er Kommunikation zwischen zwei Menschen beschreibt. Das pädagogische Verhältnis zwischen Lehrenden und Auszubildenden ist, in Anlehnung an Korczak, von gegenseitiger Achtung geprägt, was Grundlage für alle Zusammenarbeit an der Krankenpflegeschule darstellt.

Das dialogische Prinzip ist von der Art des Umgangs – in unserem Fall in der Ausbildungssituation – miteinander geprägt. Liegen repressive Maßnahmen wie Ermahnung, Tadel, Warnung, Strafe vor, ist der Dialog anders gefärbt, als wenn provokative Formen wie Ermunterung, Appell, Anerkennung gewählt werden (vgl. Reifenrath 1983, S. 117).

Für die Pflegeausbildung sind provokative Formen adäquat, die den Auszubildenden Rückmeldung über Leistungen geben und sie beim Erwerb pflegerischer Kompetenzen unterstützen.

Der Dialog im Schulwesen wird jedoch immer wieder durch Rahmenbedingungen gestört. „In Schulen werden die Lernmöglichkeiten der Schüler u.a. durch das Auseinanderreissen der Lerngegenstände in kurze Zeiteinheiten und (der Dialog) durch das Zensurensystem erschwert." (Grams 1998, S. 45)

Die kurzen Zeiteinheiten werden an den Krankenpflegeschulen zum einen durch den 90-Minuten-Takt, zum anderen an dem noch häufig vorzufindenden System der Studientage sichtbar. Gerade durch Studientage wird eine Kontinuität der Praxis auf Station und der theoretischen Ausbildung nicht aufrechterhalten. Effektives Arbeiten an der Schule ist beschwerlich, da nur punktuell an einzelnen Tagen Unterrichte stattfinden. Die Partizipationsmöglichkeit der Teilnehmerinnen und Kontinuität in der Ausbildung wird durch Blockunterrichte mit Einsatz der Projektmethode (vgl. oben, Kapitel 8) oder anderen Unterrichtsformen, die einen hohen Grad an Schülerinnenaktivität beinhalten, erhöht.

Pflegerische Zielsetzung

Um eine pflegerische Zielsetzung in der Konzeption der Ausbildung fixieren zu können, muss ein Verständnis von Pflege gefunden werden, das den derzeitigen Entwicklungen der Pflege, sowohl in der Praxis, als auch in Theorie und Wissenschaft, gerecht wird. Aus pflegepädagogischer Sichtweise ist es erforderlich, Pflege als elementare Disziplin einer Pflegeausbildung konzeptionell zu erfassen und curricular zu verankern.

Sabine Kühnert sieht aktuelle Veränderungen in den pflegerischen Aufgaben, die einen Paradigmenwechsel in der Pflege markieren. „Auf konzeptioneller Ebene durchläuft Pflege zur Zeit einen Paradigmenwechsel, der – wenn auch erst allmählich sich im beruflichen Denken und Handeln widerspiegelnd – doch Einfluss auf die ... pflegerischen Kerntätigkeiten und das Verhältnis von Pflege zu benachbarten Berufsfeldern nimmt." (Kühnert 1997, S. 34) Sie weist Veränderungen im pflegerischen Handlungsfeld aus, die sich vom medizinischen Assistenzberuf entfernen und richtungsweisend einem professionellen Dienstleistungsberuf, mit ressourcenorientierten Aufgaben im Bereich Gesundheitsförderung und Rehabilitation annähern. (vgl. Kühnert 1997, S. 34f. und unten, Kapitel 11.1).

An einer Krankenpflegeschule muss begonnen werden, ein aktuelles Verständnis von Pflege zu definieren und pflegerische Qualifikationen abzuleiten. Die Orientierung an der Medizin ist hierbei nur hinderlich. Traditionell verankerte Inhalte und Schwerpunkte der Ausbildung müssen in Frage gestellt werden, um die Entwicklung einer pflegerisch orientierten Pädagogik zu ermöglichen. Das eigene Bild von Pflege sollte reflektiert werden, um „alte Zöpfe" bewusst abschneiden zu können.

Ein weiterer Aspekt, der Pflegeorientierung in der Ausbildung nach sich zieht, ist in einer theoriegeleiteten Basis zu finden. Dadurch wird Pflege in einen weiterführenden Kontext gestellt und nicht mehr nur als Intervention verstanden, die standardisiert vorgegeben ist, sondern als professionelles Geschehen, das zwischen Pflegekraft und Patient abläuft. Für solche Prozesse sind Pflegetheorien und pflegewissenschaftliche Erkenntnisse in der konzeptionellen Zielsetzung nötig. Weiterhin ermöglichen Pflegetheorien eine Abgrenzung gegenüber den Bezugswissenschaften, besonders der Medizin. Mit einer pflegetheoretischen Verankerung der Pflegeausbildung kann ein eigenständiger Bereich, unabhängig von der Medizin, geschaffen werden.

Die Fähigkeit zu „Lebenslangem Lernen" ist sehr wichtig für ausgebildete Pflegekräfte, um mit allen Erkenntnissen, die auf die Pflegepraxis einwirken, kritisch umgehen zu können. An dieser Stelle bietet sich der derzeit in der Pflege diskutierte Begriff der Schlüsselqualifikationen an (vgl. oben, Kapitel 7).

Pädagogische Zielsetzungen der Pflegeausbildung

Die pädagogische Zielsetzung stellt eine übergeordnete konzeptionelle Ebene einer Ausbildungsstätte dar. Das Bewusstsein für die eminent wichtige pädagogische Zielsetzung ist Voraussetzung, um den Ausbildungsauftrag unter qualitativen Gesichtspunkten zu erfüllen.

Die Krankenpflegeausbildung lässt sich dem Bereich der Erwachsenenbildung zuordnen, wobei sich Kennzeichen hierfür an den Adressaten fixieren lassen: Aus Sicht des Lebensalters handelt es sich vorrangig um Erwachsene, die einen Schulabschluss und teilweise bereits eine Berufsausbildung absolviert haben. Der Aspekt der höheren Freiwilligkeit für die Ausbildung im Vergleich zur Schulpflicht stellt ebenso ein Kriterium der Erwachsenenbildung dar. Dies zieht eine höhere Eigenverantwortlichkeit der Schülerinnen nach sich.

Der moralische Entwicklungsstand der Schülerinnen für die Anforderung der ethischen Problemfelder der Pflege wird in der Literatur beleuchtet (vgl. Stratmeyer 1994). Ohne Frage ist bei 17jährigen kritisch zu überprüfen, ob sie in ihrer Persönlichkeit so weit entwickelt ist, alle Konfrontationen in der Pflegepraxis gut verarbeiten zu können.

Die Adressaten der Pflegeausbildung haben sich in den letzten Jahren verändert. Der in der Reformpädagogik seit den Sechziger Jahren erwachte Emanzipationsgedanke wirkt sich auf die Jahrgänge, die derzeit eine Pflegeausbildung beginnen, stärker aus, als noch vor einigen Jahren. In das Schulsystem finden immer mehr moderne Technologien Eingang, die junge Menschen mit einem anderen „know–how" an die Krankenpflegeschule bringen. Gesellschaftliche Veränderungen wirken sich auf die pädagogische Zielsetzung einer Schule aus und müssen folglich Beachtung finden. An einigen Kategorien soll im Folgenden die pädagogische Zielsetzung einer Krankenpflegeschule aufgezeigt werden.

Lebenslanges Lernen

Das Prinzip „Lebenslanges Lernen" findet auch im pädagogischen Profil einer Krankenpflegeschule in mehreren Dimensionen Eingang. „Bildung ist der Prozess der Aneignung der Wirklichkeit – nicht das Ergebnis -, weil es sich um einen endlosen Prozess handelt, der im Leben des Menschen keinen Abschluss findet und keinen Abschluss finden darf." (Grams 1998, S. 44)

So muss im pädagogischen Handlungsfeld der Krankenpflegeschule darauf geachtet werden, dass der „Prozess der Aneignung der Wirklichkeit" erhalten bleibt und die pädagogische Zielsetzung an der Krankenpflegeschule offen ist für den Zeitgeist. An festgelegten Evaluationskriterien kann überprüft werden, ob die pädagogische Zielsetzung und das pädagogische Handeln an einer Krankenpflegeschule den aktuellen Entwicklungen entspricht. Aneignung der Wirklichkeit ist ein wesentlicher Aspekt zur Reform der Krankenpflegeausbildung. Denn nicht nur aus pädagogischer Sicht bezüglich der Adressaten, sondern – wie bereits angesprochen – auch in der Pflege und der ethischen Zielsetzung müssen innovative Elemente bei der konzeptionellen Zielsetzung einer Krankenpflegeschule berücksichtigt werden.

Lebenslanges Lernen gilt für jeden einzelnen an der Schule, weil sich die Persönlichkeit entwickelt. „Persönlichkeitsentfaltung ist selbstverständlich nicht nur eine Entwicklungsdimension für die Schulleitung, sondern für die ganze Schule, also für die Lehrerinnen, und Lehrer, die Modelle für die Schüler sind, und für die Schüler sowieso." (Buchen u.a. 1995, S. 6)

Um im pflegerischen Handlungsfeld auf dem aktuellem Stand zu sein, kann nach den drei Jahren der Pflegeausbildung das Lernen nicht beendet sein. Zur Vermittlung der Fähigkeit „Lebenslanges Lernen" muss die Schule bei sich, ihrer Institution und dem Lehrerteam anfangen, in allen Wissensgebieten lernen

Selbstorganisation und Ressourcenorientierung

In der Erwachsenenbildung ist das Prinzip der Selbstorganisation der Adressaten grundlegend. Lehrende und Lernende sind lebende Systeme, die autonom, handeln und sich gleichberechtigt einbringen können (vgl. Arnold/Siebert 1995, S. 7). Dies hat die Konsequenz, dass Schülerinnen die Möglichkeit haben, auf die Ausbildung gestalterisch einzuwirken, Mitspracherecht auszuüben und sich in Prozesse an der Schule partizipativ einzubringen. Die Rahmenbedingungen der Krankenpflegeausbildung, die sich konkret in einer Schulordnung niederschlagen werden, sollten die Möglichkeit der Mitbestimmung von

Seiten der Schülerinnen offenhalten. Die Möglichkeit zu Partizipation in der Ausbildung kann Schülerinnen anregen und befähigen, an der gesellschaftlichen und beruflichen Situation der Pflege während oder nach der Ausbildung mitzuwirken. „Lernen heißt nicht, Vorgegebenes abbilden, sondern Eigenes gestalten." (Arnold/Siebert 1995, S. 89)

Dies zu verwirklichen ist in einer Krankenpflegeausbildung aufgrund des engeren Schüler - Lehrer Verhältnisses gut möglich. Schülerorientierung ist hierbei ein wichtiges pädagogisches Ziel für das Handlungsfeld Krankenpflegeschule, weil eine gelebte Schülerorientierung in der Ausbildung zur Patientenorientierung in der pflegerischen Praxis verhelfen kann. Die Pflegelehrerin wird dabei als Lernbegleiterin gesehen, die den zu absolvierenden Lernstoff kennt, aber nicht steuernd in die Aneignung der Inhalte eingreift (vgl. oben, Kapitel 5).

Dies kennzeichnet deutlich eine pädagogische Zielsetzung in der Erwachsenenbildung, weil „Erwachsene selbständige und eigenwillige Lerner (sind), die ihre eigene Lerngeschichte und vielfältige Erfahrungen ... einbringen" (Arnold/Siebert 1995, S. 127). In diesem System ist der Auszubildende aktiv und wird beim Suchen eines Weges zum Lernen begleitet.

Die pädagogische Zielsetzung einer Krankenpflegeschule weist Hilfestellung für den Kompetenzerwerb aus. Der Blickwinkel im pädagogischen Geschehen ist dabei auf die vorhandenen Ressourcen der Schülerinnen gerichtet. Dieser ressourcenorientierte Ansatz geht davon aus, dass jeder Auszubildende ein Potential an eigener Stärke und Ressourcen mitbringt, das durch den Lehrer, der als Lernbegleiter und Moderator zu sehen ist, geweckt werden kann.

Empowerment ist hier der Terminus für „Arbeitsansätze ... , die die Menschen zur Entdeckung eigener Stärken ermutigen und ihnen Hilfestellung bei der Aneignung von Selbstbestimmung vermitteln" (Kreft/Mielenz 1988, S. 265). Die Stärkung der vorhandenen Ressourcen der angehenden Pflegekräfte versteht sich als ein wichtiges Ausbildungsziel, um die Konfrontation mit Leid, Elend, Krankheit und Tod in der Pflegepraxis bewältigen zu können. Mit der Stärkung der Ressourcen kann eine gewisse Burnout-Prophylaxe bereits in der Ausbildung angestrebt werden, die im Beruf durch Supervision Fortsetzung finden sollte. Es sind die Auszubildenden, die ihre individuellen Ressourcen selbst entdecken und in den Lehr-Lernprozess einbringen weil „der Mensch ein handlungsfähiges Subjekt ist, das über die Fähigkeiten zum Führen eines eigenen und selbständigen Lebens verfügt" (Grams 1998, S. 48).

Durch pädagogische Zielsetzungen mit den Elementen Schülerorientierung und Partizipationsmöglichkeit kann diesem Ziel nähergekommen werden. Schülerorientierung ist erreicht, wenn „ein vorherrschendes Gefühl auf Schülerseite besteht, im schulischen Handlungsfeld als Person anerkannt und wertgeschätzt zu werden" (Fischer/Schratz 1993, S. 137). Seitens der Lehrenden kann hierbei Transparenz in der Leistungsanforderung und -bemessung einer schülerorientierten pädagogischen Zielsetzung eher gerecht werden, als ein durch Reproduktion gekennzeichnetes Leistungssystem.

Wünschenswert wäre hier, mehr Transferwissen und Auseinandersetzung mit pflegerischen Fragestellungen von den Schülerinnen zu fordern. Prüfungen stehen auf einem anderen Niveau, wenn nicht nur Wissen reproduziert wird, sondern auch Leistungen verschiedener Komplexitätsstufen gefordert werden, bspw. auch Analysieren, Anwenden, Beurteilen, Entscheiden (vgl. Alpiger 1996). Dies entspricht den Anforderungen der pflegerischen Praxis in angemessener Weise, auf die angehende Pflegekräfte in der Ausbildung vorbereitet werden müssen. Leider wird das derzeitige Examensverfahren dieser Anforderung nicht gänzlich gerecht.

Zusammenfassung

Aufgrund der gesellschaftlichen Veränderung und des höheren Anspruchs an die Auszubildenden durch die sich wandelnde pflegerische Praxis muss sich die Zielsetzung einer Krankenpflegeschule ändern. Es kommt bei pädagogischen Konzepten darauf an, sich auf die Adressaten einzustellen und deren Ressourcen so zu fördern, dass sie der Berufspraxis gewachsen sind. Dies ist für das Handlungsfeld der Pflege besonders wichtig, weil in diesem Kernbereich der Pflegeausbildung fortwährend neue Anforderungen auf die Berufsangehörigen zukommen.

10.3.2 Institution Krankenpflegeschule

Es ist Aufgabe der Schulleitung im Sinne einer Qualitätsentwicklung und unter dem Aspekt der „Lernenden Schule" (Meyer 1997, S. 115) mit dem Team gemeinsam Kriterien für die Entwicklung der Schule festzulegen. „Eine lernende Schule ist eine Einzelschule, die ihre Profilbildung durch selbst gesetzte Entwicklungsaufgaben voranbringt ... und mit geeigneten Mitteln evaluiert." (ebd.)

Alle Personen, die an einer Krankenpflegeschule miteinander agieren, sind verantwortlich für die Organisation der Institution. Eine Schulleitung hat durch ihre Leitungsfunktion einen großen Anteil an der Entwicklung der Schule, denn: „Schule leiten heißt mehr denn je: Schule entwickeln helfen." (Buchen u.a. 1995, S. 6) Sie hat ebenfalls die Verantwortung dafür, dass pädagogische, pflegerische und ethische Zielsetzungen der Ausbildungsstätte vom Team umgesetzt und auch evaluiert werden.

Um dies zu erreichen, müssen Organisationsabläufe in der Schule optimiert werden, damit auf der Ebene der Organisation das Profil einer Krankenpflegeschule transparent wird.

Dies ist auch wichtig, um Schülerinnen ein soziales Gefüge zu bieten, in dem sie Kompetenzen für ihren Beruf erlernen: „Eine Schule muss gut funktionieren, gerade auch in den täglichen Kleinigkeiten, dann wird sie von den Schülern als ein in sich gefügtes soziales Regelsystem akzeptiert." (Hurrelmann zit. n.: Schratz/Fischer 1993, S. 138) Im Folgenden werden Entwicklungen der Krankenpflegeschule an Kategorien aufgezeigt.

Entwicklung von Stellenbeschreibungen

Wie der Blick in die Praxis im vorausgegangenen Abschnitt gezeigt hat, existieren an keiner der besuchten Krankenpflegeschulen Stellenbeschreibungen.

Stellenbeschreibungen legen Tätigkeitsmerkmale einer Berufsgruppe fest und dienen somit der Orientierung des Aufgabenbereiches einer einzelnen Person innerhalb des Kollegiums (vgl. Wolf/Kriesten 1995, S. 57). Durch Stellenbeschreibungen werden Kompetenzbereiche voneinander abgegrenzt. An der Krankenpflegeschule kann man zum einen Stellenbeschreibungen für Pflegelehrerinnen und Schulleiterinnen erstellen, um explizit Aufgaben dieser Position auszuweisen. Zum anderen können Stellenbeschreibungen weiter differenziert werden und bspw. Klassenleiterstellen von Fachlehrerstellen unterscheiden. Auch extern orientierte Aufgaben, wie Teilnahme an Konferenzen, können von intern orientierten, wie curriculare Aufgaben, in Stellenbeschreibungen unterschieden werden. Das gilt auch für Tätigkeiten, die von den berufsspezifischen abweichen, wie bspw. Bibliotheksaufgaben oder Verantwortung für die EDV einer Schule. Höhere Transparenz der Abläufe und eine gewisse Motivationssteigerung der Mitarbeiterinnen sind hiermit zu erreichen (vgl. Falk 1998, S. 14).

Entwicklung von Leitungskompetenz

Auch auf Leitungsebene muss konkret Entwicklungsarbeit geleistet werden, um das Profil einer Krankenpflegeschule zu prägen.

Wie bereits festgestellt, haben Schulleiterinnen an Krankenpflegeschulen keine andere Weiterbildung absolviert, als die zur Lehrerin für Pflege. Es liegt im Ermessen jeder Stelleninhaberin, sich in bestimmten Bereichen fortzubilden und notwendige Kompetenzen für die Leitungsposition zu erwerben. Schulleitung ist im Prinzip eine pädagogische Aufgabe, die sich von der Arbeit im Klassenzimmer nicht unterscheidet (vgl. Meyer 1997, S. 217). Generelle pädagogische Kompetenzen braucht eine Schulleiterin in ihrer Position somit auch weiterhin, doch muss sie ihre Methoden mehr im Bereich der Kommunikationspsychologie und der Verwaltungsarbeit suchen, als in der Didaktik und Methodik.

Immer mehr Krankenpflegeschulen haben ein eigenes Budget zu verwalten und sonstige betriebswirtschaftliche Abläufe zu erledigen, die eine Pflegelehrerin in ihrer beruflichen Sozialisation nicht erlernt hat.

Eine gute Schule kann man nicht nur aus Sichtweise der pädagogischen und pflegerischen Fragestellung anstreben, es muss auch transparent werden, wie sich die wirtschaftliche Sicht der Schule rechnet. Die Investitionen für EDV und Schulverwaltungsprogramme bspw. muss sich aus betriebswirtschaftlicher Sicht positiv nachweisen lassen, was von Schulleiterinnen betriebswirtschaftliche Kompetenzen erfordert.

Zur Entwicklung von Leitungskompetenz schätze ich die Persönlichkeit der Stelleninhaberin wichtiger ein, als einen jahrelangen Nachweis, gut unterrichten zu können. An dieser Stelle ist Meyer zuzustimmen, der feststellt„die wichtigsten Instrumente eines Schulleiters sind nicht der PC ... , sondern sein aufrechter Gang, diplomatisches Geschick und Organisationsfantasie" (Meyer 1997, S. 217).

Die entscheidende Variable bei der Ausgestaltung einer möglichst guten Schule ist der Schulleiter bzw. die Schulleiterin (vgl. Winkel 1997, S. 351). Ich denke, dass es die Schulleitung alleine nicht leisten kann, eine „gute Schule" zu formen, wenn sie keine Unterstützung durch ihre Kolleginnen erfährt. „Die Führungsaufgabe der Zukunft wird in der Organisation von Neuorientierungsprozessen liegen. Es wird (einer Schulleitung J.M.) viel mehr Kompetenz in Entwicklungsprozessen zugestanden." (Schratz/Fischer 1993, S. 111)

Die Schulleitung hat hierbei nicht die Aufgabe, die Zukunft der Krankenpflegeschule in einem „strahlenden Bild" zu entwerfen, sondern das Kollegium für die kleinen Schritte des Alltags zu begeistern und zu engagieren. „Ein guter Schulleiter zeichnet sich dadurch aus, dass er für die Schulangehörigen eine gemeinsame Vision schafft, dass er andere befähigt, selbstständig zu entscheiden und zu handeln." (Meyer 1997, S. 216)

Beim Führen einer Krankenpflegeschule wird es zukünftig nicht unbedingt darauf ankommen, einen bestimmten Führungsstil anzuwenden, damit der Ablauf des Schullebens optimal koordiniert wird. Der Schwerpunkt wird vielmehr sein, sich innovativ den Ansprüchen der Zeit zu stellen, als Institution dazuzulernen und eine gemeinsame Vision zu schaffen.

Ich denke, dass an Krankenpflegeschulen in Zukunft Schulleiterinnen gebraucht werden, die profilgebend für die Ausbildungsstätte sind und in der Lage sind, eine Orientierung auf die Kerndisziplinen Pflege und Pädagogik selbstbewusst zu vertreten.

Kommunikationskultur

Das Schaffen einer Kommunikationskultur an einer Schule ist ein wesentlicher Bereich, der sich auf die Arbeit an der Schule förderlich auswirkt.

Dazu gehören zunächst formale Kommunikationsstrukturen, wie regelmäßig stattfindende Teamgespräche und Konferenzen. Hier kommt der Schulleitung die Aufgabe zu, diese klar zu organisieren und für die Umsetzung der Ergebnisse zu sorgen. Außerdem sind Möglichkeiten zu informellen Gesprächen ein wichtiger Teilaspekt der Kommunikationskultur einer Schule. Es muss gewährleistet sein, dass alle Mitarbeiterinnen „im Rahmen geregelter Kommunikationsstrukturen die für sie notwendigen Informationen erhalten und weitergeben" (Falk 1998, S. 15).

Teamgespräche sollten sich nicht nur auf organisatorische und administrative Schwerpunkte konzentrieren, sondern auch Impulse in fachdidaktischen Fragestellungen geben. Außerdem kann in diesem Forum die übergeordnete Zielsetzung der Schule an festgelegten Kriterien evaluiert werden. Erkennt ein Schulteam in diesem Bereich Defizite, wird es sich vielleicht entschließen, eine schulinterne Lehrerfortbildung bezüglich Kommunikation und Interaktion zu organisieren. Eine gepflegte Kommunikationskultur an der Krankenpflegeschule optimiert die Schulorganisation und ermöglicht effektives Arbeiten.

Teamentwicklung

Teamentwicklung einer Schule steht in einem engen Zusammenhang mit der Qualität einer Schule und ihrer Kultur (vgl. Fischer/Schratz 1993, S. 119). In einem Team arbeiten Mitarbeiterinnen gemeinsam daran, curriculare und andere konzeptionelle Zielsetzungen der Ausbildungsstätte zu erreichen. Das Gegenteil von Team wäre eine Gruppe von Einzelkämpfern, in der jedes Mitglied seine Arbeit im Klassenzimmer verrichtet und nichts Gemeinsames angestrebt.

Teamentwicklung trägt zur Humanisierung der Schule bei, die sich auf alle Menschen an der Schule positiv auswirkt. Eine Zusammenarbeit, von einem Teamgeist geprägt ist, lebt Schülerinnen etwas vor, was für deren Verbindung untereinander effektiver ist, als Belehrungen (vgl. Fischer/Schratz 1993, S. 119).

Die Merkmale eines Teams sind an den drei Kriterien Inhalte, Methoden und Sozialkompetenz, zu fixieren (vgl. Fischer/Schratz 1993, S. 120).

Wie bereits angesprochen, bedarf es in der *inhaltlichen* Ausgestaltung der Pflegeschule einer fortwährenden Überarbeitung, was sich gleichermaßen auf die Pädagogik bezieht. Alle Lehrerinnen eines Teams an der Krankenpflegeschule sollten die Bereitschaft mitbringen, ständig dazuzulernen und sich inhaltlich auseinanderzusetzen. Die Kategorien Selbstorganisation, Ressourcenorientierung und Autonomie sind Beispiele für Innovationen in der pädagogischen Zielsetzung und sollten in einem Team inhaltlich diskutiert werden.

Methoden beinhalten in diesem Zusammenhang konzeptuelle Fähigkeiten eines Teammitgliedes und beziehen sich auf den Umgang mit Ideen und Konzepten (vgl. Fischer/Schratz 1993, S. 121). Eine Methode der Teamarbeit zeigt sich auch in der Übernahme einzelner Aufgaben durch die Teammitglieder. Jede Pflegelehrerin, die einen bestimmten Bereich außerhalb ihrer Unterrichtstätigkeit verantwortungsvoll übernimmt, wirkt somit an der Gesamtaufgabe der Schule mit. „Verantwortung gibt der übernommenen Teilaufgabe erst ihren Sinn und wirkt motivierend." (Fischer/Schratz 1993, S. 120)

Eine Aufteilung von Aufgaben wirkt sich auf die Teamentwicklung förderlich aus, weil somit jeder etwas zur Gestaltung des Lebens an der Krankenpflegeschule beiträgt und nicht alle Aufgaben außerhalb des theoretischen und praktischen Unterrichtes in den Händen der Schulleitung bleiben. Durch Mittragen der Schulbelange kann eine höhere Identifikation mit der Institution Krankenpflegeschule erreicht werden, was die Wertschätzung und Zufriedenheit untereinander steigert.

Forschungsergebnisse zeigen, dass die Zufriedenheit der Gruppenmitglieder wächst, wenn die Führungskraft Vertrauen in deren Fähigkeiten hat (vgl. Miles in: Bernhard/Walsh 1997, S. 23). Dies ist auch in den Gesprächen mit den Schulleiterinnen sichtbar geworden.

Sozialkompetenzen innerhalb eines Teams beziehen sich auf soziale Fähigkeiten und auf den Umgang der Menschen untereinander. In diesem Bereich muss ein Team klären, welche Regeln es für die Kommunikation und den Umgang mit Konflikten geben soll. Ein Team kann sich entwickeln, indem gewisse Spielregeln aufgestellt und Rituale eingeführt werden, die sich im Umgang miteinander zeigen.

Bestimmte Eigenschaften braucht jedes Team: „Offenheit, Toleranz und der Wille zum Miteinander bestimmen die Interaktion in einem funktionierenden Team." (Fischer/Schratz 1993, S. 120) Werden diese Umgangsformen in einem Team untereinander und auch mit Fremddozenten angestrebt, hat dies Vorbildfunktion für die Auszubildenden in einem sozialen Beruf. Ein Kollegium muss dialogfähig bleiben, um gemeinsam an der Ausbildungszielsetzung zu arbeiten. Jedes Team entscheidet diesbezüglich individuell, welche Maßnahmen ergriffen werden, um Teamfähigkeit, Kollegialität und interdisziplinäre Zusammenarbeit zu fördern (vgl. Falk 1998, S. 15).

Zusammenfassend kann man bezüglich der Sozialkompetenz folgender Aussage zustimmen: „Kollegialität ist eine Qualität im beruflichen Umgang, die auf Gemeinsamkeiten der Zielsetzung und Verantwortung beruht, die das Verbindende betont und durch gegenseitige Respektierung und Wertschätzung konstituiert wird." (Buchen u.a. 1995, S. 81)

Leitbildentwicklung

Ein Leitbild stellt eine Mega–Zielsetzung dar und enthält in prägnanter Weise die handlungsleitende Philosophie einer Schule. Leitbilder müssen von dem Team einer Schule selbst erstellt werden und können niemals normativ von Außen aufgesetzt werden. „Leitbilder sollen eine gewisse philosophische und pädagogische Tiefe enthalten. Deshalb macht es Sinn, das zugrundeliegende Menschen- und Gesellschaftsbild anzudeuten." (Meyer 1997, S. 88)

In einem Leitbild einer Krankenpflegeschule wird natürlich auch die pflegerische Dimension berücksichtigt werden. Ein Leitbild kann auch eine übergeordnete Zielsetzung integrieren oder um mit Winkel zu sprechen: „Die Schule braucht einen über sie hinausreichenden Sinn, wenn all ihr Tun und Lassen letztlich nicht sinn – los bleiben soll." (Winkel 1997, S. 73)

Leitbilder wirken „durch die sanfte Spannung zwischen Wunsch und Wirklichkeit" (ebd.) und sollten in sich den Drang zur Verwirklichung eingepflanzt haben. Dazu müssen Leitbilder an einer Schule präsent sein und die Aspekte des Leitbildes in die Erinnerung aller Teammitglieder gebracht werden. Dann kann auch die Realisierung angestrebt werden.

10.3.3 Vision von der „guten Krankenpflegeschule"

„Eine gute Schule ist eine gesprächsbereite Schule, in der niemand ausgegrenzt wird, sondern jeder und jede mit seinen bzw. ihren Stärken und Schwächen akzeptiert und zur kollegialen Zusammenarbeit ermutigt wird." (Meyer 1997, S. 151) In dieser Aussage wird die allgemeine Atmosphäre einer guten Schule angesprochen. Diese kann erreicht werden, wenn die Menschen, die dort zusammenkommen, diese Atmosphäre wollen und sich darum bemühen.

Meine Vision einer „guten Krankenpflegeschule" stellt sich so dar, dass veränderte Rahmenbedingungen dazu beitragen, tatsächlich eine Pflegeausbildung anzubieten und keinen medizinischen Hilfsberuf. Dazu muss ein Qualifikationsprofil erstellt werden, das sich sowohl auf persönlichkeitsbildende, als auch auf berufsadäquate Elemente bezieht.

Außerdem ist die Pflegeausbildung in diesem Fall im allgemeinen berufsbildenden System angegliedert und lässt somit ihre Sonderstellung hinter sich.

Das Berufsbild ändert sich mit der pflegerischen Sichtweise: Ein Wandel von der „Krankenpflege" hin zur „Pflege" integriert inhaltlich ebenfalls pflegerische Bereiche in der Prävention, Gesundheitsförderung und Betreuung. Ein höherer Anteil an Theoriestunden an einer „Berufsfachschule Pflege" trägt dazu bei, dem Kernbereich der Pflege nachzugehen. Dazu wird das pflegerische Wissen in einer gewissen Systematik und wissenschaftlich fundiert gelehrt, so dass das Wissensgebiet von anderen Disziplinen abgrenzbar ist.

An einer visionären Krankenpflegeschule werden pflegerische Vorgänge in einem pflegewissenschaftlichen Bezugsrahmen gelehrt, der nicht von der Medizin dominiert wird. Eine solche Krankenpflegeschule ist qualitativ und quantitativ mit Lehrerinnen ausgestattet, die sich darum bemühen, ihren pädagogischen Auftrag zu erfüllen und für einen Pflegeberuf auszubilden.

Visionen sind wichtig für Entwicklungsaufgaben, weil beim Handeln ohne Visionen der Sinn und die Motivation verlorengeht. Die Krankenpflegeschule muss ihre eigene Zukunft selbst gestalten, wenn sie eigene ethische, pflegerische und pädagogische Interessen durchsetzen will. Krankenpflegeschulen können die Aufgaben von Morgen nicht mehr mit überkommenen Konzepten bewältigen.

Wichtig scheint hervorzuheben, wie sich der Stellenwert des Pflegeberufes in den letzten Jahren verändert hat, wie wenig dies aber letztendlich in der Ausbildung zum Tragen kommt. Dies muss sich im Zuge der Autonomiebestrebungen der Pflege ändern, weil sonst die Schere zwischen wissenschaftlicher Entwicklung der Pflege an Hochschulen und der Ausbildung an Krankenpflegeschulen immer größer wird. Die gesellschaftliche Ausgangslage und bildungspolitische Voraussetzungen haben sich verändert, das muss sich dringend auf die Grundausbildung Pflege niederschlagen. Flexible Reaktionen der Pflege auf die sich ändernden Anforderungen im Gesundheitswesen sind nötig.

Die Disziplin Pflegepädagogik sollte in der Lage sein, dazu kreative Lösungen anzubieten.

11 Ausblick auf die Zukunft von Pflegeausbildung und Pflegepädagogik

Karl-Heinz Sahmel

11.1 Veränderungen als Herausforderungen

Das Gesundheitssystem unterliegt seit einigen Jahren einem grundlegenden Wandel (vgl. Deppe 2000), der für den Pflegeausbildungsbereich eine große Herausforderung darstellt. Einige wichtige Tendenzen seien hier skizziert:

Die demographische Entwicklung

Der demographische Wandel fordert eine grundlegende Umorientierung des Pflegesektors offensichtlich heraus: „Im Jahr 2000 wird jeder sechste Bürger der Europäischen Gemeinschaft über 65 Jahre alt sein. Im Jahr 2025 jeder dritte in Deutschland. Schon heute sind von 1000 Einwohnern der Bundesrepublik in der Altersgruppe '70 oder 80 Jahre' 106 Menschen auf Pflege angewiesen, in der Gruppe der über 80jährigen 200 Personen." (Kuhlmey 1996, S. 47) Schneekloth kommt 1996 zu dem Ergebnis, „dass die Anzahl der zu Hause versorgten Pflegebedürftigen bis zum Jahre 2040 um 45 % und die Anzahl der stationär in Heimen versorgten Pflegebedürftigen sogar um 80 % anwachsen wird. In absoluten Zahlen ausgedrückt heißt das, dass die Gesamtzahl der Pflege- und Hilfebedürftigen von 3,2 Mio. (4,1 %) im Jahre 1991 auf 4,4 Mio. (6,3 %) im Jahre 2030 anwachsen wird" (Schroeter/Prahl 1999, S. 33). Die gestiegene Lebenserwartung auf der einen und der Geburtenrückgang auf der anderen Seite werden also den Anteil alter Menschen an der Gesamtbevölkerung deutlich ansteigen lassen. Zugleich wird der Hilfsbedarf in dieser Lebensphase deutlich zunehmen. Der offensichtlich steigenden Zahl an hilfebedürftigen Älteren wird jedoch voraussichtlich eine geringere Zahl an hilfebereiten Jüngeren (Ehrenamtlichen und Familienangehörigen) gegenüberstehen. Diese Entwicklung lässt sich extrapolieren aus gegenwärtig analysierbaren gesellschaftlichen Umstrukturierungen, die sich stichwortartig mit Begriffen und Konzepten umreissen lassen wie Wertewandel, Vereinzelung, Zunahme der Einpersonen-Haushalte, Veränderung des Erwerbsverhaltens von Frauen, Funktionsverlust der Familie etc. „Auch wenn heute nach wie vor die meisten älteren Menschen in Privathaushalten leben und bei Bedarf Hilfe von ihren Angehörigen erhalten, zeichnen sich Risse in den familiaren Versorgungsstrukturen ab. ... So steigt die Zahl alter Menschen, die professioneller Hilfen bedürfen, sei es durch ambulante Dienste oder im Rahmen stationärer Einrichtungen. ... Dies gilt nicht nur für die Bereiche der Altenhilfe, sondern auch in der stationären medizinischen Versorgung: Etwa 40 % aller Pflegetage in den Krankenhäusern sind älteren Patienten (über 65 Jahren) zuzurechnen. ...

Dabei stellt sich Krankheit bei älteren Menschen anders als bei Jüngeren dar: Bei 50-80 % der Patientinnen und Patienten liegt gleichzeitig eine psychiatrische und internistische Behandlungsbedürftigkeit vor, häufig sind Multimorbidität und chronische Krankheitsverläufe festzustellen." (Metzler 1996, S. 7)

Änderung des Krankheitsspektrums und wachsende Bedeutung von Prävention und Rehabilitation

Die veränderten Krankheitsbilder (Zunahme der sog. 'Zivilisationskrankheiten', wie Herz-Kreislauf-Erkrankungen, Erkrankungen der Atemorgane, Krebs und AIDS, aber auch psychischer und Sucht-Erkrankungen) rücken den Zusammenhang zwischen Lebensverhältnissen und Erkrankung immer stärker in das Blickfeld. Entsprechend werden - trotz gegenläufiger gesundheitspolitischer Tendenzen (vgl. Priester 1999) - Maßnahmen der Gesundheitsförderung, der Prävention und Rehabilitation immer wichtiger. „Aufklärungsarbeit über gesundheitsförderndes oder –erhaltendes Verhalten wird nötig, nicht nur innerhalb der herkömmlichen Arbeitsfelder im Krankenhaus, Altenheim oder der ambulanten Versorgung, sondern auch in 'fremden' Bereichen wie Schule oder Kindergarten, in denen präventive Maßnahmen durchgeführt werden sollten. Konkret verlangt dies von den Gesundheitsberufen zum einen fundiertes medizinisches und sozialwissenschaftliches Fachwissen, zum anderen werden pädagogische und kommunikative Kompetenzen notwendig, um informierend ... aufklärend (und beratend) wirken zu können." (Metzler 1996, S. 8)

Änderungen im Krankenhaussektor

„Das Krankenhaus ist gravierenden Wandlungsprozessen unterworfen, Anpassungen an neue Rahmenbedingungen sind unabweisbar." (Dambrowski u.a. 2000, S. 17) Die Forderungen nach Wirtschaftlichkeit und Qualitätssicherung betreffen nicht nur das Management (vgl. Kerres u.a. (Hrsg.) 1999), sondern auch die Pflege insgesamt. Aller Voraussicht nach wird der Stellenwert von Krankenpflege innerhalb der Institution Krankenhaus eher sinken. Daneben treffen zwei Tendenzen die Pflege heute bereits zentral:

- *Intensivierung*: In der medizinischen Akutversorgung in den Krankenhäusern kommt es durch starke Verkürzung der Verweildauer zu einer „Verdichtung der pflegerischen Arbeit auf die intensivpflegerische Betreuung vor oder nach der Operation bzw. weitgehende Beschränkung auf die Akutphase einer internistischen Erkrankung" (Brendel/Dielmann 1998, S. 13).

- *Technisierung*: „Die Technisierung wird vor allem durch die Akutkrankenhäuser vorangetrieben, in denen insbesondere der diagnostische Bereich betroffen ist. Ständig werden neue und immer teurere Geräte, auch Großgeräte, entwickelt und eingesetzt, die spezialisiertes Personal erfordern... Diese Entwicklung hat Auswirkungen auf die Organisation der Pflege. Taylorisierte Arbeit, die von der Medizin und dem Krankenhaus abhängig ist, wird die beherrschende Arbeitsform und prägt (gegenwärtig schon) das Bild der Pflege" (Stach 1995, S. 13) und wird es zukünftig in Krankenhäusern noch mehr prägen.

Änderungen in den stationären Altenpflegeeinrichtungen

Die traditionellen Altenheime wandeln sich in zunehmendem Maße zu Altenpflegeheimen mit einem extrem hohen Anteil schwerstpflegebedürftiger (multimorbider und gerontopsychiatrisch veränderter) BewohnerInnen, während rüstige Alte, aber auch chronisch Pflegebedürftige so lange wie möglich in der heimischen Umgebung bleiben wollen.

Es verstärkt sich die Tendenz, dass in stationären Einrichtungen „vorwiegend hochbetagte Menschen mit sehr hohen gesundheitlichen Belastungen und stark eingeschränkter Selbständigkeit ein(ziehen), eine kompetenz-orientierte und aktivierende Altenarbeit wird in den Heimen immer schwerer zu verwirklichen sein" (Kruse/Wahl (Hrsg.) 1994, S. 251).

Kommt es nicht zu einer Verbesserung der geriatrischen und gerontopsychiatrischen Versorgung älterer Menschen (durch eine grundlegende Reform des SGB XI), werden weiterhin die personelle Situation in den Altenheimen nicht verbessert und die Arbeitsbedingungen der Mitarbeiterinnen und Mitarbeiter nicht gefördert, so kann voraussichtlich nicht einmal die Qualität der gegenwärtigen Arbeit erhalten werden (vgl. Sahmel 2000 c).

Ausbau der ambulanten Versorgung

Sowohl das BSHG als auch das Pflegeversicherungsgesetz/SGB XI betonen (weitgehend aus ökonomischen Gründen und entgegen den oben angedeuteten Tendenzen der zukünftigen Veränderung in den familiaren Strukturen) die Notwendigkeit der Ausschöpfung vorhandener informeller, insbesondere familiärer und ehrenamtlicher Pflege- und Hilfspotentiale und entsprechend den Ausbau flankierender ambulanter Hilfen. „Diese gesetzlich eingeräumte Priorität ambulanter Unterstützung setzt die Maßstäbe für die notwendigen Kapazitäten in den Pflege-Arbeitsfeldern und damit den Bedarf an professionellen Pflegekräften. Den Kern der häuslichen Hilfeleistungen bilden hier insbesondere Grundpflegeleistungen sowie hauswirtschaftliche Hilfen, während behandlungspflegerische Leistungen ..., gemessen am gesamten Leistungsspektrum im ambulanten Bereich, eher einen geringen Stellenwert besitzen." (Forschungsgesellschaft 1996, S. 201)

Daneben sind weitere Maßnahmen in Form von Diensten und Einrichtungsstrukturen vorgesehen, die ihre Hilfeformen auf die spezifischen Bedarfe der ambulant zu betreuenden Klientel ausrichten, insbesondere teilstationäre Einrichtungen, wie etwa Tages- und Kurzzeitpflegeeinrichtungen.

Der finanzielle Rahmen, der durch das SGB XI gesetzt wird, lässt jedoch auch im ambulanten Bereich nur begrenzte Hilfs- und Pflegeangebote zu. Hinzu kommt, dass es nur wenig präzise Regelungen bezüglich Pflegequalität und Qualifikationsniveau des Personals im ambulanten Bereich gibt.

Gesundheitspolitik und Ökonomisierung

In den letzten Jahren hat der Blick auf die Kosten der Gesundheitsversorgung und Pflege alle anderen Perspektiven etwa auf Qualität und Qualitätssicherung (vgl. Görres 1999) zunehmend verdunkelt. Die gegenwärtige gesundheitspolitische Diskussion um die Kostenexplosion im Gesundheitswesen insgesamt lässt in zunehmendem Maße den Patienten bzw. Klienten außen vor. Stattdessen werden ständig Wirtschaftlichkeitsprinzipien im Zusammenhang mit unterschiedlichen Formen der Leistungsgewährung und –erstellung betont. Diese extreme Orientierung an Effizienzgesichtspunkten beeinflusst auch „die verschiedenen Arbeitsfelder der Pflege aufgrund ihrer Personal- und Kostenintensität wesentlich. Die Antizipation möglicher negativer Konsequenzen wie etwa Personalabbau und Leistungsverdichtung in stationären Einrichtungen ist unter dem Gesichtspunkt einer anzustrebenden hohen Pflegequalität 'nach allgemein anerkanntem Stand medizinisch-pflegerischer Erkenntnisse' (SGB XI) unter Berücksichtigung aktivierender und kommunikativer Aspekte dysfunktional." (Forschungsgesellschaft 1996, S. 203f.)

Die Pflege ist durch diese - hier nur skizzierten - Veränderungen vor allem gefordert, ihr **Selbstverständnis** zu verändern. Der seit einigen Jahren laufende Prozess der Professionalisierung ist noch nicht abgeschlossen.

Bis in die Gegenwart war (und ist) Pflege'arbeit' von einem caritativen Grundverständnis geprägt. Pflegen ist Liebesdienst und nicht Dienstleistung (vgl. oben, Kapitel 2.2). Dieses caritative Berufsverständnis wurde bzw. wird nun zunehmend durch ein Professionsverständnis von Experten ersetzt: „Professionelle HelferInnen wissen als ExpertInnen und bestimmen aus fachlicher Sicht, was dem Klienten/der Klientin fehlt, was sie benötigen, welche Hilfe und Unterstützung notwendig ist, welches Ziel angestrebt werden sollte. Diese expertokratische Sichtweise schreibt den Betroffenen eine passive Rolle zu. Mit der Stärkung des Präventions- und Rehabilitationsgedankens und dem veränderten Gesundheitsbegriff (wie er insbesondere durch die Initiativen der WHO immer stärker ins öffentliche Bewusstsein gerückt wird), beginnt sich auch die Rolle der KlientInnen zu wandeln: Sie werden zu den eigenen ExpertInnen ihrer Gesundheit; damit verändert sich auch ihre Beziehung zu den HelferInnen, zu den Fachkräften des Gesundheitswesens und deren Rolle. Ein verändertes Aufgabenverständnis von den Humandienstleistungen beginnt sich - wenn doch nicht durchzusetzen, so doch in den Fachdiskussionen aufzutun. Mit der Herausbildung eines *professionellen Dienstleistungsverständnisses* verändert sich der entmündigende Charakter der expertokratischen Humandienstleistungen hin zu einer *professionellen Beratungs- und Begleitungsfunktion* mit dem Ziel, Hilfebedarf in seinen unterschiedlich differenzierten, auch verdeckten Ausprägungsformen zu erkennen, Äußerungsformen dieses Hilfebedarfs zu erkennen, in ihrer Typik zu deuten und zu interpretieren und Hilfe zur Selbsthilfe bereitzustellen." (Meifort 1995, S. 24)

Welche Konsequenzen ergeben sich aus diesem Prozess für die Pflegeausbildung?

Bezugnehmend auf die oben skizzierten Tendenzen lassen sich die **kurzfristig** notwendigen Akzentverschiebungen in der Pflegeausbildung inhaltlich folgendermaßen konkretisieren:

- Wenn Pflegekräfte vor dem Hintergrund des demographischen Wandels mit einem erhöhten Anteil alter, Schwer- und Schwerstpflegebedürftiger sowie mit einem breiten Krankheitsspektrum (insbesondere gerontopsychiatrischer Art) konfrontiert werden, setzt dies eine Veränderung der fachlichen Schwerpunkte in der Ausbildung voraus.

- Angesichts des Vorrangs von Prävention und Rehabilitation vor Pflege gewinnen Gesundheitsförderung sowie rehabilitative und aktivierende Pflege an Bedeutung in der Ausbildung.

- Die Fähigkeit zu multiprofessioneller Kooperation wie zur eigenständigen Koordination und Organisation pflegerischer Arbeit ist zu fördern. „Vor dem Hintergrund gemeinsamer Qualitätsstandards und optimaler Ressourcenausnutzung gewinnen Pflegeplanung, -dokumentation und -evaluation an Bedeutung. Diese bislang nur in wenigen Arbeitsfeldern in Ansätzen praktizierten Arbeitsorganisationsformen tragen neben dem Qualitätssicherungsaspekt auch zu einer größeren Transparenz pflegerischer Leistungen bei und bilden die notwendige Voraussetzung für eine Aufwertung des gesamten Berufsfeldes der Pflege.

- In allen pflegerischen Arbeitsfeldern werden besondere Betreuungssituationen deutlich (Sterben, chronische Krankheit, psychische Veränderungen etc.), die neben einer grundständigen fachlichen Kompetenz auch besondere psychosoziale und kommunikative Kompetenzen erfordern...

- Berücksichtigt man zudem die zunehmende Orientierung an primären Gesundheitsversorgungssystemen, die 'ein breit gefächertes Angebot an gesundheitsfördernden, kurativen, rehabilitativen und ergänzenden Versorgungssystemen bereitstellen, damit die grundlegenden Bedürfnisse der Bevölkerung befriedigt und besonders gefährdete, anfällige und unterversorgte Einzelpersonen wie Gruppen besonders berücksichtigt werden können' (WHO), so deuten sich auch damit neue bzw. verstärkt wahrzunehmende Tätigkeitsfelder an, die bislang im Rahmen der Ausbildungsgänge nur unzureichend Berücksichtigung finden." (Forschungsgesellschaft 1996, S. 248f.)

Längerfristig - und aus der Sicht der sich etablierenden Pflegepädagogik - ergibt sich als weitere Konsequenz, dass sich zukünftig Pflegequalifikationsprozesse zu orientieren haben an einem modernen *Bildungsverständnis*, in dessen Mittelpunkt die Selbstbestimmungs-, Mitbestimmungs- und Solidaritätsfähigkeit der Auszubildenden zu stehen hat (vgl. Sahmel 1999). Außerdem sind grundlegende Reformen der Struktur der Pflegeausbildung unerlässlich.

11.2   Reformkonzepte für die Pflegeausbildung

In der aktuellen Diskussion über Reformen der Pflegeausbildung herrscht auf der einen Seite Übereinstimmung darüber, dass Reformen der gegenwärtigen Krankenpflege- und Altenpflegeausbildung unerlässlich sind: Die Qualifikationen der Pflegeberufe, so Barbara Meifort, „sind in ihrem berufsspezifischen Zuschnitt heute allenfalls noch als historisch gewachsen zu begründen, eine systematisch begründete Berufsschneidung entsprechend den Anforderungen gegenwärtiger oder sich zukünftig abzeichnender moderner Einsatzorte liegt der Berufsstruktur der Pflegeberufe nicht zugrunde" (Meifort 1998, S. 47). Seit vielen Jahren ist man sich unter Experten über die Notwendigkeit der Veränderung der Pflegeausbildung einerseits einig, andererseits herrscht jedoch eine sehr große Zerstrittenheit über Wege und Formen dieser Reformen, vor allem zwischen den Berufsverbänden auf der einen und den Gewerkschaften auf der anderen Seite.

Seitens der Berufsverbände wird die künftige Durchführung einer generalistischen Pflegeausbildung in einem Berufsfachschulsystem befürwortet, die Gewerkschaften fordern ein Ende des Sonderwegs der Pflegeausbildung durch konsequente Überführung der Ausbildung in den Gesundheitsfachberufen in das Duale System der Berufsausbildung. Dass daneben auch die Möglichkeit einer Etablierung der Pflegeausbildung an Fachhochschulen diskutiert werden könnte, spielt kaum eine Rolle.

Diese Debatte wird wohl so lange aporetisch bleiben, wie es nicht gelingt, die tatsächlichen zukünftigen Bedarfe an pflegerischen Dienstleistungen zu bestimmen, sich über die notwendigen Zielsetzungen von Qualifizierungsmaßnahmen zu verständigen und zugleich die Rahmenbedingungen für die zukünftig notwendige(n) Ausbildung(en) im Pflegebereich konkret zu benennen.

Die Bildungskonzeption des Deutschen Bildungsrates für Pflegeberufe

Der Deutsche Bildungsrat für Pflegeberufe hat ein Bildungskonzept vorgelegt, in dem die Ausbildungen Altenpflege, Kinderkrankenpflege und Krankenpflege integriert werden sollen in einer generalistischen Pflegeausbildung. Die Ausbildungsdauer variiert je nach Entwicklungsstand der Konzeption zwischen vier und dreieinhalb Jahren. Ausdrücklich wenden sich die im Deutschen Bildungsrat für Pflegeberufe zusammengeschlossenen Berufsverbände gegen die Anwendung des Berufsbildungsgesetzes, da sie bei einer dualen Form der Ausbildung massive Probleme mit der Verknüpfung von Theorie und Praxis sehen und plädieren für die Durchführung der generalistischen Ausbildung an spezifischen Berufsfachschulen. Aus Auszubildenden werden Schüler.

Die Ausbildung gemäß diesem Konzept gliedert sich in zwei Phasen. In der ersten Phase erfolgt eine gemeinsame berufsgruppen-übergreifende Grundausbildung mit allgemeinbildenden Fächern und theoretischen Grundlagenfächern sowie theoriegeleiteten praktischen Ausbildungsphasen in stationären und gemeindenahen Arbeitsfeldern der Pflege. In der zweiten Phase kommt es zur theoretischen und praktischen Ausbildung in den Bereichen Alten-, Kinderkranken- und Krankenpflege (vgl. BA 1997, S. 117ff., Zopfy 1997, Stöcker 1999).

Die Konzeption der ÖTV

Seit vielen Jahren wird seitens der Gewerkschaft ÖTV gefordert, die Ausbildung der Pflegeberufe nach dem Berufsbildungsgesetz zu regeln und in das Duale System der Berufsbildung zu überführen (vgl. ÖTV 1996, Dielmann 1991, 1997, 1999, Brendel/Dielmann 1998). Die Ausbildung soll also dualistisch an Berufsschulen für Pflegeberufe und in stationären bzw. ambulanten Pflegeeinrichtungen erfolgen. Die Zersplitterung der Ausbildung in verschiedene spezialisierte Ausbildungsberufe soll durch die Schaffung eines einheitlichen Ausbildungsberufes zur „Pflegefachkraft" aufgehoben werden. „Diese Ausbildung ist als eine breite generalistische Qualifikation anzulegen, die für die Pflege in allen Lebensaltern, in ambulanten, teilstationären und stationären Einrichtungen gleichermaßen qualifiziert. Sie ist einzugliedern in ein Konzept der Neuordnung aller Gesundheitsberufe, in dem eine horizontale und vertikale Durchlässigkeit gewährleistet ist. In dem neu zu ordnenden Berufsfeld Gesundheit wird soweit wie möglich im ersten Ausbildungsjahr nach einer berufsfeldbreiten Grundbildung eine für die einzelnen Berufsgruppen spezifische Grundbildung vermittelt." (Dielmann 1997, S. 60)

Integration heißt also für die Gewerkschaft ÖTV, dass in der ersten (zwei Jahre dauernden) Ausbildungsphase eine gemeinsame berufsgruppenübergreifende Grundbildung stattfinden soll, während im dritten Ausbildungsjahr Schwerpunktsetzungen möglich sein sollen in den Fachgebieten

- Altenpflege
- Entbindungspflege
- Kinderkrankenpflege
- Krankenpflege.

Pflegehilfsberufe, so die Forderung der Gewerkschaft, sind abzuschaffen.

Vorstellungen zur Reform der beruflichen Bildung für die Gesundheits- und Sozialpflege aus der Sicht des Bundesinstituts für Berufsbildung

Die Reformvorschläge des Bundesinstituts für Berufsbildung, wie sie in den letzten Jahren - insbesondere von Wolfgang Becker und Barbara Meifort (vgl. Becker/Meifort 1994, Meifort/Becker 1995, Meifort 1997) - mehrfach vorgetragen worden sind, gehen weit über die Integration der Berufsbilder der Altenpflege, Krankenpflege und Kinderkrankenpflege hinaus, hier werden auch die Behindertenpflege, die Hauspflege, die Diätassistenz, die Entbindungspflege u.a. Berufsgruppen in die Reformvorschläge einbezogen. Das Konzept basiert auf einer Typologie der Pflegeinstitutionen: Das berufsfeldbreite Qualifikationskonzept für die Gesundheits- und Sozialpflege geht davon aus, dass Pflegekräfte sowohl im stationären als auch im ambulanten Bereich entweder im Krankenhaus oder in Sozialstationen oder in Pflegeheimen vorrangig tätig werden.

Auch dieses Ausbildungskonzept gliedert sich in mehrere Phasen: In der ersten Phase geht es einerseits um eine berufsgruppenübergreifende Grundbildung sowie anschliessend um eine berufsgruppenspezifische Grundbildung; in der zweiten Phase gibt es fachspezifische Fachbildungen Pflege mit der Differenzierung in stationäre Pflege und ambulante Pflege; in der dritten Phase kommt es zur berufsspezifischen Fachausbildung. Auszubildende, die im Rahmen des dualen Systems, also ebenfalls geregelt durch das Berufsbildungsgesetz, diese integrierte berufsgruppenbezogene Ausbildung absolviert haben, erhalten unterschiedliche Abschlüsse: Es gibt Pflegefachkräfte für stationäre Krankenpflege, Pflegefachkräfte für stationäre Kinderkrankenpflege, Pflegefachkräfte für stationäre Altenpflege und Pflegefachkräfte für stationäre Behindertenpflege, daneben Pflegefachkräfte für Hauspflege in Altenhaushalten, Pflegefachkräfte für Hauspflege in Behindertenhaushalten und Pflegefachkräfte für Hauspflege in Haushalten mit Kindern.

Das ASG-Konzept

Die „Arbeitsgemeinschaft Sozialdemokratinnen und Sozialdemokraten im Gesundheitswesen"/ASG hat 1995 ein Reformkonzept der Pflegeausbildung vorgelegt, das die Notwendigkeit von Ausbildungsveränderungen in den Kontext der Gesundheitsstrukturreform stellt. Künftige Veränderungen in der Gesundheitsversorgung müssen einhergehen mit Reformen der Berufspraxis, des Berufsbildes und der Berufsausbildung. „Die Überlegungen zu einer umfassenden Pflegebildungsreform erfolgen unter den übergeordneten Gesichtspunkten, dass eine menschengerechte Gesundheitsstrukturreform ohne eine tragfähige Pflegebildungsreform nicht realisierbar und eine berufspädagogisch begründete Persönlichkeitsbildung in den pflegeberuflichen Bildungsgängen bisher vernachlässigt worden ist." (ASG 1995, S. 10)

Ausgehend von den Prinzipien einer umfassenden Bildung, der Verbesserung von Chancengleichheit und der Verwissenschaftlichung geht es der ASG um eine „Einheitlichkeit in der Vielfalt".

An staatlichen Pflegeschulen sollten Berufsvorbereitungsklassen für Personen ohne Hauptschulabschluss, ein Berufsvorbereitungsjahr für Ausländerinnen und Ausländer und ein Berufsgrundbildungsjahr eingerichtet werden. Ein Fachbereich Pflege ist sowohl an Fachoberschulen als auch an Fachgymnasien vorzusehen. Die zukünftige Pflegeerstausbildung sollte als integrierte Ausbildung konzipiert werden: In den ersten beiden Jahren erfolgt eine integrative pflegeberufliche Basisbildung, im dritten Jahr kommt es zur Schwerpunktbildung in den Bereichen Krankenpflege, Kinderkrankenpflege oder Altenpflege. Der berufsqualifizierende Abschluss stellt die Zugangsberechtigung zum Studium dar. Die Praktische Ausbildung sollte sich (mindestens) an den Regelungen der „Ausbildereignungs-Verordnung" (AEVO) des Berufsbildungsgesetzes orientieren, ohne dieses jedoch „glatt" zu übernehmen (ASG, S. 13). Die Ausbildungskosten sollten nicht mehr über die Krankenhaus-Fallpauschalen finanziert werden.

Robert Bosch Stiftung: Pflege neu denken

Die Robert Bosch Stiftung hat im November 2000 eine neue Denkschrift zur Zukunft der Pflegeausbildung präsentiert. Zehn Expertinnen und Experten haben sich im Rahmen einer „Zukunftswerkstatt" intensiv mit Problemen des Lehrens und Lernens, curricularen Fragen, der Theorie-Praxis-Verknüpfung, der Qualitätsverbesserung und der Änderung von Rahmenbedingungen der Pflegeausbildung beschäftigt. Die Autorinnen und Autoren fordern, dass das in den letzten Jahren entwickelte Verständnis von Pflege als personenbezogener Dienstleistung nunmehr Eingang finden muss in eine sich neu - nämlich pädagogisch - verstehende Schule. Wenn auch hierbei viele Schlagworte nicht in einen systematischen - insbesondere pflegepädagogischen - Kontext gestellt werden und wenn auch bei der Forderung einer generalistischen Pflegeausbildung - wie in anderen Konzepten - eine gründliche Auseinandersetzung mit der Altenpflege unterbleibt, so ist doch zu wünschen, dass möglichst viele Impulse von möglichst vielen Ausbildungsstätten aufgegriffen werden mögen.

Ob sich allerdings das vorgelegte neue Ausbildungsmodell in der Praxis durchsetzen wird, bleibt fraglich. Die Orientierung von Anforderungsprofilen am unterschiedlichen Ausmaß der Pflegebedürftigkeit dürfte sich in der praktischen Umsetzung als äußerst problematisch erweisen. Die Differenzierung der Ausbildung in drei Stufen, die zweijährig ausgebildeten Pflegefachpersonen I, die vierjährig (entweder in der Sekundarstufe II oder an Hochschulen bzw. Berufsakademien) ausgebildeten Pflegefachpersonen II und die sechsjährig ausgebildeten (studierten) Pflegefachpersonen III, könnte bei Arbeitgebern eher die Tendenz zu einer Dequalifizierung fördern, provoziert sie doch die Frage: Brauchen wir in der Zukunft noch viele in mehr als zwei Jahren ausgebildete Pflegekräfte? Die Robert Bosch Stiftung will mit ihrer neuen Denkschrift ein solches Signal **nicht** senden. Ob das zur Diskussion gestellte Ausbildungsmodell aber nicht genau so verstanden werden könnte, muss die zukünftige bildungspolitische Diskussion zeigen.

Der Modellversuch der Caritas in Essen

Einen vielversprechenden Ansatz, die Fragen nach den möglichen Zielsetzungen einer integrativen Pflegeausbildung, nach den Themen und Inhalten sowie den Methoden und der Möglichkeit einer Verknüpfung zwischen Theorie und Praxis nicht nur theoretisch zu beantworten, sondern auch praktisch auszuprobieren, stellt der seit 1996 laufende Modellversuch für eine gemeinsame (Grund-)Ausbildung in der Alten-, Kranken- und Kinderkrankenpflege des Diözesan-Caritas-Verbandes Essen dar.

In diesem Modellversuch kommt es auf der Basis der bestehenden gesetzlichen Regelungen (dem Krankenpflegegesetz und dem nordrhein-westfälischen Altenpflegegesetz) zu einer Integration in der gemeinsamen Grundstufe von 17 Monaten sowie einer differenzierten Spezialisierungsstufe mit den Abschlüssen Altenpflege, Krankenpflege und Kinderkrankenpflege (vgl. Oelke 1998 b). Bedingt durch die unterschiedlichen Regelungen bezüglich Theoriestunden und praktischen Ausbildungsanteilen kommt es zwar insbesondere in der 19 Monate dauernden differenzierten Spezialisierungsstufe zu massiven Verzerrungen (in der Altenpflege gibt es hier 1332 Stunden Unterricht, in der Kranken- bzw. Kinderkrankenpflege nur noch 772 Unterrichtsstunden), aber hervorzuheben ist an diesem Modellversuch die Orientierung an der Vermittlung von Schlüsselqualifikationen und an einem Pflegeleitbild sowie der fächerintegrative Aufbau des zugrunde liegenden Testcurriculums.

Das Curriculum orientiert sich dabei an den von Uta Oelke bereits 1991 zur Diskussion gestellten fünf Lernbereichen (vgl. Caritasverband Essen 1998):
- Pflegetechniken und Pflegemaßnahmen
- Krank werden - Krank sein - Patient sein
- Pflege spezieller Patientengruppen
- Betreuung spezieller Personengruppen
- Situation des Krankenpflegeschülers bzw. Krankenpflegepersonals.

Experten wie Bildungspolitiker sollten diesen Modellversuch aufmerksam verfolgen und die Ergebnisse der Evaluation (vgl. Oelke/Menke 1999; Caritasverband Essen 2000), die erst in einigen Jahren vollständig vorliegen dürften, aufmerksam analysieren und in Reformvorschläge für die Pflegeausbildung der Zukunft übernehmen.

Pflegepädagogische Einschätzung der Reformkonzepte
Schon der kurze Blick auf die bildungspolitische Diskussion im Pflegeausbildungsbereich zeigt, dass die Forderung nach Schaffung neuer oder Integration bestehender Ausbildungsgänge verknüpft wird mit gravierenden institutionellen Veränderungen. Entweder soll die Integration im Rahmen des Dualen Systems der Berufsausbildung realisiert werden oder in einem neu einzurichtenden Berufsfachschulsystem. Welche Rahmenbedingungen dabei zu berücksichtigen sind, wird zumeist nicht angegeben. Die in der pflegepädagogischen Diskussion der letzten Jahre immer wieder vorgebrachte Kritik an der fehlenden Vermittlung zwischen Theorie und Praxis (vgl. oben Kapitel 3) bleibt in der Regel ebenso ungelöst wie die Frage, ob eine Berufsfachschule oder das Duale System eine generalistische Qualifizierung für Pflegende in der gesamten Breite pflegerischer Handlungsfelder leisten kann.

Ein weiterer Aspekt wird in der Diskussion zumeist nur am Rande erwähnt: Es gibt noch lange keine Einigung darüber, welches Pflegeverständnis einer integrierten oder generalistischen Ausbildung zugrunde liegen soll. In Pflegewissenschaft und Pflegetheorie-Entwicklung ist eine deutliche Dominanz von „Krankenhauskrankenpflege" feststellbar (vgl. Becker 1996, S. 90 und oben, Kapitel 1.4). Integration darf aber nicht bedeuten, dass mehrere Ausbildungsgänge einseitig auf akute und vorrangig somatische Behandlung von Krankheit in einem einzigen Versorgungssystem (zumeist dem Krankenhaus) konzentriert werden, es ist vielmehr notwendig, den Akzent der Altenpflege (Betreuung und Beratung) in gemeinsamen Ausbildungsgängen hervorzuheben. Birgit Hoppe hat in ihrer bereits 1992 vorgetragenen Argumentation gegen eine gemeinsame Grundausbildung betont, dass Altenpflegerinnen nicht vornehmlich Pflegekräfte sind, sondern zu Fachkräften für Altenhilfe ausgebildet werden (sollten). „Altenpflege ist keine Krankenpflege. Arbeit mit alten Menschen meint, die Lebensqualität im Rahmen vorhandener Möglichkeiten zu erhalten und zu fördern. Es geht um Wohnen, Freiheit, Armut und Rehabilitation, Krankheits- und Krisenbewältigung. Die Krankheit eines alten Menschen in den Mittelpunkt zu stellen hieße letztlich, die gesamtgesellschaftliche Abwertung des Alters - hinfällig, minderwertig, leistungsreduziert - ins Berufsfeld zu übernehmen." (Hoppe 1992, S. 309)

Möglicherweise könnte die Diskussion um Integration neue Impulse erhalten, wenn Überlegungen für eine integrierte Berufsausbildung von Altenpflegerinnen und Erzieherinnen bzw. von Altenpflegern, Heilerziehungspflegern und Sozialpädagogen, wie sie seit einigen Jahren im hessischen Diakoniezentrum HEPHATA in Treysa durchgeführt werden, breitere Berücksichtigung fänden (vgl. Dibelius 1995, Becker u.a. 1995). Diese integrierte Ausbildung erfolgt nach einem Baukastensystem und besteht aus den drei Phasen einer gemeinsamen Ausbildung, einer teilweisen gemeinsamen Ausbildung und einer beruflichen bzw. berufsspezifischen Fachbildung (im dritten Ausbildungsjahr).

Kritisch-konstruktive Pflegepädagogik sollte sich nicht von der Illusion leiten lassen, grundlegende und umfassende strukturelle Reformen im Pflegeausbildungsbereich könnten von ökonomischen Prozessen abgekoppelt thematisiert werden:

- Die Gründung entsprechend personell wie sachlich gut ausgestalteter Schul- bzw. Bildungszentren für Pflegeberufe - kostet Geld.
- Die Frage der künftigen Finanzierung der Ausbildungsvergütung wird umstritten sein - sie kostet Geld.
- Die Schaffung einer berufspädagogischen Infrastruktur in Krankenhäusern, Altenheimen und ambulanten Diensten (!) mit einem breiten Spektrum an Lernangeboten und entsprechend pädagogisch qualifizierten (und für ihre Tätigkeit freigestellten) fachpraktischen Ausbilderinnen und Ausbildern - kostet Geld.
- Die Qualifizierung von Lehrenden an Pflegeschulen (sei es als Diplom-Pflegepädagogen an Fachhochschulen oder als Berufsschul-Lehrerinnen und –Lehrern an Universitäten) - kostet Geld.

Fragen der Strukturreform der Pflegeausbildung werden stets mit finanziellen Erwägungen verknüpft werden. Es ist eher unwahrscheinlich, dass in absehbarer Zeit im Pflegeausbildungsbereich mit erhöhten finanziellen Investitionen zu rechnen ist. Dies bedeutet allerdings nicht, dass nicht weiterhin größte Anstrengungen unternommen werden sollten, der Öffentlichkeit, den Politikerinnen und Politikern wie den in und für Pflegeeinrichtungen Verantwortlichen klar zu machen, dass eine grundlegende Strukturreform der Pflegeausbildung notwendig ist.

Daneben aber sind Diskussionen notwendig, die sich nicht auf finanzielle Aspekte reduzieren lassen, sondern auf einer inhaltlichen pflegepädagogischen Ebene angesiedelt sind. Außerdem können schon jetzt - auf lokaler Ebene, in Pflegeeinrichtungen und an Krankenpflege- und Altenpflegeschulen - Veränderungen vorgenommen werden, die zu einer Verbesserung der Qualität und zu einer Erreichung der hier zur Diskussion gestellten Zielsetzungen beitragen können. Neben anzustrebenden Kooperationen und einer permanenten curricularen Arbeit bedeutet dies für Schulen auch die Veränderung ihrer methodisch-didaktischen Konzepte. Hierzu gehören bei Lehrenden wie Auszubildenden der Erwerb der Fähigkeit zum Umgang mit offenen Situationen, das Umgehen mit Widersprüchen und Ambivalenzen sowie die Entwicklung der Fähigkeit zur Gestaltung der beruflichen Handlungsrealität vor dem Hintergrund fundierten theoretischen Wissens (vgl. Sahmel 2000 b).

11.3   Die Qualifizierung von Lehrerinnen und Lehrern für Pflegeberufe

Bernd Wanner hat in seiner Dissertation von 1987 Entstehung und Entwicklung der Qualifizierung von Unterrichtskräften an Krankenpflegeschulen analysiert und den prägnanten Begriff „Lehrer zweiter Klasse" geprägt (vgl. Wanner 1993). Wie weitere differenzierte Untersuchungen belegen (vgl. Mischo-Kelling/Wittneben 1995, S. 252ff., Beierle 1999) erfolgte die Weiterbildung von Unterrichtsschwestern und Unterrichtspflegern lange Jahre in Instituten in privater Trägerschaft und war - wie die Krankenpflegeausbildung (vgl. oben Kapitel 2.3) - kirchlichen (Caritas, Diakonie), wohlfahrtsverbandsmäßigen (DRK), berufsverbandsmäßigen (DBfK), gewerkschaftlichen (ÖTV, DAG, BFW des DGB) oder auch privatwirtschaftlichen Interessen ausgesetzt. „Die Krankenpflegeideologie trug dazu bei, das Entstehen eines Selbstverständnisses als Lehrkraft zu verhindern, da alles, was die Schwester von ihrer 'eigentlichen Aufgabe', dem unmittelbaren Dienst am Kranken, abhielt - also auch das Unterrichten - abgelehnt wurde. Die Behauptung drohender Praxisferne wird bis heute als stärkstes Argument gegen Verberuflichungs- und Professionalisierungstendenzen aller Art in der Pflege angeführt." (Wanner 1993, S. 112) Hinzu kommt, dass diese Weiterbildungen entweder von den Teilnehmern selbst oder von ihren Arbeitgebern zu bezahlen waren, oder als Rehabilitationsmaßnahmen für Pflegekräfte, die ihren Beruf nicht mehr ausüben konnten, finanziert wurden. Analysen der den Weiterbildungen zugrunde liegenden Lehrpläne von Anfang der Neunziger Jahre weisen deutliche Defizite in erwachsenenpädagogischer Hinsicht und mit Blick auf zentrale Pflegekonzepte auf (vgl. Wittneben 1991, S. 169 ff., Ertl-Schmuck 1990).

Bis in die Gegenwart werden Unterrichtsschwestern und Unterrichtspfleger in Weiterbildungseinrichtungen qualifiziert. Allerdings ist die Praxis der Weiterbildung von Lehrerinnen und Lehrern seit (über) einem Jahrzehnt nicht nur deutlich in der Kritik, sondern inzwischen sind **Alternativen** entstanden bzw. ausgebaut worden. Im Zusammenhang mit der Forderung nach Akademisierung der Pflege (vgl. Oelke 1994) stand seit Anfang der Neunziger Jahre die Frage der Überführung der Weiterbildungen von Unterrichtsschwestern und Unterrichtspflegern in ein akademisches Lehrerstudium an vorderster Stelle der Tagesordnung diverser Kongresse und programmatischer Publikationen. So wurde etwa 1991 auf dem Bremer Kongress „Hochschulausbildung für Berufe im Bereich personenbezogener Dienstleistungen" (vgl. Rabe-Kleeberg u.a. (Hrsg.) 1991) ebenso wie auf der fünften Bundestagung des Bundesausschusses der Länderarbeitsgemeinschaften der Lehrerinnen und Lehrer für Pflegeberufe 1992 in Friedrichshafen (vgl. BA 1992) die Forderung erhoben, pflegebezogene Lehramtsstudiengänge für die Sekundarstufe II an wissenschaftlichen Hochschulen (Universitäten) einzurichten. Auch die Robert Bosch Stiftung hielt in ihrer programmatischen Denkschrift „Pflege braucht Eliten" von April 1992 für die Lehrerausbildung ein Universitätsstudium für notwendig (vgl. Robert Bosch Stiftung 1996, S. 35ff.). Allerdings wurden in diesem Diskussionskontext auch die bildungspolitischen und strukturellen Schwierigkeiten hervorgehoben, die sich aus der Sonderstellung der Krankenpflegeausbildung innerhalb des Systems der beruflichen Bildung ergeben. Darüber hinaus stellten die von Bals in seiner Dissertation von 1989 herausgearbeiteten Defizite im Professionalisierungsprozess des Lehrens im Berufsfeld Gesundheit (vgl. Bals 1995 a) eine deutliche Herausforderung für die Weiterentwicklung des Selbstverständnisses von Lehrerinnen und Lehrern für Pflegeberufe dar.

Wenn Gerd Dielmann 1991 in einem Vortrag erklärte: „Die Unterrichtskräfte (Lehrerinnen und Lehrer für Pflegeberufe) müssen schließlich selbst den Prozess der Selbstverständigung über ihren beruflichen Status und seine Perspektiven vorantreiben" (Dielmann 1992, S. 6), so wird er sicherlich breite Zustimmung geerntet haben. Hier wird allerdings ein sehr grundlegendes Umdenken einer einflussreichen Berufsgruppe vorausgesetzt, die - wie der Blick auf die Geschichte der Krankenpflege und ihrer Berufsverbände (vgl. oben Kapitel 2.2) lehren dürfte - lange nicht zu den Vertretern einer radikalen Reform gehört hat. Neben der Überwindung der berufsständigen Perspektiven bedürfte die Einführung der Hochschulqualifikation für Lehrende an Pflegeschulen grundlegend neuer Leitbilder.

Claudia Bischoff hat diese (vor allem unter Bezug auf Erfahrungen mit dem ersten Modell-Studiengang Pflegepädagogik an der Freien Universität Berlin (vgl. FU Berlin 1982)) umschrieben mit den zentralen Forderungen nach:

- Wissenschaftsorientierung
- Innovativem Handeln
- Emanzipation und Mündigkeit
- Professionalisierung
- Subjektbezug (vgl. Bischoff 1993 a, S. 74ff.).

Es kam nun nach diesen programmatischen Forderungen (vgl. auch BA 1996, BA 1997) in der Folge nicht zu einer bruchlosen Überführung der Weiterbildungen in ein universitäres Lehrerstudium, sondern vor allem zur Etablierung von Studiengängen mit dem Abschluss „Diplom-Pflegepädagoge bzw. –Pflegepädagogin" an **Fachhochschulen**.

Neben dem weiterhin fortbestehenden Angebot der Weiterbildung für Lehrerinnen und Lehrer für Pflegeberufe diverser Anbieter gibt es gegenwärtig universitäre Studienangebote u.a. in Berlin, Humboldt-Universität (Pflegepädagogik/Medizinpädagogik), Bremen (Lehramt Pflegewissenschaft), Halle-Wittenberg, Hamburg (Lehramtsoberstufe/Berufliche Schulen/Fachrichtung Gesundheit) und Osnabrück (Lehramt Berufliche Schulen, berufliche Fachrichtung Pflegewissenschaften) sowie an den Fachhochschulen Bielefeld, Esslingen, Freiburg (Katholische Fachhochschule), Hannover (Evangelische Fachhochschule), Köln (Katholische Fachhochschule), Ludwigshafen (Evangelische Fachhochschule), Mainz (Katholische Fachhochschule), Münster und Osnabrück (Katholische Fachhochschule). Weitere Studienangebote sind in Planung.

In der bildungspolitischen Diskussion um die Qualität und Zukunft der Lehrerqualifikation zeigen sich nunmehr neue Spaltungstendenzen. „Die Ausgangs-, aber entscheidende Frage: 'Welche Lehrerinnen braucht die Pflege?' ist nicht frei von Ideologie, und die Debatte wird ja auch teils ideologisch, teils emotional geführt. Dies ist nicht ganz unberechtigt, denn bei der Beantwortung dieser Frage geht es auch um Parteinahme, Parteinahme für oder gegen gesellschaftliche Verhältnisse, für oder gegen Machtverhältnisse, für oder gegen Sachzwänge des gesundheitlichen Versorgungssystems, für oder gegen die Auszubildenden und schließlich die Patienten. Insofern können Überlegungen zur eigentlichen Fragestellung - welche Lehrerinnen braucht die Pflege? - nicht ohne eine Auseinandersetzung mit aus dem Theorie-Praxis-Verhältnis ableitbaren Leitprinzipien oder Leitbildern angestellt werden, die nicht nur Einfluss auf Einstellung und Verhalten von (Hochschul-)Lehrerinnen haben, sondern ganz wesentlich auch die Struktur und die Inhalte des Curriculums bestimmen." (Görres 1996, S. 53)

Strikte Vertreter der universitären Lehrerausbildung für Pflegeberufe (vgl. Beier 1998) beziehen sich auf die wissenschaftliche Tradition der Universitäten, allerdings ist Pflegewissenschaft noch weitgehend nicht als akademische Disziplin etabliert und zugleich wird den Fachhochschulen damit tendenziell die Wissenschaftlichkeit abgesprochen. Auf der Gegenseite werden Studiengänge an Fachhochschulen zumeist mit pragmatischen Argumenten präferiert: „Somit scheinen die Fachhochschulstudiengänge unter den Aspekten Gesamtstundenzahl, Gesamtstudiendauer (gleich Regelstudienzeit), Praxisnähe und Finanzierbarkeit der universitären Studienform klar überlegen zu sein. Gleiches gilt wohl auch für die Pflegebezogenheit." (Hartwig 1996, S. 1109)

Sehr viel weiterführender als letztlich statusbezogene Perspektiven - in der traditionellerweise Universitäten den Fachhochschulen gegenüber überlegen erscheinen, obgleich tendenziell Fachhochschulen in den letzten Jahren einen deutlichen Zulauf gegenüber den Universitäten gewonnen haben - scheint die Fragestellung von Schmerfeld: „Bilden wir an den Hochschulen Lehrer oder Pädagogen aus?" (Schmerfeld 1996, S. 56)

Möglicherweise stellen die drei Modelle

- Pflegepädagogikausbildung als Universitätsstudium mit Staatsexamen,
- Pflegepädagogikausbildung als Fachhochschulstudium,
- Pflegepädagogikausbildung an Universitäten im Rahmen von Gesundheitswissenschaft

„keine sich ausschließenden Alternative dar" (Schmerfeld 1996, S. 57).

Allerdings impliziert die Realisierung jeweils eines der Modelle bildungspolitische Konsequenzen für die zukünftigen Institutionen, innerhalb derer die Pflegeausbildung stattfinden wird. „Wenn Pflegepädagogen zukünftig an Universitäten im Rahmen der erziehungswissenschaftlichen Fachbereiche zu Pflegelehrern ausgebildet werden, ist dies vorstellbar als berufspädagogisches Studium mit dem ersten Staatsexamen als Abschluss. Für ein solches Studium ist eine Kombination von erziehungswissenschaftlicher Grundbildung denkbar mit berufspädagogischem oder unterrichtswissenschaftlichem Schwerpunkt plus einer fachwissenschaftlichen, d.h. pflegewissenschaftlichen Ausbildung sowie einem zweiten Lehrfach... Denkt man (dieses) Modell ... weiter im Hinblick auf die Pflegeausbildung, darf man mit einer Integration in das staatliche Berufsausbildungssystem rechnen. Das bedeutet entweder die Integration in das Duale System oder die Einrichtung von Fachschulen für Pflege nach dem Vorbild der Erzieherausbildung." (Schmerfeld 1996, S. 57f)

Im Unterschied zur universitären Lehrerausbildung können im Rahmen des Pflegepädagogikstudiums an Fachhochschulen alternative Modelle entwickelt werden. Hier eröffnet sich „die Freiheit, Veränderungen in der Pflegeausbildung anzustreben, ohne dabei unter Zugzwang zu stehen. Pädagogische Veränderungen in den bestehenden Pflegeschulen sind zu erwarten und wünschenswert, wenn sie einen Beitrag zur Professionalisierung der Pflege leisten." (Schmerfeld 1996, S. 58)

Die anzustrebende Offenheit von Pflegepädagogenausbildung an Fachhochschulen für pädagogische Innovationen könnte gerade in der Gegenwart korrespondieren mit Bestrebungen, die traditionelle zweiphasige Lehrerausbildung grundlegend zu reformieren.

„Hält man sich die vergangene und gegenwärtige Diskussion um den Zustand der Lehrerausbildung vor Augen, so drängt sich der Eindruck auf, dass in den Augen der an dieser Diskussion Beteiligten die Lehrerbildung eigentlich *nie gut war und auch nie gut ist,* aber *unendlich gut werden kann* - dies seit mindestens zweihundert Jahren. Die je gegebene Situation erscheint der Öffentlichkeit, den Lehrerbildnern, den Erziehungswissenschaftlern und - nicht zuletzt - den Lehrerinnen und Lehrern selbst grundsätzlich defizitär, wobei die Dramatik der Krisendiagnosen in Abhängigkeit vom Gestus der jeweiligen Epoche sowie dem Temperament des Diagnostikers stark schwankt." (Terhart 2000, S. 75)

Auch wenn die eher auf ökonomische als auf pädagogische Kriterien bezogene bildungspolitische Erwartung von Effizienz der Lehrerausbildung als ideologisch zurückzuweisen ist (vgl. Oelkers 1998, S. 47f.), sind doch - bei allen Differenzen unter Erziehungswissenschaftlern (vgl. repräsentativ Cloer u.a. (Hrsg.) 2000, Bayer u.a. (Hrsg.) 2000) - einige Kernpunkte der **Kritik am gegenwärtigen Stand der Lehrerbildung** weitgehend unumstritten:

- „Kennzeichnend für die Lehrerausbildung ist eine Dominanz von Fachwissenschaft in der ersten Phase und von fachbezogener Unterrichtslehre in der zweiten Phase. So wird ein Berufsverständnis begünstigt, das primär durch die Fähigkeit bestimmt ist, Fachwissen im Unterricht weiterzugeben...

- Bisher (ist es) nicht hinreichend gelungen, während der ersten Phase den Anforderungen des Lehrerberufs entsprechende pädagogische und fachdidaktische Studien zu gewährleisten. Die Ausbildung erfolgt überwiegend als unverbundenes Nebeneinander von Einzelveranstaltungen in Fachwissenschaft, Fachdidaktik und Erziehungswissenschaften...

- Die berufspraktische Ausbildung während der zweiten Phase konzentriert sich bisher auf die Unterrichtslehre und in diesem Rahmen vor allem auf die Ausbildung der Fähigkeit, Unterrichtsstunden zu gestalten. Die Ausbildung psychologisch-diagnostischer, sozialer und erzieherischer Kompetenzen wird vernachlässigt... Die Ausbildung leidet unter einer engen Verklammerung von Ausbildung und Prüfung. Insgesamt wird eher Anpassung begünstigt als selbständige Entwicklung und Innovationsbereitschaft gefördert...

- Die notwendige Verknüpfung der beiden Phasen der Lehrerausbildung ist bisher nicht realisiert...

- Die derzeitige Lehrerbildung folgt noch zu sehr einem Verständnis, nach dem die Ausbildung zum Abschluss der zweiten Phase 'berufsfertig' qualifizierte Lehrerinnen und

Lehrer in die Schulen entlässt. Die Fortbildung spielt noch eine nachgeordnete Rolle, die der Notwendigkeit lebenslangen Lernens nicht gerecht wird." (Bildungskommission NRW 1995, S. 308f.)

Die von der ständigen Konferenz der Kultusminister der Länder in der Bundesrepublik Deutschland 1998 eingesetzte Expertenkommission zur Reform der Lehrerbildung hat in ihrem Abschlussbericht eine Reihe von Vorschlägen zur Gestaltung einer zukunftsorientierten Lehrerbildung gemacht (vgl. Terhart (Hrsg.) 2000). Bezeichnenderweise wurde jedoch der Vorschlag einer Verlagerung von Teilen der Lehrerausbildung von Universitäten an Fachhochschulen deutlich zurückgewiesen. Begründet wird diese Ablehnung folgendermaßen:

- Die komplexe Interdisziplinarität zwischen wissenschaftlichem Denken und pädagogischem Handeln kann im Rahmen der Lehrerausbildung für alle Schulformen, Schulstufen und Unterrichtsfächer an Universitäten besser vermittelt werden als an Fachhochschulen.
- Den Fachhochschule fehlen gegenwärtig personelle und strukturelle Kapazitäten.
- Eine Verlagerung von Erziehungswissenschaften und Fachdidaktiken von Universitäten an Fachhochschulen könnte sich für die Forschung als kontraproduktiv erweisen.
- Die Verlagerung eines Teils der Lehrerausbildung aus den Universitäten an Fachhochschulen könnte statusmäßige (d.h. besoldungsmäßige) Verluste für einen Teil der Lehrerschaft bedeuten (vgl. Terhart (Hrsg.) 2000, S. 86ff.).

Offensichtlich wird hier von (Universitäts-)Experten eher berufsständisch argumentiert, als dass die seit Jahrzehnten erfolgreichen Bemühungen der Verknüpfung von wissenschaftlicher Lehre und Forschung mit der Entfaltung von praktischen Handlungskompetenzen im Rahmen von Studium und Lehre an Fachhochschulen überhaupt nur zur Kenntnis genommen würden, geschweige denn dass diese Studienform mit ausgewiesenen erziehungswissenschaftlichen Kriterien bewertet wird. Erst eine solche Herangehensweise könnte Lehrerausbildungsgänge (oder Teile davon) an Fachhochschulen als Alternative oder als fruchtbare Ergänzung zum universitären Lehrerstudium ausweisen.

Möglicherweise könnte hierbei das Studium von „Diplom-PflegepädagogInnen" an Fachhochschulen als Modell einer einphasigen fachwissenschafts- **und** praxisbezogenen Pädagogen- **und** Lehrerbildung dienen!

11.4   Pflegepädagogik als akademische Disziplin

Ob an Universitäten oder an Fachhochschulen - Pflegepädagogik hat in den vergangenen Jahren begonnen, sich als eine akademische Disziplin zu etablieren. Diesen Prozess gilt es weiterzuführen. Alle Aspekte von Pflegeausbildung, -fortbildung und -weiterbildung, aber auch die pädagogischen Dimensionen des Umgangs mit Patienten bzw. Klienten sind - unter Berücksichtigung des historischen Sonderwegs der Pflege - wissenschaftlich zu analysieren. Im Rahmen kritisch-konstruktiver pflegepädagogischer Forschungen sollte es zu einer Integration von Empirie, Hermeneutik und Ideologiekritik kommen. Die Zielsetzungen pädagogischen Handelns dürfen nicht als von anderen gegeben hingenommen werden, sondern sind innerhalb eines wissenschaftlichen Rahmens stets aufs Neue zu legitimieren. Auch das Verhältnis von Theorie und Praxis darf nicht durch Dominanzansprüche einer Seite gekennzeichnet sein.

Die seit längerem stagnierenden Bestrebungen zur Etablierung einer eigenständigen Fachdidaktik Pflege sind ebenso weiter zu führen wie die Entwicklung von Curricula. In wissenschaftlich begleiteten Modellversuchen sollten verschiedene Ansätze für eine Reform der Pflegeausbildung erprobt werden. Wie im Rahmen moderner Berufsbildung üblich sollten die Evaluationsergebnisse dieser Modelle Eingang finden in die notwendige Neugestaltung der Pflegeausbildung.

Eine kritisch-konstruktive Pflegepädagogik steht im fruchtbaren Austausch mit der Erziehungswissenschaft (Allgemeine Pädagogik, Berufspädagogik, Schulpädagogik und Allgemeine Didaktik, Gesundheitspädagogik), der Pflegewissenschaft, der Gesundheitswissenschaft (Public Health), der Gerontologie und anderen Sozialwissenschaften (Politikwissenschaft, Ökonomie). Darüber hinaus hat sie sich als akademische Disziplin auseinanderzusetzen mit Ansprüchen von Interessengruppen, Praktikern und Politikern. Bei der weiteren Profilierung sollte sie Streit nicht scheuen, aber überflüssige - weil die Interessenlage verbergende - Konfrontationen vermeiden. Das Interesse der kritisch-konstruktiven Pflegepädagogik liegt offen zu Tage: es geht um eine Verbesserung der Aus-, Fort- und Weiterbildungssituation in der Pflege - im Interesse von Auszubildenden/SchülerInnen, Lehrenden und PatientInnen/KlientInnen der Pflege!

LITERATURVERZEICHNIS

Ackerknecht, Erwin H. (1992): Geschichte der Medizin, 7. Aufl., Stuttgart

Adl-Amini, Bijan/**Künzli**, Rudolf (Hrsg.) (1980): Didaktische Modelle und Unterrichtsplanung, München

Adorno, Theodor W. u.a. (1974): Der Positivismusstreit in der deutschen Soziologie, 3. Aufl., Darmstadt/Neuwied

Alpiger, René (1996): Pflegen in den fünf Funktionen, in: PflegePädagogik, 6. Jg., H. 5, S. 18ff.

Anderson, Perry (1978): Über den westlichen Marxismus, Frankfurt/M.

Arets, Jos/**Obex**, Franz/**Vaessen**, John (1996): Professionelle Pflege. Band 1. Theoretische und praktische Grundlagen, Bocholt

Arnold, Karen u.a. (1999): Altenpflegeausbildung. Eine Einführung, Freiburg

Arnold, Rolf/**Lipsmeier**, Antonius (Hrsg.) (1995): Handbuch der Berufsbildung, Opladen

Arnold, Rolf/**Siebert**, Horst (1995): Konstruktivistische Erwachsenenbildung. Von der Deutung zur Konstruktion von Wirklichkeit, Baltmannsweiler

ASG/Arbeitsgemeinschaft Sozialdemokratinnen und Sozialdemokraten im Gesundheitswesen (1995): Das ASG-Reformkonzept der Pflegebildung, Bonn

Autenrieth, Norbert (1996): Was ist ein Projekt wirklich? Anmerkungen zu einem inflationär gebrauchten Begriff, in: Pädagogische Welt, 50. Jg., H. 1, S. 16ff.

Axmacher, Jörg (1991): Pflegewissenschaft – Heimatverlust der Krankenpflege?, in: Rabe-Kleberg u.a. (Hrsg.), S. 120ff.

BA/Bundesausschuss der Länderarbeitsgemeinschaften der Lehrerinnen und Lehrer für Pflegeberufe (1992): Grußworte, Referate und Statements der 5. Bundestagung (Friedrichshafen), 2 Teile, in: Deutsche Krankenpflegezeitschrift, 45. Jg., H. 9 u. 10, Beilage

BA/Bundesausschuss der Länderarbeitsgemeinschaften der Lehrerinnen und Lehrer für Pflegeberufe (1996): Tagungsband, 6. Bundestagung Fürth, Bocholt

BA/Bundesausschuss der Länderarbeitsgemeinschaften der Lehrerinnen und Lehrer für Pflegeberufe (1997): Bildung und Pflege, Stuttgart/New York

Baader, Gerhard/**Schultz**, Ulrich (Hrsg.) (1989): Medizin und Nationalsozialismus. Tabuisierte Vergangenheit – Ungebrochene Tradition?, 4. Aufl., Frankfurt/M.

Bäuml-Roßnagl, Maria-Anna (1981): Didaktik des Krankenpflegeunterrichts. Theoretische Grundlagen und praktische Beispiele, München

BAGFW/Bundesarbeitsgemeinschaft der Freien Wohlfahrtspflege (1996): Empfehlungen für die Weiterbildung zur Praxisanleiterin/Mentorin, Bonn

Bals, Thomas (1993): Berufsbildung der Gesundheitsfachberufe. Einordnung – Strukturwandel – Reformansätze, Alsbach

Bals, Thomas (1995 a): Professionalisierung des Lehrens im Berufsfeld Gesundheit, 3. Aufl., Köln

Bals, Thomas (1995 b): Was ist `Medizin- und Pflegepädagogik`?, in: PflegePädagogik, 5. Jg., H. 2, S. 15ff.

Baron, Waldemar/**Meyer**, Norbert (1987): Projektorientiertes Lernen als Ansatz zur Vermittlung von Handlungskompetenzen in der beruflichen Bildung, in: Berufsbildung in Wissenschaft und Praxis. 16. Jg., H. 5, S. 144ff.

Bartholomeyczik, Sabine (1996): Pflege. Zwischen Wissenschaftsanspruch und ritualisiertem Handwerk, in: Dr. med. Mabuse, 21. Jg., H. 100, S. 42ff.

Bartholomeyczik, Sabine u.a. (1993): Die Nacht im Krankenhaus aus der Sicht der Pflegenden. Vom Lernprojekt zum Forschungsvorhaben, Eschborn

Bartsch, Susanne/**Rösch**, Magdalena/**Zerler**, Matthias (1997): Psychiatrie in der Krankenpflegeausbildung. Konzept eines Projektes der Krankenpflegeschule des Universitätsklinikums Benjamin Franklin in Berlin (unveröff.)

Bastian, Johannes (1993): Freie Arbeit und Projektunterricht. Eine didaktische `Wiedervereinigung` In: Pädagogik. 45. Jg., H. 10, S. 6ff.

Bastian, Johannes (1994): Lehrer im Projektunterricht. Plädoyer für eine profilierte Lehrerrolle in schülerorientierten Lernprozessen, in: Bastian/Gudjons (Hrsg.), S. 28ff.

Bastian, Johannes/**Gudjons**, Herbert (1993): Das Projekt. Projektunterricht. Argumente gegen eine Reduzierung des Projektbegriffs, in: Pädagogik. 45. Jg., H. 7-8, S. 73

Bastian, Johannes/**Gudjons**, Herbert (Hrsg.) (1994): Das Projektbuch, 4. Aufl., Hamburg

Baumann, Manfred (1999): Ein `Roter Faden` für die `Pflege` von Kommunikation. Zusammenfassung der Projektarbeit der Projektgruppe Kurs 1997/2000 der Krankenpflegeschule des Robert-Bosch-Krankenhauses in Stuttgart (unveröff.)

Baumhauer, J. u.a. (1992): Das neue Lehrbuch der Krankenpflege, Stuttgart/Berlin/Köln

Bayer, Manfred u.a. (Hrsg.) (2000): Lehrerin und Lehrer werden ohne Kompetenz? Professionalisierung durch eine andere Lehrerbildung, Bad Heilbrunn

Bayerisches Staatsministerium für Unterricht, Kultus, Wissenschaft und Kunst (1992): Lehrpläne für die Fachschule für Altenpflege, München

Beck, Herbert (1993): Schlüsselqualifikationen. Bildung im Wandel, Darmstadt

Beck, Ulrich (1986): Risikogesellschaft. Auf dem Weg in eine andere Moderne, Frankfurt/M.

Beck, Ulrich (Hrsg.) (1997): Kinder der Freiheit, Frankfurt/M.

Becker, Georg E. (1995): Durchführung von Unterricht. Handlungsorientierte Didaktik Teil II, 7. Aufl., Weinheim/Basel

Becker, Georg E. (1997): Planung von Unterricht. Handlungsorientierte Didaktik Teil I, 7. Aufl., Weinheim/Basel

Becker, Georg E. (1998): Auswertung und Beurteilung von Unterricht. Handlungsorientierte Didaktik Teil III, 2. Aufl., Weinheim/Basel

Becker, Wolfgang (1991): Schlüsselqualifikationen – Begriffsgeschichte, Beispiele, Erläuterungen, in: Meifort (Hrsg.), S. 75ff.

Becker, Wolfgang (1996): Stand und Perspektiven der curricularen Entwicklung bei gesundheits- und sozialpflegerischen Berufen, in: Martens u.a., S. 84ff.

Becker, Wolfgang u.a. (1995): Integrierte Ausbildung von Altenpflegerinnen und Erzieherinnen. Qualifikationskonzept und Ausbildungsrahmenplan eines Modells, Bielefeld

Becker, Wolfgang/**Meifort**, Barbara (1994): Pflegen als Beruf – ein Berufsfeld in der Entwicklung. Berufe in der Gesundheits- und Sozialpflege: Ausbildung, Qualifikationen, berufliche Anforderungen, Bielefeld

Becker, Wolfgang/**Meifort**, Barbara (1997): Altenpflege – eine Arbeit wie jede andere? Ein Beruf fürs Leben? Dokumentation einer Längsschnittuntersuchung zu Berufseinmündung und Berufsverbleib von Altenpflegekräften, Bielefeld

Becker, Wolfgang/**Meifort**, Barbara (1998): Altenpflege – Abschied vom Lebensberuf. Dokumentation einer Längsschnittuntersuchung zu Berufseinmündung und Berufsverbleib von Altenpflegekräften (Teil 2), Bielefeld

Beier, Jutta u.a. (1995): Jahrbuch der Pflege- und Gesundheitsfachberufe 1995/96, Reinbek

Beier, Jutta (1998): Lehrerbildung in universitären Studiengängen, in: Pflege aktuell, 52. Jg., H. 12, S. 688ff.

Beierle, Elisabeth (1999): Von der lehrenden Schwester zur Lehrerin für Pflegeberufe. Die geschichtliche Entwicklung und ein kurzer Ausblick auf mögliche Veränderungen, in: Pflegezeitschrift, 52.Jg., H.1, Dokumentation

Belz, Horst/**Siegrist**, Marco (1997): Kursbuch Schlüsselqualifikationen: Ein Trainingsprogramm, Freiburg

Bembenneck, Susanne (1998): Aktualität und Bedeutung der Anleitung von Patienten als Thema in der Krankenpflegeausbildung, Diplomarbeit im Fachbereich Pflege, Studiengang Pflegepädagogik an der Evangelischen Fachhochschule für Sozialwesen, Ludwigshafen (unveröff.)

Benner, Dietrich u.a. (1978): Entgegnungen zum Bonner Forum „Mut zur Erziehung", München u.a.

Benner, Dietrich/**Göstemeyer**, Karl-Franz (1987): Postmoderne Pädagogik: Analyse oder Affirmation eines gesellschaftlichen Wandels?, in: Zeitschrift für Pädagogik, 33. Jg., H. 1, S. 61ff.

Benner, Patricia (1995): Stufen zur Pflegekompetenz, Bern u.a.

Benner, Patricia/**Wrubel**, Judith (1997): Pflege, Streß und Bewältigung. Gelebte Erfahrung von Gesundheit und Krankheit, Bern u.a.

Bergmann, Klaus/**Pandel**, Hans-Jürgen (1975): Geschichte und Zukunft. Didaktische Reflexionen über veröffentlichtes Geschichtsbewusstsein, Frankfurt/M.

Bernhard, Armin (1999): Neuere Grundlagenkritik an der Didaktik. Folgerungen für eine bildungs-wissenschaftliche Entwicklungsarbeit unter besonderer Berücksichtigung des Schulfaches Pädagogik, in: Zeitschrift für Pädagogik, 45. Jg., H. 5, S. 649ff.

Bernhard, Armin/**Rothermel**, Lutz (Hrsg.) (1997): Handbuch Kritische Pädagogik, Weinheim

Bernhard, Linda A./**Walsh**, Michelle (1997): Leiten und Führen in der Pflege. Leadership, the key to the professionalization of Nursing, Berlin/Wiesbaden

Bevis, Em Olivia/**Watson**, Jean (1989): Toward a caring curriculum: A new pedagogy for nursing, New York City

bfw/Berufsfortbildungswerk des DGB (1990): Lehrgangsrichtlinie Berufspädagogische Weiterbildung für Ausbilder und Ausbilderinnen in Pflegeberufen (erarbeitet von Karl-Heinz Sahmel), Düsseldorf

Biege, Bernd (2000): Helfer unter Hitler. Das Rote Kreuz im Dritten Reich, Reinbek

Bienstein, Christel (1983): Analyse der praktischen Ausbildungssituation in der Bundesrepublik Deutschland, Teil 1, in: Deutsche Krankenpflegezeitschrift, 36. Jg., H. 8, Beilage, Teil 2, in: Deutsche Krankenpflegezeitschrift, 36. Jg., H. 9, Beilage

Bildungskommission NRW (1995): Zukunft der Bildung – Schule der Zukunft. Denkschrift der Kommission beim Ministerpräsidenten des Landes Nordrhein-Westfalen, Neuwied

Bischoff, Claudia (1993 a): Pädagogische Überlegungen zu einer Reform der Lehrerausbildung in der Pflege oder: Müssen wir alles neu erfinden?, in: Bischoff / Botschafter (Hrsg.), S. 73ff.

Bischoff, Claudia (1993 b): Theorie und Praxis – Konflikt in jeder Ausbildung?, in: PflegePädagogik, 3. Jg., H. 3, S. 8ff.

Bischoff, Claudia (1994 a): Frauen in der Krankenpflege. Zur Entwicklung von Frauenrolle und Frauenberufstätigkeit im 19. und 20. Jahrhundert, 2. Aufl., Frankfurt/M. – New York

Bischoff, Claudia (1994 b): Ein Curriculum für die Krankenpflegeausbildung, das den Namen verdient, in: PflegePädagogik, 4. Jg. , H. 2, S. 20ff.

Bischoff, Claudia/**Botschafter**, Petra (Hrsg.) (1993): Neue Wege in der Lehrerausbildung für Pflegeberufe, Melsungen

Blankertz, Herwig (1972): Die bildungstheoretischen Prämissen des Kollegstufenmodells, in: Kultusminister des Landes NRW (Hrsg.): Kollegstufe NRW, Ratingen

Blankertz, Herwig (1974): Theorien und Modelle der Didaktik, 8. Aufl., München

Blankertz, Herwig (1982): Pädagogische Theorie und erzieherische Praxis im Spiegel des Verhältnisses von Wissenschaftstheorie und Wissenschaftspraxis, in: Eckard König/Peter Zedler (Hrsg.): Erziehungswissenschaftliche Forschung: Positionen, Perspektiven, Probleme, Paderborn/München, S. 64ff.

Blankertz, Herwig (1991): Theorien und Modelle der Didaktik, Nachdruck der neub. und erw. 9. Aufl., Weinheim

Bögemann, Ellen u.a. (1989): Ein Beitrag zu einer Fachdidaktik Pflege - das „Duisburger Modell", in: Pflege, 2. Jg., H. 1, S. 16ff.

Bögemann-Großheim, Ellen (1994): Das Duisburger Modell und seine Umsetzung im Pflegeunterricht. In: Schwarz-Govaers (Hrsg.), S. 56ff.

Bögemann-Großheim, Ellen u.a. (1999): Problem-based Learning – eine pädagogische Antwort auf neue Herausforderungen in der Krankenpflege, in: PflegePädagogik, 9. Jg., H. 2, S. 4ff.

Bönsch, Manfred (1986): Unterrichtskonzepte. Studien zur Allgemeinen Didaktik, Baltmannsweiler

Born, Wolfgang/**Otto**, Gunter (Hrsg.) (1978): Didaktische Trends. Dialoge mit Allgemeindidaktikern und Fachdidaktikern, München/Wien/Baltimore

Bornitz, Doris u.a. (1999): Krankenpflege-Ausbildung. Praxisnachweis, Bielefeld

Borscheid, Peter (1989): Geschichte des Alters. Vom Spätmittelalter zum 18. Jahrhundert, München

Botschafter, Petra (1993): Selbstverständlich, aber nicht akzeptiert: Die Forderung nach einer universitären Ausbildung für Pflegelehrer/innen, in: Bischoff/Botschafter (Hrsg.), S. 125ff.

Botschafter, Petra/**Moers**, Martin (1991): Pflegemodelle in der Praxis. 8. Folge: Dorothea E. Orem. Die Selbstfürsorge-Defizit-Konzeption der Pflege, in: Die Schwester/Der Pfleger, 30. Jg., H. 8, S. 701ff.

Botschafter, Petra/**Steppe**, Hilde (1994): Theorie- und Forschungsentwicklung in der Pflege, in: Doris Schaeffer u.a. (Hrsg.): Public Health und Pflege. Zwei neue gesundheitswissenschaftliche Disziplinen, Berlin, S. 72ff.

Brassard, Werner u.a. (1992): Wege zur beruflichen Mündigkeit. Teil 1: Didaktische Grundlagen, Weinheim

Brauchbar, Mathis/**Heer**, Heinz (1993): Zukunft Alter. Herausforderung und Wagnis, München

Breiding, Birgit (1998): Die Braunen Schwestern. Ideologie – Struktur – Funktion einer nationalsozialistischen Elite, Stuttgart

Brendel, Sabine/**Dielmann**, Gerd (1998): Reform der Pflegeausbildung. Versuch einer Standortbestimmung im Bildungswesen, in: Pflege und Gesellschaft, 3. Jg. , H. 1, S. 7ff.

Brenner, Renate (1994): Krankenpflegeausbildung – Berufsausbildung im Abseits, Frankfurt/M.

Bruner, Jerome S. (1976): Der Prozeß der Erziehung, Berlin

Buchen, Herbert u.a. (1995): Schulleitung und Schulentwicklung: ein Reader. Stuttgart u.a.

Büttemeyer, Wilhelm/**Möller**, Bernhard (Hrsg.) (1979): Der Positivismusstreit in der deutschen Erziehungswissenschaft, München

Bundesinstitut für Berufsbildung (Hrsg.) (1989): Neue Ausbildungsmethoden in der betrieblichen Berufsausbildung. Ergebnisse aus Modellversuchen, Berlin/Bonn

Bunk, Gerhard u.a. (1995): Schlüsselqualifikationen – Intention, Modifikation und Realisation in der beruflichen Aus- und Weiterbildung, in: Mitteilungen aus der Arbeitsmarkt- und Berufsforschung, 24. Jg., H. 2, S. 365ff.

Cantieni, Cornelia u.a. (1995): Projektunterricht. In: PflegePädagogik. 5. Jg., H. 1, S. 9ff.

Caritasverband für das Bistum **Essen** (Hrsg.) (1998): Gemeinsame (Grund-) Ausbildung in der Alten-, Kranken- und Kinderkrankenpflege. Ein Testcurriculum für die theoretische Ausbildung in der gemeinsamen Grundstufe, Essen

Caritasverband für das Bistum **Essen** (Hrsg.) (2000): Gemeinsame (Grund-) Ausbildung in der Alten-, Kranken- und Kinderkrankenpflege. Fachtagungen. Erste Ergebnisse und Erfahrungen zum Abschluß der gemeinsamen Grundstufe, Essen

Claußen, Bernhard/**Scarbath**, Horst (Hrsg.) (1979): Konzepte einer Kritischen Erziehungswissenschaft. Einführende Texte, München/Basel

Cloer, Ernst u.a. (Hrsg.) (2000): Welche Lehrer braucht das Land? Notwendige und mögliche Reformen der Lehrerbildung, Weinheim/München

Cohen, Stanley/**Taylor**, Laurie (1977): Ausbruchsversuche. Identität und Widerstand in der modernen Lebenswelt, Frankfurt/M.

Conrad, Günter/**Schmidt**, Werner (1990): „Glossar". Nachdruck einer Broschüre vorbereitet für: Gesundheitsförderung. Eine Investition für die Zukunft. Internationale Konferenz Bonn, 17. - 19. Dezember 1990, Zusammengestellt im Auftrag der Weltgesundheitsorganisation (WHO) Regionalbüro für Europa, Kopenhagen und mit Unterstützung durch die Spitzenverbände der Krankenkassen der Bundesrepublik Deutschland hergestellt

Cornelißen, Christoph (Hrsg.) (2000): Geschichtswissenschaften. Eine Einführung, Frankfurt/M.

Cube, Felix von (1976): Der informationstheoretische Ansatz in der Didaktik, in: Ruprecht u.a., S. 128ff.

Cube, Felix von (1987): Die kybernetisch-informationstheoretische Didaktik, in: Gudjons/Teske/Winkel (Hrsg.), S. 47ff.

Dahms, Hans-Joachim (1994): Positivismusstreit. Die Auseinandersetzung der Frankfurter Schule mit dem logischen Positivismus, dem amerikanischen Pragmatismus und dem kritischen Rationalismus, Frankfurt/M.

Damkowski, Wulf u.a. (2000): Das Krankenhaus im Wandel. Konzepte – Strategien – Lösungen, Stuttgart u.a.

DBfK/Deutscher Berufsverband für Krankenpflege (Hrsg.) (1990): Hessisches Curriculum Krankenpflege. 1. Ausbildungsabschnitt, im Auftrag des Hessischen Sozialministeriums, Eschborn

DBfK/Deutscher Berufsverband für Krankenpflege (Hrsg.) (1991): Hessisches Curriculum Krankenpflege. 2. Ausbildungsabschnitt, im Auftrag des Hessischen Ministeriums für Jugend, Familie und Gesundheit, Eschborn

DBfK (1995): Gesundheitswesen 2000, Eschborn

DBfK (Hrsg.) (1997): Ausbildung in den Pflegeberufen. Dokumentation eines Expertengesprächs am 14.03.1997 in Eschborn, Eschborn

Dehnbostel, Peter/**Walter-Lezius**, Hans-Joachim (Hrsg.) (1995): Didaktik moderner Berufsbildung. Standorte, Entwicklungen, Perspektiven, Bielefeld

Deppe, Hans-Ulrich (2000): Zur sozialen Anatomie des Gesundheitssystems. Neoliberalismus und Gesundheitspolitik in Deutschland, Frankfurt/M.

Deutscher Bildungsrat (1974): Empfehlungen der Bildungskommission - Zur Förderung praxisnaher Curriculum-Entwicklung, Bonn

Deutscher Bundestag (3.7.2000): Beschlussempfehlung und Bericht des Ausschusses für Familie, Senioren, Frauen und Jugend, Drucksache 14/3736

Dibelius, Olivia (1995): Gemeinsam lernen - gemeinsam arbeiten. Überlegungen für ein neues Ausbildungsmodell für die Altenpflege, Heilerziehungspflege und Sozialpädagogik im Hessischen Diakoniezentrum Hephata in Treysa, in: Meifort / Becker (Hrsg.), S. 173ff.

Dielmann, Gerd (1991): Vorschläge zu einer Neuordnung des Qualifizierungssystems der Altenpflege, in: Rabe-Kleberg u.a. (Hrsg.), S. 197ff.

Dielmann, Gerd (1992): Lehrer/in für Pflegeberufe. Die aktuelle Ausbildungs- und Berufssituation der „Lehrer/innen für Pflegeberufe" in der Bundesrepublik Deutschland, in: Deutsche Krankenpflegezeitschrift, 45. Jg., H. 7, Beilage

Dielmann, Gerd (1993): Praktische Anleitung der Schülerinnen und Schüler im Spannungsfeld zwischen Schule und Spital: Zuständigkeit, Berufsbild der LehrerInnen, Kooperation, in: PflegePädagogik, 3. Jg., H. 3, S. 15ff.

Dielmann, Gerd (1997): Das Konzept der ÖTV zur Reform der Ausbildung in den Pflegeberufen, in: DBfK (Hrsg.), S. 59ff.

Dielmann, Gerd (1999): Zur Integration der Pflegeausbildungen in das Berufsbildungssystem - Duales System, Berufsfachschule und Berufszulassungsgesetz im Vergleich, in: Pflege Pädagogik, 9. Jg., H. 3, S. 11ff.

Dielmann, Gerd (2000): Altenpflegegesetz im Bundestag beschlossen, in: Dr. med. Mabuse, 25. Jg., H.127, S. 24ff.

Dietrich, Astrid/**Orthey**, Frank-Michael (1993): Schlüsselqualifikationen: Paradoxe Suche nach einem Universalschlüssel, in: Pädextra, 21. Jg., H. 10, S. 33ff.

Dörig, Roman (1994): Das Konzept der Schlüsselqualifikationen. Ansätze, Kritik und konstruktivistische Neuorientierung auf der Basis der Erkenntnisse der Wissenspsychologie (Diss. St. Gallen), Hallstadt

Domscheit, Stefan u.a. (1994): Gutachten zur praktischen Krankenpflegeausbildung in Berlin, im Auftrag der Senatsverwaltung für Gesundheit des Landes Berlin, Berlin

Dorn, Matthias (1994): Schlüsselqualifikationen in der berufs- und wirtschafts-pädagogischen Diskussion und in der Berufserziehungswirklichkeit. Eine kritische Untersuchung zum Umgang mit einer didaktischen Zauberformel, Diplom-Arbeit, Universität Mannheim (unveröff.)

Drerup, Elisabeth (1998): Pflegetheorien. Lehrerhandbuch für den Pflegeunterricht, Freiburg

Dreymüller, Veronika u.a.(1993): Pflegen können. Ein Curriculum für die theoretische Ausbildung in der Krankenpflege, hrsg. v. d. Arbeitsgemeinschaft krankenpflegender Ordensleute Deutschlands (AKOD), 2. Aufl., Freiburg

Ehmer, Hermann K. (Hrsg.) (1971): Visuelle Kommunikation. Beiträge zur Kritik der Bewußtseinsindustrie, Köln

Ehmer, Josef (1990): Sozialgeschichte des Alters, Frankfurt/M.

EKD (1996): Rahmenlehrplan für Weiterbildungsmaßnahmen für Praxisanleiterinnen und Praxisanleiter bzw. Mentorinnen und Mentoren in der stationären und ambulanten Altenarbeit im Bereich des Diakonischen Werkes der EKD, in: Evangelische Impulse, 18. Jg., H. 3, S. 38f.

Elster, Ruth (2000): Der Agnes Karll-Verband und sein Einfluß auf die Entwicklung der Krankenpflege in Deutschland. Ein Beitrag zur Geschichte der Pflegeberufe und eines Berufsverbandes, Frankfurt/M.

Entzian, Hildegard (1999): Altenpflege zeigt Profil. Ein berufskundliches Lehrbuch, Weinheim/Basel

Ertl-Schmuck, Roswitha (1990): Die Ausbildung zum Lehrer für Krankenpflege. Eine Analyse der Curricula und der didaktisch-methodischen Konzepte aus Sicht der Erwachsenenbildung, Melsungen

Ertl-Schmuck, Roswitha (2000): Pflegedidaktik unter subjekttheoretischer Perspektive, Frankfurt/M.

Falk, Juliane (1998): „Motivation und Qualität!?" ISO – Normen und Total Quality-Management (TQM) auch für Schulen?, in: PflegePädagogik, 8. Jg., H. 1, S. 13ff.

Falk, Juliane/**Kerres**, Andrea (1996): Theorie und Praxis sinnvoll verzahnen. Ausbildungsordner bieten eine strukturierte Hilfestellung in der Kooperation zwischen SchülerInnen und Praktikumsstelle, in: Altenpflege, 21. Jg., H. 1, S. 35ff.

Faulstich, Heinz (1993): Von der Irrenfürsorge zur „Euthanasie". Geschichte der badischen Psychiatrie bis 1945, Freiburg

Fawcett, Jacqueline (1989): Analysis and Evaluation of conceptual Models of Nursing, Philadelphia

Fawcett, Jacqueline (1996): Pflegemodelle im Überblick, Bern u.a.

Fawcett, Jacqueline (1999): The state of nursing science: Hallmarks of the 20th and 21st century, in: Nursing Science Quarterly, 12. Jg., H. 4, October

Fend, Helmut (1984): Die Pädagogik des Neokonservatismus, Frankfurt/M.

Ferchhoff, Wilfried/**Neubauer**, Georg (1989): Jugend und Postmoderne. Analysen und Reflexionen über die Suche nach neuen Lebensorientierungen, Weinheim/München

Fiechter, Verena/**Meier**, Martha (1998): Pflegeplanung. Eine Anleitung für die Anwendung und Dokumentation des Pflegeprozesses in der Praxis, 10. Aufl., Basel

Fies, Nicole (1994): Schlüsselqualifikationen. Systematisierung, exemplarische Konkretisierung von sozialer Kompetenz und Erfassung von Kommunikationsfähigkeit, Diplom-Arbeit, Universität Mannheim (unveröff.)

Fischer, Walter/**Schrantz**, Michael (1993): Schule leiten und gestalten. Mit einer neuen Führungskultur in die Zukunft, Innsbruck

Fix, Wolfgang (1984): Merkmale und Entwicklung der Projektmethode, in: Berufsbildung in Wissenschaft und Praxis. 13. Jg., H. 3, S. 81ff.

Forschungsgesellschaft für Gerontologie, Dortmund (1996): Strukturreform der Pflegeausbildungen. Gutachten über Handlungsbedarf zur Neustrukturierung von Berufsbildern der gesundheits- und sozialpflegerischen Berufe und bildungspolitische Schlussfolgerung, im Auftrag des Ministeriums für Arbeit, Gesundheit und Soziales des Landes Nordrhein-Westfalen, Düsseldorf

Foucault, Michel (1987): Von der Subversion des Wissens, Frankfurt/M.

Foucault, Michel (1988): Die Geburt der Klinik. Eine Archäologie des ärztlichen Blicks, Frankfurt/M.

Franken, Ulla (2000): Fächerintegration in Curriculumentwürfen - eine kritische Auseinandersetzung, in: Pflegemagazin, 1. Jg., H. 2, S. 20ff.

Freire, Paolo (1970): Pedagogy of the oppressed, New York City

Frevert, Ute (1986): Frauen-Geschichte. Zwischen Bürgerlicher Verbesserung und Neuer Weiblichkeit, Frankfurt/M.

Frey, Elfriede/**Matzke**, Ursula (1997): Erkunden der eigenen Lebensaktivitäten. Projektunterricht zur Einführung in die Pflegeausbildung. Projektbeschreibung der Krankenpflegeschule des Robert-Bosch-Krankenhauses in Stuttgart (unveröff.)

Frey, Karl (Hrsg.) (1975): Curriculum-Handbuch, 3 Bände, München/Zürich

Frey, Karl (1998): Die Projektmethode, 8. Aufl., Weinheim/Basel

Friedeburg, Ludwig von (1989): Bildungsreform in Deutschland. Geschichte und gesellschaftlicher Widerspruch, Frankfurt/M.

Fritz, Emil (1964) Problematik der Krankenpflege und ihrer Berufsverbände, Hannover

FU Berlin/Der Präsident der Freien Universität Berlin (1982): Entwicklung und Erprobung eines dreijährigen Studiengangs für Lehrkräfte an Lehranstalten für Medizinalfachberufe / Lehrer/in für Kranken- und Kinderkrankenpflege (Diplom). Abschlußbericht, Berlin

Gauss, Uta u.a. (1997) : Situation der Ausbildungen in der Kranken-, Kinderkranken- und Altenpflege, in : BA, S. 50ff.

Geissler, Karl-Heinz/**Orthey**, Frank-Michael (1993): Paradoxe Konjunktur eines Suchbegriffs der Modernisierung, in: Grundlagen der Weiterbildung, 4/3, S. 154ff.

Geldmacher, Vera u.a. (Hrsg.) (1993): Beiträge zum 1. Göttinger Symposion „Didaktik und Pflege", Baunatal

Gerbaulet, Sabine u.a. (1972).: Schulnahe Curriculumentwicklung, Stuttgart

Gerlach, Michael (1992): Studienhefte für die Krankenpflege. Die Aufgaben der Schulleitung in der Krankenpflegeschule und Schulverwaltung. Band 5, 2. Aufl., Osnabrück

Geust, Brigitta (1991): Die Kluft zwischen Theorie und Praxis in der Pflege, in: Die Schwester/Der Pfleger, 30. Jg., H. 5, S. 398ff.

Giel, Klaus/**Hiller**, Gotthilf G./**Krämer**, Hermann (1974): Stücke zu einem mehrperspektivischen Unterricht. Aufsätze zur Konzeption, Band 1, Stuttgart

Giel, Klaus/**Hiller**, Gotthilf G./**Krämer**, Hermann (1975): Stücke zu einem mehrperspektivischen Unterricht. Aufsätze zur Konzeption, Band 2, Stuttgart

Giesecke, Hermann (1998): Pädagogische Illusionen. Lehren aus 30 Jahren Bildungspolitik, Stuttgart

Gnamm, Else/**Denzel**, Sieglinde (1997): Praxisanleitung – beim Lernen begleiten, Stuttgart/New York

Göckenjan, Gerd/**Kondratowitz**, Hans-Joachim von (Hrsg.) (1988): Alter und Alltag, Frankfurt/M.

Göpel, Eberhard/**Schneider-Wohlfart**, Ursula / Hrsg. (1995): Provokationen zur Gesundheit. Beiträge zu einem reflexiven Verständnis von Gesundheit und Krankheit, Frankfurt/ M.

Görres, Stefan (1996): Welche LehrerInnen braucht die Pflege? Aspekte eines pflegespezifischen Bildungskonzeptes, in: Pflege, 9. Jg., H. 1, S. 48ff.

Görres, Stefan (1999): Qualitätssicherung in Pflege und Medizin. Bestandsaufnahme, Theorieansätze, Perspektiven am Beispiel des Krankenhauses, Bern u.a.

Göstemeyer, Karl-Franz (1993): Pädagogik nach der Moderne? Vom kritischen Umgang mit Pluralismus und Dogmatismus, in: Zeitschrift für Pädagogik, 39. Jg., H. 5, S. 857ff.

Gotthardt, Jutta (1992): Die praktische Krankenpflegeausbildung auf der Station, in: Die Schwester/Der Pfleger, 31. Jg., H. 5, S. 452ff.

Grabowski, Iris (1997): Lernen und Lehren in der Krankenpflege. Tag der alternativen Pflegemethoden, in: Die Schwester/Der Pfleger, 36. Jg., H. 12, S. 987ff.

Grams, Wolfram (1998): Pflege ist Bildung und braucht Bildung. Zum Zusammenhang von Pädagogik und Pflege, in: Pflege, 11. Jg., H. 1, S. 42ff.

Grandjean, Josef u.a. (1998): Pflegen können. Ein Curriculum für die praktische Ausbildung in der Krankenpflege, hrsg. v. Deutschen Evangelischen Krankenhausverband, Freiburg/Stuttgart

Greinert, Wolf-Dietrich (1997): Das duale System der Berufsbildung in der Bundesrepublik Deutschland. Struktur und Funktion, 3.Aufl., Stuttgart

Greis, Gabriele/**Wiedermann**, Frauke (1999): Anleitung und Begleitung der Schüler durch die Kursleitung, in: Pflegezeitschrift, 52. Jg., H. 3, S. 197ff.

Grell, Jochen/**Grell**, Monika (1999): Unterrichtsrezepte, 2.Aufl., Weinheim/Basel

Gripp, Helga (1984): Jürgen Habermas, Paderborn u.a.

Groß, Sabine (1991): Die praktische Schüleranleitung, 2 Teile, in: Die Schwester/Der Pfleger, 30. Jg., H. 6, S. 550f., H. 8, S. 744ff.

Gudjons, Herbert (1997): Handlungsorientiert lehren und lernen. Schüleraktivierung - Selbsttätigkeit – Projektarbeit, 5. Aufl., Bad Heilbrunn

Gudjons, Herbert (1999): Pädagogisches Grundwissen. Überblick - Kompendium – Studienbuch, 6. Aufl., Bad Heilbrunn

Gudjons, Herbert/**Teske**, Rita/**Winkel**, Rainer (Hrsg.) (1987): Didaktische Theorien, 4. Aufl., Hamburg

Habermas, Jürgen (1971): Erkenntnis und Interesse, in: Jürgen Habermas: Technik und Wissenschaft als `Ideologie`, 5. Aufl., Frankfurt/M., S. 146ff.

Habermas, Jürgen (1972 a): Theorie und Praxis. Sozialphilosophische Studien, 4. Aufl., Frankfurt/M.

Habermas, Jürgen (1972 b): Vorbereitende Bemerkungen zu einer Theorie der kommunikativen Kompetenz, in: Jürgen Habermas/Niklas Luhmann: Theorie der Gesellschaft oder Sozialtechnologie – Was leistet die Systemforschung, Frankfurt/M., S. 101ff.

Habermas, Jürgen (1973): Erkenntnis und Interesse, Frankfurt/M.

Habermas, Jürgen (1981): Theorie des kommunikativen Handelns, 2 Bände, Frankfurt/M.

Hänsel, Dagmar (1992): Was ist Projektunterricht, und wie kann er gemacht werden? in: Dagmar Hänsel (Hrsg.): Das Projektbuch Grundschule, 4. Aufl., Weinheim/Basel, S. 15ff.

Hänsel, Dagmar (1997): Projektmethode und Projektunterricht, in: Dagmar Hänsel (Hrsg.): Handbuch Projektunterricht, Weinheim/Basel, S. 54ff.

Hammer, Eckart (1994): Qualifikationsanforderungen in der Altenhilfe. Begründung und Entwicklung eines gemeinsamen Weiterbildungskonzeptes für Altenpflege und Sozialarbeit, Frankfurt/M. u.a.

Hartdegen, Karsten P. (2000): Sekundärtugenden oder: Kopfnoten in der Krankenpflege, in: Pflegemagazin, 1. Jg., H. 1, S. 58f.

Hartfiel, Günter (Hrsg.) (1975): Emanzipation – Ideologischer Fetisch oder reale Chance?, Opladen

Hartwig, Thomas (1996): Die Lehrkraft für Krankenpflege – früher defizitär ausgebildet, zukünftig akademisiert und perfekt?, 2 Teile, in: Die Schwester/Der Pfleger, 35. Jg., H. 11, S. 1013ff., H. 12, S. 1105ff.

Heesch, Eckhard (Hrsg.) (1993): Heilkunst in unheilvoller Zeit. Beiträge zur Geschichte der Medizin im Nationalsozialismus, Frankfurt/M.

Heid, Helmut (1999): Über die Vereinbarkeit individueller Bildungsbedürfnisse und betrieblicher Qualifikationsanforderungen, in: Zeitschrift für Pädagogik, 45. Jg., H. 2, S. 231ff.

Heiland, Helmut/**Sahmel**, Karl-Heinz (1985): Ästhetische Erziehung und Didaktik. Analyse einiger fachdidaktischer Konzeptionen des Kunstunterrichts, in: Pädagogische Rundschau, 39. Jg., H. 4, S. 451ff.

Heimann, Paul (1976): Didaktik als Theorie und Lehre (1962), in: Paul Heimann: Didaktik als Unterrichtswissenschaft, hrsg. v. Kersten Reich u. Helga Thomas, Stuttgart, S. 142ff.

Helmerichs, Jutta (1992): Krankenpflege im Wandel (1890 bis 1933): Sozialwissenschaftliche Untersuchung zur Umgestaltung der Krankenpflege von einer christlichen Liebestätigkeit zum Beruf, Diss., Universität Göttingen

Hendricks, Wilfried u.a. (Hrsg.) (1997): Bildungsfragen in kritisch-konstruktiver Perspektive, Weinheim

Hentig, Hartmut von (1993): Die Schule neu denken. Eine Übung in praktischer Vernunft, München/Wien

Hentig, Hartmut von (1996): Bildung. Ein Essay, München/Wien

Herbst, Ute (1993): Rahmenbedingungen der Pflegepädagogik, in: Geldmacher (Hrsg.), S. 87ff.

Heursen, Gerd (1997): Ungewöhnliche Didaktiken, Hamburg

Hiller, Gotthilf Gerhard (1973): Konstruktive Didaktik. Beiträge zur Definition von Unterrichtszielen durch Lehrformen und Unterrichtsmodelle. Umrisse einer empirischen Unterrichtsforschung, Düsseldorf

Hiller, Gotthilf Gerhard (1980): Ebenen der Unterrichtsvorbereitung, in: Adl-Amini/Künzli (Hrsg.), S. 119ff.

Hillmann, Karl-Heinz (1989): Wertwandel. Zur Frage soziokultureller Voraussetzungen alternativer Lebensformen, Darmstadt

Höhmann, Ulrike (1996): Auftraggeber und Forschung, in: Heilberufe, 48. Jg., H. 4, S. 12ff.

Höhmann, Ulrike u.a. (1996): Die Bedeutung des Pflegeplanes für die Qualitätssicherung in der Pflege, Bonn

Hoffmann, Hilmar (Hrsg.) (1988): Jugendwahn und Altersangst, Frankfurt/M.

Hogrefe, Karin (1994): Qualifikationsdefizite in der praktischen Krankenpflege, in: Thomas Bals (Hrsg.): Was Florence noch nicht ahnen konnte. Neue Herausforderungen an die berufliche Qualifizierung in der Pflege, Melsungen, S. 45ff.

Holoch, Elisabeth (1993): Projekt(-unterricht) - Zur Geschichte eines Begriffes und seiner Anwendung, in: PflegePädagogik, 3. Jg., H. 3, S. 22ff.

Hopfner, Johanna (1999): Das Subjekt im neuzeitlichen Erziehungsdenken. Ansätze zur Überwindung grundlegender Dichotomien bei Herbart und Schleiermacher, Weinheim/München

Hoppe, Birgit (1992): Altenpflege wird dequalifiziert, in: Altenpflege, 17. Jg., H. 5, S. 309f.

Hoppe, Birgit (1996): Die Vermittlung von Schlüsselqualifikationen, in: Pflegezeitschrift, 49. Jg., H. 2, S. 3f.

Hoppe, Birgit u.a. (Hrsg.) (1999): Grundwissen Altenpflege, Freiburg

Hudemann-Simon, Calixte (2000): Die Eroberung der Gesundheit 1750 – 1900, Frankfurt/M.

Hüfner, Klaus u.a. (1986): Hochkonjunktur und Flaute: Bildungspolitik in der Bundesrepublik Deutschland 1967 – 1980, Stuttgart

Huneke, Michael J. (1998): MentorInnenarbeit, in: PflegePädagogik, 8. Jg., H. 5, S. 11ff.

Hurrelmann, Klaus (1989): Einführung in die Sozialisationstheorie. Über den Zusammenhang von Sozialstruktur und Persönlichkeit, 2. Aufl., Weinheim/Basel

Huyssen, Andreas/**Scherpe**, Klaus R. (Hrsg.) (1986): Postmoderne. Zeichen eines kulturellen Wandels, Reinbek

Jank, Werner/**Meyer**, Hilbert (1991): Didaktische Modelle, Frankfurt/M.

Jansen, Birgit u.a. (Hrsg.) (1999): Soziale Gerontologie. Ein Handbuch für Lehre und Praxis, Weinheim/Basel

Jong, Anneke de (1999): Wie kommt theoretisches Wissen in die Pflegepraxis?, in: Veronika Koch (Hrsg.): Bildung und Pflege. 2. Europäisches Osnabrücker Kolloquium, Bern u.a., S. 69ff.

Juchli, Liliane (1987): Krankenpflege. Praxis und Theorie der Gesundheitsförderung und Pflege Kranker, 5. Aufl., Stuttgart/New York

Juchli, Liliane (1994): Pflege. Praxis und Theorie der Gesundheits- und Krankenpflege, 7.Aufl. Stuttgart/New York

Jung, Heike/**Stähling**, Eva (1998): Gestaltungsmerkmale und Qualität der praktischen Ausbildung in der Krankenpflege. Eine empirische Untersuchung, Melsungen

Kaderschule für die Krankenpflege (Hrsg.) (1992): Fachdidaktikmodell Pflege, Aarau

Kaiser, Arnim (1985): Sinn und Situation. Grundlinien einer Didaktik der Erwachsenenbildung, Bad Heilbrunn

Kaiser, Arnim (1990): Wie arbeiten lebensweltorientierte Ansätze? Prinzipien und Methoden lebensweltorientierter Bildungsarbeit, in: Grundlagen der Weiterbildung, H. 1, S. 13ff.

Kaiser, Arnim/**Kaiser**, Ruth (1995): Studienbuch Pädagogik, 5. Aufl., Frankfurt/M.

Kampen, Norbert van (1998): Theoriebildung in der Pflege. Eine kritische Rezeption amerikanischer Pflegemodelle, Frankfurt/M.

Kath, Fritz (1990): Schlüsselqualifikationen – Vorwärts in die Vergangenheit?, in: L. Reetz / T. Reitmann (Hrsg.): Schlüsselqualifikationen, Hamburg, S. 101ff

Katscher, Liselotte (1960): Geschichte der Krankenpflege. Ein Leitfaden für den Schwesternunterricht, Berlin

Keckeisen, Wolfgang (1984): Pädagogik zwischen Kritik und Praxis. Studien zur Entwicklung und Aufgabe kritischer Erziehungswissenschaft, Weinheim/Basel

Kemper, Peter (Hrsg.)(1988): `Postmoderne` oder der Kampf um die Zukunft, Frankfurt/M.

Kerres, Andrea u.a. (Hrsg.) (1999): Lehrbuch Pflegemanagement, Berlin u.a.

Klähn, Sabine (1996): Stellenbeschreibung für hauptamtliche Praxisanleiter/innen in der Fachweiterbildung Intensivpflege, in: Die Schwester/Der Pfleger, 35. Jg., H. 11, S. 991

Klafki, Wolfgang (1964): Das pädagogische Problem des Elementaren und die Theorie der kategorialen Bildung, 4. Aufl., Weinheim

Klafki, Wolfgang (1974 a): Didaktische Analyse als Kern der Unterrichtsvorbereitung, in: Auswahl-Reihe A, 10. Aufl., Hannover, S. 5ff.

Klafki, Wolfgang (1974 b): Curriculum – Didaktik, in: Christoph Wulf (Hrsg.): Wörterbuch der Erziehung, München, S. 117ff.

Klafki, Wolfgang (1975): Studien zur Bildungstheorie und Didaktik, 10. Aufl., Weinheim/Basel

Klafki, Wolfgang (1976): Aspekte kritisch-konstruktiver Erziehungswissenschaft. Gesammelte Beiträge zur Theorie-Praxis-Diskussion, Weinheim/Basel

Klafki, Wolfgang (1977): Organisation und Interaktion in pädagogischen Feldern - Thesen und Argumentationsansätze zum Thema und zur Terminologie, in: Herwig Blankertz (Hrsg.): Interaktion und Organisation in pädagogischen Feldern, Weinheim/Basel, S. 11ff.

Klafki, Wolfgang (1982): Thesen und Argumentationsansätze zum Selbstverständnis 'Kritisch-konstruktiver Erziehungswissenschaft`, in: Eckard König/Peter Zedler (Hrsg.): Erziehungswissenschaftliche Forschung: Positionen, Perspektiven, Probleme, Paderborn/München, S. 15ff.

Klafki, Wolfgang (1987): Die bildungstheoretische Didaktik im Rahmen kritisch-konstruktiver Erziehungswissenschaft Oder: Zur Neufassung der Didaktischen Analyse, in: Gudjons/Teske/Winkel (Hrsg.), S. 11ff.

Klafki, Wolfgang (1993): Neue Studien zur Bildungstheorie und Didaktik. Zeitgemäße Allgemeinbildung und kritisch-konstruktive Didaktik, 3. Aufl., Weinheim/Basel

Klafki, Wolfgang (1996): Neue Studien zur Bildungstheorie und Didaktik. Zeitgemäße Allgemeinbildung und kritisch-konstruktive Didaktik, 5. Aufl., Weinheim/Basel

Klafki, Wolfgang /**Otto**, Gunter/**Schulz**, Wolfgang (1977): Didaktik und Praxis, Weinheim/Basel

Klee, Ernst (1991): „Euthanasie" im NS-Staat. Die „Vernichtung lebensunwerten Lebens", 17.-18.Tausend, Frankfurt/M.

Klee, Ernst (1997): Auschwitz, die NS-Medizin und ihre Opfer, Frankfurt/M.

Klemens, Ulrich (1991): Schlüsselqualifikationen im Gesundheitswesen, in: Meifort (Hrsg.), S. 97ff.

Klingberg, Lothar (1972): Einführung in die Allgemeine Didaktik, Frankfurt/M.

Kling-Kirchner, Cornelia (1994): Zur Professionalisierung der Pflege, in: Pflegezeitschrift, 47. Jg., H. 10, Beilage

Klippert, Heinz (1989): Projektwochen. Arbeitshilfen für Lehrer und Schulkollegien, 2. Aufl., Weinheim/Basel

KMK - Sekretariat der Ständigen Konferenz der Kultusminister der Länder in der Bundesrepublik Deutschland (1996/1999): Handreichungen für die Erarbeitung von Rahmenlehrplänen der Kultusministerkonferenz für den berufsbezogenen Unterricht der Berufsschule und ihre Abstimmung mit Ausbildungsordnungen des Bundes für anerkannte Ausbildungsberufe, Bonn

Knigge-Demal, Barbara u.a.(1993/1994): Strukturmodell der praktischen Ausbildung, Teil 1 in: Pflege, 6. Jg. (1993), H. 3, S. 221ff., Teil 2 in: Pflege, 7. Jg. (1994), H. 1, S. 33ff.

Knigge-Demal, Barbara (1999): Grundsätzliche Fragen an eine fächerübergreifende Didaktik der Pflegeberufe, in: Veronika Koch (Hrsg.): Bildung und Pflege. 2. Europäisches Osnabrücker Kolloquium, Bern u.a., S. 31ff.

Knoll, Michael (1991): Europa - nicht Amerika. Zum Ursprung der Projektmethode in der Pädagogik, 1702 – 1875, in: Pädagogische Rundschau, 45. Jg., H. 1, S. 41ff.

Knoll, Michael (1993): 300 Jahre lernen am Projekt. Zur Revision unseres Geschichtsbildes, in: Pädagogik, 45. Jg., H. 7-8, S. 58ff.

Koch, Peter-Ferdinand (1996): Menschenversuche. Die tödlichen Experimente deutscher Ärzte, München/Zürich

Kösel, Edmund (1993): Die Modellierung von Lernwelten. Ein Handbuch zur Subjektiven Didaktik, Elztal-Dallau

Köther, Ilka/**Gnamm**, Else (2000): Altenpflege in Ausbildung und Praxis, 4. Aufl., Stuttgart/New York

Kondratowitz, Hans-Joachim von (1988): Allen zur Last, niemandem zur Freude. Die institutionelle Prägung des Alterserlebens als historischer Prozeß, in: Göckenjan/Kondratowitz (Hrsg.), S. 100ff.

Kreft, Dieter/**Mielenz**, Ingrid (1988): Wörterbuch Soziale Arbeit. Aufgaben, Praxisfelder, Begriffe und Methoden der sozialen Arbeit und Sozialpädagogik, 3. Aufl., Weinheim/Basel

Kreis, Heinrich (1978): Der pädagogische Gedanke der Emanzipation in seinem Verhältnis zum Engagement. Untersuchungen zu den erziehungswissenschaftlichen Konzeptionen Klaus Mollenhauers, Hermann Gieseckes und Klaus Schallers, Bad Heilbrunn

Krohwinkel, Monika (1984): Wozu brauchen wir Krankenpflegeforschung?, in: Deutsche Krankenpflegezeitschrift, 37. Jg., H. 5, S. 250ff.

Krohwinkel, Monika (1993): Wege zur Entwicklung einer praxisintegrierenden Pflegewissenschaft, in: Pflege, 4. Jg., H. 3, S. 183ff.

Krohwinkel, Monika u.a. (1993): Der Pflegeprozeß am Beispiel von Apoplexiekranken. Eine Studie zur Erfassung und Entwicklung Ganzheitlich-Rehabilitierender Prozesspflege, Baden-Baden

Kroll, Petra (1998): Projektunterricht Rehabilitation, in: PflegePädagogik, 8. Jg., H. 4, S. 4ff.

Kron, Friedrich W. (1994): Grundwissen Didaktik, 2.Aufl., München/Basel 1994

Krüger, Heinz-Hermann (Hrsg.) (1990): Abschied von der Aufklärung? Perspektiven der Erziehungswissenschaft, Opladen

Krüger, Heinz-Hermann (1999): Entwicklungslinien und aktuelle Perspektiven einer Kritischen Erziehungswissenschaft, in: Sünker/Krüger, S. 162ff.

Kruse, Anna-Paula (1995): Krankenpflegeausbildung seit Mitte des 19. Jahrhunderts, 2.Aufl., Stuttgart u.a.

Kruse, Andreas/**Wahl**, Hans-Werner (Hrsg.) (1994): Altern und Wohnen im Heim: Endstation oder Lebensort?, Bern u.a.

Kühnert, Sabine (1995): Altenpflegeausbildung: Probleme und Perspektiven. Zur Entwicklung zukunftsorientierter Qualifikationskonzepte, in: Kühnert (Hrsg.), S. 55ff.

Kühnert, Sabine (1997): Wandel der pflegerischen Berufsfelder, in: BA, S. 34ff.

Kühnert, Sabine (Hrsg.) (1995): Qualifizierung und Professionalisierung in der Altenarbeit, Hannover

Kuhlmey, Adelheid (1996): Wissenschaft und Pflege - Ein Beitrag zur Ausbildung von LehrerInnen mit dem Schwerpunkt Sozialgerontologie, in: Helga Krüger u.a. (Hrsg.): Innovation der Pflege durch Wissenschaft. Perspektiven und Positionen, Bremen, S. 54ff.

Kurtenbach, Hermann u.a. (1992): Krankenpflegegesetz, 3. Aufl., Stuttgart u.a. 1992

Kurtenbach, Hermann u.a. (1994): Krankenpflegegesetz mit Ausbildungs- und Prüfungsverordnung für die Berufe in der Krankenpflege, 4. Aufl., Stuttgart u.a.

Kurtenbach, Hermann u.a.(1998): Krankenpflegegesetz, 5. Aufl., Stuttgart u.a.

Labudde, Dirk u.a. (1999): Veränderte Konzepte in der Pflegeausbildung – Problemorientiertes Lernen, in: PflegePädagogik, 9. Jg., H. 2, S. 12ff.

Lange, Jutta (1989): Möglichkeiten und Grenzen von Projektunterricht an Krankenpflegeschulen, in: Deutsche Krankenpflege-Zeitschrift, 42. Jg. H. 3, Beilage

Laur-Ernst, Ute (1990): Schlüsselqualifikationen – innovative Ansätze in den neu-geordneten Berufen und ihre Konsequenzen für Lernen, in: L. Reetz / T. Reitmann (Hrsg.): Schlüsselqualifikationen, Hamburg, S. 36ff.

Lay, Reinhard/**Menzel**, Bernd: Pflegeplanung – Pannenhilfe für eine pflegerische Verfahrensweise, in: PR-Internet / Pädagogik, 1. Jg., H. 2, S. 43ff.

Lempert, Wolfgang/**Franzke**, Reinhard (1976): Die Berufserziehung, München

Lenzen, Dieter (Hrsg.) (1989): Pädagogische Grundbegriffe, Reinbek

Leuzinger, Andreas/**Luterbacher**, Thomas (1994): Mitarbeiterführung im Krankenhaus: Spital, Klinik und Heim, 2. Aufl., Bern u.a.

Licher, Lucia (1995): Lehre Geschäftigkeit? Überlegungen zur Lehrerbildung aus der Perspektive der Literaturdidaktik, in: Zeitschrift für Pädagogik, 41. Jg., H. 3, S. 341ff.

Lifton, Robert Jay (1988): Ärzte im Dritten Reich, Stuttgart

Lisop, Ingrid (1999): Bildungstheoretische und didaktische Dimensionen der Lernfeldorientierung - eine kritische Systematik. In: Richard Huisinga u.a. (Hrsg.): Lernfeldorientierung. Konstruktion und Unterrichtspraxis, Frankfurt/M., S. 15ff.

Litt, Theodor (1959): Das Bildungsideal der deutschen Klassik und die moderne Arbeitswelt, Bonn

LoBionde-Wood, Geri/**Haber**, Judith (1996): Pflegeforschung. Methoden, kritische Einschätzung und Anwendung, Berlin/Wiesbaden

Lorenz-Krause, Regina (1989): Zur Konzeption praxisbezogener Pflegeforschung, in: Deutsche Krankenpflegezeitschrift, 42. Jg., H. 5, S. 290ff.

Lyotard, Jean-Francois (1986) : Das postmoderne Wissen. Ein Bericht, Graz/Wien 1986

Mager, Robert F. (1978): Lernziele und Unterricht, 141.-150. Tausend, Weinheim/Basel

MAGS NW/Ministerium für Arbeit, Gesundheit und Soziales des Landes Nordrhein-Westfalen (1995): Die Neuordnung der Altenpflegeausbildung in Nordrhein-Westfalen, Düsseldorf

Maier, Martha (1989): Die Bedeutung des Begriffes Ganzheitlichkeit der Pflege bei verschiedenen Autoren, in: Pflege, 3. Jg., H. 1, S. 27ff.

Marotzki, Winfried/**Sünker**, Heinz (Hrsg.) (1992): Kritische Erziehungswissenschaft – Moderne – Postmoderne, Band 1, Weinheim

Marrinner-Tomey, Ann (1992): Pflegetheoretikerinnen und ihr Werk, Basel

Martens, Monika u.a. (1996): Didaktisches Handeln in der Pflegeausbildung. Dokumentation des 1. Kongresses zur Fachdidaktik der Gesundheit, Brake

Martin, Ludwig (1986): Beraten und Beurteilen in der Schule, Weinheim/Basel

Matthes, Werner (1993): Lehrbuch Altenpflege. Pflege als rehabilitatives Konzept, Hannover

Meifort, Barbara (1991): Schlüsselqualifikationen und berufliche Bildungskonzepte für gesundheits- und sozialpflegerische Berufe, in: Meifort (Hrsg.), S. 114ff.

Meifort, Barbara (1995): Gesundheits- und Sozialpflegerische Berufe - ein Berufsfeld an der Schwelle zu Reformen, in: Meifort / Becker(Hrsg.), S. 17ff.

Meifort, Barbara (1997): Vorstellungen zur Reform der beruflichen Bildung für die Gesundheits- und Sozialpflege, in: DBfK (Hrsg.), S. 43ff.

Meifort, Barbara (1998): Gesundheits- und Sozialpflege – ein innovatives Wachstumsfeld für Berufsbildung und qualifizierte Arbeit? – Auch für Frauen?, in: Meifort (Hrsg.), S. 37ff.

Meifort, Barbara (Hrsg.) (1991): Schlüsselqualifikationen für gesundheits- und sozialpflegerische Berufe, Alsbach

Meifort, Barbara (Hrsg.) (1998): Arbeiten und Lernen unter Innovationsdruck. Alternativen zur traditionellen Berufsbildung in gesundheits- und sozialberuflichen Arbeitsfeldern, Bielefeld

Meifort, Barbara/**Becker**, Wolfgang (Hrsg.) (1995): Berufliche Bildung für Pflege- und Erziehungsberufe. Reform durch neue Bildungskonzepte. Professionalisierungsansätze und Qualifikationsmodelle, Bielefeld

Melia, Kath K. (1990): Arbeit erledigen oder lernen zu pflegen? Die berufliche Sozialisation von Krankenpflegeschülern, in: Klaus-Dieter Neander (Hrsg.): Ausbildung und Arbeitssituation der Pflege in der Diskussion, München u.a., S. 20ff.

Mensdorf, Birte (1999): Schüleranleitung in der Pflegepraxis. Hintergründe – Konzepte – Probleme – Lösungen, Stuttgart u.a.

Mertens, Dieter (1974): Schlüsselqualifikationen. Thesen zur Schulung für eine moderne Gesellschaft, in: Mitteilungen aus der Arbeitsmarkt- und Berufsforschung, 7. Jg., H. 1, S. 36ff.

Merz, Dieter/**Rüb**, Friedbert (1994): 3000 Stunden – Wie sehen und beurteilen Schüler ihre praktische Ausbildung im Krankenpflegeberuf?, in: Die Schwester/Der Pfleger, 33. Jg., H. 9, S. 739ff.

Metzger, Martina/**Zielke-Nadkarni**, Andrea (1998): Von der Heilerin zur Pflegekraft. Geschichte der Pflege, Stuttgart/New York

Metzler, Heidrun (1996): Gemeinsame Ausbildungsabschnitte in der Alten- und Krankenpflege. Ergebnisse einer Lehrplananalyse und Entwurf eines Lehrplans für eine Gemeinsame Grundausbildung, Tübingen

Meueler, Erhard (1987): Wie aus Schwäche Stärke wird. Vom Umgang mit Lebenskrisen, Reinbek

Meueler, Erhard (1990): Vom Teilnehmer zum Subjekt. Ist das Postulat der Mündigkeit im Lernen Erwachsener einlösbar?, in: Erwachsenenbildung, H. 4, S. 153ff.

Meueler, Erhard (1993): Die Türen des Käfigs. Wege zum Subjekt in der Erwachsenenbildung, Stuttgart

Meueler, Erhard (1994): Didaktik der Erwachsenenbildung/Weiterbildung als offenes Projekt, in: Rudolf Tippelt (Hrsg.): Handbuch der Erwachsenenbildung/Weiterbildung. Opladen, S. 615ff.

Meyer, Hilbert (1972): Einführung in die Curriculum-Methodologie, München

Meyer, Hilbert L. (1976): Trainingsprogramm zur Lernzielanalyse, 5. Aufl., Kronberg

Meyer, Hilbert (1980): Leitfaden zur Unterrichtsvorbereitung, Königstein

Meyer, Hilbert (1987): UnterrichtsMethoden, I: Theorieband, II: Praxisband, Frankfurt/M.

Meyer, Hilbert (1997): Schulpädagogik. Band 2: Für Fortgeschrittene, Berlin

Meyer, Jörg Alexander (1996): Der Weg zur Pflegeversicherung. Positionen – Akteure – Politikprozesse, Frankfurt/M.

Meyer-Drawe, Käte (1996): Menschen im Spiegel ihrer Maschinen, München

Miller, Reinhold (1999): Beziehungsdidaktik, 3. Aufl., Weinheim/Basel

Ministerium für Bildung und Kultur Rheinland-Pfalz (1994): Lehrplan für die Fachschule für Altenpflege, Mainz

Mischo-Kelling, Maria (1995): Zur Ausbildung in der Pflege, in: Mischo-Kelling/Wittneben, S. 207ff.

Mischo-Kelling, Maria/**Wittneben**, Karin (1995): Pflegebildung und Pflegetheorien, München u.a.

Mitscherlich, Alexander/**Mielke**, Fred (Hrsg.) (1995): Medizin ohne Menschlichkeit. Dokumente des Nürnberger Ärzteprozesses, 125.-130.Tausend, Frankfurt/M.

Möller, Christine (1973): Technik der Lernplanung. Methoden und Probleme der Lernzielerstellung, 4. Aufl., Weinheim/Basel

Möller, Christine (1987): Die curriculare Didaktik. Oder: Der lernzielorientierte Ansatz, in: Gudjons/Teske/Winkel (Hrsg.), S. 63ff.

Möller, Ute/**Hesselbarth**, Ulrike (1994): Die geschichtliche Entwicklung der Krankenpflege. Hintergründe, Analysen, Perspektiven, Hagen

Mönig, Winfried (1998): Ein Modell des Lebens, - ein aussergewöhnliches Interview mit Nancy Roper, in: Die Schwester/Der Pfleger, 37. Jg., H. 6, S. 462ff.

Mollenhauer, Klaus (1973): Erziehung und Emanzipation. Polemische Skizzen, 6. Aufl., München

Moust, Jos H.C. u.a. (1999): Problemorientiertes Lernen, Wiesbaden

Müggler, Elisabeth (1986): Klinischer Unterricht, 2. Aufl., Basel

Mühlherr, Lilli (1994): Das Fachdidaktikmodell der Kaderschule SRK im Hinblick auf seinen Anwendungsbereich, in: Schwarz-Govaers (Hrsg.), S. 69ff.

Mühlum, Albert/**Bartholomeyczik**, Sabine/**Göpel**, Eberhard (1997): Sozialarbeitswissenschaft, Pflegewissenschaft, Gesundheitswissenschaft, Freiburg

Mulke-Geisler, Marianne (1994): Erfahrungsbezogener Unterricht in der Krankenpflege, 2. Aufl., Berlin u.a.

Mut zur Erziehung (1979). Beiträge zu einem Forum am 9./10. Januar 1978 im Wissenschaftszentrum Bonn-Bad Godesberg, Stuttgart

Oberbeckmann, Reinhard (1990): Repetitorium für Ausbilder, 2. Aufl., St. Augustin

Oberinnen-Vereinigung im Deutschen Roten Kreuz (Hrsg.) (1963): Der Ruf der Stunde. Schwestern unter dem Roten Kreuz, Stuttgart

Oelke, Uta-Karola (1991 a): Planen. Lehren und Lernen in der Krankenpflegeausbildung. Ein offenes fächerintegratives Curriculum für die theoretische Ausbildung, Basel/Baunatal

Oelke, Uta-Karola (1991 b): Planen, Lehren und Lernen in der Krankenpflegeausbildung. Begründungsrahmen und Entwicklung eines offenen fächerintegrativen Curriculums für die theoretische Ausbildung, Basel/Baunatal

Oelke, Uta (1994) Projektbericht Akademisierung von Pflege, Göttingen

Oelke, Uta (1998 a): Schlüsselqualifikationen als Bildungsziele für Pflegende, in: PflegePädagogik, 8. Jg., H. 2, S. 42ff.

Oelke, Uta (1998 b): Modellversuch zur Gemeinsamen Ausbildung in der Pflege, in: Pflege Aktuell, 52. Jg., H. 11, S. 624 ff.

Oelke, Uta/**Menke**, Marion (1999): Gemeinsame (Grund-) Ausbildung in der Alten-, Kranken- und Kinderkrankenpflege. Erste Forschungsergebnisse zur Erprobung des Testcurriculums für die gemeinsame Grundstufe, in: PflegePädagogik, 9. Jg., H. 4, S. 28ff.

Oelkers, Jürgen (1987): Die Wiederkehr der Postmoderne. Pädagogische Reflexionen zum neuen Fin de siècle, in: Zeitschrift für Pädagogik, 33. Jg., H. 1, S. 21ff.

Oelkers, Jürgen (1997): Geschichte und Nutzen der Projektmethode, in: Dagmar Hänsel (Hrsg.): Handbuch Projektunterricht, Weinheim/Basel, S. 13ff.

Oelkers, Jürgen (1998): Über die Wirksamkeit der heutigen Lehrerbildung, in: PÄD Forum, 26. / 11. Jg., Februar, S. 47ff.

ÖTV (1996): Reform der Aus-, Fort- und Weiterbildung in den Pflegeberufen. Bildungspolitische Vorstellungen der Gewerkschaft Öffentliche Dienste, Transport und Verkehr (Schriftenreihe Berufsbildung 11), Stuttgart

Offe, Claus (1975): Berufsbildungsreform. Eine Fallstudie über Reformpolitik, Frankfurt/M.

Olbrich, Christa (1995): Patientenberatung, ein neues Aufgabenfeld in der Pflege, in: Pflege Aktuell, 49. Jg., H. 6, S. 428ff.

Otto, Gunter (1974): Didaktik der Ästhetischen Erziehung. Ansätze – Materialien – Verfahren, Braunschweig

Pätzold, Günter (1993): Lehrmethoden in der beruflichen Bildung, Heidelberg

Pätzold, Günter (2000): Lernfeldstrukturierte Lehrpläne - Berufsschule im Spannungsfeld zwischen Handlungs- und Fachsystematik, in: Antonius Lipsmeier/Günter Pätzold (Hrsg.): Lernfeldorientierung in Theorie und Praxis, Stuttgart, S. 72ff.

Pätzold, Günter (Hrsg.) (1992): Handlungsorientierung in der beruflichen Bildung, Frankfurt/M.

Paffrath, F. Hartmut (Hrsg.) (1987): Kritische Theorie und Pädagogik der Gegenwart. Aspekte und Perspektiven der Auseinandersetzung, Weinheim

Paffrath, F. Hartmut (1992): Die Wendung aufs Subjekt. Pädagogische Perspektiven im Werk Theodor W. Adornos, Weinheim

Pankratz, Bettina (1996): Die Projektmethode im Vorkursunterricht, Jahresbericht der Schwesternschule der Universität Heidelberg

Parse, Rosemarie Rizzo (1987): Nursing science. Major paradigms, theories, and critiques, Philadelphia

Peterßen, Wilhelm H. (1994): Lehrbuch allgemeine Didaktik, 4. Aufl., München 1994

Peterßen, Wilhelm H. (1998): Handbuch Unterrichtsplanung, 8. Aufl., München 1998

Plümpe, Johannes (1997): Altenpflege. Entwurf eines Berufsprofils unter Berücksichtigung des Professionalisierungsprozesses, Hagen

Popp, Walter (Hrsg.) (1976): Kommunikative Didaktik. Soziale Dimensionen des didaktischen Feldes, Weinheim/Basel

Pousset, Raimund (1992): Praxisleitfaden für die Altenpflegeausbildung. Handbuch für Praxisanleiter und Lehrkräfte, Osnabrück

Priester, Klaus (1999): „Mit 5 Mark sind Sie dabei!" Prävention, Gesundheitsförderung und die Gesundheitsreform 2000, in: Dr. med. Mabuse, 24. Jg., H. 122, S. 59ff.

PROGNOS (Hrsg.) (1992): Wege aus der Pflegekrise? Neue Ideen und Lösungsansätze in der Krankenpflege, Berlin

Pukas, Dietrich (1978): Projekt- und Lehrgangsunterricht in der beruflichen Bildung, in: Deutsche Berufs- und Fachschule, 74. Jg., S. 929ff.

Quernheim, German (1994): Einflußmöglichkeiten von Schule und PDL, die praktische Ausbildung effektiver zu gestalten, in: Die Schwester/Der Pfleger, 33. Jg., H. 8, S. 617ff.

Quernheim, German (1997): Spielend Anleiten. Hilfen für die praktische Pflegeausbildung, München u.a.

Rabe-Kleberg, Ursula u.a. (Hrsg.) (1991): Dienstleistungsberufe in Krankenpflege, Altenpflege und Kindererziehung – Pro Person, Bielefeld

Rau, Fritz-Stefan (1996): Fragebogen zur Krankenpflegeausbildung, Edingen (unveröff.)

Reetz, Lothar (1989): Zum Konzept der Schlüsselqualifikationen in der Berufsbildung, in: Berufsbildung in Wissenschaft und Praxis. 18. Jg., Teil I: H. 5, S. 3ff., Teil II: H. 6, S. 24ff.

Reetz, Lothar (1990): Zur Bedeutung der Schlüsselqualifikationen in der Berufsausbildung, in: Lothar Reetz / T. Reitmann (Hrsg.): Schlüsselqualifikationen, Hamburg, S. 16ff.

Reich, Kersten (1979): Unterricht – Bedingungsanalyse und Entscheidungsfindung. Ansätze zur neuen Grundlegung der Berliner Schule der Didaktik, Stuttgart

Reifenrath, Bruno H. (1983): Grundlegung einer Erwachsenenbildung. Themen der Pädagogik, Frankfurt/M. u.a.

Renfer, Kerstin (1999): Auswirkungen des Projektes mit dem Titel „Lehr- und Lernstation auf Zeit - Krankenpflegeschülerinnen übernehmen die Stationsverantwortung" auf die Entwicklung einer fundierten Handlungskompetenz und einer eigenständigen Pflegeauffassung der SchülerInnen. Forschungsbericht im Rahmen des 2. Praxissemesters im Studiengang Pflegepädagogik an der Evangelischen Fachhochschule für Sozialwesen, Ludwigshafen (unveröff.)

Richter, Ingo (1999): Die sieben Todsünden der Bildungspolitik, München/Wien

Ricka, Regula (1994): Von den Quellen zu den Schlüsseln des Pflegewissens, in: PflegePädagogik, 4. Jg., H. 1, S. 14ff.

Robert Bosch Stiftung (1992): Pflege braucht Eliten. Denkschrift der „Kommission der Robert Bosch Stiftung zur Hochschulausbildung für Lehr- und Leitungskräfte in der Pflege" mit systematischer Begründung und Materialien, Gerlingen

Robert Bosch Stiftung (1996): Pflegewissenschaft. Grundlegung für Lehre, Forschung und Praxis. Denkschrift, Gerlingen

Robert Bosch Stiftung (2000): Pflege neu denken. Zur Zukunft der Pflegeausbildung, Stuttgart/ New York

Robinsohn, Saul B. (1973): Bildungsreform als Revision des Curriculum, 2. Aufl., Neuwied/Berlin

Rogers, Martha (1995): Die Theorie vom einheitlichen Menschen, Freiburg

Rogers, Martha (1997): Theoretische Grundlagen der Pflege - eine Einführung, Freiburg

Rohlfes, Joachim (1997): Geschichte und ihre Didaktik, 2. Aufl., Göttingen

Rübenstahl, Magdalene (1994): „Wilde Schwestern". Krankenpflegereform um 1900, Frankfurt/M.

Rüller, Horst u.a. (1992): Die Beurteilung von Krankenpflegeschülern/-innen während des Praxiseinsatzes, in: Deutsche Krankenpflege-Zeitschrift, 45. Jg., H. 2, S. 118ff.

Rüller, Horst (Hrsg.) (1994): Pflege gestern und Heute. Handbuch für Unterrichtsvorbereitung und Studium, Brake

Rüller, Horst (1999): Geschichte der Pflege, Brake

Rumpf, Horst (2000): Über das Staunen und anfängliche Aufmerksamkeiten, in: Horst Rumpf/ Ernst-Michael Kranich: Welche Art von Wissen braucht der Lehrer?, Stuttgart

Ruprecht, Horst u.a. (1976): Modelle grundlegender didaktischer Theorien, 3. Aufl., Hannover

Sahmel, Karl-Heinz (1978): Bemerkungen zum Kritik-Begriff einiger Konzeptionen Kritischer Pädagogik, in: Pädagogische Rundschau, 32. Jg., H. 10, S. 789ff.

Sahmel, Karl-Heinz (1985): Kritische Theorie und Erziehungswissenschaft. Überlegungen im Anschluß an Wolfgang Keckeisen, in: Vierteljahresschrift für wissenschaftliche Pädagogik, 61. Jg., H. 3, S. 381ff.

Sahmel, Karl-Heinz (1986): Rezension: Wolfgang Klafki: Neue Studien zur Bildungstheorie und Didaktik, in: Vierteljahresschrift für wissenschaftliche Pädagogik, 62. Jg., H. 2, S. 281ff.

Sahmel, Karl-Heinz (1988): Die Kritische Theorie. Bruchstücke, Würzburg

Sahmel, Karl-Heinz (1994): Entwicklungsstand und Perspektiven der Altenpflege – unter besonderer Berücksichtigung der Ausbildung, in: Dokumentation des 1. Düsseldorfer Pflegetags 1993, Düsseldorf, S. 48ff.

Sahmel, Karl-Heinz (1997): Bildung im Alter, in: Evangelische Impulse, 19. Jg., H. 1, S. 35ff.

Sahmel, Karl-Heinz (1999): Umrisse einer kritisch-konstruktiven Pflegepädagogik, in: PflegePädagogik, 9. Jg., H. 1, S. 22ff.

Sahmel, Karl-Heinz (2000 a): Pflege: von selbstlos zu selbstbewusst, in: Kaiserswerther Mitteilungen, 134.Jg., H.1, S.5ff. (unter dem Titel: Kaiserswerth – Tradition und Gegenwart, in: Pflegemagazin, 1. Jg., H. 6, S. 56ff.)

Sahmel, Karl-Heinz (2000 b): „Älter werden" als Herausforderung für die Ausbildung in den Gesundheitsberufen, in: Pflegemagazin, 1. Jg., H. 4, S. 39ff.

Sahmel, Karl-Heinz (2000 c): Strukturveränderungen in der Altenpflege. Brauchen wir neue Perspektiven für die stationäre Altenhilfe?, in: Pflegemagazin, 1. Jg., H. 5, S. 4ff.

Sander, Kirsten (1996): Fachpraktischer Unterricht – Konzeptionelle Überlegungen, in: Martens u.a. (Hrsg.), S. 138ff.

Sander, Kirsten (1997): Fachpraktischer Unterricht – in gemeinsam getragener Verantwortung pflegen lernen, in: Unterricht Pflege, 2. Jg. H. 2, S. 4ff.

Schaef, Anne Wilson (1995): Mein Weg zur Heilung, München

Schaef, Anne Wilson (1985): Weibliche Wirklichkeit, Wildberg

Schaef, Anne Wilson (1997): Co-Abhängigkeit. Die Sucht hinter der Sucht, München

Schäfer, Karl-Hermann/**Schaller**, Klaus (1973): Kritische Erziehungswissenschaft und kommunikative Didaktik, 2. Aufl., Heidelberg

Schaeffer, Doris (1999): Entwicklungsstand und –herausforderungen der bundesdeutschen Pflegewissenschaft, in: Pflege, 12. Jg., S. 141ff.

Schaeffer, Doris/**Bartholomeyczik**, Sabine (1999): Vakuum füllen. Pflegewissenschaft und –forschung in Deutschland, in: Dr. med. Mabuse, 24. Jg., H. 117, S. 40ff.

Schäffler, Arne u.a. (Hrsg.) (1997): Pflege heute. Lehrbuch und Atlas für Pflegeberufe, Ulm u.a.

Schallenberger, E. Horst (1985): Zur Auseinandersetzung mit Politik und Zeitgeschichte. Beiträge aus 25 Jahren, Königstein

Schaller, Klaus (1974): Einführung in die Kritische Erziehungswissenschaft, Darmstadt

Schaper, Hans-Peter (1987): Krankenwartung und Krankenpflege. Tendenzen der Verberuflichung in der ersten Hälfte des 19. Jahrhunderts, Opladen

Scheller, Ingo (1987): Erfahrungsbezogener Unterricht. Praxis, Planung, Theorie, 2. Aufl. Frankfurt/M.

Schempp, Waltraud (1997): Rehabilitation. Projektbeschreibung der Krankenpflegeschule des evangelischen Diakonievereins Berlin-Zehlendorf e.V. am Kreiskrankenhaus in Rotenburg (unveröff.)

Schewior-Popp, Susanne (1998): Handlungsorientiertes Lehren und Lernen in Pflege- und Rehabilitationsberufen, Stuttgart/New York

Schirlbauer, Alfred (1986): Einige skeptische Fragen und Anmerkungen zum Konzept des Projektunterrichts, in: Vierteljahrsschrift für Wissenschaftliche Pädagogik, 62. Jg., S. 252ff.

Schirmer, Uwe B. (1993): Zufall oder Lehr-/Lernergebnis? Studie über die Qualifikation der praktischen Ausbildung, in: Die Schwester/Der Pfleger, 32. Jg., H. 2, S. 143ff.

Schmerfeld, Jochen (1996): Pädagogische Professionalität in der Pflege – Gedanken zur Hochschulausbildung von Pflegepädagogen, 2 Teile, in: Pflege, 9. Jg., H. 1, S. 56ff., H. 2, S. 150ff.

Schmidbauer, Wolfgang (Hrsg.) (1992): Pflegenotstand – das Ende der Menschlichkeit, Reinbek

Schmidt-Richter, Reinald (1998): Projektarbeit zum Thema „Der gesunde Mensch", in: Jahresbericht der Schwesternschule der Universität Heidelberg, S. 11f.

Schneider, Kordula (1997): Vernetzung betrieblicher und schulischer Handlungsfelder – eine Möglichkeit der Professionalisierung in der Pflegeausbildung, in: Unterricht Pflege, 2. Jg., H. 5, S. 32ff.

Schöbinger, Brigitte (1990): Konzept einer Ausbildung von Mentoren, in: Klaus-Dieter Neander (Hrsg.): Ausbildung und Arbeitssituation der Pflege in der Diskussion, München u.a., S. 33ff.

Schöninger, Ute/**Zegelin-Abt**, Angelika (1998): Hat der Pflegeprozeß ausgedient?, in: Die Schwester/Der Pfleger, 37. Jg., H. 4, S. 305ff.

Schröck, Ruth A. (1988): Forschung in der Krankenpflege: Methodologische Probleme, in: Pflege, 2. Jg., H. 2, S. 84ff.

Schröck, Ruth (1989): Herausforderungen und Probleme der Pflegeforschung, in: Krankenpflege, 43. Jg., H. 12, S. 634ff.

Schröck, Ruth (1997): Des Kaisers neue Kleider? Bedeutung der Pflegetheorien für die Entwicklung der Pflegewissenschaft in Deutschland, in: Dr. med. Mabuse, 22. Jg., H. 197, S. 39ff.

Schröck, Ruth/**Drerup**, Elisabeth (Hrsg.) (1997): Pflegetheorien in Praxis, Forschung und Lehre, Freiburg

Schroeter, Klaus R./**Prahl**, Hans-Werner (1999): Soziologisches Grundwissen für Altenhilfeberufe. Ein Lehrbuch für die Fach(hoch)schule, Weinheim/Basel

Schulte, M. Ulrike/**Drerup**, Elisabeth (1992): Berufsverbände der Krankenpflege, Freiburg

Schulz, Wolfgang (1976): Unterricht zwischen Funktionalisierung und Emanzipationshilfe – Zwischenbilanz auf dem Wege zu einer kritischen Didaktik, in: Ruprecht u.a., S. 171ff.

Schulz, Wolfgang (1977): Unterricht – Analyse und Planung (1965), in: Paul Heimann/Gunter Otto/ Wolfgang Schulz: Unterricht – Analyse und Planung, Auswahl-Reihe B, 9. Aufl., Hannover, S. 13ff.

Schulz, Wolfgang (1980): Unterrichtsplanung, München/Wien/Baltimore

Schulz, Wolfgang (1987): Die lehrtheoretische Didaktik. Oder: Didaktisches Handeln im Schulfeld. Modellskizze einer professionellen Tätigkeit, in: Gudjons/Teske/Winkel, S. 29ff.

Schulz, Wolfgang (1995): Didaktische Einblicke. „Das Gesicht der Schule gestalten", hrsg. v. Gunter Otto u. Gerda Luscher-Schulz, Weinheim/Basel

Schulz, Wolfgang (1996): Anstiftung zum didaktischen Denken. Unterricht – Didaktik – Bildung, hrsg. v. Gunter Otto u. Gerda Luscher-Schulz, Weinheim/Basel

Schwarz-Govaers, Renate (1983): Von einem krankheitsorientierten zu einem patientenorientierten Krankenpflegeunterricht, in: Deutsche Krankenpflege-Zeitschrift, 36. Jg., H. 6 u. 7, Beilage

Schwarz-Govaers, Renate (1993): Wege zur Produktion von Erkenntnis in der Pflege - fachdidaktische Überlegungen, in: Pflege, 6. Jg., H. 3, S. 210ff.

Schwarz-Govaers, Renate (1995): Bessere Pflegequalität durch verbesserte Ausbildung?, in: PflegePädagogik, 5. Jg., H. 4, S. 20ff.

Schwarz-Govaers, Renate (Hrsg.) (1994): Standortbestimmung Pflegedidaktik. Referate zum 1. Internationalen Kongress zur Didaktik der Pflege, Aarau

Seidler, Eduard (1993): Geschichte der Medizin und der Krankenpflege, 6. Aufl., Stuttgart u.a.

Seithe, Horst/**Hagemann**, Frauke (1993): Das Deutsche Rote Kreuz im Dritten Reich (1933 – 1939. Mit einem Abriß seiner Geschichte in der Weimarer Republik, Frankfurt/M.

Sieger, Margot (1994): Auswirkungen und Prinzipien der Pflege und der Lehre auf curriculare Strukturen, in: Schwarz-Govaers (Hrsg.): S. 102ff.

Sieger, Margot (1997): Bildungsziele für die Berufsausbildung im Gesundheits- und Sozialwesen, in: BA, S. 104ff.

Singel, Ralf (1994): Eine/r für alles – berufliche Sozialisationsprozesse der Schüler in der Krankenpflegeausbildung, in: Thomas Bals (Hrsg.): Was Florence noch nicht ahnen konnte. Neue Herausforderungen an die berufliche Qualifizierung in der Pflege, Melsungen, S. 77ff.

Smerdka-Arhelger, Ingrid (1994): Schlüsselqualifikationen – ein didaktischer Ansatz für die Pflege?, in: PflegePädagogik, 4. Jg., H. 1, S. 4ff.

Snow, Candice/**Willard**, David (1989): I´m dying to take care of you. Nurses & Codependence Breaking the Cycles, Redmond

Stach, Meinhard (1995): Entwicklungstendenzen der Gesundheits- und pflegeberuflichen Ausbildung und Tendenzen zur Professionalisierung, in: Meinhard Stach u.a. (Hrsg.): Zur Professionalisierung der Pflege, Alsbach, S. 11ff.

Steffens, Andreas (Hrsg.) (1992): Nach der Postmoderne, Düsseldorf/Bensheim

Steffens, Barbara/**Leinfelder**, Franz (1991): Qualifikation von Mentoren. Vorstellung eines Modells, in: Die Schwester/Der Pfleger, 30. Jg., H. 6, S. 532ff.

Stein, Gerd (Hrsg.) (1979): Kritische Pädagogik. Positionen und Kontroversen, Hamburg

Steppe, Hilde (1989): Pflegetheorien und ihre Bedeutung für die Praxis, in: Die Schwester/Der Pfleger, 28. Jg., H. 4, S. 255ff.

Steppe, Hilde (1990 a): Pflegemodelle in der Praxis. 1. Folge. Entwicklung und Strukturmodell, in: Die Schwester/Der Pfleger, 29. Jg., H. 4, S. 291ff.

Steppe, Hilde (1990 b): Pflegemodelle in der Praxis. 2. Folge. Virginia Henderson, in: Die Schwester/Der Pfleger, 29. Jg., H. 7, S. 584ff.

Steppe, Hilde (1990 c): Pflegemodelle in der Praxis. 3. Folge. Hildegard Peplau, in: Die Schwester/Der Pfleger, 29. Jg., H. 9, S. 768ff.

Steppe, Hilde (1990 d): Das Selbstverständnis der Krankenpflege. In: Deutsche Krankenpflegezeitschrift, 43. Jg., H. 5, Beilage

Steppe, Hilde (1993): Pflegewissenschaft und Geschichte, in: Elisabeth Seidl (Hrsg.): Betrifft: Pflegewissenschaft. Beiträge zum Selbstverständnis einer neuen Wissenschaftsdisziplin, Wien u.a., S. 158ff.

Steppe, Hilde (Hrsg.) (1993): Krankenpflege im Nationalsozialismus, 7. Aufl., Frankfurt/M.

Steppe, Hilde (1995): Aspekte der Professionalisierung des Pflegeberufs in den USA, in: Meinhard Stach u.a. (Hrsg.): Zur Professionalisierung der Pflege, Alsbach, S. 43ff.

Steppe, Hilde/**Ulmer**, Eva-Maria (Hrsg.) (1999): „Ich war von jeher mit Leib und Seele gern Pflegerin." Die Beteiligung von Krankenschwestern an den „Euthanasie"-Aktionen in Meseritz-Obrawalde, Frankfurt/M.

Stich, Monika/**Mahl,** Heike (1999): Unterrichtsprojekt zum Thema „Sucht", in: PflegePädagogik, 9. Jg., H. 4, S. 17ff.

Sticker, Anna (1959): Theodor Fliedner. Von den Anfängen der Frauendiakonie, 2. Aufl., Neukirchen

Sticker, Anna (1960): Die Entstehung der neuzeitlichen Krankenpflege. Deutsche Quellenstücke aus der ersten Hälfte des 19. Jahrhunderts, Stuttgart

Sticker, Anna (1963): Friederike Fliedner und die Anfänge der Frauendiakonie. Ein Quellenbuch, Neukirchen-Vluyn

Sticker, Anna (1984): Agnes Karll. Die Reformerin der deutschen Krankenpflege, 3. Aufl., Stuttgart

Sticker, Anna (1989): Theodor und Friederike Fliedner, Wuppertal/Zürich

Sticker, Anna (1993): Florence Nightingale und Kaiserswerth, 3. Aufl., Kaiserswerth

Stock, Mathias (1998): Beurteilungskriterien in der Pflegeausbildung, in: Die Schwester/Der Pfleger, 37. Jg., H. 5, S. 390ff.

Stöcker, Gertrud (1997): Europäische Einflüsse auf die Ausbildung in den Pflegeberufen, in: BA, S. 11ff.

Stöcker, Gertrud (1999): Veränderungen im Gesundheits- und Sozialwesen. Neues Berufsprofil - neue Ausbildung für die Pflege, in: PflegePädagogik, 9. Jg., H. 3, S. 27ff.

Stratmeyer, Peter (1994): Entwicklungspsychologische Theorien und ihre Bedeutung in der Pflegeausbildung, in: PflegePädagogik, 4. Jg., H. 4, S. 7ff.

Stratmeyer, Peter (1997): Ein historischer Irrtum der Pflege? Plädoyer für einen kritisch-distanzierten Umgang mit dem Pflegeprozeß, in: Dr. med. Mabuse, 22. Jg., H. 106, S. 34ff.

Stratmeyer, Peter (1999): Lehrpläne, Curricula, Curriculumkonstruktion, in: PflegePädagogik, 9. Jg., H. 1, S. 12ff.

Struck, Peter (1980): Projektunterricht, Stuttgart u.a.

Stussi, E. (1992): Anforderungen an die Lehrerqualifikation in den Pflegeberufen unter dem Gesichtspunkt des Programmes "Gesundheit für alle im Jahre 2000", in: Deutsche Krankenpflege-Zeitschrift, 45. Jg., H. 9, Beilage, S. 10ff.

Sünker, Heinz/**Krüger,** Heinz-Hermann (Hrsg.) (1999): Kritische Erziehungswissenschaft am Neubeginn?!, Frankfurt/M.

Süß, Martina (1996): Gestaltung der praktischen Ausbildung in den Pflegeberufen. Handbuch für Ausbildende in der Krankenpflege, Kinderkrankenpflege und Altenpflege, 2. Aufl., Hagen

Taubert, Johanna (1989): Die Leistungen der Unterrichtsschwester/ des Unterrichtspflegers für die Krankenpflege und Kinderkrankenpflege in Theorie und Praxis, in: Deutsche Krankenpflegezeitschrift, 42. Jg. , H. 9, Beilage, S. 6ff.

Taubert, Johanna (1994): Pflege auf dem Weg zu einem neuen Selbstverständnis. Berufliche Entwicklung zwischen Diakonie und Patientenorientierung, 2. Aufl. Frankfurt/M.

Terhart, Ewald (1999): Konstruktivismus und Unterricht. Gibt es einen neuen Ansatz in der Allgemeinen Didaktik?, in: Zeitschrift für Pädagogik, 45. Jg., H. 4, S. 629ff.

Terhart, Ewald (2000): Reform der Lehrerbildung, in: Cloer u.a. (Hrsg.), S. 75ff.

Terhart, Ewald (Hrsg.) (2000): Perspektiven der Lehrerbildung in Deutschland. Abschlussbericht der von der Kultusministerkonferenz eingesetzten Kommission, Weinheim/Basel

Theobald, Maria (1989): Zur Situation der praktischen Ausbildung in der Krankenpflege. Ergebnisse einer Forschungsarbeit, in: Deutsche Krankenpflegezeitschrift, 42. Jg., H. 5, S. 318ff.

Thomssen, Wilke (1992): Deutungsmuster - eine Kategorie der Analyse von gesellschaftlichem Bewusstsein, in: Pädagogische Arbeitsstelle Deutscher Volkshochschul-Verband (Hrsg.): Gesellschaftliche Voraussetzungen der Erwachsenenbildung, Bd. 1, Frankfurt/M., S. 51ff.

Türcke, Christoph (1986): Vermittlung als Gott: Metaphysische Grillen und theologische Mucken didaktisierender Wissenschaft, Lüneburg

Vogel, Alfred (1979): Krankenpflegeunterricht. Didaktik und Methodik, Stuttgart

Vogel, Elke (1997): Kritische Überlegungen zum Pflegeprozeß, in: Jutta Beier u.a. (Hrsg.): Jahrbuch der Pflege- und Gesundheitsfachberufe 1997, Reinbek, S. 215ff.

Wanner, Bernd (1993): Lehrer zweiter Klasse. Historische Begründung und Perspektiven der Qualifizierung von Lehrerinnen und Lehrern der Pflege, 2. Aufl., Frankfurt/M. u.a.

Watson, Jean (1997): Pflege: Wissenschaft und menschliche Zuwendung, Bern u.a.

Watson, Jean (1999): Postmodern Nursing and beyond, London

Watzlawick, Paul/**Beavin**, Janet H./**Jackson**, Don D. (1974) : Menschliche Kommunikation. Formen, Störungen, Paradoxien, 4. Aufl., Bern u.a.

Weisbrod-Frey, Herbert (1993): Krankenpflegeausbildung im Dritten Reich, in: Hilde Steppe (Hrsg.), S. 87ff.

Welsch, Wolfgang (1988): Unsere postmoderne Moderne, 2. Aufl., Weinheim

Wenger, Ludwig (1993): Arbeitsmarkt und Qualifikation. Qualifizierung im Spannungsfeld wirtschaftlicher Rationalität und pädagogischer Verantwortung, in: U. Pleiß (Hrsg.): Schriftenreihe Wirtschaftsdidaktik, Band 27, Hohengehren, S. 111ff.

Werner, Dieter (1997): Schüler informieren Schüler. Projekt zum Lernort Schule. Projektbeschreibung der staatlichen Berufsfachschule für Krankenpflege an der Universität Erlangen-Nürnberg (unveröff.)

Wiedemann, Bernhard (1999): Die Vergangenheit wurde nur mühsam bewältigt, in: Pflegezeitschrift, 52. Jg., H. 3, S. 201ff.

Wilsdorf, Dieter (1991): Schlüsselqualifikationen: Die Entwicklung selbständigen Lernens und Handelns in der Berufsausbildung, München

Winkel, Rainer (1987): Die kritisch-kommunikative Didaktik, in: Gudjons/Teske/Winkel, S. 79ff.

Winkel, Rainer (1997): Theorie und Praxis der Schule. Oder: Schulreform konkret – im Haus des Lebens und Lernens, Baltmannsweiler

Winter, Godehard (1999): Pflegeprozeß – ein Thema für die Pflegegeschichte, in: Unterricht Pflege, 4. Jg., H. 1, S. 19ff.

Wittneben, Karin (1991): Pflegekonzepte in der Weiterbildung zur Pflegelehrkraft. Über Voraussetzungen und Perspektiven einer kritisch-konstruktiven Didaktik der Krankenpflege, Frankfurt/M. u.a.

Wittneben, Karin (1994): Pflegedidaktik als Integrationswissenschaft, in: Schwarz-Govaers (Hrsg.), S. 23ff.

Wittneben, Karin (1997): Workshopunterlagen. 2. Europäisches wissenschaftliches Kolloquium „Bildung und Pflege", Osnabrück, November 1997

Wittneben, Karin (1998): Pflegekonzepte in der Weiterbildung zur Pflegelehrkraft. Über Voraussetzungen und Perspektiven einer kritisch-konstruktiven Didaktik der Krankenpflege, 4.Aufl., Frankfurt/M. u.a.

Wittneben, Karin (Hrsg.) (1998): Forschungsansätze für das Berufsfeld Pflege. Beispiele aus Praxis, Management und Ausbildung, Stuttgart/New York

Wodraschke, Georg u.a. (1988): Curriculum: Theoretische Ausbildung in der Krankenpflege, Hrsg.: Arbeitsgemeinschaft krankenpflegender Ordensleute Deutschlands (AKOD), Freiburg

Wolf, Heinz Peter/**Kriesten**, Ursula (1995): Netzwerk Krankenpflegeausbildung, Basel/Eberswalde

Wolff, Horst-Peter/**Wolff,** Jutta (1994): Geschichte der Krankenpflege, Basel/Eberswalde

Zabeck, Jürgen (1984): Didaktik der Berufserziehung, in: U. Pleiß (Hrsg.): Schriftenreihe Wirtschaftsdidaktik, Band 6, Heidelberg, S. 144ff.

Zimmer, Barbara (1997): Praktische Krankenpflegeausbildung ... aber wie? – Ein Erfahrungsbericht zur Verbesserung der praktischen Ausbildung, in: Die Schwester/Der Pfleger, 36. Jg., H. 4, S. 280ff.

Zopfy, Ilsedore (1997): Das Bildungskonzept des Deutschen Bildungsrates für Pflegeberufe, in: DBfK (Hrsg.), S. 27 ff.

Hinweise zu den Autorinnen und Autoren

Karl-Heinz Sahmel, Jahrgang 1952, Studium der Pädagogik, Psychologie, Soziologie und Philosophie, 1977: Diplom-Pädagoge, 1979: Dr. paed., 1987: Habilitation. 1978-1987 Assistent für Schulpädagogik und Allgemeine Didaktik an der Gesamthochschule Duisburg. Anschließend Tätigkeit in der Sozialpsychiatrie und Durchführung von Fort- und Weiterbildungen im Sozial- und Gesundheitsbereich. 1992-1997 Leiter des Fachseminars für Altenpflege der Stadt Düsseldorf. Seit 1997 Professor für Pädagogik, Pflegepädagogik und Pflegewissenschaft an der Evangelischen Fachhochschule Ludwigshafen - Hochschule für Sozial- und Gesundheitswissenschaften -, seit 1998 Sprecher des Fachbereichs Pflege. Wohnt in Speyer.

Michael Ammende, Jahrgang 1957, 1979 – 1983 Studium Germanistik und Geschichte am University College, London; Abschluß: Bachelor of Arts (Hons.). Anschließend Krankenpflegeausbildung und Tätigkeit als Krankenpfleger in verschiedenen Abteilungen des Klinikums Ludwigshafen und am Krankenhaus Zehlendorf, Berlin. 1991 – 1997 Studium der Pflegepädagogik an der Humboldt-Universität Berlin, Diplom-Pflegepädagoge. 1995-1997 Mitarbeiter am Institut für Personalentwicklung, Fort- und Weiterbildung, seither Lehrkraft an der Krankenpflegeschule des Klinikums der Stadt Ludwigshafen.

Roswitha Ertl-Schmuck, Jahrgang 1954, Krankenschwester, Fachkrankenschwester für Intensivpflege und Anästhesie, Diplom-Pädagogin mit dem Schwerpunkt Erwachsenenbildung/Gerontologie. 14 Jahre Berufserfahrung in der Pflegepraxis. Von 1991 bis 1993 Leiterin des Weiterbildungsinstituts für Pflege beim Deutschen Erwachsenen-Bildungswerk e.V. in Bonn. Seit 1993 Dozentin in der Aus-, Fort- und Weiterbildung für Pflegeberufe. Promotion (Dr. phil.) an der Johannes Gutenberg-Universität Mainz, Fachbereich Pädagogik (Mai 2000), Thema: Pflegedidaktik unter subjekttheoretischer Perspektive.

Susanne Immohr, Jahrgang 1967, Krankenschwester, Berufserfahrung in der Praxis: 4 Jahre in der stationären, 1 1/2 Jahre in der ambulanten Pflege. 1994-1998 Studium der Pflegepädagogik an der Evangelischen Fachhochschule Ludwigshafen mit dem Abschluß Diplom-Pflegepädagogin (FH). Derzeit tätig als Krankenschwester eines ambulanten Pflegedienstes im ländlichen Bereich und als freie Dozentin für verschiedene Weiterbildungseinrichtungen der Pflege. Wohnhaft in Uetze.

Gabi Müller-Seng, Jahrgang 1962, nach der Krankenpflegeausbildung Tätigkeit im Krankenhaus und beim Medizinischen Dienst (Begutachtung und Ermittlung des Pflegebedarfs). Studium der Pflegepädagogik 1995 - 1999 an der Evangelischen Fachhochschule Ludwigshafen mit dem Abschluß Diplom-Pflegepädagogin (FH). Derzeit tätig als Lehrerin an der Krankenpflegeschule der Asklepios-Südpfalzkliniken in Kandel. Verheiratet, drei Kinder, wohnhaft in Neustadt/Weinstr.

Johanna Münch, Jahrgang 1967. Nach dem Abitur Ausbildung zur Krankenschwester in einer psychiatrischen Klinik und Berufsausübung in gerontopsychiatrischen Abteilungen. Danach langjährige Tätigkeit in der Pflege im intensivmedizinischen Bereich. Studium der Pflegepädagogik 1995 – 1999 an der Evangelischen Fachhochschule Ludwigshafen mit dem Abschluß Diplom-Pflegepädagogin (FH). Zurzeit tätig als Lehrerin an einer Krankenpflegeschule in Ludwigshafen. Verheiratet, wohnhaft im Landkreis Ludwigshafen.

Kerstin Renfer, Jahrgang 1971. Nach dem Abitur Ausbildung zur Krankenschwester und Tätigkeit auf einer chirurgischen Station im Krankenhaus Hetzelstift Neustadt. 1996 – 2000 Studium der Pflegepädagogik an der Evangelischen Fachhochschule Ludwigshafen mit dem Abschluß Diplom-Pflegepädagogin (FH). Verheiratet, derzeit Hausfrau und Mutter, wohnhaft in Edesheim.

Elvi Weiß, Jahrgang 1963. Nach dem Abitur Ausbildung zur Krankenschwester und Tätigkeit auf einer chirurgischen Station im Krankenhaus Hetzelstift Neustadt. Studium der Pflegepädagogik 1995 – 1999 an der Evangelischen Fachhochschule Ludwigshafen mit dem Abschluß Diplom-Pflegepädagogin (FH). Zurzeit Leiterin der Innerbetrieblichen Fortbildung und Qualitätsbeauftragte im Pflegedienst am Krankenhaus Hetzelstift Neustadt.

Ingrid Darmann

Kommunikative Kompetenz
in der Pflege

Ein pflegedidaktisches Konzept auf der Basis
einer qualitativen Analyse der pflegerischen Kommunikation
292 Seiten. Kart.
DM 39,90
ISBN 3-17-016296-9
Pflegewissenschaft

Mit ihrer engagierten und kreativen Arbeit schlägt Ingrid Darmann eine Brücke zwischen Pflegepraxis, Pflegewissenschaft und Pflegeausbildung. Mittels einer empirischen Untersuchung identifiziert sie tyische Situationen und Probleme in der Kommunikation zwischen Pflegekräften und Patienten und gelangt dabei etwa zu den Kategorien der 'Macht der Pflegekräfte' und der 'Entscheidungsfreiheit der Patienten'. Im Anschluß daran zeigt sie normative Konzepte der Pflegewissenschaft zur Gestaltung der Interaktion auf und erfaßt den subjektiven Anteil der Pflegenden vor dem Hintergrund des psychoanalytischen Persönlichkeitsmodells. Auf der breiten Basis dieser Untersuchungen entwickelt sie ein fundiertes pflegedidaktisches Konzept zur Förderung der kommunikativen Kompetenz in der Krankenpflegeausbildung.

Das Buch leistet einen wichtigen Beitrag zur Weiterentwicklung der Pflegeausbildung und ist zugleich eine hervorragende Forschungsarbeit. "Das Buch verdient wegen seines hohen Anregungspotentials für Praktiker/innen, Forscher/innen, Theoretiker/innen und Didaktiker/innen der Pflege eine große Verbreitung"
(Prof. Dr. Karin Wittneben, Univ. Hamburg).

Kohlhammer

W. Kohlhammer GmbH · 70549 Stuttgart · Tel. 07 11/78 63 - 2 80